閻道生集

上編

閻伯群　整理

『十四五』國家重點圖書出版規劃項目
津沽筆記史料叢刊第十四種
主編　王振良

問津文庫

天津出版傳媒集團
天津古籍出版社

圖書在版編目（CIP）數據

閻道生集 / 閻伯群整理. -- 天津 : 天津古籍出版社，2023.6

（津沽筆記史料叢刊 / 王振良主編）

ISBN 978-7-5528-1354-8

Ⅰ. ①閻… Ⅱ. ①閻… Ⅲ. ①閻道生－文集②閻道生－人物研究 Ⅳ. ①K825.72

中國國家版本館 CIP 數據核字（2023）第 103314 號

閻道生集

YANDAOSHENGJI

閻伯群 / 整理

出　　版　天津古籍出版社
出 版 人　張　瑋
地　　址　天津市和平區西康路 35 號康岳大厦
郵政編碼　300051
郵購電話　（022）23517902

策　　劃　唐　艦
責任編輯　鄭　偉
責任校對　王　鵬
翻　　譯　天津樂譯通翻譯服務有限公司

印　　製　天津市天辦行通數碼印刷有限公司
經　　銷　新華書店
開　　本　880 毫米 ×1230 毫米　1/32
印　　張　30.375
字　　數　525 千字
版　　次　2023 年 6 月第 1 版　2023 年 6 月第 1 次印刷
定　　價　158.00 圓（全二册）

閻道生像(一)

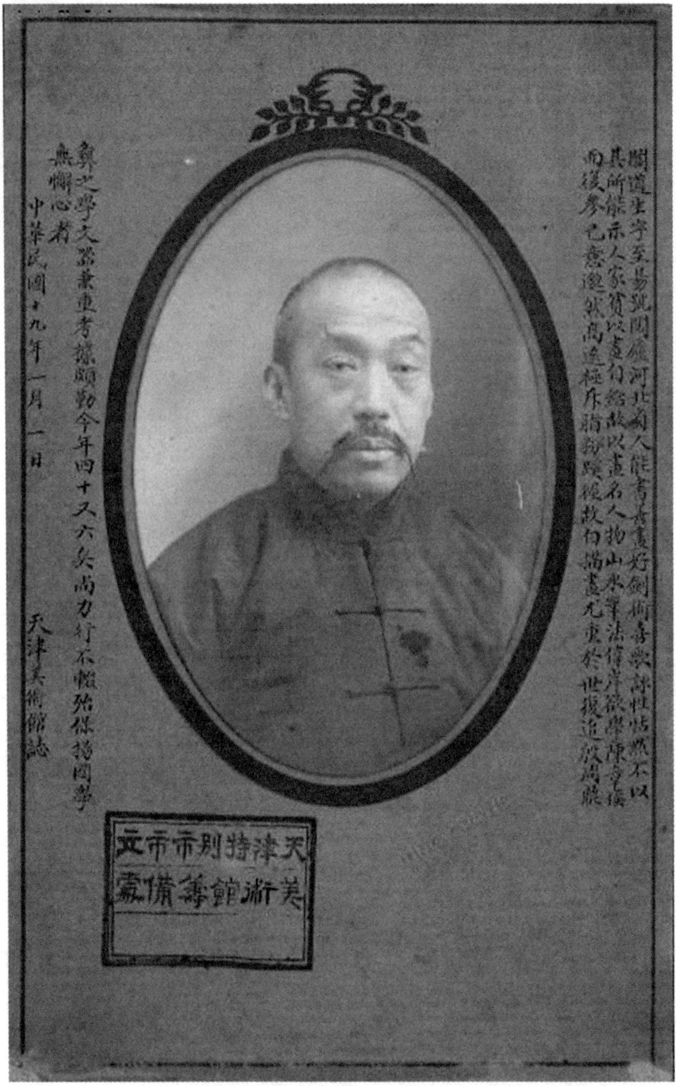
中華民國十九年一月一日
天津美術館誌
天津特別市市立美術館籌備處

閻道生像（二）

折梅仕女

松江垂釣

葛洪移居

東坡趣事

班超投筆（改良年畫）

孟母擇鄰（改良年畫）

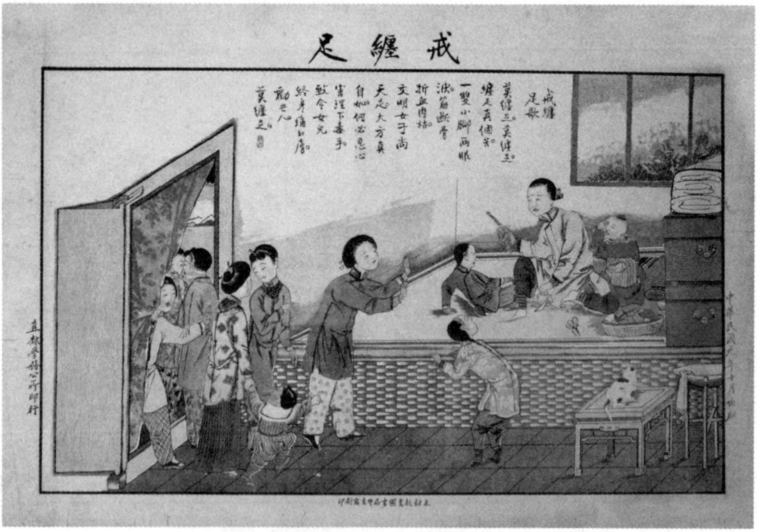

戒纏足（改良年畫）

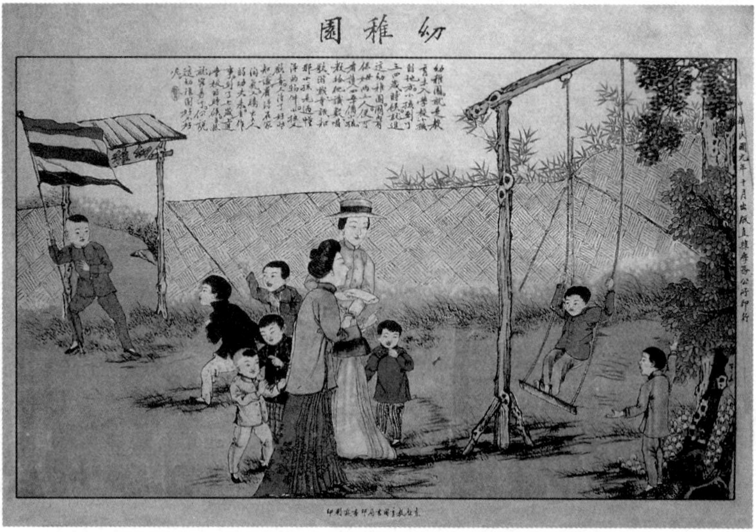

幼稚園（改良年畫）

寫意人物

堂幅 三尺十元 四尺十五元 五尺二十元 六尺廿五元 八尺四十元 丈二尺百元

屏幅每條照上折半

橫幅整破紙與堂幅同

扇面六元　册頁一幅六元　鏡心二尺內外八元

工寫人物　山水　照寫意加倍

工細設色白描人物山水 大小幅每方尺二十元

點品及花卉羽毛均另議

潤資先惠　毋較價立索

乙丑歲閬廬畫例

一九二五年潤格

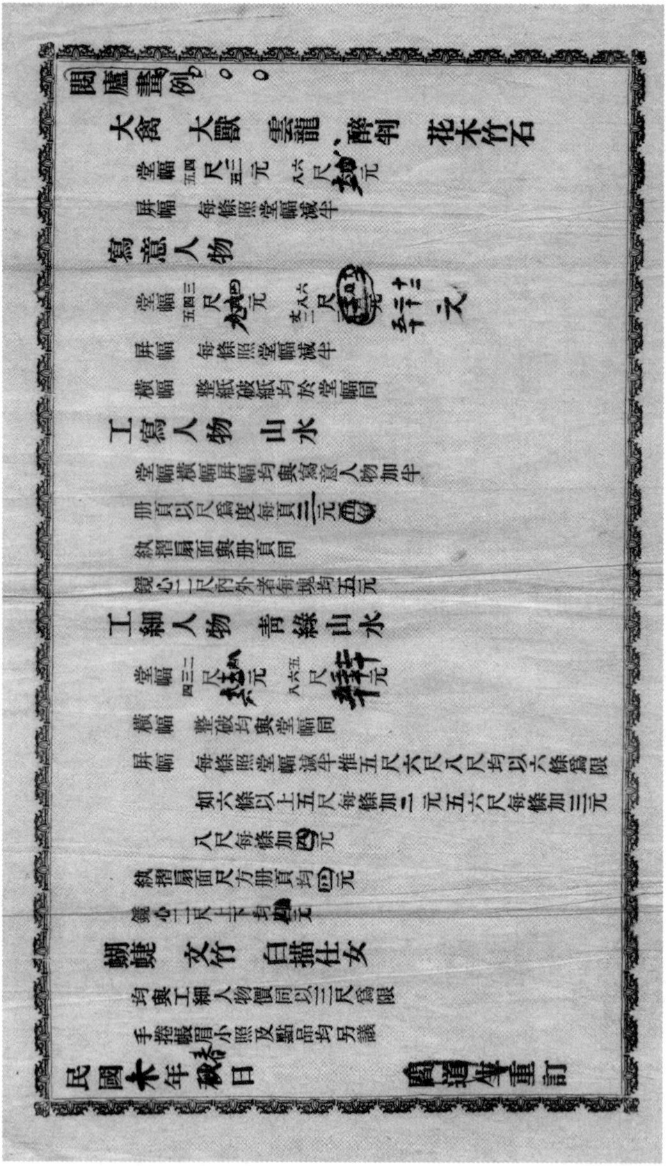
閱廬畫例
大禽 大獸 雲龍 醉判 花木竹石
堂幅 四五尺 三元 六八尺 [illegible]元
屏幅 每條照堂幅減半
寫意人物
堂幅 三四五尺 [illegible]元 六八丈二尺 [illegible]元
屏幅 每條照堂幅減半
橫幅 整紙破紙均於堂幅同
工寫人物 山水
堂幅橫幅屏幅均與寫意人物加半
册頁以尺爲度每頁三元
紈摺扇面與册頁同
鏡心二尺內外者每塊均五元
工細人物 青綠山水
堂幅 二三四尺 [illegible]元 五六八尺 [illegible]元
橫幅 整破均與堂幅同
屏幅 每條照堂幅減半惟五尺六尺八尺均以六條爲限
如六條以上五尺每條加二元五六尺每條加三元
八尺每條加四元
紈摺扇面尺方册頁均四元
鏡心二尺上下均[illegible]元
蛺蝶 文竹 白描仕女
均與工細人物價同以三尺爲限
手捲帳眉小照及點品均另議
民國 年 日
閱道生重訂

一九一九年和一九二一年潤格

津沽筆記史料叢刊總序

陶慕寧

三津之地，舊稱直沽。地當九河津要，路通七省舟車。其域在漢屬勃海、漁陽二郡，隋屬河間、涿郡、漁陽三郡，唐爲幽、滄二州地，宋爲清、滄二州地，元屬大都、河間二路。明建文初，燕王朱棣啓『靖難之役』，經三汊河口襲取滄州。越三載登基，遂敕名其地爲天津，喻『天子津渡』之意也。永樂初年，置天津三衛，屬河間府。清初設關，置總兵鎮守。雍正二年（一七二四），改天津衛爲州，至九年（一七三一）升府，領州一縣六。咸豐十年（一八六〇），天津開埠，漸成列强争逐貿易之洋場，今則巋然爲中國之直轄市矣。然則自建衛以迄於今，都六百餘年，考之地理河渠，其所以爲重鎮者實有二端：一則處畿輔要衝、海疆門户，此地不守，鼎湖危殆，故又稱之『津門』；二則處漕運樞紐，南接淮泗，北達通州，東吴之稻、長蘆之鹽，或經海路，或付漕舡，皆賴此地轉輸入京。元人王懋德《直沽》詩云『極目滄溟浸碧天，蓬萊樓閣遠相連。東吴轉海輸粳稻，一夕潮來集萬船』，即當日天津海漕之實録也。

金元以降，天津之隸屬、轄區屢經更易，而魚鹽之利、商賈之繁、居人之雜、風俗之盛，固未嘗大變。明正統初，始建天津衛學，其後科舉漸興，應進士之選者代不乏人。其早者，若汪來，嘉靖二十年（一五四一）進士，官至慶陽知府，撰有《北地紀》四卷；若張愚，嘉靖二十九年（一五五〇）進士，仕至右副都御史；若劉燾，嘉靖三十八年（一五五九）進士，仕至兵部右侍郎、右都御史。又，隆慶五年（一五七一）一科會試，即有劉鈺、張佑、任天祚三人登第。是知其地不獨商貿繁衍，人文亦頗有可稱者。逮清季民國，政局傾頹，西潮澒洞，外人雲集。大賈居豪，舞長袖而吸金；失意政客，憑租界以窺勢。而承學之士、詞客報人，亦矍然蔚起，斥清廷之昏瞀，揭時政之危局。天津乃漸成消息之淵藪、政治之策源矣。

今之天津爲工業重鎮，襟帶華北，遠接大洋，經濟之繁榮、民生之富庶，殆亘古所未嘗有。而未來之前景，正未可限量。然一地一城之聲譽，非盡可以經濟之榮悴衡之，天津若欲立於中國城市之林，尚需發弘卓然獨特之文化。而欲發弘文化，則需爬梳董理相關之史料，若人文之聚散、古迹之存堙，若張氏遂閑堂、查氏水西莊，若梅樹君之梅花詩社、嚴範孫之城南詩社，若天妃宫之遞嬗、稽古寺之重修、大悲院之沿革、楊柳青之題咏，進而長蘆鹽場之種賣、銀魚鐵脚之烹炒，甚乃方言之特异、風俗之淳澆，皆有待詳爲稽考揭櫫於世者，而後激濁揚清，乃可發揚之，光大之。

王振良君，籍屬長白，早年肄業於南開大學，後就職今晚報社。其爲人謙退揖讓，有古君子風；爲學則鈎沉索隱，爬羅剔抉，有東原、實齋之致，兼高郵、嘉定之勤。十數年來，篤志於天津文獻之搜集編訂，遍訪地方耆宿，覓求稀見古籍，焚膏繼晷，殫慮竭精，以搜羅地方先賢著述、發煌沽上人文風俗爲使命。其所編訂之《問津》《天津記憶》，本已頗具規模。復又推出《問津文庫》，更自琳瑯滿目。今《文庫》之《津沽筆記史料叢刊》又將付剞劂，屬余爲弁言。余何幸如之，草此數言爲振良君賀，亦爲天津歷史文化之彰宏賀。

甲午歲末於南開大學範孫樓

（陶慕寧，南開大學文學院教授、博士生導師）

Foreword to *Jingu (Tianjin) Collection of Historical Notes*

Translation by TIANJIN HPTRANS SERVICE CO. , LTD

Tianjin, alternatively known as Sanjin and Zhigu in ancient times, strategically located where nine major rivers of Tianjin connecting many provinces by water transports. In history, Tianjin was under the jurisdiction of different counties (Baohai and Yuyang in the Han dynasty; Zhuo in the Sui dynasty), prefectures (You and Cang in the Tang dynasty), and roads (*Dayidu* the Capital and Hejian in the Yuan dynasty). In the early years of the Jianwen reign of the Ming dynasty, Zhudi, the king of Yan, launched "the revolt of Jingnan", striking Cangzhou by using the strategic superiority of water transport. Three years later, Zhu took the throne and named this region Tianjin, meaning the "Port of the Son of Heaven". In the first year of Yongle reign, he ordered to set up three garrisons there under the governing of Hejian prefecture. In the early years of Qing dynasty, a customs administration was set up and governed by local viceroy. In the 2nd year of the Yongzheng reign (1724), Tianjin garrisons were merged into one prefecture. In the 9th year (1731), the prefecture was upgraded into a quasi-province under which were six counties and one prefecture. In the 10th year of the Xianfeng reign (1860), Tianjin grew gradually into a trade port several foreign powers coveted for as well as a metropolis infested with foreign adventurers. With the founding of PRC (1949), it became a municipality directly under the central government.

Over the past six centuries since the establishment of the garrisons, based on the survey of local geography, for instance, on rivers and canals, Tianjin remains a metropolis of strategic significance for the two factors: first, its location in the vicinity of the country's capital and by the territorial sea as a critical "port gate" that demands rigid national defense lest any risk of the nation's perishing; second, As a port hub connecting huaihai in the south and Tongzhou in the north, grain from the south and salt from Changlu will pass through here and be transferred to Beijing by way of water transport. As Wang Maode, a poet in Yuan dynasty, once wrote in his poem:

The blue sky meets the sea on the horizon,
Penglai Pavilion seems far away yet within my reach;
Grains delivered from the South to Capital through here,
Ships are summoned back to port by tide at dusk.

Wang's poem is a true portrayal of the busy scene at *Tianjin* port on that day.

During the Jin and Yuan dynasties, the jurisdiction of Tianjin changed several times, yet there was no side effect to the prosperity of fishing and salt industry, the lively exchanges between merchants, the caste of local people and the prosperity of Tianjin's life style. Tianjin Local Institution was founded in the early years of the Zhengtong reign of the Ming dynasty. Soon after that, the imperial examination system was gradually popularized, and every year there were many learners who could take the imperial examinations. Wang Lai, an earliest candidate in the 20th year of the Jiajing reign (1541), was eventually appointed Qingyang prefectural governor, who ever wrote a four-volume book of *The Chronicle of the Northern Land*; Zhang Yu, the candidate in the 29th year of the Jiajing reign (1550), vice chief censor; Liu Tao, the candidate in the 38th year of the Jiajing reign (1559), vice minister of the Ministry of War and chief censor; and in the 5th year of the Longqing reign (1571), three candidates (Liu Yu, Zhang You and Ren Tianzuo) all passed the provincial-level imperial examination of the year. This indicates that Tianjin was prosperous in not only trading but also humanity. In the years between Qing dynasty and the early Republic of China period, when the political situation fell into decadence, the western thought prevailed. Many foreigners flocked to Tianjin. Some of them built houses and settled down here, started businesses and made money. Some failed politicians also bide their time in the concessions. And many learned people choose to promote advanced political ideas. They denounced the foolishness of the Qing government and warned people of the danger of China at that time. Tianjin also became the political center of the era.

Nowadays, Tianjin is a strategic seaport and industrial metropolis in North China, which is experiencing its unprecedented economic prosperity and wealth with an immeasurably promising prospect. However, the good reputation of a region or a city cannot just be assessed in reference to its economic prosperity. The extraordinary culture should be taken into consideration as well. Tianjin is not an exception. Only with its unique culture, can Tianjin stand out among Chinese cities. To inherit and carry forward local culture, we need scholars to collect, collate, research and publish the historical literature of locality, including documents of the local talents, notes about historic relics and ruins. For example, the pedigree of the house of Zhang, the Westcanal villa of the Zhas', the Wintersweet Poetry Saloon founded by Mei Chengdong, Yan Fansun's Citysouth Poetry Saloon, the renovation of the Goddess of Sea temple, the reconstruction of the Jigu temple, the evolution of the Bodhisattva temple, as well as the ode inscriptions at Yangliuqing old town, Changlu salt business, the cuisine of silverfish on tripod, even the unique Chinese dialects and Tianjin customs. These ancient notes and materials can be sorted out by textual research for future generations to consult. This can be regarded as the development of these materials.

Wang Zhenliang, a native of Changbai, a graduate of Nankai University and a staff at the Evening Daily newspaper, impressed people as a modest gentleman like those in ancient China. He's also known, like some other scholars including Dai Dongyuan and Zhang Shizhai, for his collection, collation and research of Tianjin-specific classic literature along with his part-time services to the branches of Gaoyou, Jiading and elsewhere. In order to search and compile historic literature about Tianjin over the past decades, he has been dedicated to the compilation as his mission. Based on his extensive fieldwork to old town and interviews with elders, he finally able to complete his life work that reflects distinctive and unique Tianjin (Gushang) folklore. His works, like *Wen Jin* and *Tianjin Memories,* are already quite popular among the readers, let alone the all-embracing *Wen Jin Series* later he published. As part of the series, *Jingu (Tianjin) Collection of Historical Notes* will be put into print, to which I am invited to contribute a foreword. It is a great honor for me indeed to congratulate his publication of the Collection and publicity of the history and culture of Tianjin.

Tao Muning
Professor / PhD Supervisor
School of Liberal Arts, Nankai University

December 2014
Yen-Hsiu Building of the University

代序：不該被遺忘的閻道生

尹樹鵬

在中國近代史上，作爲北洋新政的基地，天津曾是一座輝煌的城市。它以開放的姿態和包容的胸襟，成爲中西文化交融的前沿。百年激蕩，這裏不但湧現了一批引領時代的思想啟蒙者、科學傳播者、文化改革者，還孕育了一批平民知識分子出身的文化大家，閻道生就是其中的代表之一。

閻道生，一八八四年一月二十六日生於直隸省静海縣揚芬港村（今屬河北省霸州市），卒於一九六二年七月二十一日凌晨。閻道生初字子陽，四十歲後改至陽，號閱廬，别號閻仲子、北溟劍士，室號四習草堂、梓花館。一生中，他没有顯赫的身份和政治靠山，也没有巨額財富，在没有政治助推和經濟支撑的前提下，默默無聞地爲天津的教育、年畫、武術、慈善等事業奉獻自己的力量且矢志不渝。一九三七年天津淪陷後，閻道生離津隱居鄉里，幾乎被人們遺忘，被社會淹没。值得慶幸的是，王樹村先生在《中國年畫史》中對閻道生的藝術成就給予了高度評價，對他的生平作了簡略的考證，爲我們研究閻道生留下了寶貴綫索。這是新中國成立後中國美術史著作中對閻道生的唯一記載。近年來，天津民間的地方史研究團隊通過梳理歷經劫難殘存下來的閻道生日記、書信、畫稿、手稿，並進行大量採訪，使閻道生的人生軌跡、思想歷程等逐漸清晰起來，閻道生專題研究已成爲天津藝術史研究領域的重要學術課題。

閻道生專題研究對津冀兩地整體歷史文化的研究具有重要的現實意義：一、作爲一位才華橫溢、文武兼備，在多領域作出貢獻的文化大師，他對天津的文化貢獻是全方位的。但因其祇有平民身份，因此其藝術歷程和文化貢獻在官方文獻中鮮有記載，已成爲天津文化史中的一個缺憾。開展對他的研究能進一步充實和完善天津文化史的編寫。二、中國新式教育誕生於清末的天津，他對中國新式教育在師資培養、教學內容、課本編製等方面都起到了建設作用。天津教育，不但重視學校教育，還重視社會教育（當時統稱爲通俗教育），二者平行發展，相輔相成，爲提高國民素質作出了巨大的貢獻。其中，用改良年畫對社會公衆進行通俗教育走在全國前列，形成了天津特色的社會教育，在全國引起反響，多次由教育部考察並向全國推廣。百年後的今天，如何在浮躁的社會狀態下讓道德教育『接地氣』，改良年畫仍具有借鑒意義。三、清末民初，中國民間武術進入快速發展階段，北方地區第一個武術團體中華武士會誕生。中華武士會改變了傳統的授徒方式，由師徒私授到課堂教育，融入於體育精神中，不但在國民中振奮起了尚武、健體、禦敵的愛國精神，還夯實了燕趙文化圈的俠義風範。閻道生是積極的參與者和重要襄助者，數十年投身中華武術傳播。他的武學著作奠定了河北形意拳的理論基礎，是研究天津武術史的珍貴史料。四、從中國社會生態環境的視角研究閻道生的人生軌跡和藝術歷程，可以探尋社會環境、家庭環境、生態環境對人才培養的直接影響，對當代教育學、人才學具有啟示意義。

一、親水環境造就天賜空間

地域空間是一個人生活的先天條件。日本著名學者、人文科學研究所所長梅棹忠夫博士提出：『人類的歷史就是人類活動與生態變化互動的歷史。生物的生命信息全部來自環境信息，是環境信息的積澱、顯化和映射。因此，人們最本質的身體素質、精神氣質和行爲特徵的差異都來自最原始的地理差異。』

閻道生出生於東淀水鄉。從河北地理水系圖上可以看出，由白洋淀、文安窪到東淀，再到大港，有一個天然的弧形淀窪帶，這是河北省水量最豐富的區域。古老的大清河、中亭河貫穿於在淀窪間。它直接孕育出了水美、物豐的名鎮揚芬港。天津的海河是一條典型的潮汐河，每到漲潮時潮水會逆流而上，直至『三楊』（揚芬港、楊柳青、楊村）。揚芬港周邊水面潮起潮落的景觀，水面上生長的葦蕩、荷花、蒲草等水生植物以及肥美魚蝦等，都留在他的腦海裏，形成先天的繪畫意境。同時，閻道生的身體特徵、心理特徵和情趣習慣也受到家鄉親水環境的直接影響，形成一生的烙印。

二、家世家風奠定品格基礎

閻氏一族，族源遠久。周武王時太伯的曾孫仲奕受封於閻鄉（今山西省安邑縣），其後代即以封地『閻』爲姓，後因丁蕃嗣廣而分支各處，一支遷居至金陵。明建文年間，金陵人閻喜安從燕王掃北，永樂二年（一四〇四）蒙軍功受賜百户侯，攜父閻公道北遷揚芬港，至閻道生已是第二十一代。到乾隆初年，閻氏東長門的一支閻聯奎遷居到十八里外的獨流鎮立户。《静海縣誌》對遷祖閻聯奎有明確的記載：『閻聯奎，字魯堂，監生，祖居揚芬港村。乾隆初年，遷居獨流鎮。性孝友，好施與，幼而失祜，棄儒歸農。獨流鎮渡船年久多朽，捐資重修。嘉慶十八年，揚芬港遭回禄之災，延燒半村，族人被災者周以錢米。堂侄毓秀幼孤貧，撫育成人，爲之婚娶給産。道光七年，建家廟於揚芬港。十年，建文昌閣於獨流鎮。每遭饑饉，倡捐賑濟或設粥廠，或放錢米，馬伏波所謂鄉里善人也。道光十五年，元孫生，親見五代，五世同堂。史前縣詳請旌表，賜七品職銜，邑令獎以匾額。道光十七年無疾而終，壽八十有五。』」

閻聯奎是閻道生這一族遷居静海縣獨流鎮的先祖，其出身雖然貧寒，但勤勉創業，使閻氏家族成爲獨流鎮的富户。乾隆帝南巡駐蹕揚芬港時曾召見閻聯奎，稱讚他們的『正心堂』殷實。『正心堂』是閻聯奎這支的堂號。到光緒年間其一支後裔閻恩焕，又攜家遷回揚芬港。

閻恩焕就是閻道生的父親。閻恩焕，字炳萱，以教書爲業，是當地德高望衆的鄉紳。他兼行醫爲生，醫術高明，頗有口碑。其熱心公益，曾捐修揚芬港至揚柳青段的中亭堤。此堤被稱作『新中亭堤』。民國《静海縣誌》中寫道：『新中亭堤，在縣北揚芬港。光緒中葉，村民閻恩焕等創修。民國十九年，天津、静海、文安三縣重修，保障東淀之水，堤内收穫恒豐。』光緒廿五年（一八九九），閻恩焕創立揚芬港村堤防會。閻道生在自己的《閲廬日記》中寫道：『揚芬港村十數年之洪水不見陸地，廿五年由先嚴倡議，有族祖少卿大爺、鶴舫大爺與輔二爺及張君贈三創立堤防，故廿六年正月四望纔見無垠的全成陸地。』一九一二年至一九一三年，天津《大公報》曾連續十餘次報導揚芬港村閻恩焕等聯合大清河流域七縣鄉紳請賑開竣河道之事，成爲當時直隸省的賑務大事。因揚芬港村位於東淀大窪的最低部，匯集諸河之水，又承接白洋淀水豐時瀉下之水，時常成爲水鄉澤國，十年九澇，疏通下口、補修河堤之事已成常態，也成爲閻氏家族世代相承的公務。

當時的獨流人，多習慣稱呼『正心堂』閻氏爲『聯興號』。『聯興號』人丁繁衍並不旺，至閻道生父親閻恩焕這一輩，『聯興號』祇有七位嗣子，閻恩焕行五，無親兄弟。至閻道生這一輩，共九位。這時『聯興號』雖然早已衰落，但家族成員代代和諧共處，堅持樂善好義，篤信耕讀。

閻家之所以具有這種樂善好施、樸實無華的家風，與家族世代篤信的顔李學説息息相關。閻氏家族把恪守顔李學派的思想傳承作爲家風建設的圭臬。顔李學派所宣導的注重實學，强調習行、習動，反對死讀書的學風以及墾荒、均田、興水利，嚮往天地間田，宜天地間人，土地資源共用的社會理想爲閻家推崇。《四存編》始終是閻道生習讀之書，書中的存性、存學、存治、存人，所弘揚的注重實事實學，反對僞道門、無神論等思想成爲閻氏一門的家風，也是閻道生的思想基礎和嚮往境界。閻道生一生不信教，不迷信，不在黨，刻苦習文又執着練武，興學助教、修堤治水、賣畫救災，傾其所有而投放公益，就是他踐行顔李學説的具體體現，也是他始終與政治保持距離的思想基礎。他性格不内嚮但語言木訥，爲人和善從不恃才傲物。這些思想和性格鑄就了他的崇高志嚮。

閻道生出生時其父正受聘於江西教專館。童年時代家中的良好文化氛圍和家學條件，使其十歲開始讀《詩經》，兼習書畫，並隨父親學唱昆弋。其父閻恩焕是村中十番會的會首，尤擅武戲，也把自己的身手傳授於子嗣，强化了閻道生從小崇文好武的習性。一九〇一年，閻道生十八歲，與一同鄉共赴武昌，報考湖北武備學堂學習軍事。此時湖北武備學堂除招生收營内武弁外，還擴大招收二十歲左右身體健壯、文理通順的官員子弟和士紳子弟，前者爲正課生，後者爲附課生。閻道生和同鄉被正式録取。武備生待遇優厚，在社會上備受羡慕，被稱爲『武備學爺』。按照正常的發展途徑，閻道生畢業後將進入軍界，一定會大有作爲。誰知，閻道生的人生卻在這裏發生了重大轉折，在畢業授官之前他竟不辭而別，獨自闖蕩江湖，踐行社會。他與同鄉一起漫遊湖南湖北的名山大川，寫生畫畫，臨摹山川風景，尋訪高人隱士，行俠仗義，落魄時便以乞討爲生，最終走遍了大半個中國。閻道生回津後，終生再未離家遠行。這次流浪給他提供了豐富的創作素材和人生體驗，成爲他一生受用的財富。

三、津門畫壇的開拓者

天津繪畫藝術始於明代，盛於清代。新興的天津上層人群多來自江南，底層人群多來自山西，確立了天津畫壇以江南文化爲主流的風格。此時，江南的畫家已經摒棄文人自畫自賞的畫風，有了一種面嚮社會需求和市場化的創新，特別是海派體現出明顯的親商傾嚮，有別於京派的親官性。閻道生就是在這種南北文化差異下走上繪畫之路的，所以，在他的繪畫中，可以看出二者交互的影響以及融合本土文化的創新。

閻道生的畫以寫意爲主，兼用工筆；精工人物，兼善山水、花卉。閻道生最大的藝術成就體現於人物繪畫。人物繪畫遠宗吴道子、李公麟、倪雲林、仇英諸家，近習陳洪綬、費丹旭、任伯年等，兼收並蓄，博採衆長。陸辛農在其遺著《天津書畫家小記》中對閻作了如下簡介：『閻道生，字子陽，武清羊芬港人，居津甚久。善書畫。人物、仕女宗改七薌、費小樓。鬱友李貫三藏有道生所畫梅花仕女横幅，設色淡雅，極静逸之致。』

他的人物畫取材廣泛，内容豐富多彩。在人物畫中不僅有名人軼事、歷史典故、文學故事、神話傳説，而且還有劍俠故事、淑秀才女、孩童嬉戲、漁樵庶人以及現實人的肖像等，突破了古人提出的人物畫應多畫『聖賢仙佛及高隱通達之流』的限定，從不同視角層面爲人們展現了天上、人間各類各色的美好人物形象。而所畫人物雖然多係古裝，但形神兼備，令人可親可近，生活氣息濃厚，反映了畫家思想的開闊、情感的豐富和對世間民情民風的關注。閻道生的人物繪畫作品當中，仕女人物是他的重要内容之一。清代人物仕女畫創作十分活躍，在嘉道年間，以美女爲表現對象的仕女畫更加引起人們濃厚的興趣，以改琦、費丹旭等爲代表的文人畫家成爲這一時期仕女畫發展的代表。而清末民初之時，任伯年又受到陳洪綬、上官周、費丹旭等人的影響，將清代仕女畫中的審美情趣、表現方式融入其繪畫創作中。閻道生受到任伯年的畫風影響之後，將清代仕女畫的風格進一步發展，創造出獨特的個人風格。清代仕女畫强調『觀賞性』，仕女造型趨於羸弱，到晚清則更加纖弱不振，但閻道生摒棄了這種格調卑下、思想不健康的作品，而是吸收了前人仕女畫中的含蓄温婉的特點，對仕女畫又做了大膽的革新，在反映仕女畫人物精神層面上進一步融入現實生活的情感，將歷史典故以及民間傳説中具有陽剛之美或智慧之美的女性表現爲筆下的仕女人物，這種美不僅僅是視覺的美，更具有積極向上的審美情趣。這可以説是閻道生在仕女畫上的一項重要突破。

閻道生的山水畫也是多彩多樣，不僅有春夏秋冬之異，而且還有風晴雨雪之别，並且將點景人物與景物巧妙結合，使作品情景交融，富有詩意，别具清新活潑之趣，體現了對生活、大自然的熱愛。

閻道生的作品之所以具有多元的風格，與其成長經歷密切相關。少年時代的閻道生有過短暫的從師經歷，曾拜一位民間畫師學習繪畫，不久就開始了自學，先勾摹後臨摹，廣泛涉獵多家畫派作品，吸納多方面的藝術營養。使人敬佩的是，他在吸納借鑒時不是刻意的截取，而是悟出真諦後再輕輕信手而就，達到了『師其意而不在其跡象間』的藝術效果，所以形成不宗成法而又萬法歸一的閻派風格。他在自己的創作中，較好地解決了繪畫中的三大難題，即古與今、俗與雅、中與西的對立統一問題。

四、改良年畫引領新風

年畫是中國民間最悠久的畫種，它承載着中國民間的祈盼和價值觀。楊柳青年畫是北派年畫的骨幹，參與創作的多爲民間藝人，但楊柳青年畫史上先後出現了幾位文人畫家，提升了這一民間畫種的品質。他們主要代表有錢慧安、高桐軒、閻道生。年畫大家高桐軒的事蹟記載甚少，但公認高是清末楊柳青年畫中成就最大者。他的作品成熟期是在六十歲以後，即一八八四年至一九〇四年間，達到了事業的巔峰期。高桐軒於一九〇六年病故，畫風直接影響了閻道生的年畫創作。兩人對楊柳青年畫的貢獻是相輔相成、有機銜接。高桐軒去世後，閻道生將楊柳青年畫繼續發展，並形成了民國期間的新年畫——改良年畫，使其具有了社會教化和移風易俗的先進功能。閻道生的改良年畫，既有文人畫家的長處，又有對現實生活的寫照。如樹木疏密參差之勢，茅屋柴扉遠近虛實的區别，都用寫實手法，所用墨綫極其細緻，看去清新别致。但在内容上，閻道生的年畫已經發生了深刻的變革，體現出與時代進程同步。此時，閻道生所處的時代已是社會轉型期，衆多有志之士都在疾呼啟民智、樹公德、破陋習。這種形勢和閻道生的思想基礎非常吻合，他很自然地就投入到普及社會新風尚的潮流中。

天津是北洋新政的中心，是清末新思想最活躍的區域，也是域外文化資源最豐富的區域。利用年畫向底層群衆傳播新思想、新風俗是當時社會教育的一個創舉。閻道生在這個大潮中一馬當先，創作了大量改良年畫作品。其中，有暢想共和的首幅年畫，有介紹新式教育的年畫，有批判陋俗陋習和迷信思想的年畫，有頌揚中華民族良好美德的年畫，有激勵人們勤奮上進團結互助的年畫……從木刻年畫的改良到石印年畫的改良，他殫精竭慮，勤奮創作，成績斐然。

最新發現的民國社會教育史料，對直隸省改良年畫進行了系統的介紹，其中包括直隸學務處下發的推廣改良年畫的各種檔以及外省赴直隸取經的往來公函等，充分證明了天津在改良年畫這一領域走在了全國前列，是社會教育普及化的全國樣板。

五、書畫慈善盡顯大愛關懷

一九一三年十一月十五日《大公報》發佈《書畫慈善會啟示》：

敬啟者：現在時屆舊曆年關，所有津埠居民貧乏不能自存者，更仆難數，或告貸之無門，或饔餐之莫繼，甚則以無處謀食，喪也啼饑，兒也號寒，種種慘像實有令人不忍聞者，爰集同人組織書畫慈善會，暫假天津紅十字會爲地址，擬以售出書畫所得筆資盡數捐助紅十字會，購買玉（米）面以備年終散放貧民，聊補生存之計，如再有慈善大家，熱心壯舉者，敢請速來本會報名，俾使萬善同歸、衆擎易舉，則窮黎受惠爲不少也。此布。梅韻生 尹澄甫 于澤九 穆楚帆 劉筱亭 黃益如 甘眠羊 闞雨山 穆壽山 顧叔度 樊小舫 閻子揚（陽） 李采繁 陳恭甫 姚品侯 李二聃 李晴臯 顧連城 回春藻 徐保如 金菊舫 沙煥亭 周鐵珊 孟定生 趙曉嵩 張在洲 王叔良 劉蘭軒 孫子文 耿幼生 沈潤田 周和甫 張幼安 劉孟揚 田錦波 李潔忱 同啟

閻道生列於第十二位，與三十六位書畫界同人共同發起了天津書畫慈善會。該會初由天津紅十字會會計部趙善卿、劉蘭軒主事，不久又有書記部魯嗣香擔任幹事，制定有章程條例，是天津近代運行最早的，規範化、常態化的書畫慈善組織。自此，

除商款、義演募捐外，名人字畫的義賣成爲天津籌集慈善經費的重要管道之一。閻道生作爲其中年齡最小、才華出衆的津門畫壇新星，以强烈的社會責任心及憂患意識，積極參與，一直堅持二十餘載，堪稱慈善楷模。

天津書畫慈善會於每年舉行冬賑。一九一四年一月，書畫慈善會『約請書畫兩家各抒所長，寫鬻楹聯售賣，所得資金盡數購買玉面，施給津郡窮黎』。一九一七年一月冬賑，『在華樓及北海樓商場爲出售所，近數日已銷售達數百元之譜』，『經該會庶務長趙善卿、會計長劉蘭軒兩君面見省長，要求維持，業蒙朱省長慨允』。一九一八年十月，『天津書畫慈善會歷年辦理冬賑成績頗著，貧民受惠良匪淺。刻下彌近冬令，該會已經入手籌備，仍在南市華樓茶社内陳列各名人字畫，如徐大總統、黎大總統、華璧臣、朱經田、吕鏡宇、鐵寶臣等諸名家所畫對聯中堂以及尹澄甫、李竹坡、黄益如、梅韻生、于澤九、閻子揚、周鐵珊等諸方家所繪中堂掛屏等件寫繪。大方家極多，難以悉載，各界如欲得各名家字畫往華樓一觀』。

友人楊明漪曰：『津門售畫，子陽門人及他畫家，多冒其名而得善價。子陽手跡少，人重之。又與書畫家辦書畫慈善會，以爲常。嘗奔走冰天雪地中不輟，饑溺之懷，同乎古初，可以愧當時風天下矣。』

六、襄辦武館弘揚形意精神

中華武術源遠流長，在世界强身禦敵運動中具有獨特體系。到了清末，由於火器在戰争中的廣泛使用，冷兵器已退出戰場，從此武術轉入民間。但從鴉片戰争開始，武術又成爲民間反抗内外壓迫者的一種實用技能。形意拳原名心意拳，是明末清初山西蒲州人姬龍鳳所創。其特點是形神兼備，内外合一；動静相兼，剛柔相濟；精神飽滿，勁力充實；協調整齊，節奏分明；動作嚴謹，沉實穩健；套路精短，技擊性强。形意拳的内容包括河北、山西的形意，河南派形意；基本拳法有五行拳、十二形拳，並有單練套路、對練套路及器械套路。形意拳的特點是後發先制，搶佔中門。動作整齊簡練，身正步穩，適於格鬥、拼殺，特别適於近距离格鬥。

一九一二年六月十六日，中華武士會於天津成立。它是中國具有進步思想的新興武術社團，將私相授受的武術功夫變成社會化的武術教育，具有先進理念。閻道生積極投身其中，是第一批學員。

閻道生師從創辦人李存義學習形意拳、八卦掌，又受其子李彬堂親傳最多。練成形意十二形中絶活『燕形』（燕子抄水）。後又師從李瑞東學習太極劍法，融形意、八卦、太極於一身，兼收並蓄。在苦練形意拳的十餘年中尤篤愛劍法，所好頭合劍、二合劍、八卦劍、龍形劍、三十六劍、連環劍、十劍以及十三刀法，皆掌握得極其精妙，有獨到的體會。

一九一六年首批五名學員畢業，閻道生留會任教。這期間，閻道生與杜之堂共同編修李存義口授的系列拳譜，作爲學員教材。杜之堂撰文，閻道生繪圖。閻道生利用自己的人物畫技巧將各段形體動作畫得準確逼真，前後步伐分別用虛、實綫標明。《五行連環拳譜合璧》是代表性的拳譜。一九八四年臺灣出版的《體育大辭典》對《五行連環拳譜合璧》進行了考證。《五行連環拳譜合璧》一書在我國形意拳發展史上佔有極其重要的地位，是一部影響深遠的作品，連同其後整理出版的其他著作一起，奠定了河北形意拳的理論基礎，促進了民國時期中華武術黄金時代的到來。

現存由杜之堂、閻道生合作編繪的形意拳譜還有《八字功譜》《連環劍譜》《五行劍譜》《梅花劍譜》《飛躍劍譜》《三十六劍譜》等多種，限於當時的出版條件，僅有部分採用木版印製，大部分爲油印，還有一部分手抄本。一九一五年，教育部在全國明令開設武術課程後，形意拳走進校園，直隸各省武術教員多由中華武士會會員擔任，這些拳譜也隨之變成各學校的武術教材範本，直接用於武術教學。如一九一六年，保定陸軍學校開設武術課，成立武術研究社，於一九一八年出版《武術研究社成績録》一書，將該項列入考核成績，此書中大部内容採用了李存義口述之拳譜，之後，這部教材又傳播到山西、雲南等校。而更多的形意傳人把這些拳法帶到全國各地進行傳播，推動了形意拳的普及和發展，使形意拳在民國時期成爲全國武術的主流門類。

在天津，閻道生有『慈善畫家』之譽，除了捐畫義賣賑濟災民以外，他還捐賣了大量書畫，資金全部用於武術教育。楊明漪在《近今北方健者傳》中對其作了很高的評價。閻道生的畫當時曾賣到六十大洋一平尺，錢捐給了武士會，自己則過着清貧儉樸的生活。閻道生的書畫常受到達官貴人的青睞，曹錕等人皆上門求畫，閻道生借此機會，呈請政要們支持武館，好多困難迎刃而解。

一九一八年，天津博物院召開成立和展覽大會，中華武士會擔當了主體表演，六十多個門派，三百多名武術家到場表演。各宣講所成立了武士會分部，引發了廣大群衆踴躍報名參加武士會的動人場面。天津社會教育處將武術歸於社會教育進行推廣，形成德智體全面發展的教育理念。北京舉行萬國賽武大會以後，北方各省勃發了習武的高潮，中華武士會的工作量急劇增加，李星階掌門與閻道生、楊明漪、韓怡庵形成了骨幹梯隊，從事組織和教學工作。而後，天津成了北方武術活動的中心。

閻道生文武合璧的才華使其徒皆有其道，如李頓素、董怡如與其極似。董怡如是閻道生的入門弟子，河北法商學院畢業。一九〇八年生於天津，二十世紀二十年代拜閻道生爲師，是天津城南詩社秘書，代理過廣智館館長和河北教育廳長、商職校長。三十年代，多次與張占魁、李子揚共同主辦天津市體育運動大會，在體育界頗有威望。新中國成立後奉獻於我國的體育事業，被國家授予多種榮譽。董怡如是國内知名的文武全才，一九九〇年八十二歲高齡時，仍精神矍鑠，在北京民族文化宮舉辦個人書畫展，亞運會前爲大會揮毫五十餘幅，體委主任袁偉民感慨道：『體育界老前輩能書畫者太少了，您能贈畫賦詩真是太可貴了。』我們從董怡如身上也看到了其師閻道生的才能和風度，應了名師出高徒的古語。

李敦素是閻道生在中華武士會後期傳授的弟子。李敦素出身於中國北方最著名的武術世家，津門武林『定興三李』李星階之後，其武學、書畫得閻道生衣缽，今天我們能看到的《十劍譜》一書就是閻道生傳授於李敦素的武學著作，並由李氏後人珍藏至今。李敦素先後在天津法政大學、北京中法大學任教，受到過教育家李石曾等人的提掖。抗日戰爭爆發後，不甘做亡國奴，抛卻富貴利禄，與父親李星階回鄉組織抗日隊伍，具有高尚的民族氣節，這一點尤與其師閻道生相仿。

七、歸隱鄉里的最後歲月

一九三七年，華北淪陷，天津淪陷，閻道生面對國破家亡的社會狀況歸隱鄉下。歸隱後的閻道生生活在兵燹戰火、自然災害之中，仍躬身於學校教育、族事以及中亭河堤防會，修堤治水，以一己之力保全家鄉父老。一九四三年六月遭土匪搶掠，家藏豐厚的書畫被焚毁。

新中國成立後，閻道生加入天津國畫研究會，作品代表河北省赴日參加中國畫展，一九五七年被縣政府列爲關心照顧的老藝術家。這一年，閻道生率領鄉里弟子們在揚芬港村繪製了大量表現國泰民安、家庭美滿、喜慶豐收等題材的壁畫，爲人們寄予了美好的祝福。閻道生也在一次次的政治風浪中苦度餘生。一九五八年，觀摩天津市武術表演賽，歸後，致書弟子李敦素，慨歎人世之滄桑、同仁之凋零：『吾去歲到津，知子揚三哥與春舫相繼謝世，使人驚悼何如！吾們四五十年天津，一旦收場，豈不可歎！繼起雖有人在，可也失卻了當年的樣子了。』『又作津門客，無聊衹自知。空餘長劍在，獨恨故人稀。小技難投合，衰年不適宜。明朝趁天氣，還去卧茅茨。』

晚年的閻道生以書畫詩劍爲伴，崇尚老莊，自比陶潛，寄興東籬，以恬淡超脱的田園生活爲適，臨終雖貧病交加仍樂天知命。此時正是中國三年困難時期的第三個年頭，閻道生身陷無食之苦，無醫之痛，在生命的最後，蘸指爲筆，作了一幅絶筆畫，以端午蟾蜍自比，表露了對生死的徹悟，對理想世界一以貫之的嚮往和熱愛：『吸得人間硯水枯，腹中含氣口含酥。莫嫌形狀無人賞，寫向端陽作畫圖。』

縱觀閻道生的一生，他生活於紛繁動盪的社會環境裏，生活坎坷，懷才不遇，但始終恪守文人的良知，一生白璧無瑕。他有名而隱名，有才而不恃才，有能而不逞能。如今，整理他的畫作、文稿，撰寫他的傳記，都是天津文化史、河北文化史上一件有意義的事。

——原題《閻道生：允文允武的藝術大師》，刊於《三津譚往·二〇一三》，天津古籍出版社，二〇一五年版。

整理前言

《閻道生集》的整理以現存閻道生日記、往來存劄、詩歌册子、書畫作品爲底本，同時收録相關研究文章及史料。

全書分爲上下兩編。上編爲閻道生作品，分爲『閲廬詩存』『閲廬日記』『閲廬存劄』『閲廬武學』四輯。『閲廬詩存』録自日記、書信、早年詩集、題畫詩稿及書畫作品。題畫詩收録有作者準確署名的作品，無法確定原作者未收入。改良年畫題畫詩，因作品多湮滅無聞，因此僅録知見的少数幾首。作者的斷句和對聯一併收録於此。爲便於研究者使用，採用編年體，時間上有誤差的用『約』字標示。詩歌部分以按語形式作簡單的注釋。『閲廬日記』保持全部原手稿内容。『閲廬存劄』一輯，『名劄集存』原爲閻道生自輯友人書信集，整理後按作者編排，每位作者的書劄編年排列，並加入兩通家藏的書信；『閲廬家書』爲閻道生三女閻戴民藏；『師友飛鴻』中與定興李敦素十通爲李氏後人藏，致高樹學、高元良二通由高元良捐贈閻氏後人，餘者爲閻氏家藏。而原日記、書信中的詩詞，爲了保留其語境，仍然保持原貌，不做變動。『閱廬武學』收入閻道生編繪的《十劍譜》和晚年編写的《形意林泉劍》。下編收録討論閻道生的文字，分爲『閱廬研究』『閱廬評説』『閱廬序跋』『閱廬瑣記』四輯。最後是『附録』四種，收入閻道生年譜簡編、著述目録、傳記資料、書畫作品存目。

本書的整理由閻爾芃、閻伯群負責，其中日記、書信及部分研究文章，由《天津記憶》内部印行過，王振良主持校勘。此次又補充了文史學者及閻氏後人撰寫的文章，有的已在報刊發表，有的是首次面世。

在手稿整理過程中，原則上保持原貌，日記中誤記的時間、地點、物品名稱等不作訂正或補充。原稿中特別明顯的錯字，酌情改正。缺字及難以考辨的文字，用『□』替代或注明殘缺原因和字數。由於水平有限，編輯、整理、點校中不妥之處在所難免，敬祈專家和讀者不吝賜教。

閻伯群 二〇二二年十一月

總目録

上編目録

閒廬詩存

閑廬日記

閲廬詩存

詩詞

秋夜泛舟東淀 約一九一七年

載酒嚮芳洲，芳洲景色幽。煙波千里净，蘆荻一天秋。魚泳頻吹浪，鷗眠懶避舟。醉遊誰是伴，夜月共遲留。

按詩末二句，原爲『醉醺忘歸去，皓月共遲留』，王耀成修訂爲『醉遊誰是伴，夜月共遲留』，並批注『魚泳、鷗眠』二句，語有寄託，結句『歸』字，平仄不調，『夜』字在末後點出亦可。

步紀游原韻 約一九一七年

韶光亦已逝，首夏猶清和。芳徑蒼苔長，嘉木清陰多。中林杳人跡，佳士獨來過。有酒且相攜，聽鶯入林阿。憩止坐芳草，徒倚引高柯。放懷游方外，臨風一嘯歌。

按詩末王耀成批注：詩氣味頗好，但用意用字少欠細緻，須統觀全篇，起伏照應，彌綸無間纔好。

擬皎皎河漢女 約一九一七年

灼灼河漢女，何事嫁牽牛。迢遞負佳期，年華難淹留。盈盈一衣帶，耿耿懷遠憂。靈鵲不飛來，欲濟無方舟。徘徊罷機杼，掩涕泣清秋。

菊 約一九一七年

百草飄零秋色涼，菊花獨自逞芬芳。御袍采采楊妃醉，紫玉團團西子妝。已供徐熙留畫本，曾隨陶令住柴桑。我尋彩筆續花史，左女才華莫擅長。

九日攜友登高 約一九一七年

九日攜壺興轉長，振衣同去陟高崗。欲酬佳節題新句，莫向斜陽憶故鄉。曲檻煙深人半醉，碧空雲斂雁初翔。秋光入眼無他物，黃菊花開酒滿觴。

賞雪 一九一八年

雲母無聲散素輝，因風拂檻復穿帷。著枝添得梅花韻，墮地輕於柳絮飛。姑射神仙衣皎潔，鉢和峰嶺玉崔巍。憑高真足蕩胸臆，萬里清光入望睎。

詩末王耀成批注：造句風雅，第三聯尤勝。

春寒 約一九一八年

數日新寒逼幕帷，陰雲漠漠示春威。荒原未著尋芳屐，薄暮猶添禦臘衣。杏錦柳荑遲未放，雨絲雪粒尚紛飛。韶光何事歸來晚，欲向穹蒼問紫微。

暴風 約一九一八年

飓母無端見太清，颼颼洌洌動威聲。怒號萬竅鳴群虎，奮鼓狂濤鬥巨鯨。劈柳吹花施勁厲，揚塵蹶石敞空明。蚩尤早被軒轅滅，底事承平未偃兵。

詩末王耀成批注：結韻甚好，且見寄託。

雨後見杏花

約一九一八年

昨夜穿窗雨似麻，淋淋膏澤遍天涯。曉來捲幔探春色，籬角先開白杏花。

詩末王耀成批注：字句有少欠圓適處。

賞菊

約一九一八年

栽菊傍東籬，秋容晚節奇。西風開瘦蕾，玉露濯芳姿。澹泊故宜壽，清幽自入時。落英應有待，屈子去何之。

詩末王耀成批注：起韻生，結韻好，餘可觀。

公園賞雪 約一九一八年

其一

涼雲滿太清，飛雪静無聲。窗隙穿瓊屑，枝頭補素英。天開花皎潔，山積玉崢嶸。此景真堪畫，拈毫述范生。

其二

賞雪園居好，清光愜素心。郊原裝的皪，臺榭疊瑶琳。且和蘭房曲，何思灞岸吟。無由尋宋玉，誰復一弦琴。

訪吴稚暉 一九一九年

天挺漢家兒，浩氣淩雲霄。矯手風雲起，推翻帝制朝。
歸國不受勳，退隱塵囂外。品高陶淵明，旨合托司泰。
仰慕十八載，一旦親高風。發言披雲霧，滔滔説大同。

題首自注：八年春日。

詩末自注：托司泰，俄人，倡大同主義者。

詩末王耀成批注：氣味商古，用字有少欠圓適者。

林居早春 約一九一九年

東君初布令，好景已娱人。山色開新畫，苔痕結錦茵。紅添桃頰豔，翠放柳眉匀。羯鼓何須發，盱衡萬象春。

遊春 約一九一九年

旖旎韶華滿大千，尋芳信步豔陽天。花光爛漫堆紅錦，草色蒙茸藹翠煙。柳陌纔飛謝家絮，榆林初擲沈郎錢。東君猶恐遊人寐，又遣鶯聲作管弦。

觀任渭長畫 約一九一九年

山陰任渭長，畫師老蓮，而意趣又似河南《天台客劉阮》，一時江南畫士多遊其門，近年所謂畫有『山陰派』者，或指任氏而言。弟阜長，名熊；其兄子伯年，能承家學。

豪才妙思本天賦，欲窮造化托毫素。筆鋒偉岸師章侯，纖巧全脱仇十洲。伯仲獨有天台客，百歲之間如一轍。展君圖畫一何欽，始信六法擅山陰。弟熏子頤承家學，猶繼聲華説到今。

二月東淀泛舟忽遇風雨 約一九二〇年

其一

漫漫風雨泛滄浪，一葉扁舟入渺茫。雲水須臾成潑墨，天開一幅米襄陽。

其二

風回雨歇静氛埃，萬頃澄波一棹開。欲賦新晴增逸興，斷霞片片送帆來。

雨後樓中曉望 約一九二〇年

小園夜半雨濛濛，破曉登樓眺遠空。新漲波光浮白練，初晴日氣吐長虹。閑雲劈絮留虛壁，群木生濤擁畫櫳。喜得清涼祛炎熱，憑欄瀟灑一襟風。

入秋寄興 約一九二〇年

新涼滌煩暑，清興寄吟思。庭落梧桐葉，香生桂子枝。豳風迎素節，皓月近佳期。今夜姮娥好，纖纖初畫眉。

夜坐對雪 約一九二〇年

寒房燭影夜如何，茶鼎香清逐睡魔。庭院無聲人語寂，滿天飛灑曼陀羅。

辛酉人日 一九二一年

麗日和風天氣新，且隨楚俗度靈辰。一年好景占人事，寶勝金花慶曉春。

人日畫梅花　一九二一年

人日翛然無所思，閑調丹粉畫梅枝。隨毫飄出兩三朵，卻作含章點額時。

賞梅　約一九二一年

幾樹清香花滿枝，尋幽林下步遲遲。風前喜識東君面，雪裏堪吟何遜詩。傲骨獨於寒處立，清標誰向淡中窺。依稀恍若羅浮鏡，翠羽啾啾觸所思。

庭柳　約一九二一年

溪北溪南春色融，柳枝輸綠入庭中。茸茸細縷含輕靄，嫋嫋柔條舞惠風。欲賦新情貽洛里，且思高蹈步陶公。橫經對此消長晝，絮雪悠揚散碧空。

擬德修兄重九登高詩　約一九二一年

樓臺百尺逼雲高，此日憑欄舒鬱陶。秋色蒼蒼窮遠目，天風嫋嫋拂塵袍。文峰古調無人和，王勃雄才一代豪。緬想昔賢生逸興，且簪黄菊飲醇醪。

趙瑜堂之金陵别後有懷 約一九二一年

春樹蔚新榮，春草發新芳。志士騁良圖，駕言游金閶。皎皎天宇潔，嫋嫋輕風揚。高飛奮六翮，青雲任翺翔。昔與斯人遊，歡樂何陽陽。一旦相乖違，江漢阻且長。思君不成寐，舉首視穹蒼。南箕與北斗，誰爲作河梁。

中秋對酒 二十世紀二十年代

羅君劍秋拈○○○○，趙君佑之與余飲酒，爲中秋佳節之雅集，即席賦此以作雪泥鴻爪□□。

中秋嘉會際良辰，況復聯歡對故人。座上西裳來趙翼，樽開北海有羅倫。酒酣欲拂琴三疊，燭至□□月一輪。寄語畫師閻立本，好圖雅集比公麟。

按詩序中之○原文如此。

題聯 一九三二年

廿一年元旦日或後一二日，爲舊廿年舊曆臘廿六，此日繼婚侯氏。余年四十九歲矣，故有多般感想。余題一聯以自寬。

繼孟德耀之古道；
較叔梁紇爲盛年。

紀聯 一九三二年

素稱故舊，又托葭莩，數十載聲應氣求，疑事每從勞指示；
阮裕後昆，復滋桃李，一旬日山頹木壞，傷心何處寄憂思。

詩末自注：此余爲旭堂挽劉蔭亭叔者。

思去秋之詩 一九三三年

一雨滌殘暑，河漢橫天白。獨坐悄無言，秋蟲鳴我側。

朝起臨梳洗，晴霞飛入窗。揮之竟不去，紅上美人妝。

古今相承刀劍四大家四首 一九三三年

閑及劍術，因有所思而成四唱，以志拜服也。

孫夏峰

清初之哲人，顔習齋先生曾敬之。孫夏峰有十三刀法，李忠元師指之爲劍，有新安王子銘演之，真是别開生面。遺世有十三刀法，當然神妙，不知今日容城有此風否？昔年新安王子銘師兄以十刀獻於武士會，吾師深許高明，立證爲夏峰先生所遺也，且夏峰本以劍術名，後世誣習爲刀，今需改正。吾師博學多聞，當具隻眼也。

論劍先思孫夏峰，衹今縹緲去無蹤。新安王子拾餘緒，凡聖原來定不同。

花刀李先生

時有饒陽李恭者，以八番炫於世，訪花刀李先生，被短刀敗之。定興三李之祖父，古大武術家李鐵珊公也。當饒陽李恭獨創八番拳而立名鏢旗遊揚天下，上書云：『天下把式數李恭，腳踢黄河兩岸，拳打南北二京。』一時無敢應者。及歸家，訪花刀李先生，先生折竹爲刀，點李恭遍身有痕。復之嘲云：『南京到北京，把式數李恭。見了花刀李，兔兒見了鷹。』

在昔八番甚逞能，也將衣法立宗乘。哪知短刃無長技，狼狽失於李定興。

李老師

深縣存義先生也，爲河北形意拳之祖李飛羽先生之再傳弟子。爲人忠誠慈惠，爲士夫愧對，平生不言人過，聞人有難事，則泣有聲，凡來者不必通姓名，則傾囊以助，時人以武聖人稱之。人恒名爲單刀李，而究不知單刀之神。

閑綜國術數賢豪，還是吾師道藝高。劈面一刀破群技，伊誰不拜李單刀。

蔣馨三

蔣先生游北鎮，劍術受異人宋惟一先生之點授。棗强人，拳術宗程門。從戎入奉天北鎮，遇異人宋惟一先生。先生一見有緣，遂授之以劍術。宋先生其父爲當時名士，親喪廬墓三載，有隱僧避塵子就墓爲友，因遇宋先生，時宋年十餘歲，欣然以爲可教，遂傳之以八卦劍。宋無後人，祇傳蔣馨三先生。八卦劍非世俗之劍也，其玄奥殆非時流所可思議者。

刀劍由來久亂真，蔣君劍法邁群倫。若將斯道衡天下，宋後合當做主人。

輕舟 一九三四年

孟秋載舟歸家，欸乃聲中，因憶昔年下津門舟子之語『好風啦，送後來的船啦』，隨句占成一絶，亦少陵所謂『村童牧豎一言一笑取之皆成佳句』也。

輕舟早發水雲天，欸乃聲中憶昔年。曾記旁人向余説，好風吹送後來船。

按題目爲整理者加。

中秋待月 一九三四年

補舊作，以前歲中秋風雨夜色慘澹。

去年風雨誤佳期，楚女馮夷相妒伊。今夜天時人意好，姮娥底事復來遲。

重陽對菊 一九三四年

欲寄王星球者。

重陽九日不吟詩，羞對黄花把酒巵。聞説輞川有才子，故邀佳句報東籬。

問菊　一九三四年

小園昨夜飽西風，催放霜花三兩叢。靖節不歸少知己，黄濃紫豔爲誰容。

按一九五七年作者以此題《菊》贈郝保群先生，詞句略有不同：『東籬盡日飽西風，催放霜花三兩叢。靖節不來知己少，黄濃紫豔爲誰容。』

夏日鄉居即事　一九三五年

觀閘

二十二號，南岸設新閘。水中横空一滚水壩，滚水壩寬四十五丈，而低於地有二引水渠，水來挾沙，斜灌大柳灘，復折入白塔寺，入子牙河。去歲永定河下口塞，此處竟成下口。若如此長阻，滹沱、子牙、大清、白水諸河之流，子牙下口恐被淤塞，是不衹上游塞流不暢之爲患也。光緒十三年中亭河被淤，吾鄉百里被巨患者凡十餘年，可爲先鑒矣。

南岸開新閘，挾沙遏衆流。桑乾爲患久，誰爲解民憂。

久雨

伏中七八日，日日雨淋漓。碧淀添新漲，漚麻正及時。

暑夜

蚊蚋嚼人膚，炎熱復如熇。中夜起涼飆，一枕方睡足。

采莧菜

秋風野莧肥，其味勝苜蓿。采采復采采，冬日盡飦粥。

詠雪 一九四四年

其一

風定雪紛華，婆娑落復斜。清光開畫本，逸興在詩家。且閉袁安宅，宜烹陶穀茶。真成銀世界，一望獨呀呀。

其二

寒雲啄不破，薄暮雪霏霏。此景真堪寫，揮毫對素暉。

補重陽獨酌　一九四四年

國破家殘强自憐，銜杯獨飲菊花天。寒雲隔斷登高興……

整理者按：此詩殘缺。

卅五年徵兵　一九四六年

是夜一匡與保生被徵。

聲聲傳説要徵兵，忽從深夜來拘人。爾民不許苦哀告，悲喜全由鬮上分。中選之家淚交涕，眼看老弱失生計。縱然徵了富貴家，他能雇人去代替。凌晨相送到河干，妻子爺娘離別難。長風吹送帆無影，一片汪洋秋水寒。

秋日泛舟於向方橋　一九四六年

蓼花叢裏放輕舠，十里清溪到石橋。記得昔時由此過，月明如水碧天高。

詩末自注：卅二年六月十四夜，匪入村，被燒搶一空，縛我於肖家堡草地，定以貳千元，蘇國義作保而回。

咫尺盈盈隔一泓　一九四六年

衹因農事擢輕舟，十里行程放倦眸。天上浮雲時變滅，澤中野草自清幽。欲割秋色歸圖卷，且詠新歌付棹謳。十載屯難魂未返，一彎秋水洗沉憂。

和岳父句　一九四九年

岳父有『明年有麥田之望』句。

誰料今年歲大饑，來年豐稔已無期。傷心欲畫流亡譜，珠淚潸潸落筆時。

水災　一九四九年

大水橫空起，挾風帶雨號。黽蛙生釜甑，黍稷委波濤。短計終成病，堅操且自豪。爲憐小兒女，惹得淚滔滔。

養生秘說 一九四九年

藴藻與蘋蘩，古人薦神聖。不用一錢買，采來我受用。麩皮與糟糠，這是維他命。花錢又不多，滋養得真徑。笑他吃葷腥，何如我潔净。笑他吃膏粱，哪能養靈性。三百六十日，日日此供奉。一年復一年，年年用不罄。從此身體輕，老弱無疾病。康健好家庭，輕身壽一定。膏粱與葷腥，不爲我所重。我今秘此說，不教路人聽。

按題目爲整理者加。

小園即事 約一九四九年

晚飯剥紅蝦，秋襟鬥落花。天吹白雲盡，日剩紫微斜。净地藻荇水，小窗羅月紗。夜長吟更苦，啼煞露棲鴉。

春晚即事 約一九四九年

岸曲花藏月，門斜水見燈。雨池深閣閣，窗紙外薨薨。春晚如殘夢，心齋己定僧。於何送長夏，修竹架蒼藤。

又來水 一九五〇年

一九五零年農曆五月五日，又來水，麻糜被淹。六月十二日，雨滂。王慶坨就此扒方公堤泄水，一時揚芬港左右數十里就成澤國。堤外洪水猛漲，人民護險無處取土，動衆徒勞，立待決口。十七日夜決口，全家被水所困，磨棚與前院門牆全傾於水，正房不没的臺階尚有二行。風濤作時，浪花飛上門窗，深慮書房崩坍，瓶無餘粟尚置之度外也。紀以韻。

纔離乞丐行，又入餓鬼道。老朽不足惜，衹是憐弱小。吾父羅此愁，吾又繼斯憂。世上無神禹，誰爲導洪流。包天大波瀾，奔入我茅屋。浪花驚煞人，稚子蒙頭哭。

觀任伯年畫册 一九五〇年

前無來古後無今，畫家誰比任山陰。説起家風本深遠，數世文華萃一身。先生用筆似用斧，橫砍豎劈興無阻。重巒疊嶂奇境開，打破晉唐舊規矩。老夫研畫四十秋，閑蹤六法數名頭。苦瓜八大無緣分，獨喚頤公上藝舟。

小院新秋 一九五三年

扁角初成角，絲瓜花又開。絡緯騰在上，劄劄報秋來。

立冬 一九五三年

一夜被如冰，突然天氣變。風定雲不開，窗外飛輕霰。

題人日句 一九五三年

組織迎人日，清暉照滿堂。剪花金作縷，煮菜玉生香。斯俗傳荊楚，以晴定吉祥。兒童捧佳醑，祝我壽而康。

皂王對　一九五三年

但求有飽飯；
何必羡佳餚。
聯末自注：橫批『兩炊常在』。

別忘了蒸水洗臉；
須記得淋灰擣衣。

蓋房對　一九五三年

窗高結宇宙；
屋多宜子孫。
聯末自注：橫批『西南其户』。

上樑逢好晌；

立户住千秋。
聯末自注：横批『開窗明爽』。

窗闊迎朝日；
山高接慶雲。
聯末自注：横批『修建得宜』。

此屋千年壽；
斯人百世榮。
聯末自注：横批『竹苞松茂』。

伊人福壽永；
此屋子孫多。
聯末自注：横批『祥光繞屋』。

窗高得空氣；
柱穩立千秋。
聯末自注：橫批『燕雀集堂』。

癸巳九月攜幼子登坡眺望 一九五三年

且遣愁魔與睡魔，東郊遊眺趁晴和。斷連堤岸農場集，出没滄浪漁艇多。數載塵沙迷戰壘，一年事業付流波。茱萸盡可消災瘴，遍野嗷嗷竟奈何。

詠菊 一九五三年

其一

閑對名花萬慮輕，幽香佳色助吟情。靈均近日有消息，分付霜枝遲落英。

其二

我有菊花色正黄，小園也自比柴桑。淒風冷雨都經過，依舊寒英抱晚香。

其三

一番秋雨一番風，催放籬花三兩叢。靖節不來知己少，黄濃紫豔爲誰容。

其四

重陽九日不吟詩，羞對黄花把酒卮。聞道西鄰有才子，故邀佳句報東籬。

西江月二首 一九五三年

爲芃兒作詩題，聊以紀此。

其一

寨上相隔十里，路間多少坑窪。衝煙涉水踏泥沙，還有顛狗可怕。行行已達彼岸，立時不作咨嗟。數行楊柳映籬笆，這是舅家不差。

其二

且去西郊勞作，也能遊目怡情。場光地净正堪耕，又喜麥苗青壟。回首天光已晚，疏林一抹霞紅。采棉人正在途中，分付斜陽且定。

『衝煙涉水踏泥沙』句後自注：流潦至深秋多有涸乾，一路泥水難行。

『還有顛狗可怕』句後自注：秋間驢有傳染病，各處日有死亡，政府不許人吃，故多連皮掩埋。狗群扒驢而吃，多有瘋者。公路左右，顛狗多有。

『這是舅家不差』句後自注：去寨上是上老舅家去。

端陽節與芃兒改詩 一九五三年

風和日麗度端陽，依樣千秋角黍香。因憶懷沙屈夫子，擎杯遥祭汨羅江。

佳辰值除日 一九五四年

余之生辰爲臘月廿九日，今年爲小建月，佳辰正值除日也，以詩紀之。

佳辰值除日，兩事樂同臨。撫劍懷前跡，彈筝寫素心。屠蘇能介壽，華祝正迎春。北斗相期定，同余共轉寅。

按題目爲整理者加。

二月十三日到高莊 一九五四年

言訪高人赴水村，輕航一葦浪無痕。余家北岸君南岸，十里煙波相對門。

水災 一九五四年

屋廬委於水，兒女泣成群。雲湧蛟龍舞，波飛陸地沉。救貧無善策，悲老托孤吟。辟穀留侯去，斯方何處尋。

『波飛陸地沉』句後自注：十三日午後，掛龍如在目前，由南轉西，一時白浪翻飛，黑雲湧起。聞五日肖家堡掀房拔樹，尚飛起一舟扔在堤裏。十四日，王泊即決口矣。

梓樹 一九五四年

桃、杏、葡萄、紫藤及萱、艾、菊、玉簪、金燈、錦葵、西番蓮等兩院花木皆没。

花木西園一概無，紫藤北苑也凋枯。偉哉獨有中庭樹，戰退洪濤體更腴。

苦貧 一九五四年

十載躬耕棄硯田，無端洪水竟年年。小兒饑餓翻囊篋，衹有三文卜課錢。

憶菊 一九五四年

今歲重陽乏米粱，老夫一肚盡糟糠。饑寒災苦全無慮，衹少黄花愁斷腸。

到鄭莊 一九五四年

鄭莊木廠位東西，雞犬相聞隔一溪。此壁萬畦菽作角，彼方千畝棗舒荑。氣鍾靈秀多才俊，地處偏隅遠鼓鼙。人傑物華成二美，阿鄉比較若雲泥。

生辰閑詠　一九五五年

去臘廿九日爲余生辰。去歲的詩。

黍穀即回春，攝提又轉寅。際此小除日，是我誕生辰。今年洪水惡，嗷嗷無所托。年節與頤期，所以甘寂寞。三女從東來，傾囊若堆雲。佳品盡南北，名色不能分。可以薦俎豆，可以介眉壽。兒女齊騰歡，和氣溢宇宙。

春寒　一九五五年

其一

已過二月半，天道尚嚴威。未整尋春履，仍添禦臘衣。北鄉冰未泮，南浦雁遲歸。賦罷天將雨，時須作雪飛。

其二

覆載同天地，寒温各一方。終風嚴不解，鎮日冷難當。九盡冰仍結，春分柳未黄。青冥梯可接，欲去喚韶光。

高歌　一九五五年

黄鐘毀棄鳴瓦缶，下里巴人作上尊。老夫古調無人和，衹過窗前幾片雲。

園居　一九五五年

賦性偏幽寂，南村有敝廬。清光門外水，好景案頭書。作畫乘佳日，鋤園留野蔬。逍遥塵世外，無夢到華胥。

題會真記　一九五五年

元稹既亂其表妹，初結同心，終被捐棄。且示雙文之秘於同人，不念故情，反視之爲妖孽，而巧飾其過，作《會真記》，僞名以張珙。元負崔，崔何負元？欲以其事傳之於千載，其忍心爲何如也！

文君投相如，紅拂奔李靖。此事若仿佛，雙文何不幸。德言圓破鏡，漢宣重故劍。彼皆遇君子，雙文空嘆羡。崔元屬中表，雙文爲其妹。誘引與要脅，漸漸結幽會。

既已亂其始，須當成其終。何事一飛去，立乖金石盟。癡女信有托，不思反仳離。可惜千金軀，徒遭蕩子欺。忍作會真記，千載留其疵。負心與敗德，孰若元微之。

詩末自注：陳徐德言尚樂昌公主。陳政衰，德言謂其妻曰：『國破，必入權豪家。』乃破鏡各分其半，約他日以正月望日賣於都市。及陳亡，其爲楊素所得。德言至京，有蒼頭賣半照者，德言出照合之。題曰：『鏡與人俱去，鏡歸人未歸。無復嫦娥影，空留明月輝。』樂昌得詩，悲泣不食。素知之，乃召德言而還其妻。

三女結婚之夜夢中來呼我　一九五六年

一九五六年五一節，農曆三月廿一日，戴民在津結婚。我老且貧，自恨不得親去結縭。當夜夢女呼爸爸數聲，仿佛在家，及醒知已嫁矣！當此佳節，烏得乎不紀！

昨夜雨紛紛，大地不生塵。五一好時節，三女正結婚。昔年洪水惡，無力再升學。移志學重工，此身是有托。去秋有蹇修，媒介到蘇門。同庚復同業，意氣兩相敦。今日是何日，不能親結縭。浮雲遮望眼，佇立神如癡。夢中聞女聲，聲聲呼阿爸。依稀是在家，忽覺今已嫁。

晚景 一九五六年

蓼花灘裏隱茅廬，中有白頭老畫徒。萬里未行空蠟屐，五經不讀慣藏書。竟因課子揮長劍，曾爲莳花置短鋤。按説晚年皆自在，無方辟穀祇踟躕。

村東眺望 一九五六年

渠淺難流轉，垣頹任欹斜。白沙迷故壘，青草蔭荒窪。婦女齊除穢，兒童争治蛙。修堤人似蟻，夯號共咿呀。

詩末自注：是月高級社成，婦女全須勞動。青蛙每個賣一分或五厘，有善治者學生閻孝伯，一日賣了三元，除交學費尚有餘，所以群兒争治之。

雨　一九五六年

掃徑迎涼雨，開窗納濕雲。立能驅暑熱，豈獨蕩塵氛。水面添新漲，山容罩翠雰。商羊何必見，昨日甕生裙。

詩末自注：凡有雨水，缸必濕暈下截，人稱曰甕生裙也。此是土俗，未見古典。

老境　一九五六年

近歲偏多病，欲爲無所爲。銜寒一盞酒，舒悶半章詩。長劍能偕老，小爐時斷炊。壯懷思在昔，不語撚霜髭。

附：張蓮溪和老境原韻

與君同入老，將復欲何爲。端會三升酒，共論幾首詩。好藏巨闕劍，莫向戾㢊炊。試看東家子，今朝雪染髭。

吾家 一九五六年

其一

平生愛野曠，豈爲遠囂塵。逸興思霄漢，閒情寄水濱。無山雲作態，有酒甕生春。掃徑纔清潔，班荆來故人。

其二

閑徑浮青靄，長堤灘白沙。清溪古澤國，獨樹老夫家。愛月常停燭，惜春不掃花。隨時皆適意，瀟灑入南華。

詩末自注：時道一來，藉草相談。

附：張蓮溪步吾家原韻

其一

我生攘攘市，久厭此氛塵。津迷石磯畔，心縈泗水濱。願分五柳色，共作兩家春。相與數晨夕，並爲羲上人。

其二

新詩擬北海，妙繪掩灘沙。一別賢人酒，空懷處士家。常緣思渭樹，幾度夢蘆花。看看歲雲暮，莫嗟雙鬢華。

『新詩擬北海』句後自注：謂孔文舉也。

『空懷處士家』句後自注：公嘗於四九年冬過飲寒舍，後即屢思趨謁不果。

『幾度夢蘆花』句後自注：公詩有『蘆花灘裏隱茅廬，中有白頭老畫徒』句。

長女八月十號乘舟去津正值陰雨

一九五六年

婚姻當是有來由，好夢相符正入秋。能步孟光志已遂，漫吟泉水思無休。應知婦德從夫重，脱卻娘家落魄愁。自愧隨之無一物，任教魚鳥伴行舟。

『好夢相符正入秋』句後自注：五月某日夢麗哉以金書字，曰『從茲安置起，好事待秋來』十字。

和蓮溪　一九五六年

其一

津上萬家市，唯君名獨傳。興來書灑落，德備體盎然。好古俗情遠，安貧道力堅。何時共連席，剪燭得談天。

其二

杏壇道未泯，君獨接薪傳。佳章忽下遞，一讀一欣然。我心本無罣，我身近已堅。招我結吟社，詩情蕩滿天。

附：張蓮溪原唱秋日懷閻廬

畫師閻仲子，崇譽世争傳。淡泊陶元亮，風流孟浩然。新詩吟自賞，高節晚尤堅。秋水蒹葭白，與君各一天。

近重陽　一九五六年

天將近重九，風雨滿東皋。添得空庭冷，釀成白浪高。吟情在黄菊，秋思入離騷。瓶底無餘粟，題詩莫寫糕。

菊　一九五六年

其一

含露棲風倚石旁，數枝瀟灑度重陽。洒家自古無災瘴，不讓寒英泛酒漿。

其二

開放梅花在曉春，衆芳依次作陪臣。霜寒大地無顔色，點綴秋光總是君。

其三

素質奇姿盛晚秋，花中誰比此清幽。延年輔體斯爲貴，可與山人共白頭。

其四

佳種得來手自分，花光燦爛比卿雲。平生不愛餐英句，期與霜枝共古今。

其五

花葉玲瓏花貌鮮，鏤金疊玉共爭妍。西風掃盡殘蜂蝶，吐蕊伸枝任自然。

自述 一九五六年

書作田兮筆作農，此中意趣極從容。涼秋畫意在黄菊，清夜詩聲和冷蛩。敗壁頹垣居李沆，緑葵紫蓼飽周顒。東皋遼闊真瀟灑，閑向西風策短筇。

詩末自注：李沆，抗上聲。朱子《名臣言行録》：『李沆自奉甚薄，所居陋巷，敗壁頹垣。』周顒，宋人，隱於鐘山，終日長蔬，曰緑葵、紫蓼、春韭、秋菘。

附：張蓮溪步自述原韻

遠從束髮思爲農，誰信華顛總爲榮。每對西風嘶怛怛，獨欽高志不蛩蛩。歲寒自有三秋豔，履健何須四牡顒。羨煞蘆灘一畫老，白沙堤裏策仙筇。

秋興 一九五六年

節序至孟秋，看看郊原好。紅襟紡織娘，黃袍莊稼老。豳風歌適時，爾雅物可考。回首望敝廬，蒼煙掛樹杪。

菊 一九五六年

菊菊菊菊不尋常，豈止幽姿與古香。也共淵明稱逸隱，曾隨屈子入文章。可憐丹桂依玄兔，尤笑紅梅點壽陽。終古吾花不改節，疏籬老圃獨芬芳。

入冬 一九五六年

虼蚤蒼蠅已滅亡，方將穩入黑甜鄉。雞聲驚醒還思睡，織女復來窺北窗。

詩末自注：《夏小正》，十月，織女正北鄉，則旦。織女，星名也。

分秋 一九五六年

十月場光正分秋，肩挑車載鬧咻咻。老夫也自有收穫，産出半囊張打油。

按題目爲整理者加。

十月 一九五六年

吟《十月》詩，以朔北寒霜，因想南嶺梅花，曾得二句『寒房燭影人無語，江嶺梅花遞暗香』，及續起句而竟不能。復改寫兩首，是較前兩句爲輕浮。

其一

千樹梅花袁小倉，乞梅書去兩三行。江南河北難相遞，不贈梅花贈暗香。

其二

聞到江南在此時，嶺梅次第放胭脂。若能健步尋花去，踏遍風光好紀詩。

又七律一首 一九五六年

滌場時節了農功，謝卻商飆换朔風。西野煙銷山影近，小庭木落月光通。竟無香稻醅佳釀，尚有黄花伴老翁。曝背籬邊成樂事，瞢瞢睡在日光中。

臘月十三病中飛雪兼懷蓮溪 一九五六年

一夜嚴威逼草堂，維摩病裏不能當。如來久别難相顧，何用瓊花布道場。

七十五壽 一九五六年

寒房何所有，盆梅發紅萼。以之置壽筵，酒香花灼灼。七十四年起，今日爲初度。因思鞠育恩，不覺蕩魂魄。余生甘落拓，晚歲猶索莫。惴惴常自持，恐墮先人澤。我今舞且歌，兹辰姿所樂。高唱武陵花，海内稱獨作。回首掣吴勾，尚欲思飛躍。席上雜陳錯，肴核與羹臛。三女不能來，傳杯祇梅鶴。忽然暖似春，滿堂光焯爍。老妻喜告余，羲皇來入幕。

留春 一九五七年

誰不喜清和，誰不苦炎熱。所以畏祝融，不願東君別。春水出肥鯉，桃花釀美醪。他方不及此，此地足逍遥。李白欲繫日，是爲大不敬。何如酹巨觥，一醉忘使命。

詩末自注：《太清卉木方》『酒漬桃花，飲之除百病，好顔色』。謝靈運詩『首夏獨清和』，三月天氣爲清和也。俗以四月爲清和者，根於首夏之句。

送春 一九五七年

桃花飄點點，柳絮復飛飛。美豔顔難駐，清和景已非。離亭歌幾疊，分路手空揮。還欲殷勤問，明年歸不歸。

單句 一九五七年

柳絲牽曙色，雨點綻花苞。

遊春　一九五七年

喜見韶光到，郊原色又青。舞雩風正好，春草夢初醒。戲水魚相樂，看花人亦馨。逍遥小園囿，何必羡南溟。

寒食即景　一九五七年

昨宵白雪轉甘霖，從此嚴威不再侵。沽酒且須酬冷節，惜花尤欲乞春陰。東風已入池塘水，美色先施桃杏林。人意天時都適當，老夫未了踏青心。

詩末自注：杜詩注『齊人呼寒食節爲冷節』。

夏日到津贈蓮溪　一九五七年

張子蓮溪道最親，春雲秋月比豐神。古云大隱隱朝市，添我成爲兩畸人。

與蓮溪攜手遊公園追想當日

一九五七年

其一

攜手行行到故林，每逢舊跡卻追尋。爲愁積雪憐烏病，常怕西風瘦柳陰。石磴過時青靄合，酒杯設處萬花深。名園勝友今何在，獨有張旭共古今。

其二

高閣崇樓勞想像，劍光詩韻憶前塵。曾尋蛺蝶聞莊子，也對芰荷思洛神。霜柳真疑粉妝點，雪山卻似玉嶙峋。此情可喜未空過，攝到觀音十丈身。

其三

千樹長藤攤紫雲，萬竿修竹釀青雰。愛看仕女倚紅杏，喜共園翁采緑芸。月色涼侵花欲睡，柳絲游惹水生紋。笑人孔雀開屏處，羞煞香娃錦繡裙。

其四

領取風光二十春，如何吾去即沉淪。因思勝事題疇昔，静立無言倚夕曛。空色妙言誠善解，毁成一理總非真。衡町花木皆嬌小，哪識當年舊主人。

『爲愁積雪憐烏病』句後自注：園中積雪，烏鴉無食，多有死者，因灑以高粱哺之。

『獨有張旭共古今』句後自注：張旭，蓮溪也。

『劍光詩韻憶前塵』句後自注：余居之樓名『劍光詩韻樓』。

『攝到觀音十丈身』句後自注：霜天如玉，浦孫照得大士之象。

『萬竿修竹釀青雰』句後自注：余曾住此二載，學會處有萬竿修竹，經直奉戰，此竹盡毀。

斷句　一九五七年

放蟹偏驚捷狙膽，食瓜舔破黑熊脣。

五季之雄　一九五七年

朱温

一從大猾據中原，五十餘年開亂源。臣弑其君子弑父，亂臣賊子出一門。

李存勗

能承遺囑報三矢，有兒當是李鴉兒。斯須天子何終局，惜不追蹤郭子儀。

李嗣源

攫奪原來不正當，爲那有道始稱揚。焚香千載成佳話，年在天成號小康。

石敬塘

淪陷燕雲十六州，忍將民族作私酬。甘心作個兒皇帝，玷辱神州歷史羞。

石重貴

以嬸爲妻一獨夫，君昏臣媚國應誅。一家號泣萬千里，回到朝陽作虜奴。

劉知遠

光復神州獨一呼，河東崛起逐氊胡。縱然有道得天下，不幸之殘寡與孤。

郭威

雕青天子出堯山，掃盡煙塵净宇寰。返旆忍心移漢祚，春秋直筆豈容奸。

馮道

老而不死頑癡老，送舊迎新多少番。五季元臣還不足，猶爲遼國掛頭銜。

詩末自注：五代晉石重貴降遼，馮道亦拜謁如儀。遼之耶律德光戲謂道曰：『你是何等老子？』道答曰：『無才無德，癡頑老子。』又問：『汝看天下百姓如何救得？』道應聲：「此時一佛出世也救不得百姓，惟皇帝尚可救得的。』遼主喜，仍命爲太傅，充樞密顧問。

中秋津門雜感

一九五七年

其一

白紵輕拋利也無，所思一片盡模糊。扔開布袋方瀟灑，明月相隨道不孤。

其二

思到牂羊墳首章，東方未白起彷徨。笑余誤識陶彭澤，錯避塵囂歸故鄉。

其三

舊技於今興未闌，十年稿本盡凋殘。友人借得寫生筆，欲喚姮娥畫畫看。

其四

秋雨秋風感若何，孤懷慷慨寄高歌。津門百里户鱗次，獨少白頭詩畫窩。

練拳　一九五七年

小院掃黄葉，蹲蹲演武功。老拳搏古道，健骨戰秋風。火候剛柔裏，消息吞吐中。吾家本内派，遥與五禽通。

秋懷　一九五七年

一生從不出人頭，危行寡言有自由。識字不多强不識，憂天無益更無憂。畫中寥落戴文進，象外逍遥莊子休。尚有閒情思二子，孤懷明徹對清秋。

詩末自注：戴文進山水九幅，筆法險横，目空古今，奇品也。

霜降　一九五七年

中夜霜花降，擁衾警不眠。立聽萬籟肅，忽覺一天寒。好景成虚幻，朱顔易老殘。自知頭更白，攬鏡不堪看。

賀天津國畫研究會 一九五七年

名下無虛士，諸公法俱良。奇開三祖秘，妙合兩宗長。雅會聯燕市，藝壇競海邦。酒家忘鬓白，充數傍門牆。

補童年之齊宣王見顏斶題 一九五七年

以位榮顏斶，齊王欲進賢。君心難强合，臣意不投緣。有道當趨士，無求祇樂天。辭歸極瀟灑，安步入雲煙。

哭王德修先生 一九五七年

魯燕不相見，别恨竟如何。欲寫相思句，翻成薤露歌。有客霜天來，寒齋聞噩耗。皇天爾何心，不慭一遺老。書窗冷舊芸，經壇覆黃葉。飛翔泰岱間，藐然輕世界。酹師一樽酒，爲師讀大招。仿佛魂歸來，雲黑風蕭蕭。

驪歌三疊　一九五七年

民國四年，袁世凱欲爲帝，深防蔡松坡。蔡常詩酒，留戀於小鳳仙家。小鳳仙識其機，結爲同志。偵蔡事急，小鳳仙與蔡遂潛身於天津。當别時，小鳳仙唱驪歌三疊，蔡行色倉皇，不能相和。我閱書及此，愛其事愛其詞，遂現蔡諤之身而提筆和來。

柳揺金

今日相歡宴，領你的盛餞。唯呀，任他虎牢堅，也能脱險。賢妹呀，舉杯兩相勸，莫學兒女同哽咽。這一席酒筵，是千載一時的紀念。

帝子花

到東瀛哪能留戀，我敢説光復民國必操勝券。呀賢妹，與你具眼的紅拂意氣牽。兩花已結同心蓮，有甚不如願。

學士巾

我這裏法術全，老魔不難殄。執枹北伐氣無前，且行行暫别你春風面。我功成身退，賢妹呀，再相見，樂林泉。

詩末自注：昔日有小鳳仙像片，得覺非題詩，曾檢點笥中，不知何時化翼飛去。

斷句 一九五七年

停燈借明月，烘硯待朝曦。

開會因題一首 一九五七年

文藝祇二十八人，畫者如劉九洲已九十歲人，不能來，周培基也未來，一人帶去幾張尚懸於會場，等人觀睹。本會者以戲劇家爲多。

我邑多才俊，莘莘聚一堂。栽培老藝術，開放百花香。此樂宜中國，斯風先益昌。洒家雖髮白，充數亦輝煌。

白石 一九五七年

瓦缶已雷鳴，黄鐘當毀棄。近來無處不積肥，先生筆下真肥氣。

根子 一九五八年

五八年之春及去歲之冬，東淀無水，人民掘水草根爲食。此草在本草或是莎草，在畫譜或近根子。能食，人稱爲根子，在武清一帶水鄉稱爲巨巨根。

黿婦苗根莎草根，掘來一食可還魂。老天真有好生德，萬石黑糧惠野村。

擬句 一九五八年

其一

乍見成悲喜，相看感古今。

其二

冷添寒士骨，白上老人頭。

贈燕妮 一九五八年

其一

彈指年華七六春，渾渾噩噩任天鈞。衹知身世終潦倒，誰想門庭變嶄新。大市小鄉共甘旨，江南河北結婚姻。老夫一笑傾家釀，以次傳杯共飲醇。

其二

茅簷盡日冷雲屯，自汝一來氣轉温。展翅飛開滄海市，壹心趨嚮水雲村。能將福澤榮姑舅，莫忘詩書付子孫。古德新知都已備，祇慚余子拙如豚。

按題目爲整理者加。

春日詠天津 一九五八年

百萬人家市，家家不識貧。光明天不夜，温飽地皆春。巨港連環海，雄圖拱北辰。繁華本運會，萬載日常新。

歸 一九五八年

又作津沽客，無聊祇自知。空餘長劍在，獨恨故人稀。小技難投合，衰年不適宜。明朝趁天氣，歸去卧茅茨。

閑詠冬棗 一九五九年

冬棗，頂平凹而扁圓端正，極象來禽。皮若塗朱，落地即碎，光可照人，在秋末冬初收，故稱爲冬棗。收時祇用手摘，入口則叭的一聲，則離核，其甘似蜜，汁能粘唇，仙品也。國中祇静海王家莊張惠民家有十株，先生曾欲種於余小園，而滄桑之變，哪能顧及。

恰似來禽式，來禽美不如。凝成一塊蜜，抹過幾重朱。映月光能現，迎霜體遍酥。寰中祇數樹，近日有還無？

七月抵津旋里時攜菖蒲與菊花成二首 一九五九年

其一

鬧市不長住，雙輪趁早涼。清新沁毛骨，瀟灑換時光。雲斂碧天闊，風過野草香。室人喜我至，趨暑大開窗。

其二

歸興非一日，朝曦促客裝。斜循秔稻徑，直入水雲鄉。瓜架實皆着，蔬畦草未荒。此來真不寂，相伴有蒲郎。

詩末自注：菖蒲，金冬心吟詠稱蒲郎，吾襲之。

詠菊　一九五九年

其一

餐蕊折枝絶可憐，閱盧所好任其天。有時花性同余性，疊疊重重開萬千。

其二

草木全凋菊獨肥，此君從不畏嚴威。西風空向東籬過，獵獵瀏瀏摇落誰。

其三

看菊如同見畸人，幽香佳色不同塵。而今我在羲皇上，期與斯花共古今。

其四

晚年好菊已成癡，幾度滄桑也不知。近日欲離煙火食，試將花氣入詩脾。

其五

楚楚孤芳品最佳，偏從霜裏燦寒華。俟余來個讓王者，高舉黃英作國花。

其六

菊花之品獨稱奇，雪壓風欺如不知。莫怪當年陶處士，一生寄興在東籬。

其七

獨有吾家叢菊開，殊芳異品自培栽。如斯晚景莫空過，撿取一枝作畫材。

其八

九秋風露菊花開，中夜幽香浮動來。若在此時承沆瀣，不須康子獨脱胎。

其九

擬把黃花作道場，欲將六合换清香。靈均靖節康風子，不速而來共主張。

其十

翠羽金冠紫錦團，奇姿異彩共鮮妍。叩門有客修花史，還是當年鄒小山。

其十一

綴雪流金次第開，賞花哪有他人來。清香鬱鬱透毛骨，不食金丹也脱胎。

其十二

點綴名花小院幽，奇香異彩自風流。世人莫笑秋光老，戴紫簪金滿白頭。

題龔半千畫訣 一九五九年

安節先生六法真，三言兩語即傳神。不談八股不講道，可作初學上大人。

二月去津上王慶坨乘車 一九五九年

不思跋涉苦，遊興尚如斯。泥濕鞋常滑，風斜帽易欹。渠溝失古徑，雲霧蔽朝曦。四野少人跡，行行忘路迷。

病中不寐 一九五九年

七月十九病中不寐。時叢母子一游南，一去津，我獨守老巢，不期而有疾。

病裏難禁秋夜長，茅屋獨卧卻清涼。擾人黠鼠時窺榻，泣露寒螿將入堂。怯冷頻驚風透枕，解憂常愛月當窗。南華畢竟有名句，以静消疾是妙方。

按題目爲整理者加。

秋夜 一九六〇年

一天冷露濕簾旌，蟪蛄無聲蟋蟀鳴。涼夜家家人盡睡，書窗衹我一燈明。

蓮渠 一九六〇年

白蓮冉冉送清香，渠沼相銜百里長。寄語友人如見訪，余家近住水中央。

詩末自注：霸縣至我鄉有百里溝渠銜接，故稱百里荷花。

吊念曾 一九六〇年

十二號，午，爾訓祇抱小衛來，知昨日親家高念曾瘐死監中。去院到伊外家尚有餘氣，繼而焚化。吾生平之好友，朔北之英雄也。因思效三（念曾號）而不能寐，吊以詩。

吾黨有豪傑，遭逢人盡嗟。十年在羅網，一旦覺龍蛇。殉國終完節，征仇屢破家。期君成想像，輾轉憶丰華。

十六日夜不寐因叢林農校移於策城有感而成五律 一九六〇年

移校南村去，師生共一航。纔分青苻路，即入白蓮鄉。波定開菱鏡，香清襲藕裳。高歌互唱合，瀟灑度滄浪。

興來潑墨灑滄浪 一九六〇年

十九號晚，夜不寐，搆燈讀《南華》，再則想到重陽劉夢得一句之詩『滿城風雨近重陽』而起興，因成一絕。

興來潑墨灑滄浪，非米非高自主張。我不能題聊借取，滿城風雨近重陽。

按題目爲整理者加。

答蓮溪 一九六〇年

十二月廿二號，接蓮溪信，蓮溪病將好，因答以詩。

昨日貽雙鯉，讀之喜欲狂。終能占勿藥，從此慶長康。必着婁東史，復開北海觴。東風有所待，攜手步春陽。

『必着婁東史』句後自注：婁，王石谷也。

二十元錢尺一方 一九六一年

十六日，接爾訓信，知戴民有浮腫病，且胸間悶滿。點煤爐，購煤一百斤。昨夜不寐，因吟誦解憂。

二十元錢尺一方，當年畫事卻尋常。而今袛覺高於昔，難得索家半粒粱。

按題目爲整理者加。

斷句

一九六一年

莽蒼撥盡見仙鄉，衆鳥嚶嚶花草香。

題畫詩

題麻姑獻壽圖 約一九一八年

瑶池嘉日綺筵開，婀娜仙娥泛月來。欲轉金丹壽王母，且將瓊液酌霞杯。

題梅花仕女 約一九一九年

其一

庭院寒梅正放時，探花淑女步瑶墀。欲從何處寄春色，閑向東風折一枝。

其二

梅姿姝色兩争妍，相伴一團月皎然。自别羅浮尋不得，又從良夜出嬋娟。

題聽松圖 約一九二〇年

何處仙人下碧峰，盤陀石上坐從容。終朝無語不歸去，長聽聲喧萬壑松。

題畫 約一九二一年

千仞秋峰聳白雲，涓涓飛瀑向田分。山中野老無機物，閑戲沙鷗向夕曛。

題扇 一九三三年

七月廿八日，到西沽住三弟桃林校，爲交涉辛張之事終日鬱鬱。適陸生、華穠客滁州，來書相問，偶作一扇，爲籬舞拳，上下籬花劍戟相襯，題句。

小院平如砥，籬花亦清麗。對此卻瀟灑，閑作五禽戲。

題愛蓮記 一九三四年

菡萏花中划小舟，光風霽月獨風流。愛蓮記乃真名世，千古人間識道州。

題放鴨圖　一九三四年

水繞峰迴別一天，氤氳嵐靄接溪煙。昨宵過雨添新漲，撑出前灘放鴨船。

題孤舟載鶴　一九三四年

放眼溪山無點塵，一潭碧水漾文淪。此中疑有神仙住，欲問扁舟載鶴人。

題鍾馗圖　一九三五年

秋夜與吉仲弟談及鍾馗，因憶舊作曾與李星階畫過，拙句於後。

長鬚如戟目如環，官袍角帶烏靴蠻。五年夢中曾受詔，至今猶着唐衣冠。終南進士本好武，猱捷真如背生羽。冷颼颼的劍光飛，野魅山靈充作脯。不論開元事有無，且翻舊本施丹朱。神州近日妖氣熾，好作人間逐厲圖。

題趣兒圖 一九四四年

堆雪獅

依松堆雪獅，滿院喜孜孜。嚴冷人多畏，群倪若不知。

捉蒙蒙

兒童捉蒙蒙，相歡自顛倒。世間出世閑，覺王指亦好。

攀杠

蹲虎盤龍，以杠爲戲。不管下方，雙肩腫赤。

採蓮

小娃亂折紅蕖落，染得一池秋水香。

詩末自注：右四幅題趣兒急就，不成詞章，亦記於此，再作仔細。至陽。甲申清和十三日午牙疾稍痊，衹是一春大風未歇。

題梅花仕女 一九四五年

梅花香裏出新妝。

題伯樂相馬 一九四六年

孫陽一顧價十倍，凡賤曷能知絶群。

題林泉清興 一九四六年

結屋山之陽，林泉足清興。中有尋詩人，踏破白雲徑。

題修竹臨流 一九四六年

掃天拂水竹萬杆，有客臨流自不俗。

題紅葉秋江 一九五三年

白雲紅葉秋江上，有客行吟到水湄。

題巨石 一九五三年

何須塵事繞神嵬，了卻人間罣礙心。

題墨竹 一九五三年

仍向硯池尋舊技，不教老缶獨稱尊。

題野雀穀草圖 一九五三年

飲清水，食黃粟，深花中睡，㴾水裏浴，得意高鳴自在飛，羨爾一生無拘束。

題松江垂釣 一九五六年

群山積翠翠如流，據澤摩天幾萬秋。峭壁倒懸松百丈，長藤牽住釣魚舟。

題松江垂鈎 一九五六年

兩峰積翠翠欲滴，蒼松如龍瞰大澤。深山大壑少人知，衹有幽人釣晴碧。

題彌勒 一九五六年

大肚菩薩永不饑，坦然長坐笑嘻嘻。肯將妙諦度於我，不拜窮儒衹拜伊。

題美人看紅蕉 一九五七年

玉容哪用敷鉛華，窈窕丰姿出大家。步向薰風閑顧盼，階前羞煞美人花。

題煙波釣徒 一九五七年

爲雨爲煙吾不知，蒼茫萬里寫移時。有人説像霅溪境，志老船來正主持。

題菊花 一九五七年

文化館有名菊二十盆，平生所不多見，徘徊花下，惜其凋殘。歸來以指畫菊，聊寄相思焉。

訪到名花花已殘，徘徊花下不爲歡。誰知造化憐人意，百里復生指爪端。

題指畫達摩 一九五七年

三指試畫水，頃刻風濤起。中有達摩來，履之若平地。

題千古雄風 一九五七年

不使强鄰移國祚，力恢明社有成功。父降虜敵尤持節，依樣千秋烈士風。

題嫦娥奔月 一九五八年

其一

竊藥之占吉且昌，情天割斷任翱翔。稿砧射日弓猶在，何竟容伊月裏藏。

其二

畫取當年奔月時，姮娥感我費才思。從茲天上情相接，金桌之貽人不知。

題自畫像 一九五八年

蓮花十里香，稻田千頃緑。野老神益强，享此農村福。

題花木蘭 一九五八年

金戈鐵馬戰場飛，十二年來得勝歸。自古神州有奇女，英雄豈必盡鬚眉。

題田間送飯 一九五八年

昨天新黍初成粟，先向田疇餉社員。

題讀書老樹根 一九五九年

畫松常惡謹細，余乃施之以古籀及狂草之筆，頓放鈎點，礧砢然，蹙縮然，駢枝鐵幹，欲作其龍攣虎踆之勢，寫畢，將尋金老農而質之。

一天松韻雜書聲，展卷高吟忘世情。莫謂此間煙火遠，茯苓盡日餉先生。

詩末自注：閬廬題畢，一笑。

題舞劍二女 一九五九年

誰家女兒善擊劍，此藝人間不多見。舞來儀態盈萬方，一時天地皆軒昂。一個輕捷如乘風，一個婉轉似遊龍。青虯白蛇相騰縛，趕月追風不放過。推刺洗掃法無形，可謂見紅不見青。收勢淩空各一點，對立凝神氣內斂。觀罷我喜寫其圖，因圖想到古名姝。公孫大娘舞劍器，書顛一見通神秘。劍術莫高趙處女，勾踐聘之虚前席。荀灌十四解城圍，木蘭長征奏凱歸。黄天蕩裏摧强敵，盜盒三更乘月飛。詩家善美秦夫人，桃花馬上石榴裙。俠女反影吕家事，能復深仇驚紫宸。女兒女兒非等閒，有俠有士有劍仙。異彩香花榮簡册，奇勳偉烈動山川。一從解放作新民，高才妙藝何甡甡。女界光芒騰萬丈，還欲今人勝古人。

贈洞庭畫戲題 一九五九年

其一

非高非米寫煙波，好趁詩人張志和。我畫世人多不惜，衹能持贈洞庭哥。

其二

石谷高才勝乃師，洞庭與我更如之。畫壇觀遍名山水，哪個如君筆墨奇。

題牡丹 一九六〇年

不去問徐黄，造化在短穎。馥馥發天香，打破三春冷。

詩末自注：鎮日陰霾，春光太遠。聊寫一枝，以破天色。

題雨昏夕渡

一九六一年

雨昏天將夕，擎蓋度危橋。

贈張紹村白描仕女係以句題

一九六一年

階下有紅蕉，袖中有素女。畫成爲請益，不止接相與。天寒難設色，因依李伯時。近年乏筆氣，纖弱衹自知。如今我二老，天下之大老。入水不能濡，入火不能燎。馳騁藝林中，造化在君手。此道已無人，獨吾從君後。

按此詩現存兩個版本，另本爲『階下有紅蕉，袖中有素女。畫成請所益，不止接相與。天寒難設色，且學李伯時。近年乏筆氣，纖弱我自知。提起我二老，天下之大老。入水亦不濡，入火亦不熇。馳騁藝林間，造化全在手。甚麼是與非，一笑復何有』。

戒纏足歌 一九一二年

莫纏足，莫纏足，纏足真個苦。一雙小腳兩眼淚，筋斷骨折血肉枯。文明女子尚天足，大方真自如。何必忍心害理下毒手，致令女兒終身痛切膚。勸世人，莫纏足。

按改良年畫《戒纏足》，一九一二年十月出版，直隸學務公所印行，直隸教育圖書局印書處刷印。

打球歌 一九一二年

一

噹啷啷，噹啷啷，搖擺鈴聲出課堂，夕陽煊彩花送香。好哥哥，好弟弟，莫負好時光，攜手快到打球場。

二

東打球，西打球，東去便如離弦彈，西來好似定盤珠。好哥哥，好弟弟，我便對你打過去，你若落了你算輸。

三

打球去，莫遲遲，練得腿快眼光疾，膽子越大身子越結實。好哥哥，好弟弟，打球去，莫遲遲，他日邊疆有戰事，好爲國家效前驅。

按改良年畫《打球圖》，一九一二年十月出版，直隸學務公所印行，直隸教育圖書局印書處刷印。

題家庭教育

一九一二年

欲謀社會改良，先講家庭教育。女學遍地發達，母教自然普及。飯後茶餘之暇，子女團團繞膝。姊姊懷抱弟弟，母親教誨幼子。教以方字圖解，教以飛潛動植。自古賢聖文豪，皆受母教之益。孟母擇鄰教子，歐母布沙畫荻。望我中華民國，家庭當講教育。

按改良年畫《家庭教育》，一九一二年十月出版，直隸學務公所印行，直隸教育圖書局印書處刷印。

題破除迷信 一九一三年

宇宙萬象，離離奇奇。若推其理，皆有可知。自然作用，物理爲之。科學所考，已無可疑。豈有風伯？豈有雨師？迷信鬼神，其心太癡。更有陋俗，不值一訾。求神祈雨，遠道奔馳。抬一神像，遮以柳枝。露頂跣足，相追相隨。肅肅其容，喃喃其詞。其心實虔，其愚堪悲。嗟此妄舉，屍之者誰？戒之戒之，勿事自欺。

按改良年畫《破除迷信》，一九一三年五月出版，直隸教育司社會科印行，直隸教育圖書局印書處刷印。

題家禽守信 一九一三年

世間最貴，惟此光陰。大禹惜寸，陶侃惜分。其逝如水，不可追尋。可貴可惜，甚於黄金。惜陰之法，不但勤勉。接時執事，須有預算。每日如斯，無或少變。天下何事，能我困難！家畜之雞，咸稱德禽。每曉必報，不忝司晨。守信若此，愧殺吾人。用繪此圖，範民之心。

按改良年畫《家禽守信》，一九一三年十一月出版，直隸教育司社會科出版，直隸教育圖書局印書處刷印。

閱廬日記

閱廬日記卷一

民國十四年（一九二五）

十四年正月十七，是陽二月九日。

去歲在津度歲，二三日心忡不安。正月十六徹夜不睡，至旦狂風劇作。下午六點，忽劉廣有冒風來，持大哥書，告以父親忽於今朝不覺人事。聞之哽咽不能多問，留劉宿於武士會，未得告諸同人，遂乘人力車到針市街書房呼三弟。三弟云：『夜夢臨李蘭西喪，靈帷間平列有父親之牌位，是不祥。』購牛黄丸三粒，散學步至河沿。今年洪水至冬天不落，結冰至邵家園以上。到此天已昏黑，舉目無人，祗有十數冰床陳置於此。西隅高處有一窩鋪，一老翁在内烤火，卻是我家鄉的人，忘其名姓了。他説夜間無往客，冰床的人都上店休息去了。余急躁萬分，欲步往而冰雪茫茫，途徑不辨。正徘徊間，忽聞迎面來一冰床。詢之，知是辛章人。余雇他，他以力疲夜黑泱泱不能撐回。守鋪老翁從中攛掇，任如何多給錢，終不相許。正在這時，忽聽腦後有革靴聲及高呼：『托床，快送我至楊柳青與大人送秫米。』知是奉軍。該夫仍依樣支吾，軍人搶步施以皮靴，問他去不去，他急答曰：『老爺老爺，吾去吾去。』吾們得此機會與軍人坐冰床到楊柳青官廳以上，未教軍人給工錢。行數十步，露出一石碑，當是中亭堤界，遂順此綫前往。哪知冰與堤平，雪漫無路，一時迷惑，不明方嚮。衹見遠處有燈火，遂面此而行，又覺是北，遂停步尋思方嚮。三弟說：『吾們背燈火行當是西。』遂行之。誰知走入裏窪，冰薄，竟陷於内。一路積雪没脛平膝，涉十數里，始到家，遠聞柝聲已四響矣。入村啼泣到門，二姐開門哭泣迎出，余與三弟匍匐痛哭至東屋。父親尚未小殮，知前夜唱高腔極樂，至四鼓歸家，食糕點三塊，後瀉一次即睡去，我母呼之不醒，推之不覺。嗚呼！竟一眠而長逝也。何疾致此至今不解。到西厢熱炕上换乾鞋襪，移時請旭堂、禮塘、梅三爺來議事。當時雇冰床到獨流買壽衣與棺木，天明（十八日明旦）方小殮。棺木甚恰意。十九日鼓樂大殮，成服，送路。廿九日閉靈，因無陸地，遂浮厝家廟。

與王德修、馬覺非、姜般若、信東莊、郭仲九、湖北飛龍、北京志華叔、天津八叔、錦州三伯、西湖傅騰逵、筱山爺、張西園表爺、三姨丈、七奎六奎甥、張秀儒、劉馥亭、雲亭爺、竹深叔、恩樹叔書：

哀啟者：家嚴君忽於正月十七日早五點逝世，搶地呼天莫知所以，已於十九日送路，廿九日閉靈，浮厝家廟。喪事雖從儉而所費已至貳百餘元，去夏大水又繼兵荒，貧困之情不言而喻，不得已擬懇假百元以濟急需，究不知尊處有無餘裕及郵匯便當也。來書仍寄武士會。臨書嗚咽。哀此矜鑒！

棘人閻道生稽顙

少甫李老伯病故，復子實書：

來書知老伯大人仙逝，驚愕之餘，同深悲悼。本當親詣靈前，以申泣奠，而喪居苦塊弗能遠離，先祭香楮一束，賻儀壹圓，發引有期，必前往執紼也。臨書嗚咽，伏乞。

鑒諒！

二月八日，爲陽三月二日，爲父親之三七又二日。喪居苦塊不敢遠離，以生活計當有不得已者。到津讀王德修、張秀儒二君之唁函，不覺流涕。晚，星階、呈章來。

十二日夜，夢入一街，蕭條無人，行不遠，舉頭如見我之家祠。推門入，有一偉漢立庭中如役僕者，惟黑暗不辨面目。舊書房燈火螢然如豆。余呼父親，偉漢即入報之。時燈滅，父親果出，猶如昔日，云：『視我何爲？』余跪而哭之。醒，聞火車嗚嗚，東方將白也。屈指計之，今日十三日，爲喪之四七日矣。

十四日，到大新族館看傅三嫂，與家中書興平民學校事。

十五日，已到津八日，終日怔忡不安。騰逵匯到百元。大哥來信云，北京二叔寄到四元，飛龍寄到十元。

廿二日，近日稍静，盡翰香館大屏及堂幅。浙江來信。三嫂及平女到。作畫起。

孫中山於此星期内病逝於北京，解剖腹臟陳於天壇。俄國來一水晶棺材，價數十萬。

初四日，星階見李芳辰督辦與秘書王蔭軒，萬違登之介也。相見甚洽，慷慨之風溢於言表，談武術之餘並及國事與本身之所遇。星階演龍形及三合劍之點法，李喜甚，云龍形劍當高於他門，惟不及余之所習，因舞之。據云，爲駐軍北鎮宋惟一先生所授者。談及會務，許以修理費及每月經費百元。

民國十五年（一九二六）

十五年。去歲乙丑十月，李芳辰敗走天津後，武士會竟一變爲駐軍之區，朝夕支應，不堪其勞。若此曷以籌嚴親之殯事，愁焉憂之。遂於丙寅清明前解脱會務歸家，移案几於家祠，遂專以畫爲事。思若得半載所售，復加以好秋，九月間即可卜葬發引。時小莊小族長相伴研文字，恩多小族叔晚來習武術，于振侖復常來瞻顧，是有向學者。我二十年以客爲家，今始知鄉里之樂趣也。

六月間赴津，張羅畫件藉籌武士會之事小住六七日，連日大雨。及歸，瓜田已成澤國矣，憂之。

七月廿日，中夜不寐，獨坐焦思，以先嚴未安窀穸，我曷能高枕而卧也。

七月廿六日，爲大姐之壽辰，烹魚蒸蟹，請二姐帶外甥大家歡喜一日。午，恒爺研討薄⿱罒巽之字。⿱罒巽，選，去聲，爲綱魚鳥之物，即是此無疑。又思洗衣，我一方，爲彳，又衣裳，擣衣，擣，古文爲壽聲，段氏音均譜表列在第三部。

廿七日（八月一日），閱報驚知，陰廿日武昌陷，陳督自殺，吳佩孚退據漢陽，大戰蔣介石於江。大哥、世珍甥及大娘一家十數口皆流寓於此。飛龍以軍機重任當在危險，隔數千里使人夢想不及，驚心動魄無過於此。

八月初六爲内子生辰。傅乾坤來三日矣，研究劍術甚精細。有云，得道者須有緣人。我遊十載，真藝竟於家得之。

十八日爲先父之生辰，祭奠，因思能十月初發引，天氣尚不甚寒。禮塘弟由獨流來，知大娘闔家全回來了。大哥在鄂看家，飛龍仍堅守武昌，可驚者爲世珍甥被俘也。我一夜不成寐。

廿日，聞獨流大娘全家由鄂奔歸。吳佩孚敗走後，蔣困武昌四十餘日始破。

廿一日，買蒸鴨、螃蟹二色，乘舟到獨流省視，知大哥及五弟均避於漢口英租界，獨世珍被俘，不知下落，使人動心。夜宿於書房，焦灼不成寐，復憂先嚴之殯事，不覺汗流浹背。五鼓未歇，我掩門過河，不告而走，是憂之極矣。

母親以我心憂，遂命明春發引亦可，我心遂稍釋。

九月十五日，曹樹政表弟由鄂來，知飛龍與大哥微行入漢口脱險，幸我先人之福庇也。惟世珍無下落。衹以樹政言，是憑在廣水被俘，曾見世珍與人家荷槍三支從之行，或有命在焉。咳，家道寒微，人無活計，使我甥竟落如此耶。陸澐以全軍没自殺。吴佩孚乘輪遊擊不支，漸北。劉佐龍以漢陽兵工廠獻於敵，遂倒戈。粵兵圍武昌，漢口之亂，殺北方之僑人。武昌圍四十餘日，無食，死者枕藉。攻城死者以千百計，野犬食人而飽，守城軍乘隙擊之，以繩縛之，用爲食。凡狗馬牲畜都食已净，復以稻皮磨細食之。一日出令以人換糧，忽開門直衝敵人之糧臺，死軍人三百换來米三百包。

十月，赴津得畫洋百五十餘元，花費所餘尚有九十元，因存於禮堂弟處，作明春出殯之基。津門欠款尚多，以年荒不能收入，出殯之儀今年始作罷。

十月廿七，孫傳芳戰蔣不利，微行至依奉張。張遂領十省銜，自稱安國軍總司令，孫傅之。

十一月五日，陝劉鎮華守不利，國民軍奪入潼關。

靜海東南鄉出大股土匪，小村人民紛紛移入邑城。

我北村謝家堡因兵燹苛政相迫，居民遂毁村散於四方。

民國十六年（一九二七）

十六年丁卯正月七日前夜子初，生女。去歲十一月三弟生女。老母年七十六矣，望孫之心甚灼。我三人年半老，都無所出，不孝莫大於是。我族書香惟我家最遠，上至嘉璋祖凡十二世，一綫不絶。今矯虎與志華叔皆不生，以及我昆仲三人，何祖德斬絶以至於斯。

二月二日，傅濟蒼攜眷回家，暫住楊柳青，避土匪計也。

廿三日，思獨流正心堂祖塋離家二十餘里，祭掃甚不便，既家於揚芬港，曷若就近爲宜。廿三日晨，偕梅三爺，邀曹公餘先生，到龍尾地，以合巾纏衣水法作午山子局。大哥同旭堂、星五復邀郎二封張先生看，作丙山壬兼子午三分爲合局，大哥既以爲是，遂定。

二月廿九日，爲籌殯事到津，寓三弟處。

三月一日到測量局。閱報，知康長素於二十九日死於青島。

初二日訪俊臣，付畫洋七十八元。訪王儀堂，儀堂爲魚商，時魚商罷市，伊甚驚慌，故畫洋不能給。訪李懷白，衹給洋八元，他畫退回。我以爲此三處可收二百元，今衹得此，凡事難料。復還劉馥亭洋貳十元，再買酒茶各物又花出七八元，又贖衣服十五元，所餘尚有四十元，如此殯事將何以酬？

三月初六，午夜不成寐，思哀挽，不覺淚潸潸濕枕席。

清明節，三弟回王慶坨，我與六沖談昆曲頗釋悶。六沖共我獨坐倭樓，執筆成挽聯，掩泣一時。

初十日，禮塘到津，因議殯事，云：『決不挪移，少彬有錢百元，願賃爲用，其餘我一人擔負。』聞之樂甚，遂決購酒及茶葉同禮塘歸。

三月十五日，在家請蔭庭大叔、代耕五祖、則先二祖、樹梅三祖、禮塘弟、孝啟三祖、二姐丈，旭堂在苦未飲。適得勝口幸伯甥來，爲理酒肴甚潔。所議命大哥往郎二墊，求張仲瑞先生卜殯期。

十六日，卜爲四月初九日吉。

廿三日，蔭亭大叔到流，安妥朱三爺雲卿爲主官。

廿四日，安妥曹子珍大爺、則先二爺、姜俊生先生、曹梅村先生爲禮賓，以曹景銘、安德甫、曹獻亭三公爲介賓。

四月初一日，祭文成，挽聯成。

初四日，請告白涵，除初請以外，多添請潤軒大爺、國蔭大哥、性田弟。

初五，書安主文，祭舉文，成服文。三弟由津來。是日大風。

初六日，禮塘由津來，所購皆備。三嬸來，獨流家眷來，東沽港家眷來。

初七日，早風。午，執事都備。下午安靈。

初八日，成主、書主賓爲曹懷三先生。晚，行祭，辭靈。

初九日，安主發引，此吉日大風清和，爲春來所無。初十日復大風，獨初九日晴朗，説者謂得其天緣。

七月八日，家中亦無事，復旅津作畫。是日，余同禮塘步至當城，于振侖一肩行李，極是辛苦。路旁新水初添，足面深至没脛深者。連日無雨，秋收可期，惟恐漚麻困難，我農人是稍不足意。過河休息於飯館，因識楊柳青牛先生性田之妹丈也。飯畢登舟。舟行，振侖尚徘徊不歸去也。

八月二日，同郭鑄三、石毓芝訪李子揚於李氏榮園。乘電車於法國花園下車，换汽車，二十銅子到大營門，步行半里，即到李氏園。園廣有三四頃，樹木參天，内有葦塘廣五十畝，曰西湖，源出海河，有湖心亭、天妃廟、藏經閣、藏書樓（聞李氏近亦不□書），内儲圖書甚富。劉渭臣云：『商館欲以二十萬元購之。』園主人贈集良方一本。

初三，渭臣贈《士禮居黄氏叢書》。

十月初三日子夜四更，二姐病故，痛何可言。二姐於九月十一日午後令小榜、小省扶掖而來，胯疽發，晝夜呻吟，一卧不起，百方莫救，醫曰不吉，至廿日午遂輕車送回。時已常常昏迷，臨終之數日，呼兒之聲晝夜不絕。寫至此吾不忍，覺手彈心酸，潸潸下淚。而曹氏家況一貧如洗，姊丈又不能理家計，抛卻弱女孤兒亦屬難堪。而更傷心者，世珍甥息將何以處也。

十一月十五日夜，夢在家與人在院内觀星，隨步至白衣廟前，見西北角雲氣重疊，狀態不一。最上層有山石冠冕之象者，愈看愈似，愈顯出戴冠冕之人形。頭層平列二位，確識爲堯王，與平列四頭相視者爲舜王。二層相接者二位爲孔爲孟，再下則密而繁，惟居東首一白鬚者爲老子，餘則都不相識。惟見内中有一服紅衣女子，相襯其中。移時，人形隨雲氣而西没。西没之際於雲氣之中顯出一赤身漢子，縛捆於此，一時風雲西捲，曹清元老叔之臺階上，似張作霖立於此閲兵，而軍人都服白衣，執白旗。突聞張云：『諸位父老辭別了。』或是慈悲之聲音，人遂散。我之同觀者亦分手而西。其人身短，醒而忘之爲誰也。夢奇，故記之。

民國十七年（一九二八）

十七年陽曆五月，奉將張宗昌戰革命軍，節節不利，兵潰，益肆搶掠。革命軍方振武收濟南時，日本勁旅已長驅入魯。國人明知乘我内亂，行割分之實，而我南北軍閥酣於相鬥，無法及此。初四日，日軍竟尋隙屠殺我軍民。是時雙方死亡甚重，復焚交涉公署戰地委員會，交涉員蔡公時遇害，員司同難者尚有十餘人。五月七日，日軍又通牒困濟，城方孤軍不能支，死亡之餘均被迫出濟城數十里外，於是我山東省家家高懸日本旗，如庚子年天津之大順民也。蔣介石移山東省政府於泰安，張作霖趁此出息戰電，南軍不應。

舊曆四月上旬，我鄉奉軍過，孫傳芳軍過，紀律均好。而京兆路綫竟不若是，如磨叉港、東沽港、王慶坨均受兵禍，東沽港失騾馬二百餘匹，王慶坨損失值十萬，且有死傷者。

舊曆四月十五日，國民軍馬隊到揚芬港，正值闞里墅曹相豫報告，謝家堡有匪兵盤踞。國民軍往剿之，得大小槍八十餘支，手榴彈數十，俘虜八十四人。該匪自言，今午後正將要搶揚芬港，而突被剿，真此鄉之福也。先是逃兵與土匪相勾結，晝則出没於麥攏及小村間，夜則窺視我村。數夜間，幸得我數十保衛鳴槍響喝，且有半截土圍爲依障，否則我村之浩劫不可思議也。今機巧，若此如有神助。

廿一日，國民軍一旅駐揚芬港村，時奉軍踞楊柳青、韓家墅、河頭一帶，每夜炮聲震耳，而力怯不支，結果一哄而散。奉軍踞楊柳青九日，每逐門挨户搶掠。我赴大柳灘路上，遇一楊柳青人，云：『我家被搶九次。』可知其他矣。内有一事快人意者，爲濱戒煙局戴某，入院奉軍窺見，疑是敵人，遂擊斃。戒煙局，非禁煙也，許其公賣也。如天津開煙禁，滿街煙館林立，燈捐每月一盞六元八元額，其名曰戒煙社戒癮社。又如今春，官府强令種煙，每畝索捐六元，名曰罰捐六元，其義可知。戒煙局其搜攫行人如行劫（其威猛如軍事戒嚴，且服裝均同於軍人），甚至婦女尚解摸身，若戴某者，在官廳渡口常有搜索婦女之事也，故其死人多爲快。

國民軍回大城，道路甚靖。廿八日經大柳灘，各村均無恙，傅宅所損不及十元。時濟蒼又咯血，憂之。

四月廿九日爲陽曆六月十七日，革命軍入天津，奉軍退踞灤州，以山西傅作義爲天津警備司令，閻錫山爲京津總司令。天津土匪潰兵乘虛劫搶數晝夜，傅與巷戰二晝夜，殺匪二百，稍平息。三弟來云，天津庚子後，無此浩劫。議改直隸爲河北，京兆並之，北京爲北平，近欲移省府於保陽，遷都於南京，一時京津人民慌恐。張作霖出關，過皇姑屯，地雷發，炸斃，同難者有吴振升，事在陽曆十五六日也。

六月廿二日，在家病瘧三場。廿二日愈，晨興與旭堂書，爲前港地事。

七月初一日，到獨流商會。港邊地事略有頭緒。

十三日丑時，二小女大齊病殂，年二歲。

十四日又赴流，適飛龍回家。張敬堯已聘爲某師師長。因軍有變機，故止不往。未幾，張背離革命軍，果附奉，爲東路指揮。是夜，韓家墅兵變，死傷二千，聞人民枉死者亦有一二百人。

十五日，在流偕飛龍上墓。予曰：『吾們不敢比先人，祇不辱先人。』飛龍歎而頷之。是日，韓家墅潰兵四出，闞里墅某印花稅被劫。

閱報，南京以地賦籌五千萬爲南京建築稅，及迎孫靈大路。馮玉祥阻之，云國體未定，民不聊生，不宜先尚浮糜，且總理有言，國事建設首當儉樸云云。廿四日，到獨流。廿七日，地事成。廿八日午，撥壹千元，每畝價五十九元五角。廿九日，歸家，蝗飛蔽天。

九月初二日，獨流韓姓偕鄭永順、王會銘、旭堂弟爲交前港地，凡二日糾葛，真煩人。初三日，獨流人歸，邀梅三爺、郝先生分地。余與恒爺爲極東，並舍恒道里爲通衢，寬二弓，長六十一弓，名恒道里。

十四日，因地尚衢一分六，祗有與恒爺分擔，連所捐出之恒道里，每人應擔十九元六角六分。時甚窘，正項無着，紫暉欣然假以廿元，少年慷慨感何似。

民國十八年（一九二九）

十八年陽一月一日，時寓天津净業庵武術社。已來此一月矣。六沖與三弟同來度新年，飲白乾酒，喝豆腐湯，嚼青梅、白果、蓮子、櫻桃。酒半醺，六沖吹笛，我唱《佳期》《仙緣》《刺虎》《認子》。六沖笑曰：『今日之樂，惟我獨真。』

李毅伯治小兒積聚。五六歲者，小則減，大則加。方曰：滑石二分、木賊五分，用乳調服。又治小兒蟲病，方曰：雷丸三錢，使君子五錢，用雞子合，曬乾成末，調米湯服。

去歲母親病胃，幾危。先用開胸順氣丸，可減對成症。至冬犯病，甚於前，順氣丸不效，不能食者三四日，後以燕醫補丸服之纔解，雖然終難卻病根。天津張玉亭先生（堤六埠人）送來藥酒一瓶，余寄家奉母。母親從此每飯二盅，或胃氣上衝，即迎服立效，瓶未竟病全除，亦無意中事也。已巳秋尋得方來，擬常年儲製藏於家。其酒美甚，不特高於市上露酒，即宣化之煮酒，雖濃而無其美也。因母親服之，起名爲金壽酒。

川牛膝、追地風、歸尾、黨參、木瓜、年建、南紅花、威靈仙各一錢，乾酒一斤、冰糖四兩。

平民學校

舊二月五日，平校開學。鄉中識者咸集，爲一時之盛。員教職務爲濟舟、少耕、紫暉、佩綸、佩青諸同志。會之餘興，有馬熙臣之三合劍，余與紫暉之太極四手。終會作十番三遍。爾申來家祠就學。

奉安大典

六月一日（爲舊四月十四日也），天陰霾，一日不解，爲孫中山葬於紫金山之前一日，即蔣馮閻李互争之日也。孫中山由碧雲寺移櫬於南，治葬及迎櫬路糜費民脂至千萬，千古帝王未之有。平民主義者亦名之曰奉安，而吴稚暉、蔡子民以爲是。

六月十日，東北張景惠以武力突然收回中東鐵路，捕俄人，封閉俄各種職業，同盟機關一時鼎沸，其勢嚴重，且嚴詞駁覆駐哈領事麥利尼可夫之最後之通牒。

十月十二日（舊九月十一日），歸家。母親精神復元，爲胡朋海之妻被匪殺，聞而受驚有疾也。九月十二日，少耕叔之喜事。十七日，與大哥乘英爺小舟看父親之墓。地内祇餘一尺餘水，墳頭被激平，土面離水纔四五指，以竹竿探之，棺木未動。自水漲以來，心如懸旌，今心始放下。秋水落甚速，一月間幾至五六尺，前園之籬笆已出水二尺，明春種麻有期。余以每年積債至千元，今年種地七十畝，滿望有收，可以相抵，而不料卻付於東流。舊未去而新又添，如何！如何！舟歸，家中蟹正熟，留大哥飲金壽酒，樂甚。十八日，縣知事來驗災。十九日，天好，買舟回津。

西北軍討蔣 十月十一日爲舊九月十日

政府捐稅與公債名目繁多，人心不安。今日西北將領宋哲元聯銜二十七人，藉師救民而討蔣，一時統一之局驟變。《益世報》載，據國府賑災會調查，災區之縣計一千二百九十三縣、四市。災民之數，除川、黔、蘇、贛、閩、湘及熱河尚未校報外，計爲六千六百六十餘萬人。而又有東北之炮火連天，强俄壓境也。

十月廿一日，雪後回家。與馬外甥家駿籌洋廿五元，後大哥補六元。

蜂災·字劫

十月廿三日（舊九月二十二日），一日聞二事。今年洋蜂盛行於新定二縣，每八窠蜂可售七十元。人家有蜂，一巢一年能分生至三百元，於是分蜂爲業者衆。菘菜以保陽境爲多，今秋都受災，黄萎不長，農人指以蜂采菜花之病，因之興訟者疊有。一聞三希堂石刻藏於内府，某軍閥拓百遍而毁石，以寶其值。二事一爲星階説，一爲矯虎説。

廿四日，爲蔭恒爺病故之日，余在津。

民國十九年（一九三〇）

十九年一月一日爲舊臘二日，嚴智開（季聰）與姜般若創辦美術院，邀余作畫，開展覽會。余之畫將攜東京與日人賽。

一月十三日，南京電，自蔡運生斡旋中俄交涉後之結果，中東路行將恢復歐亞交通，中俄兩方亦已實行撤兵。但俄方對我仍蠻横，如開除總工廠華工，俄人乘車不買票，毒打路局員司，種種非理行動不一而足。復有俄領館駐兵之舉，外交部方面對此除一面電莫德惠來京訓示外，不承認伯力條文之宣言。

舊正月廿四日，雨雪九天，龍尾地種麥。廿五日連陰九日，遍地流潦爲災，麥種被野鴨食者甚多，而鶴窠地尤甚，數日間耩麥幾二百頃，逢此奇災。

記得在五六月間，在家夢一毛人入室，呼余出視，余即隨到堂屋門。階下內子傅面向門內立，旁又一毛人，執其肩臂云：『你另娶吧，吾們同他走了。』內子目灼灼相視，形容淒慘，而無一語。余驚醒，知爲不祥。及晝，內子云：『吾左乳內有一疙瘩，不疼不癢。』余聞之半晌不言，蓋知是乳巖惡症也。此病百不活一，諸般調治皆無效，從此不是歡樂之家庭了。

在數日前，內子已有一夢，夢來穿紅袍紅面長鬚類似鍾馗者，執內子髮，毆且教曰：『汝因何流産（時已流産），使汝家無後？其罪難數！』欲攜之走。驚悟，亦是不祥。

十月，卞宅定畫壽屏，十二條數百元，先交貳百元用，明夏交件，我冬日稍舒服。

民國廿年（一九三一）

廿年冬，去冬内子病，在灘調治數月。傅宅皆信佛門，郭大娘每日滲茶，我常通信止之，不聽。病乳漸縮，疑爲是吉，誰知毒入於内，多服寒涼之故也。内子去冬至春咳不止，髮篷直不潤，知是病入於内，又深一重了。焦灼如何？繼則聲啞。余不作畫，每夜相守。延岳小樓先生調治，亦不效。繼則咯血，聲啞，腿木直不能行。有一夜咯血半小盆，繼吐出一白色如食指長短一物，折視之，中有血心一綫。岳小樓正在此，視之，不識。岳祇説是肺附生之物，一説是肺之膜管連屬之物。而從此氣促體沉，不能動轉，諸方莫救也。竟延至六月六日上午逝世。（此尾應紀傅氏之生平）

附：致濟蒼書

前致騰逵之函，想已得聞。今讀一來書，使人何堪。寒門不幸，令姑母已於六月六日逝世，尊府一家及田大舅母均親視含殮，已送路閉靈矣。嗚呼，死者無知矣！

而獨奈家親女弱何耶。且老母又時常啼泣。由此，精神復非昔日也。道生何心，能不焦灼？去臘，令姑母來家時咳嗽已甚，而聲啞形瘦，衹疑爲是冬日犯癆病也，而不知從此百方莫治，不死於乳而死於肺也。雖春日尚能出入，舉止無異常人，不過每换服湯藥而時反復耳。忽一日秀麗病痾，爲母者一夜未眠，竟痰咯血半小盆，繼吐出一白色如食指長短一物，折視之，中有血心一綫。復岳小樓先生正在此，視之，不識，衹説是肺膜管連屬之物。而從此氣促體沉，不能轉移，飲食頓減，諸方莫救也。去歲常對人言：『予大姊年三十七而死，三姊二十七而死，我必是四十七歲而死耶，明年死期至矣！』人都以爲尋常談笑，而誰知竟成讖語。及絶氣之時，忽張目呻吟，慈而言曰『吾上大灘去了。磨未解，尚未收拾，還不來』等語。其時舌短聽不清楚了，而東院大嫂來哭時，云昨日真是推磨，家中無人不能前來。嗚呼！我書至此，不能寫了，尚望我賢阮寬懷自釋也。燈下風雨亂我心曲。

憂鬱成病，右臂麻木。

國難

九月十八日，日軍突占東北。聞來人云，瀋陽大火，二十日占營口。營口溝幫子爲日軍之保護綫。兵船入青島、煙臺、大沽，聞大沽有美船相比，彼未登岸。張作相退錦州，張小良在津正跳舞，初次報告而猶戀戀不歸，二次報告始知國破家亡而痛哭云。

日本佈告

（瀋陽城日軍之佈告云）今日之暴戾，不是一時的感情之激發，不外蔑視國際法規與慣於侮日行爲，中國官憲計畫的行爲。勢之所趨，現在如不芟除，日本東滿蒙權益必至顛覆者，實甚明瞭也。譬如中國方面而言，非民衆的行爲，可謂卑鄙的軍閥之行爲也。本職鑒於滿鐵保護重責，故採取斷乎處置。惟欲懲處東北軍官憲，不在平民，故一般平民毫無畏懼，務須安心樂業。

津市突變

十一月八日，津市突發現便衣隊。事前，有一日之華捕殺公安局密報，張學銘欲不抵抗，王一民主持防衛。及夜，南馬路槍彈暴發，是日奴之主使者，爲張璧、李遇春、厲大森便衣隊，多青幫。彼幫變爲日本奴，殺之不惜。連戰三日，殺便衣隊百人，內中也有高麗人，帶隊的全是日人。聞會文學校（在南廣開）院內白刃相交，學生皆藏入地窖，於板縫窺之，見有木屐許多相錯亂。此爲盧文燠所見。

復變

數日，兩方退步，市上稍有行人。余在家避數日，乘此時赴津，而各商家尚閉門，祇有賣食物者開半門，慘像難言。閱報，稱，廿六日，日本攪亂長江及天津、山東，阻止蔣介石北上（其實蔣曷能北上）。夜十鐘，同許介亭、馬熙臣、盧重光相坐，忽聞槍聲由南發來，相連二三十聲（余兹時住静業庵），院中尚見火亮，繼聞炮聲，一夜不絕，及明尚不止。聞廟後落一彈，大胡同東馬路落數彈，東馬路某醫生被彈炸飛，省府落數彈，金鐘橋下落一彈，南開路落八九彈，金家窯落數彈，公安局落數彈。當時義人還擊數炮，其轟省府之炮始止。廿八日夜，日本欲以火牛攻津市，我方均有戒備。時亦連戰三日。廿九日，公安局令人速逃，我與馬熙臣將所有應用移至西沽，與馬始步行歸家。當日聞日本所占東省各處均移動。盛傳小白龍占黄姑屯、新民屯，官方又有傳小白龍占瀋陽之電。馬占山據黑龍江，而張小良一味退讓，若説彼無賣國之嫌，人則不信；而一介匹夫獨能救國，彼當道之袞袞者豈不可羞耶！

錦州陷

十二月三十一日，南京新政府成立，以林森爲主席，蔣介石下野，陳友仁爲外長，汪兆銘、馮玉祥皆爲有之人。無何，蔣遊天台，胡卧香港，汪病滬濱，乃至戴返湖州，孫走上海，當此國勢危急乃各逞意氣，置國家於不顧。

民國廿一年（一九三二）

廿一年元旦

元旦國慶，各省皆慘澹無色。日軍於二月下午二時入錦州，奉義勇軍指揮黃顯聲退至興城。三伯父住雙陽甸，不知時局如何。

治膈小方

長壽菜一斤，蜜半斤，冰糖半斤，香油半斤，煮成稠汁服之，不知真有效否。

繼婚

廿一年元旦日或後一二日（忘記），爲舊廿年舊曆臘廿六，此日繼婚侯氏。余題一聯，以自寬曰：『繼孟德耀之古道；較叔梁紇爲盛年。』余年四十九歲矣，故有多般感想。舅氏爲廩生侯君心栽印良臣，氏爲公之長女，年三十二歲，入門頗嫻靜，似大家風度。從此老母得奉侍，弱女有教養，人皆謂不幸中之幸也。新正初四到獨流拜年，兼到學校會董星橋老友、張紹良、馬宜亭。在流得大柳灘信，初九日（舊正月四日）傳三嫂故，翌日由流赴灘。

紀聯

素稱故舊，又托葭莩，數十載聲應氣求，疑事每從勞指示；阮裕後昆，復滋桃李，一旬日山頹木壞，傷心何處寄憂思。此余爲旭堂挽劉蔭亭叔者。

上海變

上海於舊曆正月一日炮轟，黃浦炮臺及商務印書館一炬無遺，而商務損失在數千萬元。第十九軍蔣光鼐戰略驚人，凡四十餘日斃敵數萬，敵寒膽。不幸有王賡旅長遊公共租界被俘，懷中戰圖被搜出，偵知我軍細機，遂陷江灣、閘北、吴淞炮臺。蔣無援，遂陷江南太倉、嘉定。

三伯父之喪

得著生信，三伯父潤圃公於舊三月初六逝世，年八十一壽。母親令紅簽位於祖龕之側。

虹口炸彈

四月廿九，日本天長節慶軍民大會及舉行閱兵禮於上海虹口公園。正值歡歌興發之時，突有高麗人尹奉吉貢獻一炸彈於禮堂。川瑞當時炸斃，白川至刮腹治而亡，重光割去一足，野村割出一目，日皇賜重光一足、野村一目，名曰『義足義目』。不數日，日本國人刺殺加藤相。

上海合議成　有報載檔，忘記貼在何處

五月五日，上海一百日中日之糾紛停戰協定。

中俄恢復邦交

南京十二月十三日電，中國外使與俄李維諾夫在日内瓦開軍縮會時，恢復邦交。

今日下午間，訪芸書主人，得遇箸羲先生。已十二年不相見了，旋至硯田處飲金壽酒，説些拳勢。硯田甚得意，别來以此目録贈余而歸。

閬廬日記卷二

民國廿二年（一九三三）

癸酉廿二年 五十一歲

七月廿八日，到西沽住三弟桃林校，爲交涉辛章之事終日鬱鬱。適陸生、華穠客滁州，來書相問，偶作一扇，爲籬舞拳，上下籬花劍戟相襯，題句：

小院平如砥，籬花亦清麗。

對此卻瀟灑，閑作五禽戲。

洒家來桃林，與四緣先生書畫同處，問我如何消息，祇是而已。

畫畢，覺非竟書後面，題云：癸酉夏中游馳西沽桃林，遇閬廬先生，忻焉就伴，比得煙霞供養，道義良朋群學，信盟盎然，於中揔俚俗狂歌藉作金石壽相，華穠千里乞書，適閬廬佳興，報以近相，劍戟森羅，田園籬落，因即墨池，賦五絶四首：

隋客仗河内，明墟有夏峰。俠骨非傲世，舒嘯大江東。
獨具金剛眼，縱横一劍雄。鄉中小兒女，供養遲書城。
東籬可蒔菊，何如陶隱居。燕趙悲歌士，斯風似閲廬。
芳港馳毫地，菱塘洗硯池。乾坤供渲漆，大筆潑淋漓。

寫罷四首，適蘭秀山奉黨令來朔方提倡尊孔，因與渠談儒，宋之程朱，明之陽明，斯席已被習齋佔據，北宋推許荆公，南宋則陳同甫辛稼軒。

思去秋之詩

一雨滌殘暑，河漢横天白。獨坐悄無言，秋蟲鳴我側。
朝起臨梳洗，晴霞飛入窗。揮之竟不去，紅上美人妝。

活絡丹 于祝嵩先生傳來

川烏三錢，草烏三錢，乳香一兩七錢，没藥一兩七錢，地龍一兩七錢，膽南草八錢，化橘紅八錢，寸冬八錢，川貝五錢，桔梗六錢，全當歸八錢，枸杞五錢。

爲末，蜜丸壹錢重。

部首彳，象人脛之屬相連，甚不解，竊謂亍，人之側立，彳或爲側行，行字謂是行走之正面，又足疋二字，○ᑕ象腓腸脛骨，亦不甚解，又丵，叢生草也，象丵，嶽，相並出也，以及丵，瀆也，□瀆也，義通，而終爲掃除之物，他書不得有考據者，祇《段文》及《文字蒙求》俟考。異廾畀：予也。注云，分之則有彼此之異，竦手而予人則離異矣，異古異字，又有何分合之意，字之難考，殆如此甚多，共象廿人合作，何太死板，不知廾古之共也，共廿或象物，廾爲共舉也。

我家有園十畝，豬吃人踏莫之爲計，忽閱慧日永明智覺壽禪師山居詩：莫謂山居便自由，年來無日不懷憂。竹邊婆子常偷筍，麥裏兒童故放牛。栗蟥地鼊傷菜甲，野豬山鼠食禾頭。施爲便有不如意，祇得消歸自己休。（蟥，平聲，韻倒，或是訛字。）

讀此可以了了無滞也。

九月十八日，堤工

今伏水甚大，晝夜堤防搶險而虧款至百數十元，多次索於鄉公所，竟横不爲理，遂請於縣。縣令其速付百五十元。彼是夜會議，强辭奪理，仍欲爲難。經閻孝起三爺青司帳調解，許以八月節撥款。而孰知竟有心爲惡，及散會，概將所有皆還舊劣紳曹國琦輩飯館點心鋪之宿帳也。此二項有百餘元，在與曹國琦解訴時乃不承認者。

八月初六日，讀馬叙倫説研《説文解字研究法》

，行者，金多作，甲文作。楊桓以爲象道形。中空者，人所由也。羅振玉亦據壺字從，象宮中道，證知行即道路。倫按《吕氏春秋·下賢篇》：『桃李之垂於行者，莫之援也。錐刀之遺於道者，莫之舉也。』行道對文，亦行即道路之證。今訓人之步趨也。亦引申義，或之字爲所字。

，馬叙倫云，爲三孔之竹管，，象竹管，象孔，所説高於段。段云，從侖從品以音節而有倫，前與爾桓所講即同馬意，可見見解有所及也。竊以爲笙竽之類，古笙而横排，今笙而圓束。

開河芻議 十月初三爲舊曆八月十二

赴策城會議，與辛章鄧景熙和好，兼芻議治河。在辛章以上設名爲農田水利委員會，代表爲張鳳墀、曹燮農、鄧景熙。

盾，馬敘倫曰：盾，蓋從厈，目象盾形，而今篆作盾，説解曰：所以扞身蔽目，象形似，誤以爲從耳目之目，亦不知厈象作何形，近理予亦有是意，而不敢決。

十月四日，劍成

十三劍，在民三年學之新安王子銘師兄。當時，余尚造圖説，李老師甚悅之。及民六李星階兄由雲南歸，以此非本門之術，漸惡之。予因焚其圖説，遂捨而不習。十五年秋，策大伯母由南歸（武昌失於蔣介石），余往視之，既夜深不寐，遂掩門潛歸。一路清淨無人，因思十劍得勢三十餘手，雖不能及全豹而亦覺爲可觀，復到津與任丘李玉琳研究。廿年冬，又與熱河盧文煐研究，訂爲拿、撩、洗、提、掃、截、雲、劈、割、誘、坎、謝、刺十三點。今朝有興，復加添減，覺更大方，且成一氣，最尾雲即成雲字，雲收爲提，從此不再變更矣。復訂十三字爲拿、刺、洗、掃、截、鈎、劈、割、誘、撩、謝、雲、提，以此名十三劍。

妙語

《世説新語》：『庾公造周伯仁。伯仁曰：「君何所忻悦而忽肥？」庾曰：「君復何所憂慘而忽瘦？」伯仁曰：「吾無所憂，直是清虚日來，滓穢日去耳。」』

晉周顗，字伯仁，汝南人，揚州刺史周浚之長子，纍遷尚書僕射。

古今相承刀劍四大家 余所議訂也

閑及劍術，因有所思而成四唱，以志拜服也。

孫夏峰，清初之哲人，顏習齋先生曾敬之。（孫夏峰有十三刀法，李忠元師指之爲劍，有新安王子銘演之，真是別開生面。）遺世有十三刀法，當然神妙（不知今日容城有此風否）。昔年新安王子銘師兄以十刀獻於武士會，吾師深許高明，立證爲夏峰先生所遺也，且夏峰本以劍術名，後世誣習爲刀，今需改正。吾師博學多聞，當具隻眼也。

論劍先思孫夏峰，祇今縹緲去無蹤。新安王子拾餘緒，凡聖原來定不同。

花刀李先生（時有饒陽李恭者，以八番炫於世，訪花刀李先生，被短刀敗之），定興三李之祖父，古大武術家李鐵珊公也。當饒陽李恭獨創八番拳而立名鏢旗遊揚天下，上書云：『天下把式數李恭，腳踢黃河兩岸，拳打南北二京。』一時無敢應者。及歸家，訪花刀李先生。先生折竹爲刀，點李恭遍身有痕。復之嘲云：『南京到北京，把式數李恭。見了花刀李，兔兒見了鷹。』

在昔八番甚逞能，也將衣法立宗乘。哪知短刃無長技，狼狽失於李定興。

李老師，深縣存義先生也，爲河北形意拳之祖李飛羽先生之再傳弟子。爲人忠誠慈惠，爲士夫愧對。平生不言人過，聞人有難事，則泣有聲，凡來者不必通姓名，則傾囊以助，時人以武聖人稱之。人恒名爲單刀李，而究不知單刀之神。

閑綜國術數賢豪，還是吾師道藝高。劈面一刀破群技，伊誰不拜李單刀。

蔣馨三（蔣先生游北鎮，劍術受異人宋惟一先生之點授），棗强人，拳術宗程門。從戎入奉天北鎮，遇異人宋惟一先生。先生一見有緣，遂授之以劍術。宋先生其父爲當時名士，親喪廬墓三載，有隱僧避塵子，就墓爲友，因遇宋先生（時宋年十餘歲），欣然以爲可教，遂傳之以八卦劍。宋無後人，祇傳蔣馨三先生。八卦劍非世俗之劍也，其玄奧殆非時流所可思議者。

（説到蔣家八卦劍，此中神秘異群倫。）刀劍由來久亂真，蔣君劍法邁群倫。若將斯道衡天下，宋後合當做主人。

箕，許文丌，象其下也，又云𠔀古文。馬敘倫云，𠀠象形，爲丌聲。吾以爲，古文𠀠，下爲廾，象兩手執形較好釋。

豈，諸文已窮於搜索，多不能解，如曰振還師旅栗也。從壴省黴省聲。

虎，山獸之君，案金文作虎，其形甚肖，説文儿，象人足，非是。

十二月十六日，均田

轉瞬爲十二月十六日矣，寒冬困家，曷以卒歲也。厦門十五日電，閩西計口授田，現龍巖縣授田已完成八九，將繼續推行於永定上村漳平各縣。計閩人民共和政府成立幾兩旬，而進步如是之速。

姜履升聘卿先生殯 十六日十七日爲夏十一月一日

般若善誇大，稱伊先翁守橫渠學，自謚貞靖先生。來津爲畫小像，倚松鄰竹，持書而立，似古人章法。覺非同挽曰：『總理贈言，喆嗣半肩天下業；關中遺範，船山以次屬斯文。』『學海深淵，留得遺編光日月；秋陽慘澹，頓覺華國失賢豪。』

民國廿三年（一九三四）

甲戌年，廿三年，五十二歲

題愛蓮記

菡萏花中划小舟，光風霽月獨風流。愛蓮記乃真名世，千古人間識道州。

孟秋載舟歸家，欸乃聲中，因憶昔年下津門舟子之語『好風啦，送後來的船啦』，隨句占成一絶，亦少陵所謂『村童牧豎一言一笑取之皆成佳句』也。

輕舟早發水雲天，欸乃聲中憶昔年。曾記旁人向余説，好風吹送後來船。

題放鴨圖

水繞峰迴別一天，氤氲嵐靄接溪煙。昨宵過雨添新漲，撐出前灘放鴨船。

題孤舟載鶴

放眼溪山無點塵，一潭碧水漾□淪。此中疑有神仙住，欲問扁舟載鶴人。

中秋待月 補舊作，以前歲中秋風雨夜色慘澹

去年風雨誤佳期，楚女馮夷相妒伊。今夜天時人意好，姮娥底事復來遲。

重陽對菊 欲寄王星球者

重陽九日不吟詩，羞對黄花把酒巵。聞説輞川有才子，故邀佳句報東籬。

問菊

小園昨夜飽西風，催放霜花三兩叢。靖節不歸少知己，黄濃紫豔爲誰容。

冬夜圍爐，與吉仲、在高論書，因撿《嵩高靈廟》七十字，合《天發神讖》《鄭長猷》《慈香》而並臨。

九月半，患牙疳，嚼楊柳枝，敷星球兄之藥而愈，雖然從此牙縫已稀了。

十月一日，合族祭掃三日。到滄州見伯豪七叔，不遇，敗興。隨火車歸獨流，宿於侯宅。滄縣城牆剥落，凸凹如古石。五元錢車費，不枉也。

民國廿四年（一九三五）

民廿四年，歲乙亥，元旦在家（國曆二月初二）。

縣誌印成，枉處甚多。（一）最可鄙者尊崇天主教，有云『奉教之人皆爲儒雅可親，所謂上帝臨爾，無貳爾心者』。（二）爲滅列女事蹟，衹書爲某人之妻××××六七字，亦可稱荒謬。（三）説大侯莊徐氏非静海人口，徐桐列爲寓賢，其舊誌徐氏人物一概不録。（四）霍元甲力士也，非武術家，而洋洋文字，至有萬言。至我村之梁郎氏以施入廣仁堂之地，移歸學田，而彼誌竟載爲施入某善堂云云，可憐孰甚。至於釋物之常有杜撰，且引據不當，一見知爲小家氣。據他人云，錯處尚多多耶，實不爲信書耳。我昨日與李雲閣會於家，類舉張紹良先生作北區主稿，重校對一下，擬以抽頁印法，花錢不多，不知如何。

（是夜三鼓，二火蛋並行，經天，由西至東没，尾有長光。）

復元杏樵書。先問梁老太太之學田錯載爲施入某善堂云云。

杏翁先生道鑒：

大著開人茅塞，可與金壇曲阜述祖毋山而並立，若時人馬叙倫、顧實之流雖牽扯廣博而常失於穿鑿，非小學之旨也。弟早歲亦癖於此。今得大著實研學之助也，感謝感謝。去臘底在獨流得睹縣誌，因有一事相請，敝鄉梁郎氏施入廣仁堂之地移歸揚芬港爲學田，今完全小學校成立亦根於此，數十載之事，縣府俱有根據，今誌稱爲施地於某善堂云云，此種錯誤當是校對之誤也，能有何法改正過來，敢望示教，梁姓對之甚爲注意。弟去歲倦於訟，常奔走平津，書不得，抱愧。鄙畫俗氣，難得方家一哂耶，遲日當奉上。謹候。

春祺

古正二月

閻氏族譜序

天地之理一也，而折之則成萬，然無一何望有萬？非萬無由見天地之理，固如是，生民之道亦如是，即同姓之情又復如是。譬諸花木自根而幹條，而枝葉，不啻萬焉，而生理無二。譬諸人身，由首而肢體，而毛髮，不啻萬焉，而氣血不殊。今且由我身而上推之，則有父伯等，有祖，有曾高，以至於始祖，且至於始祖之始祖，不知其幾何世也。自我身而下求之，則有子侄等，有孫，有曾元，以至於雲仍，且至於雲仍之雲仍，不知其幾何世也。從我身而旁尋之，則有期功緦麻而祖免，而同姓以至於途人，亦不知其於何極也。所謂分殊者非耶，然而始祖以上之精神，遞傳於高曾，以於至吾身，而下垂於無盡，則吾之精神乃始祖之精神也。始祖一人之精神，即宗族千萬人之精神也。其分之而各一，精神者分之殊也，一物一太極也；其合之而總一精神，理之一也，萬物一太極也，是寧可歧視耶。噫，觀乎此者，刀鐘之末，箕帚之細，其可以默爾息矣。

民國十四年夏曆乙丑年桂月朔日，二十世孫恩深熏沐敬書於錦州客舍。

四曾祖，飲銜，字笏山，又號稱休散人，善漢書，篤金石，好古學，惟不利於考試，身後所藏悉散佚。

三伯父，潤圃公，一號露亭，又字昨非道人，別名青史者，又自號白雲老道，號叨酒散人，隱名誰知子。能書善卜，久客錦州，八十一歲歿於客舍。廣交遊，行善事，身後錦州人多稱之。

又生女（爾訓是廿一年歲次壬申十二月十六日後半夜生，余五十歲了）

廿四年乙亥，余五十二歲。

乙亥新（古）正十三日（即國曆二月十四日），早夜二鐘尾是丑時，生女。母女甚安。二女訓即依長女麗哉睡。母親擬名帶。吾依《夏小正》正月鞠則見（讀現），鞠爲瓢似星（小正釋），在河鼓星（俗謂之牽牛）下，就名女爲鞠，意取星現之月，匏瓜繫而不食之義也。

四存教育主旨

顏習齋先生四存學，是存性、存人、存學、存治。存性是反對宋儒的理氣二元論，主張保持强健的身體和腦力。存人是辟佛教出世之思想，消極的防止遊惰。存學是極積地培養人的能力及學識。存治是養成人民政治能力，完成健全的國家。

防治蚜蟲法

煙梗水，用煙梗二斤，煮於十五斤水中做成，又有黑油（棉油），係用鹽半斤，水貳斤，煮沸後加黑油三斤做成，再加二百斤清（後缺）。

學校製房

廿七日即舊三月廿五日，恩銘叔之房立賣契洋三百六十元，其街面一段歸恩甲叔。

七月卅日爲舊七月初二日，午前爾瑛疾殂。爾瑛侄女由正月病瘵，終至不治，慘哉！是日午前吸洋煙不入，即時殂，春秋十九歲。在王慶坨高級小學肄業，能書，喜舞劍，我之所有悉欲授之。而今已矣，如何！如何！伊大姐二姐皆死於是病，去夏在津石銘侄女亦死於此瘵（三弟之長女），此二人皆余目視而殮，悲痛何極！大哥年五十五，大嫂年五十二，老年寂寞，尚有此女爲歡，今如此矣，豈不可憐！

夏日鄉居即事四絶

觀閘（壩）

二十二號，南岸設新閘。水中横空一滚水壩（滚水壩寬四十五丈），而低於地有二引水渠，水來挾沙，斜灌大柳灘，復折入白塔寺入子牙河。去歲永定河下口塞，此處竟成下口。若如此長阻，滹沱、子牙、大清、白水諸河之流子牙下口，恐被淤塞，是不衹上游塞流不暢之爲患也。光緒十三年中亭河被淤，吾鄉百里被巨患者凡十餘年，可爲先鑒矣。

南岸開新閘，挾沙遏衆流。桑乾爲患久，誰爲解民憂。

久雨

伏中七八日，日日雨淋漓。碧淀添新漲，漚麻正及時。

暑夜

蚊蚋嚼人膚，炎熱復如熇。中夜起涼飆，一枕方睡足。

采莧菜

秋風野莧肥，其味勝苜蓿。采采復采采，冬日盡飦粥。

秋冬與吉仲弟談及鍾馗因憶舊作曾與李星階畫過拙句於後

長鬚如戟目如環，官袍角帶烏靴蠻。五午夢中曾受詔，至今猶着唐衣冠。終南進士本好武，猱捷真如背生羽。冷颼颼的劍光飛，野魅山靈充作脯。不論開元事有無，且翻舊本施丹朱。神州近日妖氣熾，好作人間逐厲圖。

玄奘遊拘摩羅

拘摩羅王乃莊嚴一大象，施幢請玄奘乘，巡衆告喝曰：『□□國法師，立大乘義，破諸異見。十八日來，無敢論者，並宜知之。』

上歲曾畫一高僧乘白象，從者三四，余偶及此而不能名。茲讀玄奘傳，以此事正當稿本，惟從者改作擔書一人即好。

《玄奘傳書》，商務印書館，《少年叢書》。

民國廿五年（一九三六）

（前缺）齊俊秀異常，不知淘氣。且尤知愛父，每飯必偎依，以小手抓物入我口。余知其不易成人。至二歲之春以疹後痢，纏綿有四個月之久而殂。記得氣絶前，日夜以糖塊握，半日不捨。及知我來，瞿目𦗟手，以糖向我，我能不落淚？今事經十數載使人提筆難過。我目力本强，齊女病劇，在六七月間正暑熱炎炎，而每夜不能睡，常以小字書作消遣，孰知雙目由此昏花。

學校樓成

爲學校籌畫費盡心血，由開土動工至四月半樓成。上下十六間，需資二千四五百元，規模較天津侯家後民三十八校後樓堅固，而祇少洋灰臺及鋼筋（我校取樣於三十八）。協作史怡兮、張鳳墀、劉印潭，王慕如以教讀無暇，無常工夫，而爲力最鉅者厥惟怡兮弟也，使人欽服。若此巨製，衹有底款三四百元，其餘多是賒借而來。

修蓮塘 六月廿即古五月二日

清晨涼爽，同裕庵大爺、樹領二爺看我整理會之麥田。回來，南園荷塘已成，繼掘地角之壕。因有二事，足以勵己者。一爲裕庵爺，年九十歲矣，對於族事之創設，處處都在人先；一爲樹本爺，年八十餘歲矣，而日在堤近修理草木，興趣油然，不知衰老。我因於族事、學校事及南園建設之私事，從此當無懈心。

廿五年古八月廿一日戌時，生子

古曆八月廿一日戌時，居然生子矣。

大哥即起八字，爲丙子、丁酉、辛酉、戊戌。聲音洪大，黑碩而壯。大哥以命中缺木，欲用林字，我命之曰叢林，取林字也，將來成人即名爾叢。母親近年有腰腿疼之疾，一聞生孫厥病若失。母親年八十五矣，精神如七十歲人，衹是怕風及步履遲耳。若以耳冏目明無白髮無齒疾爲年老人所稀有，獨以家貧缺甘脂所養，爲人子者真愧。聞五十餘歲後床生一牙卻是壽徵，今又得抱孫之樂，能慶及百年耶。余五十二歲後床亦生一牙。

古曆九月初二爲小兒十二晌，大家熱鬧一日。星球先生贈一紫硯，且附書：

東坡與徐得之書。得之晚得子，聞之喜慰可知。不敢以俗物爲賀，所用石硯一枚送上，須是學書時與之。似太早計，然俯仰間便自見其成立，但催促吾儕日益潦倒爾。

蘇黃州文字，以尺牘爲最優。余尤愛此首，見老友情意，每誦詠之。適丙子重九前，子陽同社兄舉一男兒，因效蘇公舊事，賀之以硯，遂録其書剳原文，以爲歡笑。漚陰壬秋。星球。

復書：

賜硯曷敢當，異日長成，或能勉其爲學。公之所爲宛似坡公當日，而弟當之，益覺俗鄙。弟頭暈漸輕，請釋念。兹欲效顰，重陽閑占俚句贅之書尾，請發一笑。至陽復。

痢疾初起或單紅者，檳榔紅花同煎湯。單白者生薑湯，紅白相間送下者薑皮燈草湯，久痢不止甘草湯送下。

治疥最效 琨園外祖傳來

豬板油（即厢子油）、硫黄、家雀糞（要尖頭的，是雄），硫黄與雀糞爲末，和豬板油，外裹以布兜起，用朽秫秸烤油出，擦患處，擦畢又以秫秸火烤患處，一二次即愈。

又治多日瀉或痢妙方

春紅羅蔔、旱羅蔔，不拘數，焦查二兩，麥芽二兩，紅糖二兩，白糖二兩，藥熬成齋，紅白糖温服。服不拘多少，多則更好。

民國廿八年（一九三九）

廿八年六月廿日，日本陷獨流。難民冒雨充水而來港，前富春號收養二百餘人，後天主堂與學校收養三四百人。是日逃難者更多，閻家祠堂遂收養五六百人。獨流送一匾是在廿七年。廿六年余五十五，廿七年余五十六歲。

治腳氣。枸杞子葉，鮮乾皆可，洗去根。

治氣臌。勝芳劉樹元先生云，伊内人初病臌，在津遇人傳方，衹用鯰魚淡吃，連湯喝，以好爲止。果愈。

補去臘，答謝獨流與閻家祠堂送匾啟

竟蒙貴鎮各界諸巨公賞賜匾額及旗傘，已擇吉高懸。拜瞻之下，茅茨生輝。若敝族疇昔之事，待遇諸親友甚陋，來此者不過避風雨而已，此事有何可稱。今乃過蒙抬舉，使人萬端感愧，難形於言，敝族蚩蚩之衆，不知何以爲報也。習齋有云，規人十過不如奬人一善。今敝執事或由此改過從新，循於正路。他日若整理有當，能恢復舊觀，步武先世者，皆我諸巨公褒獎之力也。高德厚義，百世仞佩！

揚芬港詒燕堂族事整理會，約在廿七年秋間。時大水滔天。

（缺頁）物之所歸也。

痘疹 中醫師王季儒著。雖不注方藥，分析痘疹，言簡意賅

痘出五臟，屬陰，在於血分，故其出有形有漿，由外感風寒而發。初發之時，不徐不疾，日漸漲大，尖圓光澤，根腳紅活，由發熱至起漲灌漿收靨，共十二日，此爲順候。倘乾枯焦紫，灰白塌癢，界地不分，咬牙戰悸，均爲逆候。初起時飲食宜少，及灌漿之時全憑脾氣催發，以多進飲食爲佳。然始終忌食魚蝦海味及一切發物，尤須避風以免塌蹈之危。至於治法，毒盛者宜疏表，解毒消熱，氣不足者宜補養内托，參互調治，務使毒邪發盡，免有癰疽之患，醫師之妙於運用。

疹，出於六腑，屬陽，在於氣分，故有形無漿，亦由外感而起。發熱二三日隱隱見點，顆粒疏朗，勻停，色如丹朱，三日後徐徐收回，此爲順候。如顆粒模糊，

紫黑成片，是爲重候。治當清透解毒，切不可絲毫辛燥滋補，更不可觸冒風寒，始終切戒食飯，僅可少進藕粉白米汁等。以上數端，犯之則禍不旋踵，然蘋果橘子荸薺西瓜等，可任意食之也。愈後尤須多服清解之劑，俾毒邪化盡。痧後餘毒不盡，轉成肺癆者不知凡幾，此均爲保嬰者所當深切注意者也。（家君所著《養生醫藥淺説》中之痧科心法最詳，可資參閲）

以上兩病之區别，痘宜辛温疏表，痧宜辛涼疏表。痘宜於解毒中參以温補，痧始終宜清涼解毒，不可絲毫温補。痘宜飲食如常，痧則切戒吃飯，然其初起皆由外感風寒，則一也。

茲擬清瘟稀痘一方，於無病時常服可免疫，遇痘痧瘟疫流行之年常服，可使重症化輕，輕化無：忍冬花二兩，甘蔗二兩，荸薺十枚，赤小豆一兩，鮮葦根二兩，緑豆三兩，青果五枚，青蘿蔔二兩，水煎，加冰糖少許，代茶飲之。

治胃

土炒术一兩，炒枳殻二錢，川厚朴四錢，金鈴子五錢，大貝母五錢，白蔻仁四錢，廣木香一錢半。

成末，加鹽五錢，和匀，貯入瓶中，每飯後或點心後食一小匙。此方治好多人，經審查能健胃調氣，凡虛痛寒痛氣滯作痛。此方妙處在用食鹽以固胃氣，則胃納自然增加。閲廬姑記此。

永定河官廳

永定河之支流有三，曰桑乾河、曰洋河、曰嬀水河。桑乾發源於山西北部，洋河發源於察哈爾，二者匯於朱官屯，始稱永定河，折而東南，流至施家寨。嬀水河更下行三公里於官廳村南入峽。於此建攔洪壩，則壩上游永定嬀水兩河之洪水河槽，擴大成爲洪水庫矣。

治痢、疹後痢，治舌菌

民三十二年，小芃疹後二三日吃饅頭，予知之驚訝，必痢。晚燈後，果然病作，一夜痢數十次，其母啜泣。予思黃連蕩腸熱，且有治之者。黎明，購黃連一錢，煎服，痢見緩，且微帶糞黃。予喜曰：『勿憂也。』是日，園中修崗樓，先母之柩與先内人之柩不能停於此，因安龍尾地。一日之事無暇顧及小孩，痢又復劇。隔日，又服黃連一錢，病遂瘥。因思昔日王慶坨曹小胡先生，以黃連湯救疹後痢之事，當不虛也。曹禮塘弟知之，亦好人甚多。唐二里胡先生專兒科，治疹後痢，以黃連、川軍炭、大小薊三藥也，甚得當。

又有治舌菌一事。去歲訓女舌底生小肉瘤，其大如枸杞。醫書云：『舌上爲菌難醫，舌下稍輕。』張少亭大夫將舌瘤開刀，出毒水，當時瘤消，食物便利。一夜頓長，較前次大，憂之。因查《驗方新編》云：『此病以蛛網繩纏之，繩自殺。』試之，蛛網纏菌，果然亂肉落，一時頓失。奇哉！

霍亂

竹園先生説，霍亂病，醫書有主寒的有主熱的，行道的人也是各執成見。不管寒熱，專用四逆湯附子理中湯的熱劑，也有專用白虎湯的涼劑，至於藿香正氣湯，竟成了夏令通行的方子（都是各執成見）。今約而言之，熱症宜白虎左金六一地漿水之類，寒症宜四逆理中之類。五苓平胃治暑濕，有熱的桂朮，宜慎用。藿香正氣是治内停生冷外感風寒的，不是治暑熱的。普通方，香薷飲亦是治夏令外感的方子，没外感則不相宜。大順散冷香飲子是治夏令因熱求涼過甚，或傷感生冷，陽氣被寒濕遏鬱的霍亂方，萬不可認作霍亂的普遍方。竹園叢刊，不列湯藥，不列此法，是怕人錯用。其害甚大，今列舉數種，試爲之，可有益處。

（定名）猝然間上吐下瀉，名曰霍亂，與雜症中吐瀉不同。不吐不瀉，腹痛，心中極難受的乾霍亂，俗名攪腸痧。霍亂兼轉筋的，俗名吊腳痧。全是霍亂之重者，並非另有一症。

（病原）内有濕，又受暑熱，或傷食，或吸受穢惡不潔之氣，以上全是病之常。甚麼叫病之常啊，就是夏令暑熱天，多數的人通常容易患的病。或秉賦陽虛，或素有寒濕病，或因天熱而乘涼過甚，或多食生冷，因而致病，以上全病之變。常病多熱症，變症多寒症，大概霍亂熱症占多數。

（刮法）郭右陶治霍亂痧脹，脊背，頸骨上下左右，胸前，兩肘肋，兩肩，肘彎，腿彎，俱用光薄老銅錢蘸香油或温水，順刮之。腿彎腿肚，用綫繩蘸油刮之亦可。大小腹軟肉處，用細鹽麵，以手心擦之。

（雞蛋清擦法）用生雞蛋清，放在没病之人的手心内，擦病人的前心、背心、兩腰眼、尾閭骨，擦後擦處覺脹。再擦，以見極細之毛管爲效。

（柳子厚鹹鹽吐法）鹹鹽一撮研細，放刀上用火燒，無油的砂鍋内亦可。用熱童便沖下，服後大吐，隨吐隨輕，雖至重的轉筋霍亂，亦能起死回生。如服後不吐，可再服。一時無童便，用陰陽水沖服亦可。

（白礬救急方）白礬細末二錢，用陰陽水沖服（滾開水半杯，再加新汲涼水半杯，名陰陽水），不論霍亂痧脹輕重，立效。

（蕎麥麪救急方）蕎麥麪三錢，炒熱用温水調下，重者再服，治霍亂轉筋痧症，奇效。

（霍亂轉筋簡便方）轉筋不論輕重，即用木瓜五錢，熬水服。另用木瓜一二兩，用燒酒合水熬，以青布蘸之，摩擦兩足腓（足腓即腿肚子），筋即不轉矣。

（霍亂症禁忌）忌食生薑，忌米飯湯。

（暖臍方）王孟英：寒霍亂，吐瀉不止，甚則亡陰，若用猛烈之藥，熱劑劫陰，終亦不救。即用此藥末納肚臍，外貼膏藥，一時即愈。萬不可入口。藥方：桂心八分，母丁香一錢二分，倭硫黄五分，生香附一錢八分，麝香四分。右藥共爲細末，用磁瓶收嚴，每用三分，納臍中，外貼膏藥，立時見效。萬不可入口。孕婦忌用。如施此藥，可於包紙上印『不可入口』四字。每料可救十人。

以上各法多有經驗，故敢傳佈。至於此症，口渴欲飲涼水是熱症，口不渴不飲水是寒症。然瀉多亡陰，寒症亦有思飲熱水的（所飲必不多）。濕熱鬱結，熱症亦有不欲飲水的。停水症隨飲隨吐，總之非多臨症，不能權其緩急。

張冰若所遇之吐血奇方

張曰：余曩歲有吐血之患，群醫治療旋愈旋作，三年未嘗離藥。己酉秋，游鎮江之金焦，於逆旅壁間見貼一治吐血方，平淡無奇，初未敢信。又病作，因漫試之，覺胸次頓舒，連服數日，所患爽然若失。迄今十餘年，竟未復發。嗣聞有患此者，輒示以是方。方列後：鮮梨一個，去核留皮。鮮藕一斤，去節。鮮荷葉全張，去蒂。春冬時乾的亦可，柿餅一個，去蒂。鮮茅根草一兩，去心。大紅棗十個，去核。

六味共煎，代茶，數日即有功效。有此患者，每逢四立、二至、二分、先一日即煎服之，永不復發。夏秋常服有益無損。

小兒誤吞鐵物・豆塞鼻・物入肺

一、紀曉嵐云，蔡葛山校四庫全書時，於《永樂大典》中得蘇沈良方，載小兒誤吞鐵物治法。其方：剥新炭皮研爲末，調粥内與兒食之，其鐵自下。葛山幼孫曾吞鐵物，依方試之，果有裹炭屑鐵釘由大便而出。若用硝黄等藥攻，適速其死也。

二、小兒以豆誤塞鼻管，但將此兒兩耳與口掩緊，不使通氣，速以筆管吹其無豆鼻孔，則豆自出。此醫理與物理相通之，顯見者也。

三、相傳，有孩以蠶豆吸入肺管，即時委頓發喘，究不能治而死。有説，但捉兒兩足使倒懸，則所入之豆，一咳即出。本非藥可治，此物理之自然，不知者竟無法使之出耳。

尿血症 陳哲甫先生傳

全鯽魚一尾，將五臟取出，填以竹葉三錢，用陰陽瓦焙焦，研爲細末，開水沖服，連三四次即愈。戒欲、戒煙酒、戒食羊肉及辛辣物。

臁瘡 水毒類

以陳紙牌燒灰，香油調敷。成武在路上得方。

漏瘡、坐馬癰等

以蒺藜炒好磨之，扇皮將仁和蜜調成。每日食之，日久即除根。劉印潭云，即有經驗。

問疹服藥

輔堂表叔云，疹服藥變喘，是方中有荆芥，無理肺藥，當然生喘。疹後不必發散，散則生喘。又云，活血，俗醫多用當歸、黄蓍，用則血益湧。

治秃髩 音堅

秃子，以酸橙治有效，俗呼稱蒙。群學肆言。

菜子丸

生菜子三兩，盔沉香一兩，乳香一兩，没藥一兩，朱血竭一兩，江米三兩。共爲細末，蜜四錢，丸之。

民國三十三年（一九四四）

三十三年甲申十一月十五日記

余年六十二歲

余住園中，與家相隔，兩方於農事不便，明春擬在園中築土房，移家於此。去夏不被火則八間高屋當已告成，因將正房租與開錫八爺，年價七千元，欲將該項作明春蓋房用。不想棒子飛漲至兩千七八、麥子三千五六了。租出之錢買不了三石棒子，生活之可驚。

前初九日，大嫂病殂於津占卦館。大嫂曹忻儒光緒廿八年春與吾哥結髮，即能權子母，至中歲頗豐富，因無子故不制產，而自奉甚高，且深於煙癖。一經盧溝事變，金錢一變而爲紙幣，紙幣如糞土，生計由此壞。廿一年春，到天津南市租房，立占卦館，也能稱意。去歲十月十日，大哥死於此，今十一月九日大嫂又死於此也。生男四歲夭，生女三名，秀葵、秀玲、爾瑛，皆爲學聰敏可愛，惜全至十八九歲而夭殂矣。

昨日爲卅四年陽旦，少樵叔隨靈來，即入龍尾新塋安葬，率內子與長女麗哉、次女喆兮，命爾叢執幡承繼。同祭者有于三娘。事畢，與趙昆譜去信。

卦館尚有電錶，兑了貳千五百元，三弟等作費用。所有破家當三弟移去，尚餘壹千，在昆譜手。尚欠棺木貳千，遂賣花生歸還，此事花了三千五百元。

（大哥終於三十二年十月十日）

詠雪

風定雪紛華，婆娑落復斜。清光開畫本，逸興在詩家。且閉袁安宅，宜烹陶穀茶。真成銀世界，一望獨呀呀。

寒雲啄不破，薄暮雪霏霏。此景真堪寫，揮毫對素暉。

補《重陽獨酌》

國破家殘强自憐，銜杯獨飲菊花天。寒雲隔斷登高興（後缺）

小兒初生幾日，以至十歲以内，若患抽風之症，即以温熱之水浸身，不令水涼，常使温熱，隨添隨試，最爲適宜。頭頂以冰冰之，抽風即可停矣，此西醫法也。常時小兒患喉炎，以熱手巾圍脖上，病即滅。余亦用過。

思去年被焚之書

《十三經注疏》，殿版，二十四部。

《歷史本末》八大部，五局版，如新裝。

《曝書亭叢書》。

《東華録》貳部。

《歷史詠歌》，孤本也。

《某公出使記》，忘其名。

《南唐書》，陸遊著，粉紙。覺非由揚州購來，世不多有。

《續辭源》。

《段氏説文》，粉紙放大。余在津預約三元四訂的，我涉獵二十年。

《王雲五大辭典》。

《金石索》，粉紙本，匣。

《子史精華》。

《賦學正鵠》。

《板橋集》一本。

《容城三賢》二部。

《爾雅》，通體朱點。

《説鈴》一部。

《顔習齋叢書》二本。

大版《四書》。

《四書備旨》。

《花木栽培》。

《園機活法》二十本。先曾祖之書，有大父之注字。

抄本《章氏三字經》，長女麗哉一載工夫的抄寫，大小字甚精，大本毛邊紙。

《美術叢書》，焚去三本。此書爲八大部，廿五年爾恒侄以三十元訂的預約，此書寄來一半，即上海事變，爾恒隨軍到湖北。隔一年餘，爾恒由湖北轉入香港，再到上海，此書仍存至友人家，遂欣然攜歸。遭兵劫過重洋，完全合璧，孰意今夏竟遭匪火。

《玉海》，明版。

老《聊齋》一本。
《對聯匯海》。
《聖歎批唐詩》。
《本草三字經》。
《蒼石山房文字談》。
《西清古鑒》，大本。
《在昔篇》。
《阮氏鐘鼎》。
《爨龍顔》。
《龍門二十品》。
《張猛龍》。
《嵩高靈廟》。
《登雲峰山》。
《智永千字文》，海内孤本。
自書《草字彙》，白露紙一大本，凡三冬燈火。

畫學教科書，抄四本，非出版物。
《邊壽民畫譜》一本。
《馬鏡江花卉》三本。
花卉册三本。
《宋人九歌圖》，珂羅版。
《謝閑鷗畫譜》二本。
《故宫週刊》一本。
題畫詩自集一厚本。
《顧西眉人物》大本。
畫集三百餘篇，多出在高手。
護書内秘藏畫稿，數十張，皆不傳之品。
任氏三家畫譜。
仇十洲册頁八幀，設色古雅，小青緑山水可爲法則。以四十元購到，甚便宜。
是少年真跡，可憐。
《十竹齋》一本。

畏廬大本畫册一本。
吴昌碩大花卉譜。
自勾散頁大畫稿數十張，四十年所選。
《飛影閣》。
芥子園人物第四册。
《無雙譜》第四集，又《芥子園影古本人物》四本。
《點石齋》。
《詩畫舫》。
《詩中畫》，世不多有，少年在湖北失了二本，在津搜羅數年，又得一部，作爲畫寶，竟被火。
宋人大畫册。
白露紙五十張，棉連一刀。
《任渭長姚梅伯詩畫合璧》。
《醉墨軒》。
《聽雨樓〇〇軒》合訂本。

《謝閑鷗》。

《板橋畫譜》。

扇幅一大本，零星集稿夾内甚多。

畫成大屏十二條，條山九張，扇面已畫未畫三十餘個，畫稿約五六百種，計十年所作也。

《五行拳譜》。

《北方健者傳》。

《八卦譜》。

《太極形意劍譜》。

《拳譜》。

《宋惟一劍譜》。

《槍譜》。

《戟》。

《八段錦譜》。

又思被燒房屋什物

南園新修正房三大間，内修飾皆有隔扇，在鄉中局面爲細緻。

房中存花梨隔扇六扇，丈二高，雕花。

大紫檀官椅一張，面有三尺，式古緻，甚典重，無論何椅以此較之，皆成小樣。前二種世間稀有（對鏡莊的）。

大漆官椅四張。大畫案貳張。大抱柱匾瓦對貳對，此多董家堡的。

灑金屏門四扇。大楣一架，金花頭一丈二尺，正宜祖庭用。大上櫃四條，一丈二尺長，内藏六百元。

新做隔扇六張。窗户大小十六架，皆是玻璃閣。

大衣橱一架，内雜物充滿。長條桌貳張。八仙桌一張。

小櫃一張。長板凳貳條，一丈二尺長。長方凳四張。

桂木炕桌一張。方凳四張。方窗大框四個。

風琴一架。提燈一個。算盤一個。大小火爐四個，煙筒全。

坐櫃一個，内眼鏡一隻，内有錢票一千。鞋貳雙。草帽四個。

氈帽三個。皮褥貳張。被褥七套。麥子五石。棉花四包。

白麵一桶。綠豆一桶。大笸籮四個。口袋六條。筆大小五六十枝。

石章五六十方。印泥三盒。畫具。樺木筆筒，東陵物，局式甚古，世無有也。

石硯三方，内有一方名小葉，一方王星酉先生所購，與長子作百歲的。

茶壺茶碗。坐燈，新馬鐵的大坐壺，尚未用。

大銅羅二張。水斗壹個。水簸箕一個。手爐一個。

草鞋一刀。棉鞋一雙。花盆七八個。水缸貳口。水桶。瓷盆。

簸箕兩個。扁擔。樓。耙。大缸殘，内盛八十斤臭油膏。

馬鞍車上全套什物。馬廄一間。院中柏木杆子十二條。

叉子掃帚。鐵銑。磚。木。梧桐樹，是雲癡由天津曾家花園移來，錢甚多，可惜。

又思家中外邊被搶之物

騾子一匹。余入匪窟，在草地中出恭，身後有騾子一匹。回頭視之，正是余之騾子。可憐，衹是一陣心酸。

家中凡搶了四遍，書房被火，因匪走得快，未延燒。

搶去被褥十三套，手錶一隻，大皮褥，長女單衣二十餘件，大油布，余之大褂、馬褂六七件，畫好的收藏扇面二十餘件，夾衣十餘件，氈帽三個，錢數十元，包袱數個，内物不計。

民國三十五年（一九四六）

卅五年徵兵 是夜一匡與保生被徵

聲聲傳説要徵兵，忽從深夜來拘人。爾民不許苦哀告，悲喜全由鬮上分。中選之家淚交涕，眼看老弱失生計。縱然徵了富貴家，他能雇人去代替。淩晨相送到河干，妻子爺娘離別難。長風吹送帆無影，一片汪洋秋水寒。

秋日泛舟於向方橋

蓼花叢裏放輕舠，十里清溪到石橋。記得昔時由此過，月明如水碧天高。

卅二年六月十四夜，匪入村，被燒搶一空，縛我於肖家堡草地，定以貳千元，蘇國義作保而回。

咫尺盈盈隔一泓

祇因農事擢輕舟，十里行程放倦眸。天上浮雲時變滅，澤中野草自清幽。欲割秋色歸圖卷，且詠新歌付棹謳。十載屯難魂未返，一彎秋水洗沉憂。

一九四九年

年五月廿五日來水，六月十二日堤內雨澇。

卅八年大水，扒五家堤之害也。上院尚無水，莊稼是一窪青草。兵荒十載纔過去，又遭此災，無食之苦家家如此，有何法能盼到明秋？現時兩飯極難，前面是茫茫苦海了，奈何奈何。

解放後歸津武縣。三月中，津武縣廢，歸霸縣了。八月，大雨，瓜田先壞，繼則五家堤放水，中亭堤晝夜搶險六十日。叢兒十四歲，亦受六十日之征役。有一日，雨雹如茶碗大。十九日，東淀及西河淹斃二三百人。

九月廿五，訓女與鄭莊訂婚，大水滔天，就高莊代爲酬酢。

十月初八日，爾恒來，竟慷慨許一救濟，至明歲有收爲期。呀，天哪！一家老弱，從此活了。十月十三日，崔大哥就到流，先弄來棒子一石。十九日，因思去年今夜壯丁隊逃即解放，雞犬無驚。廿日晨到東崗樓看火，四面雖延燒，而各大件木料尚可尋找，可是吾那一對丈五大棁形影不見，當是被人竊去。卅日，邢二鴨子鋪無法生活，將其子賣與閻治林，棒子貳石。

和岳父句 岳父有『明年有麥田之望』句

誰料今年歲大饑，來年豐稔已無期。傷心欲畫流亡譜，珠淚潸潸落筆時。

水災

大水横空起，挾風帶雨號。黽蛙生釜甑，黍稷委波濤。短計終成病，堅操且自豪。爲憐小兒女，惹得淚滔滔。

蘊藻與蘋蘩，古人薦神聖。不用一錢買，采來我受用。麩皮與糟糠，這是維他命。花錢又不多，滋養得真徑。笑他吃葷腥，何如我潔净。笑他吃膏粱，哪能養靈性。三百六十日，日日此供奉。一年復一年，年年用不罄。從此身體輕，老弱無疾病。康健好家庭，輕身壽一定。膏粱與葷腥，不爲我所重。我今秘此説，不教路人聽。

本年十月一日爲古八月十日，中華人民共和國成立新政府。八月十七日，壁報廢除舊年號，明年爲西曆一九五零年。

一九五〇年

一九五〇年農曆五月五日，又來水，麻糜被淹。六月十二日，雨滂，王慶坨就此扒方公堤泄水，一時揚芬港左右數十里就成澤國。堤外洪水猛漲，人民護險無處取土，動衆徒勞，立待決口。十七日夜，決口。全家被水所困，磨棚與前院門牆全傾於水，正房不没的臺階尚有二行。風濤作時，浪花飛上門窗，深慮書房崩坍，瓶無餘粟，尚置之度外也。紀以韻。

纔離乞丐行，又入餓鬼道。老朽不足惜，衹是憐弱小。吾父罹此愁，吾又繼斯憂。世上無神禹，誰爲導洪流。包天大波瀾，奔入我茅屋。浪花驚煞人，稚子蒙頭哭。

去歲大水，一家生命爾恒救護一載，得以不死。今秋爾恒生意處處受制，勢成騎虎，吾不肯再令維持，衹有破産一途。實不得已時，再與爾恒商酌。當時賣騾子得棒子八石，還老崔六石，餘兩石，即時度命。八月末，賣老家房，價三十貳石。從此冬日生活、春日種地，都有着落。可是二年結束，破産及陳欠竟虧合棒子五十餘石。七八年用過牲口六個。俗云，要受窮倒當毛毛蟲，此話正是爲我所説。可笑！從此出無車了。

觀任伯年畫册

前無來古後無今，畫家誰比任山陰。説起家風本深遠，數世文華萃一身。先生用筆似用斧，横砍豎劈興無阻。重巒疊嶂奇境開，打破晉唐舊規矩。老夫研畫四十秋，閑蹤六法數名頭。苦瓜八大無緣分，獨唤頤公上藝舟。

一九五二年

一九五二年，豐收。秋日，戴民入天津市五中學校。

辛卯臘，爲一九五二年，日子忘了，爾訓在臘月廿九日適鄭莊子。雖從儉辦，尚用過十一二石棒子，以故爾恒之賬未歸。

一九五二年秋，叢林入灰堆十三中學校。今年秋收太歉，除公糧十五石外，則無餘糧，焦愁又來。

爾訓十月廿八日生小男，名瞻。

是年二月春日，一家五口患疫痧，一月中不能食。姥爺侯公在此，恐傳染，二月廿一日，時精神極好，回寨上，廿二日夜得此病候，一時不救。吾一家五口正在委頓，故未能奔喪。

得盤尼西林西藥，一針而愈。

是年古曆新正廿八，家祠被焚。燒的是祖廳，西廳、過廳、東廳也殘，尚有後廳、西配房五間與東廳，一包袱全歸教育機關了。吾有歌詠在家譜中。

［夾頁］

名東門爲盛陽。《禮》，大明生於東方，言日出之方位。西門爲普悦。兑，悦也，悦以利貞，順乎天而應乎人。南門爲廣麗。離，麗也。日月麗乎天，百穀草木麗乎土，重明以麗乎正，乃化成天下。北爲歸德。坎象曰：『君子以常德行，習教事。』孔子曰：『坎者，水也，正北方之封也。』萬（後缺）

按一九四五年至一九四八年，揚芬港設有東西南北四門。門由閲廬起名並書匾。

一九五三年 余年七十一歲

正月初三日，天津中生弟來。

春日修家譜，爲我正心堂一支，稱爲詒燕堂閻氏簡譜。草稿成，與七叔酌訂。

麥秋大雨，直落到秋，凡兩月，河北一省全受澇災，成爲澤國。秋收無成，棒子快的可收四五斗。工資每人二萬五，船同之，可是每人衹做半畝多工。吾没勞動的，甘受其賠。

冬，星伯媳石秀兮舊十月十六病殂，續闞里墅曹洪玲女士，年四十二歲，爲室。

西沽三弟由暑假校長職退休。

題人日句

組織迎人日，清暉照滿堂。剪花金作縷，煮菜玉生香。斯俗傳荆楚，以晴定吉祥。兒童捧佳醑，祝我壽而康。

題畫二首 爲李懷白畫石

其一

白雲紅葉秋江上，有客行吟到水湄。何須塵事繞神嵬，了卻人間罣礙心。

其二

仍向硯池尋舊技，不教老缶獨稱尊。

麥秋，進洪閘成。凡二三月工程，日需八萬人，不算前年草創，河北之大工也。

擬皂王對與蓋房對

皂王對

但求有飽飯；何必羡佳餚。（横批）兩炊常在。

别忘了蒸水洗臉；須記得淋灰擣衣。

蓋房對

窗高結宇宙；屋多宜子孫。
上樑逢好晌；立户住千秋。
窗闊迎朝日；山高接慶雲。
此屋千年壽；斯人百世榮。
伊人福壽永；此屋子孫多。
窗高得空氣；柱穩立千秋。
横批依次爲：西南其户。開窗明爽。修建得宜。竹苞松茂。祥光繞屋。燕雀集堂。

集藥方

萬應定，孕婦萬不可服，此爲牽牛與墨之類，受害者有之。

聲啞

以豆大之硼砂置口中，使其溶解，數小時即清朗。

燙傷

葵花油治燙傷，極平淡而神奇。又用玉簪花作油治凍傷。葵花油也治凍甚驗。可是玉簪花更勝葵油。玉簪屬陰，凍者毒熱，疼得此清涼。采花朵似未放者，剪去花蒂，入壇，入地，隔年再用好。

燙傷腫腿

小灰開水，齎用此水燙傷處，用團粉煎黄，用醋調敷之。

吐血

用醋熬大鯽魚半斤，去鱗去臟，煮爛連頭食之，不用水祇用醋。

疝氣

白糊角（胡椒），搗碎，用布沾醬子，沾於患處，即愈。

鼠瘡

貓頭煮飲之。貓骨炙之，搗麵服。此方，爾申侄病，此症甚難治，三哥尋小死貓。

諸瘡

用家雀搗碎，糊之。

小兒白口糊方

川連、瓜蔞、厚朴、石膏、川軍，水煎服。

黄水瘡

花椒、松香、官粉、白礬、鍋熗，各様均，香油調敷患處。

效方

任世蓮之婦小産，血不收。凡兩月，中西治法不效。得一方，爲處女天癸紙，焚灰，水沖服立效。

癸巳九月攜幼子登坡眺望

且遣愁魔與睡魔，東郊遊眺趁晴和。斷連堤岸農場集，出没滄浪漁艇多。數載塵沙迷戰壘，一年事業付流波。茱萸盡可消災瘴，遍野嗷嗷竟奈何。

詠菊四首

閑對名花萬慮輕，幽香佳色助吟情。靈均近日有消息，分付霜枝遲落英。（近日，政府崇拜屈原，且位於世界四大詩人之一，一時煌燦遍國。）

我有菊花色正黄，小園也自比柴桑。淒風冷雨都經過，依舊寒英抱晚香。

一番秋雨一番風，催放籬花三兩叢。靖節不來知己少，黄濃紫豔爲誰容。

重陽九日不吟詩，羞對黄花把酒卮。聞道西鄰有才子，故邀佳句報東籬。

西江月二首 爲芃兒作詩題，聊以紀此

寨上相隔十里，路間多少坑窪。衝煙涉水踏泥沙（流潦至深秋多有涸乾，一路泥水難行），還有顛狗可怕。（秋間驢有傳染病，各處日有死亡，政府不許人吃，

故多連皮掩埋。狗群扒驢而吃，多有瘋者。公路左右，顛狗多有。）行行已達彼岸，立時不作咨嗟。數行楊柳映籬笆，這是舅家不差。（去寨上是上老舅家去。）

且去西郊勞作，也能遊目怡情。場光地净正堪耕，又喜麥苗青壟。回首天光已晚，疏林一抹霞紅。采棉人正在途中，分付斜陽且定。

題野雀穀草圖

飲清水，食黄粟。深花中睡，勃水裹浴。得意高鳴自在飛，羨爾一生無拘束。

與芃兒改詩·端陽節

風和日麗度端陽，依樣千秋角黍香。因憶懷沙屈夫子，擎杯遥祭汨羅江。

魯迅門聯

上聯：横眉冷對千夫捏（錯釋爲千夫指）。介族似蟹，大如錢敖，甚堅，千夫極力捏之不死。

下聯：俯首甘爲孺子牛。齊景公卒，命立其子荼。陳僖子召公子陽生於魯，立之。鮑牧曰：『女忘君爲孺子牛而折其齒乎？而背之也！』見《左傳》。孺子謂荼，蓋景公嘗銜繩爲牛，使荼牽之，而致折其齒。

名詞

攙越，~~其事。糟蹋。哆嗦。

狗尾續貂

王倫篡位，下至奴卒亦加爵位。每逢朝會，貂蟬盈座，都下竟相語曰：『貂不足，狗尾續。』

一九五四年

余之生辰爲臘月廿九日，今年爲小建月，佳辰正值除日也，以詩紀之。（明日即七十二歲了）

佳辰值除日，兩事樂同臨。撫劍懷前跡，彈箏寫素心。屠蘇能介壽，華祝正迎春。北斗相期定，同余共轉寅。（補辛卯年詩：『天上攝提正，期余共轉寅。』）

二月十三日到高莊

言訪高人赴水村，輕航一葦浪無痕。余家北岸君南岸，十里煙波相對門。

一九五四年洪水滔天

聞爾訓回鄭莊，大瞻疹後有疾，擬先到伊村看看，再去獨流繪墳圖。於五月廿三清晨攜爾芃同去，見老墳春麥正在灌漿，所補棒苗皆盈隴，青葱可愛。經高家園，夾道蓬蒿，掛衣難行。過當城，道路多有泥濘，去鄭莊祇可繞道。先經辛口村，而兩辛口村外，多是菜圃與葡萄，田園風味，我鄉不如。循路入鄭莊，入門，訓女與一人正撿豆角，起而介紹，是伊之三姑婆母。天啟已赴館，天柱在家，得其殷勤招待。大瞻病見痊，祇是羸弱。午後零雨不晴，晚飯畢，即去周立莊車站。鄭莊村雖狹小，而村外馬鈴薯及豆角阡陌一色，約有數頃，每畝兩季，計可二三十倍於大田，且此地南運河已由獨流轉入子牙進洪閘。此段雖爲廢河，而生産閘運水，不缺澆灌，又有子牙河堤堅如鐵壁，永無氾濫之慮，福地也。出木廠村，東南遮天蓋地一片棗林，我與爾芃於此徘徊，幾忘行路。噫，水鄉生産之難對此有無限之感。到車站雨尚淅淅不止，適高天錫來，同伴登車，時已八點矣。到獨流，七叔六嬸四弟少大嬸燈下相聚，卻是樂事。三哥適在墳地看麥。次日隨七叔到墳地祭祖、繪圖。墳東爲麥場，得見三哥及二嫂。次日到成武家，彼處手工尚能生活。在流家住四日，七叔有暇即談史學。七叔所著史學三十五卷，名曰《史學存稿》，在南京遺失甚多，北京所存尚有一半。吾曾涉獵兩大本，深仰七叔之學。七叔四十年足跡半天下，到處皆注意於風俗、古跡，故所著皆探本索源，補古人之缺漏。當年史稿皆披露於上海、南京等報，名人吴向之許爲史學專家。我在此四日，得益極多，如後出師表之『不可解』之解，是懈字，是北伐決不解怠。余聞之，如撥雲霧，思袁子才，以爲《後出師表》是僞作，因其無前表語辭之堅決，若以出師五不解怠訓之，則全篇振作，前後可符合也。

廿六日晚，忽聞水信。廿八日曉夜，三星未出，我與芃兒即歸，也得覽進洪及左右三閘。到高莊即看見割春麥的，都如青草。高莊一時男女都下地搶麥。到表姐家飯畢，即匆匆回家，恐老堤之有水也。入揚芬港界，割麥的人尚不多。可是，入村頭見宋區幹騎車形色倉皇，對余呼曰：『快下地吧，水已到辛章了。』晚來，村中鳴鑼擊鼓，於是男女老幼都於夜間下地。余挨至六月一日纔催人割麥，可憐還都是一地青草。初二日水即來，由是日日增漲，連日陰雨不晴，未澇的大田也不耪了。我春麥十五畝收了三石餘，三弟九畝收了一石五斗，除去公糧，與現時工資，當無所餘。水驟漲，各村青壯蟻集，晝夜護險。十四日王泊決口，衝破五家堤，即灌入我中亭堤裏。日晚雇舟到龍尾地搶棒子，直至夜半方回。是役之勞苦，麗哉戴民叢林並雇有放鴨之三舟。方歸雨又作，老崔、老王、叢林冒雨乘夜又去搶蔡泊之棒子。歸來水溜過大，叢林與老王之舟幾覆。十五日水漲平堤。十六日，院中見水，一家與老崔忙於打臺釘樁置料，從此一家人晝夜與水相争。水又接漲，書房水已没炕。隔日，正房炕沿衹餘二三磚。今年之水向來未有，尚高於二十八年洪水之二尺半。豬無可立之地，恐不能活，叢林隨鄰舟賣於楊柳青，得三十七萬，正好付搶棒子船工及釘樁打料工外，所餘十五萬，都付叢林赴津之學費。二十二三日，書房、倉房、廚房大小五間及門牆，前後齊倒。好是叢林與老崔終日在水泥中扒取各物，故失毁不多。連天饑餓，前擬將書房典當與任世榮。可惜目前與明年之春耕，所謀已成畫餅，奈何奈何。

水災

屋廬委於水，兒女泣成群。雲湧蛟龍舞（十三日午後，掛龍如在目前，由南轉西，一時白浪翻飛，黑雲湧起。聞五日肖家堡掀房拔樹，尚飛起一舟扔在堤裏。十四日，王泊即決口矣），波飛陸地沉。救貧無善策，悲老托孤吟。辟穀留侯去，斯方何處尋。

梓樹

花木西園一概無，紫藤北苑也凋枯。偉哉獨有中庭樹，戰退洪濤體更腴。桃、杏、葡萄、紫藤及萱、艾、菊、玉簪、金燈、錦葵、西番蓮等兩院花木皆没

苦貧

十載躬耕棄硯田，無端洪水竟年年。小兒饑餓翻囊篋，祇有三文卜課錢。

憶菊

今歲重陽乏米粱，老夫一肚盡糟糠。饑寒災苦全無慮，祇少黄花愁斷腸。

到鄭莊

鄭莊木廠位東西，雞犬相聞隔一溪。此壁萬畦菽作角，彼方千畝棗舒荑。
氣鍾靈秀多才俊，地處偏隅遠鼓鼙。人傑物華成二美，阿鄉比較若雲泥。

與七叔題司馬温公著史圖

伯豪七叔篤好法學與史學，對於史漢三國旁及『三通』，研求固精。其於近代諸史亦多涉獵，所著《史學存稿》三十五卷，吴向之先生許爲史學專家，故自號其室爲『讀史研法齋』。尤以司馬温公《通鑒》爲性命，嘗告道生曰：『吾家先人自朱明以來，時以文章顯於世，予則頗嗜史學，亦性使然也。唯諸史浩如煙海，求其翦（栽）［裁］，得取精用宏，莫過於《通鑒》。後嗣有志讀書，不論研習何科，幸於兹編三注意焉。俾明瞭歷代治亂興衰事實，如以該編因繫年之故，不克得其貫串，則應兼袁樞先生《通鑒紀事本末》，庶易得其每事之首尾。昔湘鄉使其子繪聖哲三十餘人，聲播藝林。我侄阮精於六法，可特繪其一人居洛著史圖，以志景慕，幸何如之。』道生唯唯，濡墨揣其風儀，恭寫司馬温公用副命。

雜記 治夾肋痞

寨上有方治肋痞，用不帶豆的玉米麵四兩加黑白醜，若何用法尚不知。

二月十八，于旭堂弟病故。

天津萬隆有結乳膏，可治乳巖，在西北角南閣街。

陽四月廿二日，歸綏改稱呼和浩特。歸綏北倚大青山，呼和浩特即蒙古稱『藍色的城市』。

薅，音蒿，拔去田草也。韓：『稂莠不～。』

噭嘑，音叫呼，呼聲也。韓愈：『嚻童～～。』俗云叫喚，即此～～二字。

三弟云：葡萄，埋條圓圈而頭向下則活。秋後收秧時，調溝日曬三二天，秧身上下加草再上土，全身大幹剩二三條即可，收秧時不要澆水。

治蟲

冰榔一兩，木香三錢，空心服。蝦米炒韭菜，用香油炒，使病者聞香後，即服，後兩點鐘再吃飯。

臁瘡不好，船上老灰條，皂心土，二位香調敷。

洗水腫方

静海老姨腫手，以此洗之，愈。此方得來不易。

生川烏、生草烏、浮萍、生南星、生半夏、紅花、生白附、麻黄、骨草各三錢，水煎，薰洗。

五胡亂華之首匈奴劉淵，乘晉室之亂，於晉惠帝永興元年，開國於左國城，稱大漢，立漢三祖五宗之廟。三祖爲高祖、光武、昭烈。五宗爲太宗孝文、世宗孝武、中宗孝宣、顯宗孝明、肅宗孝章，追尊劉禪爲孝懷皇帝。

䶬，音跳，～板也。溓，部首或從冫，裏忝切，音歛，瀆也。曰薄冰，溓溓，水結冰貌。潘岳賦：『水～～以微凝。』水初凍，名之曰産河，遍查此字，無此音義者，秖溓字是初結冰之字，不過聲音與産音略異，或俗音之訛也。

陽十二月七日《天津日報》：

絶響了一千四百多年的古樂曲《幽蘭》和《廣陵散》，最近經過中央音樂學院民族音樂研究所和國内古樂家的發掘和考證，已經整理出來，並已多次在首都音樂的演奏會上演出。

民族音樂研究所工作人員現已收集不少失傳了的唐宋時代的曲牌，如《曲破》《料峭》《平等調》，其中有些是唐代大套樂曲。宋代詞人和音樂家姜白石收過許多優秀歌曲，也收過一些唐代曲調，但他這記譜方法無人瞭解，這樣歌曲八百多年未能流傳。民族音樂研究所工作人員在西安發現近千首這類古曲，還保存在民間，並且還有農民會讀、會奏，這將使姜白石所作的曲調，能够藉民間樂器的演奏而全部被翻譯出來。民族音樂研究所已收到古樂譜約六百册，其中除敦煌唐樂譜外，都能譯成現在樂譜。研究所已整理出來古樂獨奏曲器樂調近三百種，其中包括七弦琴曲、古琴曲、昆曲和牌子曲等。根據目前已收集到的樂譜證實，我國古代音樂作曲有不同的記譜方法四十種左右。明清時代流行的弦樂合奏曲集《弦索備考》中，嚴格地記下不同的聲部，證明我國在一百四十年前，已採用了和聲對位的作曲表現手法。

菊花葉黃，以黑礬水少許，澆之，即回青。（中生弟精於養花，用之甚驗。）

趼，音見。《莊子》：『百舍重~而不敢息。』足行路長，腳底摩的~子，俗讀將，去聲。

新編九九歌

一九如九，相逢不握手；二九一十八，觱篥吹籬笆；三九二十七，寫字要哈筆；四九三十六，藏冰入窨屋；五九四十五，萌芽向日吐；六九五十四，楊柳隔河視；七九六十三，冰融淺水灘；八九七十二，天空排雁字；九九八十一，黃牛翻新泥。

一九五五年 年七十三歲

爾康四月二十三星期六在西沽結婚，侄婿名劉家超，武强人。此日是農曆三月初二日。

十二月廿五日，是農曆十一月十二日

麗哉婚已訂。楊金源，本人年三十三歲，與長女同庚，是饒陽人，現爲天津八區衛生科長。

戴民婚亦訂，是蘇國珍，年歲亦同，初中畢業生，與三女同在鋼廠。

今年又流潦成災，所幸堤防搶護堅固，所澇獲得個半飽，房臺下坡都被水没。

治痢須用黃連，馬齒莧方可試。

今年多病

八月中秋前四五日，余患痢，寒熱交作，昏迷不思飲食，當是噤口痢。家藏尚有黄連六五錢，爾訓正在此，命其速煮二三錢，立時服。晚，一匡來，放少商、關沖二穴。余時目不能睁，便時也不能出屋，夜間便十數次。次日，一匡又針足三里，夜又煮黄連服，便數漸減，但所便仍紅鮮。第三日，又針足三里，又服黄連，兼送香連化滯丸，夜間覺安静。轉日病大減，溲便可能出屋，從此好了。

先年，有燕翼補丸專治痢疾，是藥早已斷絶。余治疹後痢，專用黄連，凡兩服即痊癒。小兒疹後痢用一錢，煎濃成一酒盅服之。

今我之痢，用黄連結果有效。黄連除五臟冷熱、腸澼、腹痛、下痢、潤胃、厚腸等症，今試之能愈痢病，也就不想燕翼補丸了。因病檢查醫書，有馬齒莧蒸爛以蜜調服，吾未得試用。此方潤腸滑滯，有益無損，有此疾者可以試試。

七月初，患濕病，直至年底，病未痊癒。以前諸方不效。因此忌葷腥，每日用鹽水洗，即見輕爽。

召南小星章

《召南・小星》，歷來有兩派不同的解釋。從『小序』、鄭箋、朱熹《集注》到清儒陳奂等是一派，可引鄭玄的一句作爲代表：『諸妾夜行，抱衾與床帳，待進御之次序。』這個講法和後來而以『小星』爲妾辭的流行用法，其荒謬十分顯然。星光之下，一群妾各自抱着被褥床帳在院裏依次前進御，無論從文義講從制度講，這是有常識人的話嗎？衹有另一派講法是正確的，如《韓詩外傳》、清儒姚際恒等，都認爲是勞人行役之詩。『夙夜在公』意思十分明顯，『抱衾與裯』就是征夫自己抱着行李，『實命不同』『實命不猶』，可以從《小雅・北山》四五六三章得到詳解，是征夫怨恨詛咒的口氣也，就是孟子所説『此莫非王事，我獨賢勞也』。

宣和遺事

靖康二年五月二日午，朱后崩在燕京，因黍薦裏埋，年二十歲。在靖康二年三月五日隨鄭太后。鄭太后由五國城從行至西汙州，崩於途，因埋於道。在金天輔十四年，年四十七歲，爲宋紹興元年。徽宗紹興六年冬（《辭源》爲五年），崩於均州，屍燒焦投入於坑，取其油爲燈。三月六日，欽宗崩於燕京（以翦殺），不收屍，以馬蹂之土中，年六十歲。被擄時年二十二歲，在金被辱三十八年，可謂久矣。按崩時是紹興卅一年，爲金正隆六年。

閑詠・生辰 去臘廿九日爲余生辰，去歲的詩

黍谷即回春，攝提又轉寅。際此小除日，是我誕生辰。今年洪水惡，嗷嗷無所托。年節與頤期，所以甘寂寞。三女從東來，傾囊若堆雲。佳品盡南北，名色不能分。可以薦俎豆，可以介眉壽。兒女齊騰歡，和氣溢宇宙。（中廚理佳餚，就此筵故老。故老酒量淺，言語竟顛倒。案上老壽星，認爲不倒翁。我聞輟一笑，萬慮頓成空。）至『宇宙』以下不要。

春寒

已過二月半，天道尚嚴威。未整尋春履，仍添禦臘衣。北鄉冰未泮，南浦雁遲歸。賦罷天將雨，時須作雪飛。

覆載同天地，寒温各一方。終風嚴不解，鎮日冷難當。九盡冰仍結，春分柳未

黄。青冥梯可接，欲去唤韶光。

高歌

黄鐘毁棄鳴瓦缶，下里巴人作上尊。老夫古調無人和，祇過窗前幾片雲。

園居

賦性偏幽寂，南村有敝廬。清光門外水，好景案頭書。作畫乘佳日，鋤園留野蔬。逍遥塵世外，無夢到華胥。

題《會真記》

元稹既亂其表妹，初結同心，終被捐棄。且示雙文之秘於同人，不念故情，反視之爲妖孽，而巧飾其過，作《會真記》，僞名以張珙。元負崔，崔何負元？欲以其事傳之於千載，其忍心爲何如也！

文君投相如，紅拂奔李靖。此事若彷彿，雙文何不幸。德言圓破鏡，漢宣重故劍。彼皆遇君子，雙文空嘆羡。崔元屬中表，雙文爲其妹。誘引與要脅，漸漸結幽會。

既已亂其始，須當成其終。何事一飛去，立乖金石盟。癡女信有托，不思反仳離。可惜千金軀，徒遭蕩子欺。忍作會真記，千載留其疵。負心與敗德，孰若元微之。

陳徐德言尚樂昌公主。陳政衰，德言謂其妻曰：『國破，必入權豪家。』乃破鏡各分其半，約他日以正月望日賣於都市。及陳亡，其爲楊素所得。德言至京，有蒼頭賣半照者，德言出照合之。題曰：『鏡與人俱去，鏡歸人未歸。無復嫦娥影，空留明月輝。』樂昌得詩，悲泣不食。素知之，乃召德言而還其妻。

《堯典》平章百姓指百官

《吾亦盧稿》曰：『《堯典》「平章百姓」。孔傳曰：「百姓，百官也。」康成曰：「百姓，群臣之父子兄弟。」作如此解，方與下文黎民不複。蔡氏通指百姓黎民，爲民而以畿內天下分疏之，甚無義理。又百姓如喪考妣，亦指百官，言下遏密八音乃指黎民。蓋臣分親故，如喪考妣，民分疏故，三年遏密八音而已，是伸其哀矣。』

士禮居集方・治腳氣灸法

右灸風市兩穴，以多爲貴。蔡元長爲開封少尹，一日據案，忽覺有蟲自足心行至腰間，落筆暈倒，久之方甦。椽曹曰：『此疾非俞山人不可療。使呼之。』俞曰：『真腳氣也，灸風市一艾而去。』明日又覺蟲自足至風市便止。又明日，疾如初。俞曰：『是疾非千艾不可。』蔡如其言，灸數百而愈。沈公推檢正說，予紹興辛巳在吳門，吳縣早濕，始得足痹之疾，以風市爲主兼肩隅、曲池、三里，灸之即愈。

生字 紅樓、西廂等書。名辭

撂，～下。撵。槎。閟喟咄。攛掇。踹窩，～～子。畸角。磞。潑辣。涎皮賴臉。跐着體重掂。𧓏的雨水。醃臢，鹽䠀。砸。鰲，～想乾魚。撣，～子。牙碜。戥子。羅唆。𦚢，狐𦚢。醒鼻子。藥銱子。笸籮。熨斗。靦腆。笤帚。刨土。筏子。餿，物餿。叨登。磣，（天，上聲）。歹毒。表樣。籰，纏綫，欲縛切風箏。扭別。洑，～水。活迸，～～亂跳。鰲雞，～～眼。硬朗。溜溜湫湫。搭訕。唏利嘩喇。晾，～衣。簌簌淚下。遭榻。赸赸。揉搓。拿捏。攮。撅强。噗哧，～～的響。臊。唰喇唰喇。支吾。嚈氣。掰，～開。挑，～達。呫，附耳小語。啐，音粹，啐你，～唾。掐，音恰。鏨，鑿也。摳，挖也。唏，笑聲。屜，替。羼，參。踢儻，足伏卧也。掋。捽。敁敪，顛，掇，稱量也。簸，篋子。怵，音笨，不慧。搐，音觸，牽制也。

呲喞，音鼈切，言多也。嗹嗻，嗻讀蔗，多言也，如言嗹嗹嗻嗻。浮熢，熢，醜涉切，《西厢》，浮熢羹，寛片粉，字書熢，爲燒毁之物。因想汙穢破爛之布，當是此~~字。駁駁劣劣。約劑，亦書契之别名，周官曰大~~，書於宋彝，小~~，書於丹圖。又曰，凡邦國都郡及萬民之~~，藏於太史。汥嶧山碑，汥字攸字。

藥方・盲腸炎

金銀花二兩，當歸一兩，紫地丁一兩，乳香没藥各三錢。此針家王光弟所傳，因記於此。

聊齋薛荔末治吃信。

與芃講楚辭，釋夏后之事

羿，夏時有窮之君，奪夏后相位，恃其善射，不修民事，後爲寒浞所殺。寒浞，有窮后羿之嬖臣也，殺羿自立，後爲少康所滅。澆，寒浞子也。浞娶后羿妻而生澆，强梁多力，縱放其情，以殺夏后相。

夏后相，失國依於斟灌斟鄩，二斟皆夏同姓諸侯。澆殺斟灌，伐斟鄩，滅后相，后緡方娠，逃出自竇，歸於有仍，生少康焉。爲仍牧正，燒使椒，澆臣求之，少康逃奔有虞，爲庖正，以避其害。有虞君虞思妻以二姚（二女），而邑諸綸，有田一成（十里），有衆一旅（五百人）。能布其德以收夏衆，遂滅過戈（過，澆之國。戈，豷之國。豷，澆之弟也），而復夏政。

閱廬日記卷三

一九五六年

一九五六年三月一號，是丙申正月，余七十四歲

徵畫 霸縣人民委員會文化科來函徵畫

至陽先生：

你有優秀的繪畫技術，卓越的藝術才能，在群衆中很有聲譽。爲了發揚祖國珍貴的藝術遺産，省通知我縣，把有名望的國畫家、老藝人進行一次登記，並要求您重新拿起畫筆，不遺餘力地描寫祖國新事物的精神面貌。省並計劃今年召開全省美術展覽會，要求您作一二幅作品參加美術展覽。希將您多年的藝術結晶，也參加展覽。關於細則問題再作研究，並將您姓名、年齡、文化程度、特長何種美術形式、現在職業，一併告知縣文化科爲盼。並祝年禧。

復函

接書無量的歡喜，可是我這醜氣的筆墨哪能配競賽於廣衆場。既承所囑，祇充個濫竽之數罷了。現在天津缺少南紙與顔料，縱有之，而我似木石的腦子，一時也想不起章法來，祇就舊有的四幅届期送上。此畫不日到津托襯命紙，已無力裱也。至於我是幼時讀舊書而不成，十四五歲即好畫，繼則以此爲生活，在津賣畫三十餘年，先是專作人物，後亦兼山水與花卉。近年眼花手笨，即改换勞作，祇就田疇中拔草拾柴而已。專此書復文化科諸位同志。

七十四歲閻至陽敬禮

五月十八日是古曆四月初九又接縣第二書

至陽先生：

首先祝您健康！您的來函，早已悉知。歡迎您參加省這次美展。昨日省文化科美工室來信，談於今年六月一日召開展覽會。希您將應備參加展覽之作品，於五月廿日前寄來本科，以便寄省參加展覽是荷。

霸縣文化科 五·一四

本日，畫四張煩蔡鴻升帶去。

雜記·摶黍

十番（雨加雪）十九蝶有『布灑音細吸笙簧』一句，也知布灑是鳥之訛寫，今偶閱《廣事類賦》黄鸝章曰：『齊人呼黄鸝爲摶黍。』布灑、摶黍，音之不甚差，傳歌者多不看本，故多有記寫之誤，不止此一處。好歌數十年，今豁然釋矣。

棚菊 范成大《菊譜》

藤菊花密條柔，以長如藤蔓，可編作屏障，亦名棚菊。民十年前李星階客雲南歸來，見伊之相片，身依藤架。星階曰：『此非藤，是五十年之老菊本也。南地無霜，菊可壽百千秋，花本如藤，花開仍在九月。我惜不見真本。相片爲四寸又不能詳視。范成大所云棚菊或即此類。何今古之詠菊與畫菊者不及此耶！』

文選

唐以前，未有不熟精《文選》者，不獨杜少陵也。韓柳兩家文字，其濃厚處，俱從此出。宋人以八代爲衰，遂一筆抹煞，而詩文從此弱矣。漢陽戴思任《題文選樓》云：『七步以來誰抗手；六經而外此傳書。』

蘇彝士河

千八百廿四年，里息勃斯（《瀛海全志》爲法人勒色布）在埃及境之東北與西亞西亞接之蘇彝士之土腰，建開斯河，爲世界通商之要道。通地中海與紅海，自些德港至蘇彝士共長一百八十里。自千八百六十年興工，至千八百六十九年竣工，廣一百九十六公尺至三百二十七公尺，深二十六公尺。自有此河，東面洋之航路幾減半，省時三十六日。開河工費計一萬九千萬元，埃及王任五分之二餘，多爲法人集股，後半歸英人掌握。

辭源

蘇彝士爲埃及之都會，在紅河北蘇彝士灣頭，古代爲歐亞貿易之中心市場。自好望角航路發見以後，其勢遂衰。迨運河開浚其地又繁盛，爲東西洋航路中重要之港口，其亞非二大陸連絡之處，謂之蘇彝士地峽。運河即横斷地峽而成。工始於西元一八五六年，竣於一八六九年，爲法人雷塞布所經費。今股東之權大半屬於英政府。

媟黷，音屑都，狎而玩之也。班昭《女賦》：『房室周旋，遂生～～。』媟與褻通，因想人言不莊，近於玩戲，稱爲解怠，此字當是～～之轉音。

侏離

蠻夷之語，聲不分明也。俗以人語音不清，爲低里都魯，當是～～爲轉音。

言

言語辭，語駕言出遊，又我也，如言告師氏。

喉症

大昭外孫女有喉症甚危，牙縫有黑泡，静海城醫院不能治。訪知離縣六里王家樓有靳四奶奶，專治喉，因造其門。靳四奶奶以手蘸香油探喉，按之，出濃血，又刺牙縫之毒泡，立愈。先母衹能治喉鵝，亦救嬰兒，未若靳四奶奶專醫咽喉之備。

老舅由正月二日來即帶病，喘嗽不止，在此診治，至四月十日停診。十三日大舅接到獨流，是晚即逝。在此整一百日。

治胃口

香附三錢，枳殼一錢，川朴錢半，玉金二錢，良薑二錢，粉草二錢，生薑引。

治皮膚筋骨風寒

芥末麵和雞蛋清，抹患處，抹後當忍疼，過此即愈，並除根。此方吾脖子受風寒三四載，因用此方即去根。

又折損足部

用粉團被火，稍黃，和醋抹之。

閑吟·題畫

群山積翠翠如流，據澤摩天幾萬秋。峭壁倒懸松百丈，長藤牽住釣魚舟。
兩峰積翠翠欲滴，蒼松如龍瞰大澤。深山大壑少人知，衹有幽人釣晴碧。

三女結婚之夜夢中來呼我

一九五六年五一節，農曆三月廿一日，戴民在津結婚。我老且貧，自恨不得親去結縭。當夜夢女呼爸爸數聲，仿佛在家，及醒知已嫁矣！當此佳節，烏得乎不紀！

昨夜雨紛紛，大地不生塵。五一好時節，三女正結婚。昔年洪水惡，無力再升學。移志學重工，此身是有托。去秋有蹇修，媒介到蘇門。同庚復同業，意氣兩相敦。今日是何日，不能親結縭。浮雲遮望眼，佇立神如癡。夢中聞女聲，聲聲呼阿爸。依稀是在家，忽覺今已嫁。

晚景

蓼花灘裏隱茅廬，中有白頭老畫徒。萬里未行空蠟屐，五經不讀慣藏書。竟因課子揮長劍，曾爲蒔花置短鋤。按説晚年皆自在，無方辟穀衹踟躕。

村東眺望

渠淺難流轉，垣頹任欹斜。白沙迷故壘，青草蔭荒窪。婦女齊除穢，兒童争治蛙。修堤人似蟻，夯號共咿呀。

是月，高級社成，婦女全須勞動。青蛙每個賣一分或五厘，有善治者學生閻孝伯，一日賣了三元，除交學費尚有餘，所以群兒争治之。

雨

掃徑迎涼雨，開窗納濕雲。立能驅暑熱，豈獨蕩塵氛。水面添新漲，山容罩翠雰。商羊何必見，昨日甕生裙。

凡有雨水，缸必濕暈下截，人稱曰甕生裙也。此是土俗，未見古典。

老境

近歲偏多病，欲爲無所爲。銜寒一盞酒，舒悶半章詩。長劍能偕老，小爐時斷炊。壯懷思在昔，不語撚霜髭。

吾家

平生愛野曠，豈爲遠囂塵。逸興思霄漢，閒情寄水濱。無山雲作態，有酒甕生春。掃徑纔清潔，班荆來故人。（時道一來，藉草相談。）閑徑浮青靄，長堤灘白沙。清溪古澤國，獨樹老夫家。愛月常停燭，惜春不掃花。隨時皆適意，瀟灑入南華。

［夾頁］附張蓮溪詩四首。

步自述原韻

遠從束髮思爲農，誰信華顛總爲榮。每對西風慚怛怛，獨欽高志不蛩蛩。歲寒自有三秋豔，履健何須四牡顒。羡煞蘆灘一畫老，白沙堤裏策仙笻。

步吾家原韻

其一

我生攘攘市，久厭此氛塵。津迷石磯畔，心縈泗水濱。願分五柳色，共作兩家春。相與數晨夕，並爲羲上人。

其二

新詩擬北海（謂孔文舉也），妙繪掩灘沙。一別賢人酒，空懷處士家。（公嘗於四九年冬過飲寒舍，後即屢思趨謁不果。）常緣思渭樹，幾度夢蘆花。（公詩有『蘆花灘裏隱茅廬，中有白頭老畫徒』句。）看看歲雲暮，莫嗟雙鬢華。

和老境原韻

與君同入老，將復欲何爲。端會三升酒，共論幾首詩。好藏巨闕劍，莫向扊扅炊。試看東家子，今朝雪染髭。

長女八月十號乘舟去津正值陰雨

婚姻當是有來由，好夢相符正入秋。（五月某日夢麗哉以金書字曰：『從茲安置起，好事待秋來』十字。）能步孟光志已遂，漫吟泉水思無休。應知婦德從夫重，脱卻娘家落魄愁。自愧隨之無一物，任教魚鳥伴行舟。

和蓮溪 二首

津上萬家市，唯君名獨傳。興來書灑落，德備體盎然。好古俗情遠，安貧道力堅。何時共連席，剪燭得談天。

杏壇道未泯，君獨接薪傳。佳章忽下遞，一讀一欣然。我心本無罣，我身近已堅。招我結吟社，詩情蕩滿天。（『蓮社』改『吟社』）

附蓮溪原唱《秋日懷閻廬》

畫師閻仲子，崇譽世争傳。淡泊陶元亮，風流孟浩然。新詩吟自賞，高節晚尤堅。秋水蒹葭白，與君各一天。

近重陽

天將近重九，風雨滿東皋。添得空庭冷，釀成白浪高。吟情在黄菊，秋思入離騷。瓶底無餘粟，題詩莫寫糕。

菊

含露棲風倚石旁，數枝瀟灑度重陽。洒家自古無災瘴，不讓寒英泛酒漿。
開放梅花在曉春，衆芳依次作陪臣。霜寒大地無顔色，點綴秋光總是君。
素質奇姿盛晚秋，花中誰比此清幽。延年輔體斯爲貴，可與山人共白頭。
佳種得來手自分，花光燦爛比卿雲。平生不愛餐英句，期與霜枝共古今。
花葉玲瓏花貌鮮，鏤金疊玉共争妍。西風掃盡殘蜂蝶，吐蕊伸枝任自然。

自述

書作田兮筆作農，此中意趣極從容。涼秋畫意在黄菊，清夜詩聲和冷蛩。敗壁頹垣居李沆，緑葵紫蓼飽周顒。東皋遼闊真瀟灑，閑向西風策短笻。

李沆，抗，上聲。朱子《名臣言行録》：『李沆自奉甚薄，所居陋巷，敗壁、頹垣。』周顒，宋人，隱於鐘山，終日長蔬，曰緑葵、紫蓼、春韭、秋崧。

秋興

節序至孟秋，看看郊原好。紅襟紡織娘，黃袍莊稼老。豳風歌適時，爾雅物可考。回首望敝廬，蒼煙掛樹杪。

菊

菊菊菊菊不尋常，豈止幽姿與古香。也共淵明稱逸隱，曾隨屈子入文章。可憐丹桂依玄兔，尤笑紅梅點壽陽。終古吾花不改節，疏籬老圃獨芬芳。

入冬

蛇蚤蒼蠅已滅亡，方將穩入黑甜鄉。雞聲驚醒還思睡，織女復來窺北窗。《夏小正》，十月，織女正北鄉則旦。

［以下夾頁］

閻廬生辰　胎元丙辰

是光緒九年臘月廿九日晚飯以前生，母親常言是賣雜麵的出來的時候。時正在褚河港住。大哥亦生於褚河港，住在姑太太家。時父親客江西，故移家三四年。

偏印　癸未　偏才　七　甲子

比肩　乙丑　劫才　十七　癸亥

日主　乙亥　正印　二七　壬戌

劫才　甲申　正官　三七　辛酉

四七　庚申

五七　己未

六七　戊午

光緒　庚子

亥　十八

長子叢林之生辰

正官　丙子　食神　九　戊戌

偏官　丁酉　比禄　十九　己亥

日主　辛酉　比禄　二九　庚子

正印 戊戌 正印 三九 辛丑

四九 壬寅

五九 癸卯

民國二十五年八月二十一日戌時生 胎元戊子。

爾芃

比肩 壬午 正才 九 癸卯

比肩 壬寅 食神 十九 甲辰

日主 壬辰 偏官 二九 乙巳

正印 辛丑 食神 三九 丙午

四九 丁未

五九 戊申

六九 已酉

小芃之八字，生於民國三十年臘月二十三日，已過立春數日，故訂爲壬午。董嘉禧先生斷爲壬寅時，胎元癸巳。

壬辰日主即壬騎龍背格，古書云『辰多者貴，寅多者富』。蓋壬日坐辰土上，以丁火爲財，以巳土爲官，壬日以辰沖戌中丁戊，則財官發動，故辰土多則官旺。寅午戌合火局，寅是火之長生，故寅多則財旺。八字内寅辰二字雖不多見，幸而兼全。格局不失，當推爲富貴命。若問官至幾品，財發幾多，余學術尚淺，未敢妄斷耳。又聞此子生時在兩點餘，未知准否。設至三點即交寅時，則時在壬寅，不特寅字疊見，定主巨富。且天干一色，四個壬字，是謂天元一氣，純而不雜，尤爲取富貴。

上谷八字

食神　庚子　癸

比肩　戊寅　甲

丙

戊

戊午　丁

已

劫才 已未 乙

已

丁

二姨

偏官 癸卯 乙 偏印

正才 庚申

丁酉

偏才 辛亥

老舅甲寅年人，辛未月甲寅丙寅。如家駿成主，可尋此處。

十月場光正分秋，肩挑車載鬧咻咻。老夫也自有收穫，產出半囊張打油。

題彌勒

大肚菩薩永不饑，坦然長坐笑嘻嘻。肯將妙諦度於我，不拜窮儒衹拜伊。

十月

吟十月詩，以朔北寒霜，因想南嶺梅花，曾得二句：『寒房燭影人無語，江嶺梅花遞暗香。』及續起句而竟不能。復改寫兩首，是較前兩句爲輕浮。

千樹梅花袁小倉，乞梅書去兩三行。江南河北難相遞，不贈梅花贈暗香。

聞到江南在此時，嶺梅次第放胭脂。若能健步尋花去，踏遍風光好紀詩。

又七律一首

滌場時節了農功，謝卻商飆换朔風。西野煙銷山影近，小庭木落月光通。竟無香稻醅佳釀，尚有黄花伴老翁。曝背籬邊成樂事，曹曹睡在日光中。

按原稿『曝背籬邊成樂事』句，後標注爲『日下坦然惟曝背』。

臘月十三病中飛雪兼懷蓮溪

一夜嚴威逼草堂，維摩病裹不能當。如來久别難相顧，何用瓊花布道場。

七十五壽 旭光滿室

寒房何所有，盆梅發紅萼。以之置壽筵，酒香花灼灼。七十四年起，今日爲初度。因思鞠育恩，不覺蕩魂魄。余生甘落拓，晚歲猶索莫。惴惴常自持，恐墮先人澤。我今舞且歌，兹辰姿所樂。高唱武陵花，海内稱獨作。回首掣吴勾，尚欲思飛躍。席上雜陳錯，肴核與羹臛。三女不能來，傳杯衹梅鶴。忽然暖似春，滿堂光焯爍。老妻喜告余，羲皇來入幕。

一九五七年

閑吟·留春

誰不喜清和，誰不苦炎熱。所以畏祝融，不願東君别。春水出肥鯉，桃花釀美醪。他方不及此，此地足逍遥。李白欲繫日，是爲大不敬。何如酹巨觥，一醉忘使命。

《太清卉木方》：酒漬桃花，飲之除百病，好顔色。謝靈運詩『首夏獨清和』，三月天氣爲清和也。俗以四月爲清和者，根於首夏之句。

送春

桃花飄點點，柳絮復飛飛。美豔顔難駐，清和景已非。離亭歌幾疊，分路手空揮。還欲殷勤問，明年歸不歸。

單句：柳絲牽曙色，雨點綻花苞。

遊春

喜見韶光到，郊原色又青。舞雩風正好，春草夢初醒。戲水魚相樂，看花人亦馨。逍遥小園囿，何必羨南溟。

題美人看紅蕉 白描

玉容哪用敷鉛華，窈窕丰姿出大家。步嚮薰風閑顧盼，中庭羞煞美人花。

紀事

上谷去津十七日忽坐三輪回來，病在天津十日矣。到家病又轉劇，云叢林已坐火車先來。可是當日未到，次日晨纔踏雪到家，始知在車站站了一夜。一身夾衣服，夜寒如此，奈何了他。

芄蘭

草也。集傳一名蘿藦，蔓生，斷之有白汁可啖，即纏葦之俗名。蘿蘿蔓者，是也。

匕

曲柄淺斗，狀如今之羹匙。古分飯匕、牲匕、疏匕、挑匕四種，大小長短因所用而異。圖爲疏匕，以棘木爲之。詩有捄棘匕，是也。

鄭文焯，山水家

～～～號老芝，又號大鶴山人，有滿洲才子之名。生平嗜好金石、書畫、鑒别，與王半塘、朱彊村稱爲三大詞人。其書由魏碑轉變，自成一家。康南海最重其才學，故厚幣相聘，日與討論金石文字。余與山人爲字交，故得其法，繪及題詞金石小品頗多。順德鄧秋馬臧並識。

閑吟·寒食即景

昨宵白雪轉甘霖，從此嚴威不再侵。沽酒且須酬冷節，惜花尤欲乞春陰。東風已入池塘水，美色先施桃杏林。人意天時都適當，老夫未了踏青心。

杜詩注：『齊人呼寒食節爲冷節。』

夏日到津 贈蓮溪

張子蓮溪道最親，春雲秋月比豐神。古云大隱隱朝市，添我成爲兩畸人。

與蓮溪攜手遊公園追想當日

攜手行行到故林，每逢舊跡卻追尋。爲愁積雪憐烏病（園中積雪，烏鴉無食，多有死者，因灑以高粱哺之），常怕西風瘦柳陰。石磴過時青靄合，酒杯設處萬花深。名園勝友今何在，獨有張旭共古今。（張旭，蓮溪也）

高閣崇樓勞想像，劍光詩韻憶前塵（余居之樓名『劍光詩韻樓』）。曾尋蛺蝶聞莊子，也對芰荷思洛神。霜柳真疑粉妝點，雪山卻似玉嶙峋。此情可喜未空過，攝到觀音十丈身。（霜天如玉，浦孫照得大士之象。）

千樹長藤攤紫雲，萬竿修竹釀青雰。（余曾住此二載，學會處有石竿修竹，經直奉戰，此竹盡毀。）愛看仕女倚紅杏，喜共園翁采緑芸。月色涼侵花欲睡，柳絲游惹水生紋。笑人孔雀開屏處，羞煞香娃錦繡裙。

領取風光二十春，如何吾去即沉淪。因思勝事題疇昔，静立無言倚夕曛。空色妙言誠善解，毀成一理總非真。衡町花木皆嬌小，哪識當年舊主人。

斷句：放蟹偏驚捷狙膽，食瓜舔破黑熊唇。

五季之雄

朱温

一從大猾據中原，五十餘年開亂源。臣弑其君子弑父，亂臣賊子出一門。

李存勗

能承遺囑報三矢，有兒當是李鴉兒。斯須天子何終局，惜不追蹤郭子儀。

李嗣源

攫奪原來不正當，爲那有道始稱揚。焚香千載成佳話，年在天成號小康。

石敬塘

淪陷燕云十六州，忍將民族作私酬。甘心作個兒皇帝，玷辱神州歷史羞。

石重貴

以嬸爲妻一獨夫，君昏臣媚國應誅。一家號泣萬千里，回到朝陽作虜奴。

劉知遠

光復神州獨一呼，河東崛起逐氈胡。縱然有道得天下，不幸之殘寡與孤。

郭威

雕青天子出堯山，掃盡煙塵净宇寰。返旆忍心移漢祚，春秋直筆豈容奸。

周世宗

（詩缺）

馮道

老而不死頑癡老，送舊迎新多少番。五季元臣還不足，猶爲遼國掛頭銜。

五代晉石重貴降遼，馮道亦拜謁如儀，遼之耶律德光戲謂道曰：『你是何等老子？』道答曰：『無才無德，癡頑老子。』又問：『汝看天下百姓如何救得？』道應聲：『此時一佛出世也救不得百姓，惟皇帝尚可救得的。』遼主喜，仍命爲太傅，充樞密顧問。

十一月六號爲古九月十五上文化科書

文化科負責同志雅鑒：

夏日在專區開文化專業會時，聽説十月間河北省有畫展，黎健先生亦如是云。今十月已過，省府是有這畫展嗎？如有時，在結束必須還回征去之原件，或有所指導及提倡，這是出品人最希望的。此事我縣府當知之。至陽衰老不能前往請教，惟敢乞我負責同志惠下一函。

附：致保群先生信

保群先生：

前接大劄及小像，以時正有病，未及裁答，並念及李聲遠先生爲照像之盛意，祈代爲謝謝。茲上文化科一函，是問省府畫展的事。此事更望先生與大家討論一下。回憶在楊柳青分手已閱三月矣，當時諸承照拂，教人感念不忘。

中秋又客津門，住長女家。今夏由楊柳青專區開文化專業會，凡七日，由此到津，三次往返，得入國畫研究會。會長劉子久，人甚端重，並能識藝術界數十人。今來津已四次矣。

中秋津門雜感

白紵輕抛利也無，所思一片盡模糊。扔開布袋方瀟灑，明月相隨道不孤。

思到牂羊墳首章，東方未白起彷徨。笑余誤識陶彭澤，錯避塵囂歸故鄉。

舊技於今興未闌，十年稿本盡凋殘。友人借得寫生筆，欲喚姮娥畫畫看。

秋雨秋風感若何，孤懷慷慨寄高歌。津門百里户鱗次，獨少白頭詩畫窩。

攮，~到肚子裏。窄鱉鱉的。作踐。雜膾。淘渌，~~壞了身子。作料，作菜之用。潑喇喇。嗓，~的荒，唐~。

遁跡異鄉甘與草木同腐，今年目昏手倦，老態頻加。因〇〇〇入城一見，然風景非前，諸公散落，獨與某公周旋兩日，不勝慨然。倘至〇〇毋惜枉駕。辰下暑隆，唯冀善加調攝。

望秋雲神飛揚，臨春風思浩蕩，雖有金石之樂，圭璋之深，豈能好之哉。

小説，分曉，分解，分教，大概當時方言，三字轉注當可。

月餅

白麵五斤蒸熟，兩碗糖漿，糖熬至稠到能滴三四滴即得（如缺火候則粘）。一碗油即得。

慈母，即母也。如又慈母稱者，是親母不在，庶母撫育而成人者。

十一月十五號霸縣回信

至陽先生：

接得來函欣慰之至，悉先生染病甚爲掛念，希注意調養。請見諒因路途較遠，不克前往探望。祝您早日恢復健康。關於來函詢問美展事，我現又去信詢問情况，待答復後，將再奉函相告。別不再敘，致以敬禮！請把鄉縣之信轉給鄉政府。

郝保群　一九五七・十一・十五

附：人民政府給鄉公所之信

揚芬港鄉人委會：

爲了發揮廣大文藝工作者爲社會主義文化建設服務，和對他們的生活照顧，我們特提出向你鄉詢問一下，你鄉揚芬港村閻至陽先生的家庭生活情况，希你鄉於十一月底函告縣人委會。文教局是荷。

麗哉舊八月廿六生男孩。

何處買山意未闌，西風落葉雁聲殘。騷人睡起渾無賴，畫段秋巒仔細看。

附：蓮溪題畫

爲雨爲煙吾不知，蒼茫萬里寫移時。有人説像雪溪境，志老船來正主持。

吾題扇面與侯十爺畫煙波釣徒

小院掃黄葉，蹲蹲演武功。老拳搏古道，健骨戰秋風。火候剛柔裏，消息吞吐中。吾家本内派，遥與五禽通。

練拳

一生從不出人頭，危行寡言有自由。識字不多强不識，憂天無益更無憂。畫中寥落戴文進，象外逍遥莊子休。尚有閒情思二子，孤懷明徹對清秋。（戴文進山水

秋懷

九幅，筆法險橫，目空古今，奇品也。）

霜降

中夜霜花降，擁衾警不眠。立聽萬籟肅，忽覺一天寒。好景成虛幻，朱顏易老殘。自知頭更白，攬鏡不堪看。

賀天津國畫研究會

名下無虛士，諸公法俱良。奇開三祖秘，妙合兩宗長。雅會聯燕市，藝壇競海邦。洒家忘髮白，充數傍門牆。

補童年之齊宣王見顏斶題

以位榮顏斶，齊王欲進賢。君心難强合，臣意不投緣。有道當趨士，無求祇樂天。辭歸極瀟灑，安步入雲煙。

哭王德修先生

魯燕不相見，別恨竟如何。欲寫相思句，翻成薤露歌。
有客霜天來，寒齋聞噩耗。皇天爾何心，不憖一遺老。
書窗冷舊芸，經壇覆黃葉。飛翔泰岱間，藐然輕世界。
酹師一樽酒，爲師讀大招。仿佛魂歸來，雲黑風蕭蕭。

民國四年，袁世凱欲爲帝，深防蔡松坡。蔡常詩酒，留戀於小鳳仙家。小鳳仙識其機，結爲同志。偵蔡事急，小鳳仙與蔡遂潛身於天津。當別時小鳳仙唱驪歌三疊，蔡行色倉皇，不能相和。我閱書及此，愛其事愛其詞，遂現蔡諤之身而提筆和來

柳摇金

今日相歡宴，領你的盛餞。唯呀，任他虎牢堅，也能脱險。賢妹呀，舉杯兩相勸，莫學兒女同哽咽。這一席酒筵，是千載一時的紀念。

帝子花

到東瀛哪能留戀，我敢説光復民國必操勝券。呀賢妹，與你具眼的紅拂意氣牽。兩花已結同心蓮，有甚不如願。

學士巾

我這裏法術全，老魔不難殄。執枹北伐氣無前，且行行暫別你春風面。我功成身退，賢妹呀，再相見，樂林泉。

原唱・柳搖金

驪歌一曲開瓊宴，且將之子餞。蔡郎呵，你倡義心堅，不辭冒險。濁着一杯酒，料着你食難下嚥。蔡郎蔡郎，你莫認作離筵，是我兩人大紀念。

帝子花

燕婉情，你休留戀，我這裏百年預約來生券。你切莫一縷情絲兩地牽，如果所謀未遂，或他日呵，化成地下並頭蓮，再了生前願。

學士巾

蔡郎呵，你須計出萬全，力把渠魁殄。若推不倒老袁呵，休說你自愧生前，就是儂也羞見先生面。要相見，到黃泉。

昔日有小鳳仙像片，得覺非題詩，曾檢點笥中，不知何時化翼飛去。

斷句：停燈借明月，烘硯待朝曦。

十二月廿一日，霸縣開文藝會。赴縣，住縣署文教科郝保群先生室，得睹古陶器十餘件。有一盂完全無缺者，郝先生能指明爲漢物，大致出於石城村者爲多。據云，去歲揚芬港修堤曾發見漢陶盂之類兩具，及郝到港已被工人毁而棄之，尋其寸片而不得，惜哉！吾又睹望都之漢墓畫壁巨册，畫的是人物與飛潛動植，題眉之字極近孔宙，當是東漢之墓及某將軍之墓，考古家皆無所指。陶置者有圍棋盤格數與今時一樣，有亭臺及各具。吾記時事過二年，忘了甚多。得見漢代之畫法，因想到閻立本之帝王像，雙髭上鈎，與吴道子七十二子之衣紋皆有所本。得此巨觀，惜無九元購置一册。又有二寸大之陶製造文殊像，極精緻無缺，及周邊之天女與繞環之珠，雖針芥之微且綫條皆完整，真可寶貴。吾囑其裝潢起來。

開會因題一首

文藝衹二十八人，畫者如劉九洲已九十歲人，不能來，周培基也未來。一人帶去幾張尚懸於會場，等人觀睹。本會者以戲劇家爲多。

我邑多才俊，莘莘聚一堂。栽培老藝術，開放百花香。此樂宜中國，斯風先益昌。洒家雖髮白，充數亦輝煌。

文化館有名菊二十盆，平生所不多見，徘徊花下，惜其凋殘。歸來以指畫菊，聊寄相思焉。

訪到名花花已殘，徘徊花下不爲歡。誰知造化憐人意，百里復生指爪端。

指畫達摩

三指試畫水，頃刻風濤起。中有達摩來，履之若平地。

王原齋抑魏尊劉，以蜀爲正統，極是。可是三字經魏蜀吴争漢鼎，兩語是失其主張。余無事因改此句：『光武興，爲東漢，四百年，曹魏纂，漢昭烈，起西蜀，稱三國，因魏吴。』童蒙當讀之。

白石

瓦缶已雷鳴，黄鐘當毁棄。近來無處不積肥，先生筆下真肥氣。

箚記

飲食之道非徒以適口，尤重以養生，近有以毫無價值之代用品爲食物者，如以糖精代甘蔗等，是此等食物味同性殊，且食之有害，而貽生命之災，即菜蔬中亦盡有食之有味而無益者。實際大地生物至繁且夥，要在人之抉擇或加以人工，使之繁殖産生新食品科學方法是皆可預期其功者，或預爲之備，如涼曬乾菜以備缺乏之需。春草茁長，佳餚遍地，在有識者之採擷而已，兹篇純取本處風光地方色彩，希我同好請嘗試之。（舍魚）

龍鬚菜：按《帝京歲時紀勝箋補稿本》載，龍鬚菜，生於天壇，即中藥中之獨活，菜根能愈中風。起初中國南部本無是菜，故甚診視之，如北人之診視蕁一樣。後有好事者試其種子於南服，結果比在原生地尤見肥壯，商人制爲罐頭運銷海外，獲利甚薄。

龍鬚菜，本野生植物，壽命最健，故價值亦賤，惟味極鮮美，用芝麻醬涼拌下酒，或用以炒肉佐飯，味醇而清吻適口，誠屬春季佳餚。

枸杞頭：枸杞亦菜之一。到春來，枸杞茁長，其頭鮮嫩可食，以其味苦，多用糖醬生拌，或香油素炒，或用開水浸過，拌豆腐亦佳，味苦性涼，人言可敗春燥温。

莞豆苗：莞豆至三月（凡涉月份皆指舊曆）即可食，鮮嫩無比，和羹、做菜，無不宜者。

榆錢：春來老榆結錢，其值甚低，取去其托，净水沖洗，拌以麵粉，蒸而爲糕，調以油醋蒜，快口充腸，亦菜亦飯，嫩榆亦可如此吃法，而味不同。其他如藤蘿花、洋槐花、稚掃帚苗兒、鮮豆莢等，皆可如法炮製，各有殊味。

柳芽兒：當柳條初黄之時，取其初綻之芽，浸以沸水，或拌豆腐，或作餃子包子餡皆美，尤其曬乾禦冬，作餡有川冬菜風。

香椿芽：香椿嫩芽可食，或用鹽漬，或碎之以拌豆腐麵筋，或作菜馬兒拌麵條吃皆佳。和以麵糊，入油炸之，曰香椿魚兒，風味亦美。

薊菜：按《帝京歲時紀勝箋補稿本》稱，三月三日，爲薊菜生日，是日多吃薊菜餃子，其味甚美。又諺云：『年年三月三，薊菜開花賽牡丹。』是不獨美味可餐，其花亦可賞也。

蘆芽：《酌中志》載，清明食河豚，飲蘆芽湯以解其燥。蘆芽湯，味清香淡遠，即不食河豚，正亦不妨喝喝。蘆芽炒肉，味類冬筍。

春陽發動草木於惠明熙和之豔陽時節中。北地鄉村婦孺向有採菜以充蔬食之習俗，往來於田野中，既可呼吸清潔空氣，復可獲得新鮮之菜蔬，一舉兩得，誠有益之舉也。爰將普通野菜之形態、食法、功效等分誌如下：

小根菜：原名薤，又稱野韭菜。小根菜者，爲地方之俗名也。其形態爲多年之生草，所謂小根者，係指其地下白色鱗莖而言。鱗莖有小蒜頭狀，故於植物學上與蔥蒜同列爲百合科蔥屬。生長於田野各處，清明前後，簇生緑色較韭菜爲細長葉，秋出抽花葶而開白花，傘形花序爲球狀，具有六片之花被，雄蕊較花被爲長，與韭菜花相似，結爲黑色之種子，冬初葉枯萎，其地下莖能耐嚴寒，越年後生長更爲繁茂。

小根菜之食法：去泥洗净後，連葉切爲小段，拌以油醋醬油等，嫩脆清香，極爲適口。又，夏季其鱗莖頗爲肥大，採之浸於油醋醬油之濃汁中，封固至一二月後，亦可食，其味有如蒜醬。

薺菜：原名薺，田野一年或越年之生草。清明前後開始生葉，距離地上之葉爲叢生。葉形爲羽狀，分裂，上部之葉有缺刻及鋸齒，生長六葉後即抽葶開白色之小花。花爲十字形，故爲十字花科植物，莖爲四五寸或一尺左右不等，結三角形短角狀之裂果。據李時珍區別，薺爲大小兩種。大薺，莖葉高大，味淡，不可食。小薺，短小葉嫩，可供食用。

初春之薺菜，其葉淡緑色，下部因甫行出土，故其顔色尚白，質極細嫩，採之可供食用。食法，去根洗净，拌之以芝麻醬油醋醬油白糖等，即時食之，別有一番風味。

薺菜中含有一種微量之芳香油，有助消化、去胃熱之功效，《本草》謂甘温無毒，利肝和中，明目益胃，其根可治目疾，根葉焙幹爲灰，可治痢疾云。

取賣菜：又名苦賣，又名苦菜（閱廬爲芑菜，呼名芑芑菜，變音取取菜），生於田野之多年生草。春初由地下莖生白色之嫩芽，一經出土則變爲紫緑色，葉長條如薊。春天抽莖開花，花淡白黄色，如小菊花。然花具冠毛，種子成熟則垂其冠，毛隨風飛散，與蒲公英之種子相同。其莖葉中含有白色乳狀之液體，嫩時較多，因其味苦，故名苦菜。

菜之苦味，食之可以解熱去毒，故於春間人多願食之。以素拌爲最佳，若熱食則完全失去本來之風味矣。《本草》稱，苦賣，苦寒無毒，能益心和血通氣，其鮮葉搗爛，可敷療毒，喉癢腫痛，亦可以新鮮苦賣菜搗汁服之。

蒲公英：蒲公英又名黄花地丁，又名孛孛丁，關東俗名婆婆丁，生於山野各地，菊科，多年生草也。春初白根部生葉，謂之根出葉。數葉由根部同時叢生，故稱爲叢生葉。葉形類似倒披針形，葉緣有不齊整之大鋸齒向下面，有如某種白蘿蔔葉。葉生長二旬以後於叢葉中抽生長莖，莖頂開頭狀花。花爲舌狀，花冠色棕黄，或淡黄。綠叢中簇擁黄花，點綴於四野，美觀異常，故有滿地金錢之别名。

蒲公英之採掘與食法：春暖化凍之後，野生菜類中以小根菜發芽爲最早，其次即爲蒲公英。蒲公英挖採之時，必須深掘，其露出土上者爲綠色，埋於土中者爲白色。白色部分食之最爲鮮嫩，綠色部分則略帶苦味，若抽莖生花蕾時，質老而不可食。將挖掘之蒲公英去根洗净，另以芝麻醬、醋、醬油及少許之白糖拌合使匀，食時或以箸夾之蘸食，均無不可，但最妙莫過於隨拌隨食，則其清鮮之味不致散去，否則經醬油等浸泡，逾十分鐘後水分失去，即無鮮嫩滋味矣。

蒲公英之醫療效力：蒲公英具有解熱去毒之效力，春間食之，可開胃敗火，清血解毒，而例方中又有蒲公英可治療疔之記載。

舊醫學上則將蒲公英列爲消毒藥。據云，氣味甘平，化熱毒，解食毒，消瘡腫，入脾胃二經，爲輕瀉藥、改血藥、散結化瘤藥，能利小便，又其莖葉中含有白色乳狀汁液，可用以塗敷瘤子、塗蜂刺喉有功效。

日本某學者研究，謂蒲公英之根具有藥的效力，味苦，可爲健胃劑、解熱劑、强壯劑，煎汁内服，能促進膽汁之分泌。其種子爲緩和性之刺激劑。其根莖葉全可入藥，能解食毒，治乳腫，其葉中之白色汁可塗疔瘡。

日本藥局方，謂蒲公英爲苦味健胃緩下藥，於消化不良，可與他藥配用，又可制爲越幾斯，列爲苦味健胃藥。

西藥中，亦有蒲公英制爲苦藥劑者，是則蒲公英一物，確有健胃之醫療作用。

一九五八年

五八年之春及去歲之冬，東淀無水，人民掘水草根爲食。此草在本草或是莎草，在畫譜或近根子（能食，人稱爲根子，在武清一帶水鄉稱爲巨巨根）。余有，固入於（後缺）。

鱸婦苗根莎草根，掘來一食可還魂。老天真有好生德，萬石黑糧惠野村。

擬句

乍見成悲喜，相看感古今。
冷添寒士骨，白上老人頭。

彈指年華七六春，渾渾噩噩任天鈞。祇知身世終潦倒，誰想門庭變嶄新。大市小鄉共甘旨，江南河北結婚姻。老夫一笑傾家釀，以次傳杯共飲醇。（長女三女居天津，二女居鄭家莊，他們時有供養。）

茅簷盡日冷雲屯，自汝一來氣轉温。展翅飛開滄海市，壹心趨向水雲村。能將福澤榮姑舅，莫忘詩書付子孫。古德新知都已備，祇慚余子拙如豚。

春日詠天津

百萬人家市，家家不識貧。光明天不夜，温飽地皆春。巨港連環海，雄圖拱北辰。繁華本運會，萬載日常新。

歸

又作津沽客，無聊衹自知。空餘長劍在，獨恨故人稀。小技難投合，衰年不適宜。明朝趁天氣，歸去卧茅茨。

（前缺）了，亦漸近衰老，惟自明精氣極好。

十月六日，訪王儀堂。儀堂是肝膽義氣的朋友，想不到將要失明，我對他難過實難形容。待我飲饌極豐。見其二女及婿，長女王桂芬，二女王桂芳，皆是醫生。子王桂森現在青海工作，衹見其象片。長婿陳文焕，次婿孫仲仁，前五十四中。

十月七日，到錫望爺家。早膳後，回到天祥商場購紙色。

十月八日，到邵公莊木材公司看八叔。八叔親愛如昔，給我鞋、手帕、日記本，錢一元。

十月八日寄自明、儀堂書。

一九五九年

一九五九年三月十四日爲農曆初六，前得侯十爺之信，本當馬上動身，而無船無車，距楊柳青二十餘里，老人家步行之艱成了困難。因於是日改途，擬由王慶坨乘汽車去津，是爲便捷。遂淩晨開步，行這十八里路。徐徐而行，兩足並不遲滯，且從容，忘卻了十八里之路程。可喜的後來行路無所畏了。王慶坨是津保之汽車路，王慶坨上下午有兩趟車。到站天色向午，遂坐下午兩點半車。在王坨坐了有六個鐘頭，精神並不困乏。汽車票房司事爲馮先生，是本坨鎮口音，每月回天津公司，開薪四十五元，比較他事舒服多。據云，他有祖母，年太高，他能奉養得當，此人真是難得。票房對過是食堂，裏内祇玉米麵窩頭，五分一枚，行人祇須買一枚，菜蔬祇胡蘿蔔、黑豆菜。車行甚穩，半途遇見前車停頓，還在路上修理。車中之客尚危坐不動，可是已停頓至六點了，晚車倒快於早車。車路經過青光、韓家墅、劉家房子，入丁字沽即下車奔西沽。吾囊中有家釀小瓶，買了一包伊拉克的蜜棗，入三弟醫室而下酒。時劉淮外孫來，分而甘之。

十六日看大姑，大姑健强如昔，面色較去歲爲豐潤，壽象也。今年八十七歲，眼明耳聰，腰不疼，無痰症。母親年至九十，大姑還須高母之壽數。

戴民在二十日生女（是農曆二月十二日）。時正在邵公莊，竟不知道。

七月十號，這次赴津，所思非一日。上谷有五元之給，故仍從王慶坨乘汽車，亦因思曹景儀與王洞庭也。破曉沖土豆粉，吃黑麵棗糕就緩步行去。過公路小橋，沿大渠東埝見三股大道，走中股直到闞里墅。一路無渠。過此，穿過王二店即聞嗚嗚的汽車笛聲，前望林木如屏，蒼靄之氣撲人眉宇。吾置此境中，殊覺清爽。入林見公路，又較春初灰砂加鋪的平坦了。三百里之津保，兩面人家得交通之便捷，吾鄉水國偏隅不能及也。景儀住解放街和平路，由南閣一轉即是。相見喜出望外，可惜已成了大聾，常相對無語。吾雖衰暮尚無此毛病。晚食餃子，其面較細膩，始知是侄女自磨之麵。此處是四個月無油。好是問津爲工作人，可以通融些麻醬，和了餃子餡，也甚好吃。當日午大雨，夜仍不住。次日又雨，街上積澇處甚多。是晚食洞庭家，得觀碑帖五六十種。而經石峪原拓大字裱成巨册，又張猛龍有碑陰，余初次見過。十二日早起，景儀父子送我至車站，因雨後無汽車，遂乘三輪八角錢到楊柳青車站，問津給的錢。這次到津聞王儀堂失明，張蓮溪半身不遂，吾看他四次，別時依依有難言者。與李懷白吃登瀛樓，歸時已忘日期。

（前缺）到此曾四到蓮溪家。最後一趟是星期六，是八月一日建軍節，得晤單式如。晚在蓮溪家吃麵條，式如各處搜羅菜蔬而不得，衹能買到番茄、蛤蟆腿與串腸。番茄有六七片，原是兩個切的，灑以甜水，價四角。蛤蟆腿吾向未吃過，主人相敬，衹得勉嘗。而該物油脂不足，尚綿而臭，因暗唾之。而主人可也未吃。此四腿也是四角。腸子炸的醬，而腸內之物亦是腐臭的。此物或不止四角。式如先生極殷勤，極古道，恨相見之晚也。

五日到西沽。六日訪龔作家先生，得見許多漢印與羅漢手卷，平生之眼福也。贈我一煙壺與石章。七日復爾訓信。

十一月六號，又到津。

今冬聞胞姐有疾，余必赴津一省，可是以交通與腿疾的原因，竟因循了半月。昨日崔大哥借到小車，他欲告假一日，送余到車站。因此之便，藉此送爾訓幾件東西。今日天氣好，遂偕家瑛侄女同行。余雖右膝痛，尚能行十數里，過累即乘一時車，不肯常使崔大哥受累也。南去的車早，家瑛先去獨流，余候四點半纔登火車。到邵公莊，夜眠極舒服。七日休息一日，初八日即到甥女家看大姐。大姐正受針而卧，余入室視之，不覺竟啼泣一時。自明已明針術通醫學，大姐病之主治，實得其體。今已痊癒，行動飯食皆如常，祇是言語説多了即遲滯不清楚。麗哉欲同看大姑去，以路遠與家事煩而竟不能，因給我四元，我遂買食品奉敬。余本欲買柿與蜜，而這兩種已成幻想。天津市鮮果祇有酸梨與紅果及糖塊而已，獨北大關一家有蜜餞蓮子，實爲奇遇。因購一斤兩元零四分，又買蜜棗四角，遂去。當日發家書與哈爾濱書。午後回邵公莊，甥女給車資壹元。

九日看張蓮溪。蓮溪正手尚不能畫，而左手之巧頗得趣致，余贈之曰：『妙同高尚左，暫作李龍眠。』相顧一笑。接爾訓書。

十日到西沽，正值兩家口角（劉家超與三嬸）。爾康生一雙女孩，七八日矣，尚未出院。

十二日到祝德里，未遇侯十爺，將兩年美協所陳列之畫一併拿回。發武漢信。

十三日星期，下午戴民來。玉相極茁壯可愛，一切食物都能吃，且能小立，可喜也。給我棗、八寶麵、三十五元，冬日生活有着落了。

歸家在雪後，是十五六日，爾芃來接。到楊柳青下車，便到爾訓家。正值天啟去黃驊縣調河，爾訓晝夜忙機器縫紉。留的花生山藥與白麵，這四五天全給我吃了。回家坐二等，正是天寒，爾芃爾訓東奔西找，約有兩點鐘的時間纔尋着一車。揚芬港之交通難，老人及婦孺往返楊柳青太不易了。到家知糧又減，每日衹得半飽，以桂花粉作副食。從此胡蘿蔔、旱蘿蔔皆高價，一元錢買四五斤。前在家與學校所訂之代食品已成子虛了，可驚孰甚。有些存儲，個半月的工夫，已教家瑛家駒食盡，且又奈何。

閑詠・冬棗

冬棗頂平凹而扁圓端正，極象來禽。皮若塗朱，落地即碎，光可照人。在秋末冬初收，故稱爲冬棗。收時衹用手摘，入口則叭的一聲，則離核，其甘似蜜，汁能粘唇，仙品也。國中衹靜海王家莊張惠民家有十株。先生曾欲種於余小園，而滄桑之變，哪能顧及。

恰似來禽式，來禽美不如。凝成一塊蜜，抹過幾重朱。映月光能現，迎霜體遍酥。寰中衹數樹，近日有還無？

題畫松

畫松常惡謹細，余乃施之以古籀及狂草之筆，頓放鉤點，礧砢然，慼縮然，駢枝鐵幹，欲作其龍攣虎跛之勢，寫畢，將尋金老農而質之。

一天松韻雜書聲，展卷高吟忘世情。莫謂此間煙火遠，茯苓盡日餉先生。

七月抵津旋里時攜菖蒲與菊花成二首

闤市不長住，雙輪趁早涼。清新沁毛骨，瀟灑換時光。雲斂碧天闊，風過野草香。室人喜我至，趨暑大開窗。

歸興非一日，朝曦促客裝。斜循秔稻徑，直入水雲鄉。瓜架實皆着，蔬畦草未荒。此來真不寂，相伴有蒲郎。（菖蒲金冬心吟詠稱蒲郎，吾襲之。）

贈洞庭畫戲題二首

非高非米寫煙波，好趁詩人張志和。我畫世人多不惜，衹能持贈洞庭哥。

石谷高才勝乃師，洞庭與我更如之。畫壇觀遍名山水，哪個如君筆墨奇。

詠菊十二首

餐蕊折枝絶可憐，閱廬所好任其天。有時花性同余性，疊疊重重開萬千。

草木全凋菊獨肥，此君從不畏嚴威。西風空向東籬過，獵獵瀏瀏摇落誰。

看菊如同見畸人，幽香佳色不同塵。而今我在羲皇上，期與斯花共古今。

晚年好菊已成癡，幾度滄桑也不知。近日欲離煙火食，試將花氣入詩脾。

楚楚孤芳品最佳，偏從霜裏燦寒華。俟余來個讓王者，高舉黄英作國花。

菊花之品獨稱奇，雪壓風欺如不知。莫怪當年陶處士，一生寄興在東籬。

獨有吾家叢菊開，殊芳異品自培栽。如斯晚景莫空過，撿取一枝作畫材。

九秋風露菊花開，中夜幽香浮動來。若在此時承沆瀣，不須康子獨脱胎。

擬把黄花作道場，欲將六合换清香。靈均靖節康風子，不速而來共主張。

翠羽金冠紫錦團，奇姿異彩共鮮妍。叩門有客修花史，還是當年鄒小山。

綴雪流金次第開，賞花哪有他人來。清香鬱鬱透毛骨，不食金丹也脱胎。

點綴名花小院幽，奇香異彩自風流。世人莫笑秋光老，戴紫簪金滿白頭。

題舞劍二女

誰家女兒善擊劍，此藝人間不多見。舞來儀態盈萬方，一時天地皆軒昂。一個輕捷如乘風，一個婉轉似遊龍。青虯白蛇相騰縛，趕月追風不放過。推刺洗掃法無形，可謂見紅不見青。收勢淩空各一點，對立凝神氣內斂。觀罷我喜寫其圖，因圖想到古名姝。公孫大娘舞劍器，書顛一見通神秘。劍術莫高趙處女，勾踐聘之虛前席。荀灌十四解城圍，木蘭長征奏凱歸。黄天蕩裏摧强敵，盜盒三更乘月飛。詩家善美秦夫人，桃花馬上石榴裙。俠女反影吕家事，能復深仇驚紫宸。女兒女兒非等閒，有俠有士有劍仙。異彩香花榮簡册，奇勳偉烈動山川。一從解放作新民，高才妙藝何甡甡。女界光芒騰萬丈，還欲今人勝古人。

題龔半千畫訣

安節先生六法真，三言兩語即傳神。不談八股不講道，可作初學上大人。

二月去津上王慶坨乘車

不思跋涉苦，遊興尚如斯。泥濕鞋常滑，風斜帽易攲。渠溝失古徑，雲霧蔽朝曦。四野少人跡，行行忘路迷。

七月十九病中不寐。時叢母子一游南，一去津。我獨守老巢，不期而有疾。病裏難禁秋夜長，茅屋獨卧卻清涼。擾人黠鼠時窺榻，泣露寒螿將入堂。怯冷頻驚風透枕，解憂常愛月當窗。南華畢竟有名句，以静消疾是妙方。

雜記録

承天寺夜遊。常畫此景，而不知與蘇子遊者爲何人，曩在鄭莊書本得此，故録之。元豐六年十月十二夜，解衣欲睡，月色入户，欣然起行。念無與樂者，遂步至承天寺，尋張懷民。懷民亦未寢，相與步於中庭。庭中如積水空明，水中藻荇交横，蓋竹柏影也。何夜無月，何處無竹柏，但少閒人如吾兩人者耳。

（一）承天寺在湖北黄岡縣南。（二）元豐，宋神宗年號。（三）張懷民，蘇之友人。藻葉小而圓，荇葉小而長。

閻鄉

《漢書》，勃海郡故安縣。注：閻鄉易水所出，東至範陽入濡也。並水浸。水亦至範陽入淶（故安或古稱爲閻鄉）。

句

念垂注之德意不能已，故少陳其愚，惟老公祖酌之。

美術叢書《衍極》評顏書

南唐後主嘗云：『真卿之書有楷法而無佳處，正如叉手並腳之田舍翁耳。』

牡蠣

牡蠣能治胃病與肺結核，日本先年發見一種最有益營養品，就是俄里誇那爾。人之筋肉原料係由俄里誇那爾組成，常常存在於血液和身體各部分裏，所以纔能生活。這種東西就是牡蠣類裏邊最多，除這個以外，打（後缺）。

一九六〇年

六〇年二月一號是庚子新正五日。

前二日，燕尼由上海來，在路上過年，初二日燕尼始到家。

正月十三日即九號，爲戴民生日。爾訓生女。十五日爲内子生日。

正月十八日爲十四號，上谷同叢林、燕尼先到楊柳青，上谷去鄭莊，叢林送燕尼去天津，由此上上海。

獨流三哥於十四日逝世。

二月十四日三月五號，鎮日陰霾，繼之以北風，浩大水又結冰。由這一二日，地中搭成席棚，食堂外移，使人民住宿於野。先以開渠爲工作，壯年多因饑餓，拆房變賣，逃於東北，而工作又重於婦女，寒水没脛而及膝。晚散工不令回家，常露宿。

四月十號，夜間發現吃蒼子受毒之兒童。不數日而延蔓至一千餘人，重者四五百人。

中此毒者一月中還能發現。受毒者先腹痛，繼則乾燥、頭暈，停大小便，若吐血者不能治。即今日治好，二三日又犯，犯則更難醫。十四日發現毒症，當時天津兒童醫院、第三醫院汽車絡繹不絕，二三日間有救護者及大夫三百餘人。東頭人家多作病室，一出門即盈耳的呻吟、號哭聲，不忍聞也。天津兒童醫院大名醫范泉與瀋陽市大名醫、天津、固安、霸縣各名大夫都到此來。一批兒童去天津醫院，曾解剖了三人，林起鳳、張承泰、閻孝海三家的女孩。林起鳳的女兒解剖所見的胃中衹水藻與蒼子皮，始知是無食的易受此毒。結果一月間纔結局，病死了七個人。霸縣王大夫針灸家，真有把握，蓋了西醫。范泉束手無策的都經王大夫幾針復活，范泉敬之。乘汽車到天津醫院講中醫的針灸。

五月一日，郝保群、李鴻宴同來演戲。劉文良給糧票五斤。採購站給房租十五元。

七月二日，吾前二日受風，如瘟，而又轉痢。幸有燕尼之緑皮的丸藥，兩投而愈。剖開該粉確是黃連也，無他雜味。蓋黃連吾常服過，治痢之妙藥也。

（前缺）不知其名，破之其粉純是黄連，故治痢病正合，曹問津稱爲緑美樹，每粒三角。服兩粒病立止，又服一粒。轉日因吃硬物，病又作。又服兩丸後，重腹痛之病，睡一覺病全失。他日當尋此藥替代黄連。内子上谷今春亦病，泄兩月，昨亦轉痢，還剩有兩粒藥，服之亦好。他日當尋此藥替代黄連。十八日精神又復，崔大哥恐我勞苦，遂以小平車推我至王慶坨。王慶坨以突擊插山芋，一村全部關門。景儀體格尚好，衹是胃症時作，成了痼疾。問津已下放在食堂，與我之所商成爲畫餅。王洞庭夫婦生活尚好，我飽其一餐，已糜費他四五元之多。與景儀畫牡丹。小汎口陳玉年先生與景儀爲襟兄弟，知吾來，贈以老酒。飲之，其柔冽真似廿年前之醇物。近日新酒且無，何況此陳物也。曹炳禄是史秀章之夫兄，其家爲迪化堂，亦好畫，故來相談。張少村與我同歲而健飯，尚能勞作，得兩餐，我實不如也。工餘即以作畫消遣，尚有父風。伊父即前庚子年間的畫家張子誠也。舊曆二十二日午後，雨。景儀父子正送我在汽車站，雨止，正四點鐘，遂乘車到津。二十三日與戴民去信。二十四日星期，候戴民一日，未來。麗哉夫婦食糧減去十四斤，且每五日一領麵，當晚又聞兩天一領麵。廿五日淩晨，乘汽車到西北角郵局。尚未開門，便到祝德里訪侯十爺。伊現在應榮寶齋之邀畫書簽，每條八分，他昨一日就畫了七十張，欲與吾介紹。吾以不能長在津，若在家每半月一交件，哪能跋涉的了。談一時就行馬路，直至東北角。各鋪號全未開門，獨尋有攤販，以壹元壹角購得糖塊一斤，遂乘四路汽車到黄家花園，入延壽里。今日纔留神自明家是四十九號門。見我大姐不由得落淚，甥女已潸潸沾襟。而我大姐初見我是不大清楚，且相對嬉笑，雖然顔色好於去年，可是步履精神與語言遲滯，都不如去年。相對半日，祇常作嬉笑。耳近兩日大聾，吾所言聽不明白的多。飲食如常，且尚欲操作。吾試摸手指，甚温潤，吾遂告於甥女曰，當年汝外祖母雖强健，而在汝母之年遂手指如冰涼。汝母形神雖不及，以手指之温潤，一半載當無變象。甥女囑吾與伊三舅商酌，在西沽一帶租房一間，自己欲獨奉侍母親之終年。以家之屋本是與伊女鮑淑嫻所同居，一切生活都仰給淑嫻之姨妹，雖淑嫻無他之言，而不能不理會此事也。

歸來到天后宫，尚有時髦女子燒香者。院子生意寥落，祇有一份賣玩物的，東牆陰祇列數盆金魚而已。到邵公莊，正值戴民在此包餃子，相見極樂。四寶孫未隨來。寶玉孫女也能走了，極渾厚不淘神，亦如其母之幼時。説到痢疾，他説有以生蒜和麵條吃，其病自愈，且記於此。戴民給三十元與糕一斤，訂於下星期再來，是有些食物。

廿號到西沽。廿一號訪龔先生，有辛章之馬君同去。龔家古玩書畫收藏極富，獨有楊無怪之墨竹生平頭一次纔見，大筆淋漓，無所假借，衹寫胸中之逸氣耳。無怪先生在乾嘉間爲名士，無怪爲名翰林，子孫爲進士舉人，著作鴻富，曾注四書極詆程朱，當然不能出版。又作陳仲子之題，一題五章，文意皆不同，一時學子無不讀者。我今觀其墨蹟，亦平生之快事也。午後去看蓮溪，而蓮溪已去書安里，云二三日即回來。吾精神不快，天氣又熱，書安里又記憶不清，遂回邵公莊休息。廿二號到錫望爺家午餐，同到天祥買莊子，到榮寶齋買紙筆，用六元餘。在此遇商先生、嚴六符、韓雲峰，還有一女畫士，也是交畫簽的，曾在會中見過。有位張立成，大概是榮寶之同人，極欲連合，惜余不常來。夜雨，余有些不豫。廿三早仍小雨，衹卧床休養。廿四號爲閏六月一日。廿八日雨，廉纖。廿九日，赴蓮溪之約。而蓮溪候余不至，遂到小關伊女家去，余亦隨回邵公莊。前三日到蓮溪家，蓮溪内病全無，衹以左臂與腿動作需人，恐爲平生之累也。伊云，秋涼如能適意，即欲著書見志。余相見悲喜，有難言者。單式如先生曾數次到蓮溪家，余不得巧遇。雨前爾芃來，我正在西沽，芃歸去我始來邵公莊，何不巧也。麗哉説他幾日接我來，我衹可多住幾天候之。

顔習齋言行録

孫門習行禮樂之學，健人筋骨，和人血氣，調人情性，長人仁義，一時學行受一時之福。一日學行受一日之福，一人體之錫福一人，一家體之錫福一家，一國天下皆然。小之卻一身疾，大之措民物之安，爲其動生陽和，不積痰鬱氣，安内捍外也。

八月八號，夜不寐，偶吟四首（草，未定）。

秋夜

一天冷露濕簾旌，蟪蛄無聲蟋蟀鳴。涼夜家家人盡睡，書窗衹我一燈明。

蓮渠

白蓮冉冉送清香，渠沼相銜百里長。（按原稿『送清香』處同時標注爲『放青妝』。『渠沼相銜』同時標注爲『宛轉蓮渠』。）寄語友人如見訪，余家近住水中央。（霸縣至我鄉有百里溝渠銜接，故稱『百里荷花』。）

八月九號，欲擬《柳毅傳書》畫，破去舊章法。

十二號，午，爾訓祇抱小衛來，知昨日親家高念曾瘐死監中。去院到伊外家尚有餘氣，繼而焚化。吾生平之好友，朔北之英雄也。因思效三（念曾號）而不能寐，因吊以詩。

吾黨有豪傑，遭逢人盡嗟。十年在羅網，一旦覺龍蛇。殉國終完節，征仇屢破家。期君成想像，輾轉憶丰華。

按作者於另本中記載云『十二號，午，爾訓來，祇抱着小衛，説到昨日親家去天津未得見着伊夫念曾之活面。該夫已焚化。吾常想或有見面時，與其歡聚一場，談新述舊，誰知十年之縲絏，庾死監中。出院到家，天津的家，即一命嗚呼』。

吾今淩晨暴瀉三遍，是服子龍丸所致。因吾左乳内生一瘤，已六七年了，自去冬左腋又生疙瘩，所謂之淋八綫第二期之病。前在津及王慶坨住有一月，覺左胳膊發滯，由是回家每日練拳及二百下，晚睡眠前盤坐又運動兩臂二百下，日日如此，遂覺輕。在津買大歸湯，而當歸無有，因買瘰鬁内消丸十付，服過也未見如何。爾芃在楊柳青購子龍丸與小金丹，子龍丸入喉就不舒服，此藥是甘遂與白芥子。晚服，淩晨遂暴瀉三次。早飯未吃，至午藥力退，方好。爾訓正代操作一切，吾得以休息了。夜小雨。

十三號，朝似有雨點，午晴。萬生弟來，捎到五倍子貳兩。他們學生仍工作，不知所命。接張蓮溪信，病尚未好。

十四號，雨後冷了。早飯後叢林去策城。

十五號，交食堂三元。起大士畫稿，寫以心經。今下午領飯，與家駒分開。

十六號，爾訓回去，留下糧票三斤，帶去爾芃信與錢貳元。晚接到麗哉信，尚未生育。鮑家糧票未寄。愁人。十六日夜不寐，因叢林農校移於策城有感而成五律。移校南村去，師生共一航。纔分青荇路，即入白蓮鄉。波定開菱鏡，香清襲藕裳。高歌互唱合，瀟灑度滄浪。（按原稿『纔分青荇路』句，同時標注爲『纔離紅蓼岸』。）

十七號，魚貳斤五角。

十八號，校長、陳惠民、李先生、劉先生在此飲，幸有小魚。

十九號晚，夜不寐，構燈讀《南華》，再則想到重陽劉夢得一句之詩『滿城風雨近重陽』而起興，因成一絕曰：『興來潑墨灑滄浪，非米非高自主張。我不能題聊借取，滿城風雨近重陽。』

廿號，劉先生在此吃一日。

廿一號，叢蕎麥麵貳十五斤。叢晚去策城。家瑛來。家駒今日與小隊拾棒子。小四七角五，又一角，又一角五分，一角。十號一元。十一號一角。十二號貳角。

廿二號，樵嬸給捎去陳子寬先生與景儀之畫。

廿三號，叢林去圪，家瑛隨去。夜夢吹簫有聲，在家祠，父親與安承緒皆在坐，是作昆弋會者。余若夢唱昆弋腔即順當，此或主爾芃之學。子寬先生回信，先生名裕年。

廿四號，叢林回來，景儀伯給的瓜茄，又捎到陳先生紙五張。

廿五，痢疾一夜甚安，好了。故然是吃藥，加雜吃過一碗長壽菜，也是有益處的。醫書稱，馬齒莧蒸食可消痢。

廿六，芃來。晚雨。

廿七，家瑛走，給三元。夜雨難寐。

廿八，雨一日。涼雨入窗紗。

廿九，曉夜雨。食堂索款，交一元。

卅號，爾芃去青上學，帶去五元。寄潤之、麗哉的信。潤之來十元。

十月一日爲農曆八月一日。

十月一日，叢兒今晨去策城，又入到化肥廠之差。農校終了也。創農中已輾轉二周年，今交待於策城。惜二載工夫。

二號，晨交大隊曹爾玉一月（九月份）飯錢七元八角，是按一角一斤算的，極合理。連廿九交的一元，今日交上六元八角。洋火、針全無有。前卅號潤之來到拾元，我今抄用，交飯錢。

三號，山東潤之來信。志仲由津來，説天津不用河北與全國的糧票。

四號，天將曉，夢小四抱一穿衣之小孩入室，或是麗哉分娩也。晚，果得信，在廿號生女。三十號發信四號纔到。二表姐給他七斤糧票，戴民給他十四斤，爾芃給了三四斤，共貳拾伍斤。上谷在麗哉處可以不愁吃的。戴民通信：天津第二鋼廠總機械師技術組。如通電話是四十八局四百五十九號，在戴民住的旁邊，甚時打電話都可。

五號即八月十五日中秋節。

六號，買魚一元。

七號，與叢信。

八號，爾芃來。

九號，爾芃去校。捎去邵公莊信。存崔哥十四元。芃帶去五元。買煤油、葡萄乾八角。與上谷起糧票十斤（由十號起）。初吃山芋。

十號，今日起領一人的飯。小四索一元還帳。

十一號，小四索一角。

十二號，晚，家瑛來。叢來。小四索貳角。

十三號，叢朝起回策城。叢給拾元。家瑛買麵四斤。

十四號。

十五號。

十六號，家瑛由十二號前後用錢八元。

十七號，家瑛走。

十八號。

十九號。
廿號，切山芋乾『大躍進』。找曹爾玉不在。昨天，吾受風，今尚未痊。
廿一號，食堂未領上谷的飯，且任彼計供應量。仿蘇社割葦，中間有水産隊不讓動。農學豆子滌場，教員送些豆秸底。
廿二號，家駿與其弟來錢十五元，且有信道歉。晚纔領上谷的飯。
廿三，今日有津市人，乘人力車來此處，尋野菜。有一人見小兒持兩塊生山芋，遂以一元購之食。
廿五日，叢林聞策城凍死了一少婦一小孩，是臺頭人。
廿六，下雪。
廿七，大風。與叢信。由今日減糧。又與小四同領四份，合七兩五，又日領一斤，小四合二兩，吾二兩。
廿八，九月九日，叢林早來晚走。小四今日上學。
卅日，小四交學費一元五。寄蓮溪書。
卅一。

十一月一日，叢來拾元。幼兒散。
二日，高宗會借去皮鞋。
三日，接爾訓、西沽、王慶坨信。今日問明食堂，我與上谷每月十六斤，侯家駒每月十二斤，侯家瑛每月十五斤。
四日，崔屋住軍。
五日，換糧票。上谷同芃晚歸來。
六日，芃回校。與十三元。
七日，大風。叢來。
八日。
九日，叢去。
十日。
十一日，叢來半日即回。
十二日，家瑛來。是夕，有張學之姊妹來，勁搶去豆秸三個。
十三日，崔屋住軍回津。
十四日。

十五日，叢來。家瑛回校。交景儀字畫。

十六日。

十七日，收採購站房租十五元。

回憶前六十年，光緒廿六年，庚子之變，我那年是十八歲。在廿五年冬，即聞山東有義和拳，好勇者吃符焚香成群，能避刀槍，是以保清滅洋爲名，故好勇者聚之甚衆。揚芬港十數年之洪水不見陸地，廿五年由先嚴倡議，有族祖少卿大爺、鶴舫大爺與輔二爺及張君贈三創立堤防，故廿六年正月四望纔見着無垠的全成陸地。這陸地上每見小孩們東一群西一夥，念個咒語，向東站立，即時倒地，旋起就揚拳展步而舞。且怒氣衝衝，變其本相，問之是何神上體，必曰黄天霸、孫悟空、趙子龍、張飛等等。由此演變，各地皆然，間有壯年人演練者。後來義和團立壇，有了統系，視此等爲黑團，且嚴行禁止。那年春天，常有黑風，吾與友人常白日即點燈下棋。你如到北面望望，一個個數不清的旋風，如排成隊向東而行。吾記得在清明前後，吾在學房作畫，忽有人呼曰：『有抹血的了！』即驚出。沿户視之，家家紅對上都有指印血痕，衆人即向村西追趕。余亦隨衆之中，遠望一婦人向東沽港道上跑的甚快，不易趕上。正值對面宋佑亭諸人與葛漁城去請團回來，截住去路，這婦女纔不能逃。這人年五十上下，健而胖，衆人毆打他，他也不言語，是無知覺的樣子。把他拘到娘娘廟河邊空地上，衆人圍觀，吾在其中。有一姓吳的學生所謂黑團者，即入場，上體在舞耍，欲問其事，即云：『的的的，你們用窗紙，教他用唾沫吐在手指上，若是抹血的，其紙指必有血印。』説畢，即有姓楊的婦人向北面小屋扯塊紙來，即教這婦人如法去抹，及四指印紙上，向日照之，即清澈。而吳學生舞蹈着曰：『的的的，你們揭開紙看哪！』

二十日是農十月二日，到許家堡，交與茂生十元，購代食品。

二十一日。

二十二日，收戴民信。褚河港減糧。草全丢。

二十三日，大雪。前夜雪。

二十四日，初寒過甚。買絨褲。

二十五日，風來。食堂今日起，票止，照表給。我三人每頓五兩一。

二十六，晚，叢去楊柳青，由此到津，再赴上海。叢給貳十元，與芃六元。

十二月一日，減糧，老夫婦每人減一斤二兩五，每日净食五兩多，除去折扣及小分量，每頓祇食貳兩二三。打草。

二日，是農曆十四日。

三日，與爾芃捎棉鞋。

七號，天敢來。

十號，天敢姐夫歸去。

十一號，上許家堡定買小兔的事。

十二號，任嫂給洋六元。

十四號，接叢信。當晚邢開芳來，日本開畫展，弄去大幅五張。

十五號，寄叢上海糧票六斤。

十六號，大風好嚴威。

十七。

十八，買煤一百斤。上谷檢查有輕腫病，不教吃藻草了。冷不緩。高宗會還鞋。送煙嘴。

十九，家瑛來。

廿日，叢由滬來，燕尼病好。

廿二，家瑛回校。蓮溪與式如來信。蓮溪病將好，吾有詩賀。

廿三，叢去策城。與劉君商量草價，未決。

廿四，巨然來，坐一時，即回王慶坨。

廿五，許家堡俊生來，貽我紅蘿蔔，情甚洽。明年許建兔巢。答蓮溪以詩。

十二月廿二號，接蓮溪信，蓮溪病將好，因答以詩。

昨日貽雙鯉，讀之喜欲狂。終能占勿藥，從此慶長康。必着婁東史，復開北海觴。東風有所待，攜手步春陽。（婁，王石谷也。）

一九六一年

一月十號，纔接到作福弟的信及潤之的信。前日爾發來。

十一日，交前月飯費五元貳分。

十五日，叢住一夜，即去。昨日上王慶坨買皮褲未成。上谷看病。

十六日，接爾訓信，知戴民有浮腫病，且胸間悶滿。點煤爐，購煤一百斤。昨夜不寐，因吟誦解憂。

貳十元錢尺一方，當年畫事卻尋常。
而今衹覺高於昔，難得索家半粒粱。

按此詩爲作者謄寫稿。初稿内容爲：『早年繪事極尋常，貳十元錢尺一方。而今衹知高於昔，難得索家半粒粱。』斷句：『莽蒼撥盡見仙鄉，衆鳥嚶嚶花草香。』

廿五日，採購站交房租十五元（十二月廿二日至六一年三個月的房租）。

卅號，購煤五十斤。

卅一日，家瑛去北塘（夜十一點）。芃到辛章趕集。今日又領醫院的食糧。

二月一日，余在醫院領飯已六日矣。

芍藥，紅瓣黄腰，號金帶圍，本無常種，見則城内出宰相。韓魏公守廣陵日，郡圃開四枝，公選客具宴以賞之。時王珪爲郡倅，王安石爲幕客，皆在選中，尚缺其一。公謂今日有過客，即使當之。及暮報陳太傅升之來。明日遂開宴，折花補賞。後四人皆爲宰相。

階前的紅蕊，袖中的仕女，合而圖之，愛而圖之，復佐一仕女，天寒不及設色，非欲效顰宋人之白描也。唯筆氣已窮，不能完成景物，先生若不嫌，即請添補空白。

在昔相逢我們是翩翩年少，而今是誰使我的頭髮白了。雖然多有缺欠，成爲合作如何？

四號，爾芃去津，叢林來家。

階下有紅蕉，袖中有素女。畫成請所益，不止接相與。天寒難設色，因依李伯時。近年乏筆氣，纖弱衹自知。提起我二老，天下之大老。入水不能濡，入火亦不熇。馳騁藝林間，造化全在手。甚麼是與非，一笑復何有。又題俚句，興至不知其醜也。六一年三月一日爲辛丑之元宵，紹村道長先生教正。

贈張紹村白描仕女係以句

階下有紅蕉，袖中有素女。畫成爲請益，不止接相與。天寒難設色，因依李伯時。近年乏筆氣，纖弱衹自知。如今我二老，天下之大老。入水不能濡，入火不能燎。馳騁藝林中，造化在君手。此道已無人，獨吾從君後。

五日，家瑛回來。爾芃七日回來。

八號，爲庚子之臘月祭皂日，爾芃之生辰。

庚子臘廿三，是爾芃之生辰，無何可食。爾芃以勞逸結合，已放學在家。他給吾捎來一玻璃瓶炒羊肉，是他校中有一天炒肉，他衹吃菜條，將所有之肉撿出，全給吾捎來。

今歲之生活，我鄉苦於去年。自陽曆十一月至十二月一日就減了兩次糧，如吾老夫婦二人一天共吃一斤，麵粉與米扣八五、一九的分量，入口不過兩口。是不比天津。天津是實數，且每人較鄉多吃一半。家家賣盡了衣服，雖然也衹是在王慶坨一帶，任何物品衹是換些胡蘿蔔、旱蘿蔔、乾菜等項，絶得不了米麵。代食品由開春及秋末能食者有十數種，如苣苣菜、虌婦苗、老鸛金、針針菜、輝輝菜、兔兒酸、白苗菜、水藻、水萍、蒲根，菱角脾、長壽菜、黄鬚等。此些皆爲主食，可以不用錢買。如用錢買者，如山芋葉、乾菜、蘿蔔英、千穗穀皮等，每斤率皆五六角。有各市所賣之米麵，如棒子麵，每斤四元，大米還貴，白麵是照例無有。浮腫之疾，日多一日。按當局核計，一鄉每日死三人，揚芬港居半數，是揚芬港一年須餓死五百人。今春逃亡東北者强年人極多，秋來該處已食糧不足，可又回來的不少。

今臘廿九爲除日，燕尼正由上海不憚三千里而來，圍坐一室不覺春色融融。我朔方哪得如此，當是燕尼帶到江南春色也。可喜可喜！捎到壽餅及雜色罐頭餅乾與糖塊。

閱廬存劄

王耀成先生信 一九一八年前後

紫陽仁兄先生如晤：

前日由舍侄送到報一卷，對子、手書一紙，慰悉一一。弟□以冬烘緣分未滿，其埋頭三家村，幾與世事隔絕。今承以新聞相饋餉，俾井底蛙豁然，稍睹天日，其愉憒爲何如也。對子已轉交矣。學詩一層，尊意欲從律詩學起，謂如畫家之先工筆而後寫意，意甚善也。但畫家之能工筆者，未必即善寫意，詩道亦何獨不然？即如杜少陵律詩非李青蓮所及，而絕句則較之青蓮每多遜色，是著例也。但學詩先研求律詩以作它體精研之基礎，自無不可。蓋詩之古體至徐孝穆、庾子山後已漸變爲律體，庾之詠畫屏風詩已是唐律矣。絕句爲律詩之截斷者，或截其前半，或截其後半，或截其中排句，或截其首尾句，此其體例，可取《古唐詩合解》中。

（以下内容缺失）

王耀成先生信 一九一八年前後

子陽仁兄大鑒：

四月朔旋里，接奉惠寄韓補青君大著，並手示詩稿均已收悉，快慰曷已。不讀韓君著作有年矣！今復快睹，俾茅塞頓開。柯君疑問念二條，亦殊有價值。韓君意見與之互相發明，新意間出，透闢動人，披閱數四，欣忭無任。

君詩大（晉）〔進〕步。古人云：『士別三日，便當刮目相待。』數月未讀君詩，今閱所爲古近體，除一二字少欠斟酌外，皆復順軌就道，燦然可誦，其孟晉可驚喜也。謹以鄙意之所安，點竄奉繳，祈亮察。先妣銅版肖像，經一再費神，覓工製就，爲謀之忠，令人感激。將來印刷裝置告竣，可留君處二十本，由君酌贈同仁。趙佑之處十本，戴育三處廿本，其餘則由相當之妥便帶歸舍下可也。趙戴兩君容當函達，『事略本』他日即由君飭送兩君，較省便也。再者，一切花費合計若干，工事且竣，當已核有確數，仍乞便中見示，以便覓人帶津也。旱魃肆虐，此間日日大風揚沙，弟曾有句云：『聲洪風吼樹，日翳沙噴天。』可以狀其一二。前月廿六日，夜間落雨三四指，卅日傍晚又雨一二指，敝村一帶據人言已可將就。大堤以北則仍切雲霓之望，以土地之乾燥，達於極點故也。
貴村以消息阻隔，未悉此來雨量若何。匆復，即請
大安

小弟王制耀成 頓首
四月初八日

『世略本』印就除留津者外，吾兄如月底歸旋帶來最妥，或就近遣人送交策城學校舍侄廷符處亦好。

王耀成先生信 一九一八年

子陽仁兄先生大鑒：
接來示並詩，甚喜，所述兩事極趣，亦足以窺見當世大人物之一斑矣！賜和押韻甚妥，但腹聯字句似少欠自然（如『白沙堤映千秋樹，緑野堂開百畝花』兩句，千秋樹、緑野堂、百畝花，不知有無出處，似不如易作：『白沙堤外千章木，緑樹陰中百草花。』弟知無不言，希勿罪其狂瞽也）。作詩造句總貴鎔鑄。

貴會展覽，屆時欲一往觀，但爲人作嫁，不能預定也。前者與君散步林皋，聞鳥鳴甚樂，至今思之，屢欲以詩紀其事，衹成得一絶句，録呈一粲：『北窗卧處羲皇近，故紙堆中歲月閑。今日林皋同散步，谷風習習鳥關關。』言盡意單，索然無味，一何可笑，並望斧（政）［正］。此請

大安

小弟成頓首

五月廿九日

竹報隨即代呈矣。又及。

王耀成先生信 一九一八年前後

日前讀示，衹悉一一，春已盡矣。台旆曾不相過，渴懷曷極，比想台候康綏。

定如下祝。

大著謹以鄙見點定，特此呈繳拙作數首附上。

吟壇。敬祈。

前上寸椷，想登□室矣。

稟函已代呈。

大著頗（晉）［進］步，可喜。謹以意評點，奉趙察收。爾者，課餘獨步，時聞鳥聲，風扇微和，燒痕盡緑，春來有脚，柳色纔黄，適然遇之，神怡心曠。獨得之餘，不禁願爲知己道也。何日來廬，共領斯趣，臨風布意，無任神馳。此請

子陽仁兄先生著安

愚小弟耀成頓首

二月廿三日

再，弟今歲來廬，閱范曄《後漢書》中更變，故心緒麻亂，此次歸館又繼續閱之，惟記性太壞，不過用以排悶耳！

再，尊著待抵廬時捧讀，玆未及詳閲。弟昨思得兩句附致一閲，即希（政）［正］之。

斬斷情根抽慧劍，留將健骨戰愁城。

王耀成先生信 一九一八年

浙江旅津公學十周年紀念賀詩

樹木之年以樹人，栽培辛苦不勝論。爲良遷地曾何礙，桃李居然梓里春。

珍重青年爲擇師，主權關係謹維持。此中具有移山力，慶應成名未足奇。

日本福澤諭吉慶應義塾，既非客籍，又不在外人勢力之下，較易爲耳。

遣懷

東風二月雨晴初，塵慮煙消意豁如。人去酒闌時度曲，窗明几净坐觀書。芳春花鳥賞心事。行樂林皋安步車。祇此翛然可游息，何須更羡水雲居。

惜春詞 和孫伯臣

羯鼓聲中廿四風，韶華轉眼去匆匆。烏衣舊巷日猶暖，燕子歸時巢未空。回首可憐芳草緑，關心剩有落花紅。阿儂也願春常駐，争奈留春計已窮。

餞春

無計留春春自去，推窗極目望園林。絲絲緑柳牽離緒，點點黄花(苦麻花開滿地)作贐金。鳥語唤人如有意，風光别我竟無心。東皇此去歸何日，爲唱驪歌酒滿斟。

記雨 七古

蛟騰鯨跋馳洪波，勢傾滄海翻江河。急起拋書出户望，狂風狂吼雨滂沱。應龍長驅女魃北，旱虐誅除在頃刻。沙飛石走天地昏，風伯雲師策群力。人逢時雨方欣然，雨止雲收薄暮天。太守未成喜雨記，詩人重賦雲漢篇。籲嗟乎！年來元元歎苗槁，精誠誰作桑林禱。空教衆望切雲霓，相對無情泣蒼昊。

郢削。兼作别久覿談也。另紙草録，乞恕不莊。此請

大安。得暇，尚祈

時錫

教言是禱

小弟耀成　頓首

四月七日

王耀成先生信 一九一九年

子陽仁兄先生大鑒：

前月念四日接大劄並詩一首，讀之敬悉壹是，國慶何日，竟縱警與學生惡鬥，誠怪現象也。來日大難，思之爲怖。此間未有報紙，日來外交内政不知作何狀況，抽隙賜示一二爲禱。

佳作用意頗好，但此種紀事詩若作五古較易着手，律詩則宜借景物描寫，或用典故指點，縱要淩空用筆，若過犯實，便易成鼓兒詞氣味，如各小説每敍一事畢輒托爲後人有詩贊曰，其詩大率俗塵五斗撲人眉宇，無他，太犯實也。夫人用心作事，貴忠信質直，文字則貴空虚詭譎，文字中之詩詞又純係辭章性質，典贍風華、騰彩翔藻方爲能事。若談理稍涉離奇，紀事近於怪誕，往往愈見其妙，非惟不足詬病，其傳者亦或正在於此。恃在知己，故敢縱論及之，其合其否，尚祈覆示指正。王慶坨曹某，有園曰半畝，中點綴八景，征詩題詠。解君翔藻、孫君伯臣皆拈吟毫，弟亦以友人之敦促勉成五絶八首，塞責而已，殊不足以言詩，另紙録呈聊博一笑耳！馮述先聞尚在囚禁中，令人懸繫。手此，順請

大安

重九登文昌閣詩附呈。

愚小弟王耀成頓首

重陽前一日

王耀成先生信 一九二〇年

（前缺）趣，柳陰開遍野丁香（花紫色，蝶形花冠，開最早）。

春日友人招飲對酒賦 庚申二月卅日，五古

門前楊柳風，園中桃與李。春來未幾時，春去如流水。我友素心人，招飲及良辰。有酒且爲樂，況乃對嘉賓（是日雅集，凡十餘人）。賓筵酒既旨，新醅浮緑蟻。爾肴亦已嘉（是日設盛饌），烹羊兼膾鯉。藐然滄粟身，往事皆成塵。奄忽白駒影，兩鬢霜華新。今日飲君酒，歡然酌大斗。不辭醉如泥，塊磊胸何有。共揮北海尊，爲君贈一言。春去不容惜，志此血泥痕。

相見歡·春遊

春晴散步林皋，忽飄飄。一陣東風醉我似醇醪。誰染緑，官亭柳，更拈毫。畫出武陵洞口幾枝桃。

王耀成先生明信片 一九二一年

子陽兄鑒：

夏曆八月十九日曾郵奉《新遊記匯刊》壹部，想經收到矣。惟未接復示，頗爲念念，日來想談詩説劍之餘，弄柔翰、拂絹素，馳騁於吴李倪仇之間，興當不淺也！手此代面。即請

近安

小弟耀成頓首

按明信片正面文字：『天津河北公園中華武士會本部閻子陽先生。德修自盧家堡忠信堂書房寄。時夏曆九月八日上午。』

王耀成先生信 二十年代

子陽仁兄先生大鑒：

前復手椷，想邀亮察矣。又接惠報兩卷，增我見聞。愛我至厚，掬誠謹謝。閩事消息近來有無變動？聞小幡似有悔禍意，澳洲現已排斥日貨，美國驅逐日人，果然群起而攻，某國豈能高枕而卧。世界人道主義日見曙光，此種恃强權蔑公理之人群或隨步德意志之後塵，亦未可知，吾輩竊馨香禱祝之矣！乘承坤回津，便布述數行，用當晤譚。順請

大安。並頌

愛國精神百益

小弟 成 頓首

按書信日期缺失。

王耀成先生信 二十年代

吾縣張君心如，創爲五五體（自一字起，遞進至十字止，凡五十五字，命曰五五體，調頗新）。初夏出步林皋，聞黃鸝聲，乃仿其體如左：

啼，黃鸝，斗酒攜，散步林西，看緑柳陰低，路曲芳草萋萋，晴翠郊原一色齊，聽隔葉音好客魂迷，似這般莫教打起鶯兒，惜東皇已去漫飲醉如泥。

紀游 五古

四月廿八日，同孫君伯臣、王君六坡，郊遊甚樂，詩以紀之。

嘉木垂餘蔭，四月維清和。蜩螗猶未鳴，幽芳滋已多。我友素心人，良辰喜相過。過從便相攜，施施步林阿。清露晞杲日，熏風動高柯。美蔭從所憩，騁懷發浩歌。

耀成就正草

王耀成先生信 二十年代

德修未定草

謁孝陵瞻太祖像

颯爽英姿一世雄，治功唐宋與同隆（前殿有治隆唐宋碑，爲清康熙帝立）。遊人多少興亡感，付與荒煙蔓草中。

避暑掃葉樓

修竹摇風夏似秋，江山風景眼中收。馳驅閲盡繁華境（是日坐馬車周曆城市），避暑來登掃葉樓。

［按此間似少一頁。］

此來彼往盡花船，照耀渾如不夜天。更有小船載歌妓，點枝曲子兩毛錢。風景當前反漠然，好留餘興賭金錢。茶餘酒後團團坐，麻雀牌兒打幾圈（遊客男女多打牌，余船獨無此）。

王耀成先生信 一九二三年

子陽仁兄先生左右：

弟於上月倚裝待發時，接奉手書，適修候已就，隨於信面率復一二語，想早達覽矣。弟到雙營永定河南下分局將及匝月，以今年水漲較晚，目下尚未上堤領略汛房生活，茶餘酒後言念故人，思何可支。昨偶效顰板橋道人，將下走近況，譜得道情弌（按此處缺頁）兄其亦許我乎？此間雖荒僻，衙署簡陋不足道，但亦具有中國式官僚習氣，雀戲、鴉煙爲不可少之點綴，驕惰詐欺，私情重於公義，勞力薪金、酬賞多成反比，爲政界一種流行病。弟曩聞之稔矣！今竟得之目睹，寧非快事？

費神爲畫畫，又代裝裱，感何可言。一俟有妥，便再爲捎下，或弟親自赴津往取也。此間原是短期事，秋分以後，水勢漸殺，便復徹差。中秋前後，或作津沽之行亦未可知。草此代面，即請

夏安

小弟耀成 頓首 夏曆六月十二日

與佑之、劍秋常相晤否？見時希代道念。

按此信原注『民國十二年』。

王耀成先生信 二十年代

津門打油詩十二首

一路舟車兩袖塵，先生送考到天津。明湖春裏接風酒（孫伯屏親家，於余初到日邀同解朗恒弟在此小飲），作意先酬五臟神。

粉壁縱橫染血斑，臭蟲入夜是難關。葫蘆通棧都依樣，公益原來屬這般。（寓公益棧二十八號）

爲尋舊雨到公園，楊柳樓臺静似村。瀹茗談時風雨至，憑欄相對卻忘言。（子陽兄樓上聽雨）

解卻饞涎三尺餘，友人定座便招予。山西（山西館）素鹵刀削麵（閻子陽兄請飲），天一（天一坊）紅燒比目魚。（趙佑之兄請飲）

迎賓酒罷興猶濃（戴育三弟請飲迎賓樓），攜手同行東復東。南市大街電燈下，車如流水馬如龍。

來聽落子上中華，門外雲屯人力車。電扇摩空歌板動，蕭閑無事好吃茶。（育三請聽中華茶園）

春態争爲海式妝，高腰襪子短衣裳。二黄大鼓都聽遍，賀老琵琶更擅場。（仝上）

同慶茶園也不離，演來雙怕解人頤。河東家法全相肖，一對龍丘兩吼獅。（趙佑之兄請聽同慶茶園）

華樂原來别有天（設備頗精緻），漫敲檀板播鯤弦。秦腔對唱三疑記，宛轉歌喉劇可憐。（王喜賡兄請聽華樂茶園，並同佑之。）

内容腐敗實難看，猶自標題作大觀。更有一般臊臭氣，時時相送到鼻端。（同學生到大觀園聽戲）

一個藤床坐晚風，微雲淡淡月濛濛。電燈一息曇花現，色相當前總是空。（公園看電影）

乘興而來興盡歸，更魚三躍電燈稀。電車跨上轟雷動，物换星移去似飛。（附電車回寓）

右詩倉卒脱稿，殊多不妥之處，爲供友人一笑耳，不復加修飾。

執事晤閻子陽時並希將拙作攜令一閱，弟懶散不復録稿轉達矣。

弟耀成又啟

王耀成先生信 二十年代

紫陽仁兄閣下：

不通函者又數月，渴懷奚似，比維筆墨娱情，及時納祜，當如所祝也。弟自入冬以來，家居多暇閑，取舊存字帖流覽一二，偶爾興至，弄筆臨摹，不求（晉）［進］步，聊自娱耳。又以其暇披閲典籍，不揣謬妄，輯爲《東方社會主義觀》，約數千言，一俟録清，明年赴津時攜往呈政，並轉懇覺非先生一審定也。覺非、蓮西兩君精研樸學，自當一日千里。弟極思與兩君相晤，乃夏間尊齋置酒，張君雖獲識荆，而未及深譚。馬君竟艱於一面，其爲悵惘如何可言。容日在津覓得一枝棲，不求落金錢，便與諸君子相過從也。臘八日習字之餘，草草布述，郵奉左右，以代覿談，想不厭也。此請

冬安

會中同仁均代候。

小弟王耀成頓首

今年收景既壞，又加以兵災，亦可謂千載一時。但敝村潰兵過竟幾次，衹於飲食之供給，並無金錢之損傷，此亦可爲知己告者。

弟成又啟

王耀成先生信 二十年代

紫陽仁兄先生大鑒：

別來忽忽月餘，光陰梭飛川逝，何速之甚！每課餘獨居，輒念公園樓上清風滌暑，瀹茗傾譚，柳陰低處，士女遊觀，蒼蘚徑邊，花草弄色，此情此境，恍然在目。曾幾何時，已成陳跡，輒復悵悵。想知己有同感耶！弟暇時閱教育運動書，深慕蔡孑民、李石曾、吴稚暉諸先生之爲人，但緣艱一面，又以頑陋不足效執鞭於君子，竊自愧恨。前與馬覺非、姜般若兩君雖遂識荆之願，而皆未獲交納，大雅當前而失之交臂，其爲悵結，如何可言。前此，偶作小詩，便呈郢正。詩畫之暇，望惠好音。此請

大安

弟定於舊八月初十旋里，回館當在廿以後也。

愚小弟王耀成頓首

王耀成先生信 一九二三年

首函達舍下，今並録呈一粲。

老書生，罷冬烘，充委員，到三工（永定河南下三工）。朝朝暮暮添高興，茶樽酒盞供歡聚，衰柳長堤便旅行（每夕陽將下，同人三五長杉手杖，輒步堤頭）。斜陽寫出西山影（自堤上望西山矗立於落霞暮雲間），到晚來，槐陰坐月（堤上歸來，坐月下、槐陰，納凉談天），電盤上又送歌聲（分局長有戲匣一具，二黄、大鼓、秦腔、碰碰，時達耳鼓，同人至樂）。

右所述蓋實録也。在此紛拿擾攘中，遊山既竟，繼以臨河觀水，優遊消夏，自爲計抑亦良得，今揭情相告吾（以下缺失）。

王耀成先生信 一九二五年

子陽、巨然兩兄鑒：

奉讀哀啟，驚悉老伯大人仙逝，痛悼奚如！伏念老伯體素康强，性耽歌詠，知樂仁壽期之徵，何期遽返道山，凡在親交，孰不潸然出涕。况賢昆仲純孝性成，大故慘遭，自必哀容骨立。但死生有命，老伯年在古稀，從容仙去，床前苦痛毫未曾經。似兹無疾考終，不識幾生修到，萬望寬懷，順致勉慰。

令母大人在堂，尤加餐，庶不使老年人增悲痛也。惟是耀成與老伯在廬堡相處數年，每花月晨夕，課餘過從，燈闌酒醒，輒高歌昆弋，一曲未罷便覺胸中塊磊都盡。日月幾何，人事遷變，既感離索，復乏音書，今聞噩耗，緬懷曩昔，猶如昨日，而幽明已隔，不知涕之何從也！滿擬趨詣靈帷，撫棺一痛，奈既經浮厝，賢昆仲此時當返津沽，祇得勉俟來春再行往吊，以盡微忱可耳。草此奉復，即候

孝履

小弟王耀成頓首

二月五日

王耀成先生信 二十年代

致解善甫

昨從善甫表兄處乞得脆蘿蔔一籃，每晚取一枚剖食之，飲茶幾碗，覺胸中塊磊都盡，甚暢適也！爲小詩謝之，所謂秀才人情也。

來服（一作萊菔，又作蘆菔，秦人呼曰蘿蔔）真能瀹性靈，久嘗妙用抵參苓。我今試作微生乞，討得一籃豆瓣青。（楊柳青所産者最良，俗呼曰豆瓣青，此品頗近似之）

碧玉如冰浸齒牙，讀書不減嚼梅花。（昔人有『細嚼梅花讀漢書』之句）挑燈獨夜饒清興，漫飲蘆仝七碗茶。

王耀成先生信 二十年代

題嚴範蓀先生東游詩録

去年一識韓荆州，捧袂登龍夙願酬。更得如椽揮妙翰，拜觀鐵畫與銀鈎。今探古錦囊中録，萬里洪流公濯足。眼底瑰奇閲海邦，毫端錯落飛玉珠。隱逸誰如嚴子陵，身名珍重氣崚嶒（公詩有『身名幸未辱』之句）。高風已足傳千古，餘事猶爲世所稱。我公自是風騷主，小巫氣殫色如土。不畏吾家子贛譏，復過雷門持布鼓。

王耀成先生信 二十年代

子陽仁兄如晤：

今□□起初出忠信堂，遣人送畫來□□□□。

厚貺鏡子壹□□□□似兹。

高誼薄雲□□，何以爲報，謹此掬誠鳴謝。前接來示，語及災情，雖屬同病，究有重輕。弟八月間測繪方官堤至汪爾淀，買棹歸來，舟人係貴鄉親，談及珂鄉被災情況，舉首南望，良用慨然。及閲琅函，尤爲扼腕。吾輩生不逢時，人事天災，交相煎迫，凶荒方亟，兵革繼之，徵草要車，軍用舉債，河決不堵（永定河南上二工決四百餘丈，以無款不能堵閉）。來年□□前路茫茫，未能探索。問津一役，原□□□□事閒遊，似對家兄難於置詞，□□□□一棲身處所，藉圖久聚耳。弟株守蓬廬，殊無善狀堪以告慰，想繪事餘閒，尚□覺非、蓮西諸君子從事吟哦，嗚其天籟，錦囊所積，祈即示之。草此布臆，順頌

台祺

小弟耀成頓首

夏曆九月十五日上午

覺非、蓮西、巨然諸兄均爲致意。

王耀成先生信 二十年代

畫進真形十二仙，崧辰吉日敞瓊筵。康寧壽富箕疇福，矍鑠精神杖國年。善果燕山榮桂樹，高風商嶺采芝田。德輝中分人同仰，南極明星正在天。

北海琴樽壽域開，氤氳紫氣自東來。嘉賓式燕物其旨，君子載歌山有臺。義著

枌榆滋樹德，陰成桃李傍門栽。

鯫生願晉岡陵頌，遥祝吾華披博堆。（披氏，美之大慈善家，生平出公益費達二千萬元，石先生亦吾華之披博堆也。）

王耀成先生信 一九二七年

子陽仁兄先生知己：

復示謹誦悉，竹報隨即飭呈矣。詩氣味句調頗好，但以弟意觀之，似有少欠精細處。既以識途之馬謬相推重，則弟亦曷敢稍涉客氣而不竭其駑鈍，故妄爲竄改，妄加批評，亦可謂知無不言、言無不盡矣。弟意以爲吾輩互相切磋，義宜如是。拙作呈政者亦望力加斧削也。今年雨水河水都不甚大，依此看來，似是豐年景象，天其悔禍於民乎？吾等引領望之矣。《國恥述》付印，極承費神，昨已函戴玉山君，托其代售若干，吾兄既張羅付印，亦必張羅銷售，看來此三百部或亦不難於售賣也。匆復，即請

大安

來信稱師，弟何以充當，請後勿復作此稱也，千千萬萬。詩稿來兩紙，奉繳查收。

愚小弟　王耀成　頓首

七月初一日上午

馬覺非先生信 二十年代

子陽我弟：

前覆佳想，經察及矣！連日擬赴會譚燕，遲遲莫往。今晨就道，雪花見阻，想辦底事兒以幾分郵票代之便了。十四學普也往南去了。

刻下有六尺十二條大屏兩堂，從未經過潤章，希弟爲我魚之，謝謝。

涵翁來津有信否？蓮溪、健亭、三弟都可覓閑一來撒野，餘再及。即叩

百福

天倉日愚兄覺非頓首

馬覺非先生信 二十年代

閱廬主人：

連日總想奉□□□□□□□□□計誰何，今夜晚歸來□□□□□□□□□卻主人馳燈逐墨，急情渴盼，□□□□□，案在今春當圖易轍，所在主幹，衹是阿堵耳。去年半載不堪言狀，改弦脱困，總在百金，方可就轍。即以衣物書籍□□，不但失之可痛，遺笑它人，且不必論，自家兄弟亦所難堪。前以陸振同忽地致函於其友人郝某，由郝達我，殆是過去一往執拗，不可直達，或是致函舍下，莫由傳遞。

略雲今年三月歸來，問閻先生所在，五爺同居否。比時立寫回書，令其直寄於我，由我再轉達弟知，爲數約是卅。

再有奢望者，三、四、五尺堂幅或琴條，約以五件爲度數，屏幅四、五、六三套，簡筆大墨，紙上雲煙，鬻則昂售，否則潤吾□□。

如達此請，衹□□□□弟本身聖諸當□□□□□苦，惟希紙即奏墨。

少遲再奉紙以□□□□□□□，備諸希見宥，並候

合第均福

施立齋小扇由我轉致□□□□□□□情之下，感謝非專尚有某□□□□□□□懇切之中，五體投地般的希求□□□□□□輩維持某某□□銘感□□□□□方作重大的謝誼。

尊意亦略有探索，伯東大哥略略言之，兄未嘗究問。不過兩件事更可由吾在中給它個涵義無盡，雖非仁之至義之盡，也得稱入情入理。再給它一個『海闊憑魚躍，天空任鳥飛』耶。

劉宅有宋代僧人名彥修者，草勢盤旋，在素、旭、支山以外別樹風韻者，祇惜未能認識。昨去公園美術館展覽會，有明戴山劉先生狂草大屏，橫三尺五六寸，立亦七八尺，筆劃類似當日李道人。縈麻捆就，青灰代墨，而草勢翻飛，頗使人氣旺。內有陳君乃雲者，豐臺人，年五十，館髯似東坡，渠云：擬讀三日，方能一一就識。殆係一首七言律。近來頗覺苦果子不好吃，逐漸透一層生路，老弟其成就之，愚兄□□□□想無大奇。書不盡言愧□□□□□之無謂十五年來最啟奢奓忒耶者□□□□□□。

馬覺非先生信 二十年代

閱廬主人正鑒：

學事不獲商量，蓋是經濟壓迫所致，痛也何如？僅衹此理門條件不具，便爾潦倒，殆是大德不渝，小德出入所致。還是不矜細行，終累大德，每念懷人，强爲自檢耳！

再者，亢龍有悔，與潛龍等耳。必其見龍在田，合於飛龍在天，纔爲合作。顔習齋三致王法乾書言之，殷勤懇切，正中碩德，未易求歟！

刻下兵戈之後，人感枯燥，思美術以潤澤之。吾輩適當華北之衝，尊書勝予萬萬，在宛華硯秋古裝青衣兩不相犯耳！

昨展席之餘，得閱客歲聯事，幾五六件，真堪拜倒，倘再無新境界，當北面事之矣！因口占一絶，潤此函事。

引毫修短老虯柯，縱横馳驟日婆娑。飽餐畫意方金鄭，書味還分畫味多。

震同每信必酌俚辭，後進盡入勢力一門，吾家子女且然，遑問其他噫？潦草期期握手耳。敬祝

潭第均吉

四緣主人　和南

馬覺非先生信 二十年代

子陽吾弟：

年來糾纏俗務，不獲趨譚，念念。今年幾時返里，希示及。蓮溪索書，稍等當攜去（得工夫爽購來持贈耳）。那日哦得新詩兩首，能請人指點則大幸事。哦畢自笑，許够了一個村先生。即候

年安

蓮溪弟希轉致意。

愚兄覺非　頓首

馬覺非先生信 二十年代

子陽老弟：

那日震同去得荒踈，未及詳咐一一。前日購得《陳簠齋尺牘》，頗開眼界。因

憶去年圖書館借抄金石目録，不省尚能撿出否？《滂喜齋叢書》盡係此類文字，如能全帙借來更好，否則次第借觀也無不可。圖書館書目能另覓一份極佳，不然亦希將弟處者借來一檢。省便檢出金石類及叢書一册亦可。用途許宫澀，三弟（代）［帶］去數元，備不時之需，希笑袋入爲是。暇擬煩翁繁華奔走，一概焚之，慎勿示人爲好。

愚兄覺非

馬覺非先生信 二十年代

（以上缺失一頁）三弟。社會科學，費爾巴哈氏之惟物論，黑格爾之辯證法，經馬克斯盡畢生之力，成就了惟物辯證論，遇恩克斯之知己（鼠咬六字）力，始行出版。顧寧人見梨洲《明夷待訪録》致書數卷略寫，國内尚有人與予（鼠咬六字），此時《日知録》尚未告竣也，梨洲以之作（鼠咬六字）連年得知奉北堂，繼上（鼠咬十字）豈非天幸（鼠咬三行）努力寫字（鼠咬兩行），十五卷（鼠咬半行），可憐（鼠咬半行）蒼生策久安噫，千古同心（鼠咬半行）溪之也。

唯物辯證（鼠咬四字）起乙反丙合。今吾黨態度（鼠咬三四字）丙乎，所惜者科學素養耳。□□行進，頗重感情，缺乏理智，今日所謂新的更是感情之尤者，理智何與焉？

《大公報》每星期四『世界思潮』爲張菘年主編者，此般人治學態度，有在淩霜、華林以上者，它們似頗倚仗歐美學説。中府一般好像醞釀深厚，一味出自我來，集中西今古於一爐，雖在雛形，要合情態。它已標出治學態度及方法，爲辯證的、數量的、分析的、大客觀的（或純客觀法）。

還有一（鼠咬五六字）中國果然没有東西，何以歷史如（以下鼠咬十餘字）東西果然完全無缺何以會（鼠咬十多字）論爲治學之物件（鼠咬十數位）□□的儒師揭破（鼠咬兩行）。

馬覺非先生信 二十年代

相期大地合桃源，海角天涯共笑言。戟劍鍤鋤新世界，笠蓑金紫古乾坤。鵷鸞翔集棲瓊樹，蜂蝶翻飛渡玉門。何事關山驚險絶，回頭不比舊羲軒。

山陰道上行重行，飛渡漫漫乍酒醒。狗帝出亡豪霸盡，聯軍收拾野心輕。

竦林雪白催新綠，隱几茶香記舊盟。瀟灑冬寒歸去也，間關準備餉春耕。

馬覺非先生信 二十年代

閱廬主人：

去歲年底，烏衣之件竟不得按時寄去，至今尚未獲其浥注。昨日接到華穠來信，尚能愜然。惟有另外須轉致老弟者，四條珍繪請題淮清款識。另外一幅小中堂，再爲振桐繪一多題跋的尺半山水小中堂，希早日寄去，款當照付等語，特爲轉達。去年臘盡，接到《壽山藏石廔畫册》，歡喜過望。惟累以俗務，反不得悉心涵泳，但懷抱中珍重其義趣耳。敝村事如麻，有不堪告語者，於此愈覺不肖兒郎使人短氣，徒歎奈何。諸維

珍重萬千

敬頌

合第潭福

愚兄阜　頓首

馬覺非先生信 二十年代

閲盧主大國：

今悦道往陳屢函件，蔭爺蹁躚而至。事機之發，若有主宰，兩兩相期，其勢莫或先動，□□□□□□□□□我者大矣。此話衹爲知者道，難爲等閒説也。高山流水結構須奇，驢背劍門取神貴似，衹要横拖大抹，流落爲山，此一番來畫，展觀之下，件件可傳老手嘉境，微妙乃成，慎毋矜持於莊重，致失天然雅構，其後兩裏沾風，斷不想漪款不至，本擬飛身到港，欹枕待就，箑頭小幅三、五十件，偶罾襟懷，兹以各方情西概次書畫爲酬，商程兩畫先成北派（以下缺失）。

三月六日

馬覺非先生信 二十年代

閲盧壇伯：

日昨三弟歸去，奉懇另聞一函矣。忽底太微前來，瑣瑣皆是筆墨債也。

□香山畫爲近債。

晚成廬爲老債。

施立齋箑畫成，尚未識款，爲半債。昨日自特別區歸途，擬構《勸君莫惜金縷衣》，即時宿已經遺忘了。精神原貴清明，黑白偏所昏醉。不知怎的，人類中竟有同然者，但死亡在即，當忍心拋棄，不知打的過主張否？且是後希知我勉勖環助耳，且憶讀書涉趣者，以殿此函之後。

某老人詠欠債祖師云：『思量欠債等難過，債債相聯苦不多。不用田園不用舍，研來斗墨寫山河。』

更有一詩頗趣味，有某僧詠打油詩。宋有張打油者，好哦詠，韻文加俚語，世人謂之打油詩：『天教春來貓叫春，貓兒越叫越精神。老僧也有貓兒意，不敢人前叫一聲。』敬頌

合第均安

阜手上

三・一三

馬覺非先生信 二十年代

子陽我弟：

連日吹大煙，已竟庸懶不堪問。再翻閲説文，以自塞責，至失了那日佳會，然鄙志太雜，稍蘇心趣，當另圖之。震同適逢其會，當日記來爲濂溪書幅，漫吟七絶，殊不惡，當場哦吟。比方冰盤大腕，絶非易易也。可見德修兄足稱詩仙，稍遲當依原韻答之，拋磚引玉，興味方濃耳。那日書畫會去成否？喜願一聞。三弟在津否？能抽暇過我一譚歟？連雨潦水成災，聽説永定河奔南淹到文安去了，確乎？若是，貴村也有妨礙吧！

老伯的音信呢？小恙當□强健罷。於品三君常見面罷，就三兩日得一點字的目録學，頗欲討教一番，以疏謭陋。有暇稍介一言，好修函請益耶。

前使震同買得《恪齋集古録》二十六册，釋文頗完全，漸漸的吾們究研金石的材料，差差將就的了。再有三兩靠己同嗜者，往還請益好了。（下缺）

馬覺非先生信 一九二五年

子陽弟：

今日見報，大學第三院開國民促進會成立大會，因爲太遠也，未能躬與其盛，衹得盡興兒縱遊書攤便了。數年來，所擬購不可得者，北京書攤盡有之，未嘗非北大一般人之普及心理所致。王引之《經傳釋詞》（毛邊紙兩本），戴東原《孟子義疏》（毛邊兩本）合價不過一元有零，又六扣買到《恪齋篆書》《陶公廟碑》《李公廟碑》《周真人碑》，楊濠叟之《説文部首敘》（前年買到又遺失了，今日購之如獲故人暢敘）總不過四元六角錢。在津不但没此等書，且不能有此等價，此數年來耿耿者，將覓本錢開風氣耶。又想中華武士會可否加入國民大會，鄙見及此，請就便裁奪，或在星階二哥來京便能捎信研討，餘容再及。此備請子陽、星階、建亭、子翽、雲廷諸友。

十四年一月四號覺非頓首

第二函

《讀書雜誌》京中已到了，可是埽葉的，想我們所訂的也一定該來了。又及。社會與國家共休戚，當機坐誤，以爲不可。

馬覺非先生信 二十年代

子陽弟：

梁益三所求畫寶，如經盛事，祈檢付去人。温徒事已覓張三爺，向渠搜索，尚未得其回音。前日到津覓《俞氏叢書》，阻雨兩日，竟不得造會一談，恐更耽隔一日耶。劉七爺委事已經忘了，如尚未寫，請示字型大小，以便照泐。查古書《疑義舉例》在《第一樓叢書》內，刻已設法購置，連普兒在家相互精神，自不負此輝煌歲月了。《先秦政治思想史》已另買一本。史還則繳孫，否則也不在話下。王先生所代爲修理之方打鐘，弟見面時可令其攜到會上，好覓便捎來。小孩們竟把《説文韻語》熟若百家姓，祇是尚多疑字，幾俟我弟暇時，過此斟酌一番，想當見益彼此不少。一函《春在堂集》祈轉飭人送去，不另換耶。再祈費神者，林子書友人四横幅，畫得全是鍾進士，囑令多題，弟爲我搜尋材料，好往上抄也。盡可遲日寫寄爲盼。

擬待重陽饒興趣，即村沽酒集持螯。恁他蠻觸塵枯骨，偷得清暉也自豪。

閔廬主人斧削。

馬覺非先生信 二十年代

閬廬老弟：

國勢岌岌，吾輩不出如蒼生何？

吾要當一個商震走狗，因爲素行不修，恐怕當不上，衹有表示且不要錢，以謝十五年淺交深納之貪行（所以有人暗示以濫與者濫取）。

今國勢如此，當國衮衮諸公，皆屬故舊，而對外具城下之盟，受良心之切責，何以對民報之呼聲以及黄農之孫子？而有殷□士危急之報告，方知素養之寶貴耶！萎頓如兄，曷堪一面王侯，而竟承近樂，遂是當謹慎將持，無負天公假我之機會。以弟偉畫，當可盡談待命之至，不翅爲黄河流域請命耳。

弟可再備畫與書各一事，將合拙作一併郵寄或交駐軍司令部達往。（天下事惟至性中流出，絶非冷血與小見所能即事歟！）

伯母康健，乞代問安

馬覺非先生信　二十年代

弟函接到，不遑遽答，緣□□□非嫻，往往告絀。新民之初已經如此，而□□純彼鶩比較之，當非同班之結果矣。霖生老弟胡得相嘲，覿面津門，當興撻伐而懲不經。子高弟可謂不日隕滅，禍延顯考矣。感何如之？對已接到，爲蔡書般拿去否？孫穀述潤資如何？已致函去了。楊欠宜緊催不鬆懈，完全託付超爺邢翁。所求畫不知曾畫否？念念。府上如何，回家有信，務早示知。不（按此處缺頁）□纔五點鐘，國文、古詩、政文尚不一定，每日算來纔一點鐘，甚易而也。此間長聚，企雲、壯飛、王家寬相得即群，亦甚樂事。所不滿意者，嚎啕困難，不勉少煞風韻矣！教育科（教育廳）霖生不礙耶？是欲聞者。彬堂可不醫與谷陽平適如常耶？超爺好耶？四兄錢未□，俟這裏有錢，當補□付□□。

愚兄阜　手叩

七・四

旅次秋風

秋風驚兮秋風驚，神京蕭瑟古關城。隔房非是陽春詠，且撿殘編自品評。（晨起隔房胡喝甚討厭，故云）

赴京次火車遇永定淹没平原無際有感，寄子陽二首：

長笛一聲車去也，蒼茫恍惚水□中。田家盡事沱兒業，屋覆斜陽一抹紅。
田禾汩没水央中，不識農人費幾工。千載渾河數災厲，人人歸罪老豬龍。

星期四下午六鐘　手復

馬覺非先生信

一九二四年

甲子元旦後一日，鐙中聽雪意，張嵐孟索句：

門外春深似雪深，百忙身世此沉吟。友朋召我籌新句，歲月催人感素心。砥礪田園酸兩鬢，殷勤今古亦千金。問君誰是陶彭澤，衹怯豪華半點侵。

再賦一首寄子陽 字句欠斟酌，望弟斧削

客歲頻邀賞雪天，不圖朋輩薄因緣。味長聚首聯燈話，意懶操觚遲枕眠。罔事功名勤霸業，尚餘身手理殘編。廿年懷抱思高謝，斗室寒畦半畝田。

馬覺非先生信 二十年代

適承片示，知已來津。前日奉得勝口一函，曾駐明不克親接，即乞轉津。計已達得勝口矣。轉津尚須三兩日乎？前本擬回津有所周察，旋以他阻，未克成行。滄波人事不可逆，必其不往耶。陳列所變其茶館主義而爲協贊主義，其緣故曾可得聞？兄偷閒海上，百事不聞，恐今後之年華不復有如此清閒之歲月矣！而頭顱尚嫌沉頓，無偉大精細之端倪，再復一月，不識成何景象，不日知耶。前對你我大概已略敘得勝口函中。回示望將弟之境況，以即對於前途之打算，希爲詳示，以備裁度。專此敬復，即頌

近安。津友不備祈諸代致好！

廿五午刻 愚兄阜 手

馬覺非先生信

二十年代

（前缺）不啻打破積年迷夢，谷陽説，吴昌碩偷取宋人某帖幾行便來名世，也算妙語。真是令人拜服。惜是有些象燒香念佛捉鬼拿妖的那一路牛鼻子老道一流人物似的，然亦奇矣。

還有想商量的，吾要在此地刻一個某某書畫社的牌子，掛了出去，一個英漢學社名目，不得久用。再説常有來入學的、找人的麻煩事，而且吾們想的那種書畫研究事業不於此時着（下缺）

馬覺非先生信

一九二七年

貯慕來函久矣，今始獲聆。一是前曾接到谷陽一函，乃知吾弟未在津上，回府月餘，未回津寓。究其收入能勝在津？你我弟兄都感同情，奢願之思，甚難了當。簡略言之，輕舟易駛耳！以生活程度與生活能力以相衡，豈不綽有餘裕乎！兄此南來甚違初意，□頭私論矣。尚須另畫數事帶回□□寄來海上，此團人數甚雜，當轉人分寄數處代理。此前半年之計劃，人事滄桑，□拘一定。前致函缶廬，旋接答書候晤。因隔於雨，晴時走訪，已赴杭州。大約此刻已回，當俟數日訪焉。弟畫須速寄來爲妙，筆潤尚可祈缶廬一定耶。鄙意如願以欲瞻覽仰止，旋即北上，京事尚可□□，協和校長深爲倚重，經支英委留，函□《民國日報》乃至今無所成就。又經伯蘭、支英對委戊午編課社幫忙，又蹭蹬無成。看此兩次光景，似有卧榻不容外人酣睡之概。不過先作觀瞻，再謀進步，稍漸時日，展足何難。此又不必以眼前爲慮者。吴玉章在此組織世界通訊社，尚在初組之時，想弟在津當能擔任駐津通訊，弟於省署省會消息都可隨帶訪事。俟明後日與伊説過，當無不可。畫事津上無有張羅之人，而自己亦當稍寬常度，推闢範圍，他不具論。津沽時手，如弟者曾有幾人！自非□□未識尊裁以爲當否？吾輩故非甘心於書畫事業，但可濟燃眉，則小技反爲我之功臣，保吾廉焉，悦吾志焉。見缶廬之寓，皇皇巨室，不謂書畫生活亦能如許闊大，非如周鐵山、趙小松之不足矜式耶。即此敬復，並頌

府上覃安

愚兄阜頓首

二十

馬覺非先生信

一九二七年

至陽老弟：

闋違有日矣。近在此西門西林路一號組織『群藝社』，施維書畫事項。弟得意大小件頭無妨寄來一二，一則宣傳，再則占腳步於春申江上，更無怯我用去潤資。廿九日缶老中風而逝，八十三叟，弱了一個。半年來由苦將達亨途，惟兄多燥耳。

近況得意處可以告我，即問

冬安。乞致

合第均福

愚兄制　阜　頓首

十一月卅日

馬覺非先生信 二十年代

七日接到一片，更不審就道何時，故先致函更生、谷陽兩弟，計今當即回信，而尚未接及，諸君懶於書翰，固是職守爲勞，臨池旋殆耳。通訊社刻已賃定房間，但稱無的款，中山解組，呵護無人，私計吾弟如欲來申，更可吹噓一切。兄於數月雖於此地書畫名流未從接近，但在各面觀察，稍知途轍。惟不敢一語決定來申之必勝。推想比較上，觀之似須較津當佳勝矣，況當兄在此亦好設法活動。是未敢專者，半次待棣裁者，半祇來前一兩月之消費，此中大可周轉。極涉獵以廣交遊，稱時機以贍給優劣，相形似爲適當，謹俟鴻裁，希音之至，肅此即頌

合府均安

愚兄皐手上

子陽如已去津，望即將原函轉致爲要。

馬覺非先生信 二十年代

涵叟、星階、子陽、建亭、明漪、子劇諸公大鑒：

前次奉去一函，略述此中大概，今接到圃兒來一長函，卻中私意，耄耋之翁豈可一概遠離？又云，欽仰涵叟之神技，云倘設講席，定專心受教。鄙意年前爽就依其請。對涵叟事，祈諸公襄成之，知交別敘客套也。更有請煩明漪弟者，河南地契不可久事飄零。圃兒報告，爺又順了婦人一甬，魔力真大。或者它們大膽私售與于秉中，而於近年已聞狼狽，能將事實寫呈縣署備案，情節子陽弟能述與明漪先生，並使圃兒也就此練習家事耶。渠近刻數印，尚有膽氣，觀大字粗獷，類上年子陽弟爲吾刻印那一把手。更有，渠既不來，所索寄書籍照前單可以，《飛鴻堂》等不必寄來了。此地他們無方可想了，叫吾教習字，上了一星期課，有中等前師範預備班，就是高小，女子師範小學，蒙回小學，倒有些興味掛座的樣子，可見人心相同。吾於是提出辦法，請他們齋務主任及教務主任答復決定，於是教務主任約定星期會議，吾便等他招呼開會啦，原來吾不催正好模糊過去。今早又見面，答云，准如所請照辦，就而吾卻不高興的很，一旁還放着一些紙，寫禮堂上格言抱柱等事，但是不給桌子。三四日的工夫總是上不來氣，凡事不是客氣，忍的下誰都曉得，再忍就要有病，那還是裝的嗎？我卻很羡慕天津，但是既然下了一水，畢竟如何，確要落個實際，一旁的還有若干人指顧着哩。但是近來覺到子女都該課以實際，明漪弟明撥一點工夫，賜教小兒一番，感德無量。渠來信買到一部《國學常識》，看的很得意，子陽弟可命彼買一本寄來，因爲一張紙使盡，不能後面落款，又寫了一大篇子，統希原諒草率之處，敬請

均安。不一一。

皐　頓首

九月十五日

馬覺非先生信 二十年代

子陽弟：

圃兒來，備悉津中各方光景，三弟去西沽設帳館底詎不可惜！南中拳術大盛，禄堂老數數面談必及老弟。玉林——上海法租界嵩山路『尚德國術社』（到盡頭處好翻身耶）。前季來會館時，齊瑞初（雲閣印，與建亭同事）念念於弟。當時高陽幫頗盛（司法部内技師等名稱）。

吾津景況，畫業何似從前？念之。弟樂處道藝、畫事而外，劍術、書事何如？

聞馬竹溪君大興詩社，有無刊物可以開眼不？吾於唯物昌盛之秋偏乖禪悦，《指月録》《傳鐙録》盡堪解頤，（太空可謂遊戲三味者，聞其近況頗不惡）雪獅子（石濤業師澈悟玄機，横拖大抹，縱横一世）且宗門之偈，與教下之解莊解老都能透闢近裏，而且撥丁去楔也，合今而後，打破太虚，寸絲不掛。觀自在菩薩，度一切苦厄，財、名、色、食、睡五蘊皆空，萬法無滯。真當視此心作如來地也！刻於叢雜之間，栩筆寫此，亦並不作佛想，也不作和尚想，更非以傳道想。餘即非真，唯此一事實，不覺言之長矣。德修先生何在？將圃兒等安置實落，或往津中一往也。專此布上，希報佳勝，是盼並候

合府均福

愚兄阜　頓首

二月念三日

《百法明門論》《八識規矩項》《金剛經》《心經》《壇經》。

有此六篇，嘆觀止矣。人道至唐而衰，乃是圓熟以後現狀。南中仁山居士刻經，確著功德，時有立内學院之歐陽竟無居士，六十歲，似繼仁山之業者。洗人滯氣，吾人虚矯習氣少於庸衆，而於古德猶是鈍機。兄之經過概是自家跌腳自家爬，將陵

長樂地位耶。尚未能無將迎、無内外。身分、濂洛、關閩盡雜禪理。即關中以至姜齋，陸、王、程、朱大戰之下，習齋、恕穀，若昌黎、臺山、尺木則兼研内典，祇是前人四相未空，時代尤多忌諱，太虛佛學不爲不博，太空稱爲佛門政客，究竟不易躋者（刻去厦門南普陀住持主撰《海潮音》）。

吾們爲各各宗門之友，非案學問求，非案結果求，即時熱惱轉清涼，心、性、智、慧、識、覺等等概給它一個着落，弟更超然塵表耶！

又拜

馬覺非先生信 一九二九年

至陽弟：

天上賦吾人一機之相與，要講的話，也不知哪裏來得，車載不了，船裝不脱，滔滔滚滚，洋洋不窮的，都要吐出。逢人祇説三分話，未可全抛一片心者，直當秋風過耳。謂是斷金之好所由致耶？合是個性所由成耶？不得而知。祇是披肝露膽，方吐喉中之梗便了。

合是感情太奪理智，愚兄尚有時在理智上少觀照，故有不稍假借與人難堪處不少，不顧己身利害也。至於閱廬純任感情，除卻百年操守貞德而外，直是無理性可言，冤哉弟也。近及之者，以潤翁詰朝西發，故自□□歸來，因四家兄任感情，使愚兄多慮其後，因以及諸吾黨，從來富感情，卻理情之太熱腸也。念吾黨平居所計者，將取足於前期，故依然每發必狂，勢在必得矣。三弟連日頗進學生，幸事，將以實興加之，免被狂徒挾虐。兄之誇大狂，將不難取信於吾弟，是以成金石交與哉！

思借弟《日知録》，鄙架縷檢未得。範女（正書三日，尚須三日方見頭緒）。學圃以□元友人，特三區小學以卌元接手自辦，樂事。將來當牖其環境，惜此子不類愚兄，妄近慳，嫉諸薄德，合是反動之當然現象耶。予書大半爲渠竊取，其心可誅。

吾輩力量稍充，當先成流動圖書之舉，吾弟兄數十之遥，朝發可以夕至。既能當人受益，並即嘉尚風俗，要招並善招也。話不要多，弟尚次緘之金匱，恐騰諸婆口，實有未便。潤翁囑託，當謹爲存記，遲有嘉會，當爲先登。亭林籍當於漪兮來津手稍下。畫譜三弟已言之，惜此物□爾薄緣，奉到後，即誇之，温鐵仙登其鄴架，其忘取回，又入慳兒之手。又是不得享用之便，此子棄我三簏於金陵，真堪髮指。彼時頗同調於馬克思或抱嬴政之緣。胡挹民所贈百廿元直買書一本，黨人書籍皆難得殊品。南中佛法大盛，普通印與者北地罕見之，加以揚州、上海、丹陽、南京四年羅致者，曷一本非精神之血痕，而彼棄同些無物！缶老云：書如賣田，殘缺皆膏腴。嗚呼痛哉！而今彼從案上攜去《水滸》不還，非復武士會星期習劍之可愛，有希望兒郎耶。最近期當於流通圖書運動中流動之，彼此應通融者，豈此寥寥耶！

史公遲到當罰它三十棒。

大歡喜都不聞，則今箋頭尚艱於奉到，遲弟宿構園熟，縱意一揮也妙。籲，潛龍勿用，亢龍有悔，皆不好用，惟見龍在田，飛龍在天，其庶幾乎，龍德而正身者也。

余□三弟□東正好沽上，一□□（鼠咬六七字）。王協亭旅長，杜心耕同鄉，（鼠咬十數字）長，皆求迎甚切，能提筆立就，（鼠咬十數字）索也。

至陽老弟 合府□□

愚兄阜頓首

六月廿八日

聞伯兄失女，曷天公情薄耶。萬祈先意客當專候。又拜。
己上周直華久思潤賫，沽上郵長某佺倩也。晚成其躍於令上峰耶。合是便中先稍一小件來，當唱之合，便再爲彼規定馳毫。
大約此門或能大國。

馬覺非先生信 二十年代

此昨日寫出，嫌不愜（鼠咬十數字）未可知。
愚兄之不細心（鼠咬十數字）。巨然弟賓春（鼠咬十餘字）兩施也。念念。正欲□（鼠咬十數字）抱負，竟以僅僅的經濟壓迫（鼠咬七八字）。
尊處同志中有習齋年譜否？如有可暫借，巨然弟帶下。陸震同云，王慶坨某友人有之，或可通融耶？客歲自北平歸來失去，北平或可買單行本，免得廢此全部耶。蘭秀山歸來，大約奉新鄉命令提倡自治及滄州武術，一面便到它家鄉去了。秀山自十八年挨到劉師部一碗飯，捎回六百元屬家中贖地兩段，被它兒子花了一半，贖回一段，以見母教關係切要耳。

鄙境象煞頭緒，一切家事、身事，該從頭作起。還是得知字作起，知由經驗中得來，真經驗從不規避，剩下身中一點理門條件，幾誤生平，即全無拘束之大乘宗下，亦由戒字入手，太不檢束，□□□□爲狂執，爲造次，爲衝動，皆（鼠咬七八字）□，任公進德録中年用功時（鼠咬八九字）背袁段持惠未貞深（鼠咬十數字）補爲□。大公報某期（鼠咬十數字）哲學上之道德（鼠咬十數字），象有一條染是（鼠咬十數字），象張東（鼠咬二十餘字）。

張由序（鼠咬十數字），於吾仍不要提出的詩論者（鼠咬七八字），舊今古概無可題祇有□（鼠咬四五字）。

古代經典，真甚是珍貴。百姓有過在予一人，爲學日益，爲道日損，切須分晰，不可分開。萬古不磨者道也，隨時增殖者學也。今以學輕道，而以道訾學，其可耶，其不可耶？如此歎國人之攏統或不刻歟！（下缺）

馬覺非先生信 一九三五年

閬廬先生：

前奉言瑣瑣，即日三弟歸來矣。治學派别聊復爾爾，無待商量者。復有運動一層，政府望眼欲穿者，一則曰合作，再則曰合作，合作分工乎？抑分工合作耶？都不必管它。祇向改朝易姓，謂之亡國，□□□□□□率獸食人，人將相食，謂之亡天下。匹夫匹婦與有責焉耳！三弟談起地方被水，正擬□□□興訟，詎非鄰國爲壑之道乎？且據三弟主張，官府如能允許將清河斜岔岔入下西河之假河，高築堤坊，以實救濟東淀爲美田。這等主張果得實施，則兩方俱利，以收合作功效。尚何尋仇械鬥，遺遠大規模而莫之及耶？此刻如果貴方衆首要人物贊同辦法，張厲生（蔣主席之背影，即張興周也，去法六年由組部秘書而一躍中委矣）、彭濟群（華北水利委員會主席，石曾部下，奉省人）、段老三，電話局局長，此輩雖非現任官吏，皆可站在民衆方面，樂不得的辦一番好事也。果得群公允俞，一席杯酒談艱，大事集矣。專此敬俟偉復並祝起居伯母康樂

愚兄阜頓首

再者，貴村堤外，即屬東淀，綿延三十里，勻寬十餘里，約地在千五百頃乎？成功而後，閱廬教育基金何愁不自幼稚蒙養，家庭社會，成人男女，家庭社會化，群衆教育化，□了歸訖。培生產，殖人才，萬古不磨之鐵案，孔聖人之富之教之，依然無樣耳！

須工多少，計畫詳盡，則在貴地方群紳以及老弟耶。

社會兵戈而後，感情倍感枯燥，寫字畫畫正是美育，潤澤紛煩頭腦，而且金潮以後，銀行界以及錢行等等，大發其財者大半數，籌到千千百百，掖到懷中，自由揮灑。功業攸待乎時機，時機須經正眼，振背一呼，隻眼獨具，我之責也。況半生素養，坐而言者，起而行之，是在決然毅然。其餘由令族長輩少耕先生口說。

所乞長條，橫拖大抹，便會佳事。一片題跋，直掩癭瓢。平吞道濟，何有玉四。把背吴鄆，大鶴缶廬，不專美於前茅矣。願先生矜懷瀟灑，進取一番，適合雅度耳。

又拜

馬鍾琇先生信 二十年代

子陽先生足下：

久別殊想。邇來畫意詩情興當不淺也。詢及《古燕詩紀》，刻方從事續編，將來匯訂告成，便當付梓。有投詩者，極爲歡迎。遇有佳篇，定行甄録。作者爵里、出處，固須從詳，而諸家序語跋文，並資采擇，俾後世徵文考獻者，藉是取材。區區微衷，或亦方家所共喻耳！時局驚心，朔風刺骨，諸惟珍重。祇頌

文祺

琇拜手啟

十一月既望

馬鍾琇先生信 二十年代

德修先生有道：

前月面商稟請褒揚節婦問題，兹據同人轉詢禮書云，同姓亦可列銜。附抄條例

奉閱，唯事實略最關緊要，此間無從探悉，故稟稿無從着筆。琇不日將有遠行，倘前途催促，此事即請足下斟酌辦理。緣歸期當在夏日，久稽恐未便也。此肅，即頌
道安

琇頓首

二月初七日午後

張蓮溪先生信 二十年代

節前債主堆門，哪有心事刻石，自强從事，不免一糟。今日債主全然走脱，而夜雨敲窗，更覺萬分寂静，於是把刀便作，覺此番所成較前滿石的窮愁的氣有不同。兹將石文呈上，但不審我兄視之以爲何如？倘以爲可用，請即於初九日晨，命慶學來取去，便可捎我青布馬褂來也。此呈
子陽二哥雅鑒

弟蓮溪謹上

初七日六時夕

張蓮溪先生信 一九三六年

至翁二兄大人如晤：前奉手書，藉悉清恙漸欲痊痌，殊覺快慰，入秋以來想已更復大佳。右軍短劄云：『當今人物眇然，而足下艱疾若此，令人短氣。』此不啻爲兄所言也。今幸漸愈，諸務尤宜保重爲上。弟蟄守家門，深感無聊，近日更爲困頓，一時謀事難期有成。弟不獲，已擬組設裱畫鋪用以棲身，今已在津大胡同南口覓妥地址，家（俱）［具］亦已購置大半，惟基金尚不足四五十元，弟於無法中思及前馬五爺有在靜竇書之舉，弟擬仿效其法，藉謀此項欠款。弟書固不足以校覺老，然果得足下之鼎力吹噓，一經品題，聲價十倍，或亦不難有濟也。惟不知時機何如，倘獲玉成，潤資多寡概非所計。廿年相交，幾承護庇，一切祇有心照耳！肅此敬啟 即頌

痊祺 並請

潭祉百福

愚小弟 舒 頓首

廿五年聖誕日

再者，現在津市各小學因鑒於小學寫字一門，向係隨意採用坊間字樣，漫無標準。兹爲改善此項弱點起見，已聯合多校囑弟代爲書寫字樣。此書編纂概況每學年一册，高初兩級共計六册，係根據最近部頒小學課程標準寫字項之規定，編纂以成大致，下月上旬即可竣事。將來爲廣爲推行起見，必須請局（教育局）審查，通令全市一律採用。此事似必須局内有人幫忙始易成功。聞姜般若兄現在局内任督學之職（將來此書送局審查時即由督學處審查），擬請兄轉爲函托，並請略爲吹噓，如蒙允辦，敬祈將致姜般若兄函交弟轉致可也。煩瑣瀆神。容圖後報。

弟舒又啟

張蓮溪先生信 五十年代末

秋色平分矣。

足下近況何如？瘍疣想必大愈。弟仍在半死半活中，無可奉告者，惟念兄每至不寐。弟意詩暫可不作，精神好希多寫幾個字給我，以慰渴想，是所至盼。

如不太好，亦勿多寫。此上

梓花館主人

弟蓮溪頓首

中秋前六日

弟現住東五經路書安里三十號。來函寄上地址。

按此件爲編者收入，不屬於《名劄集存》原册。

張蓮溪先生信 五十年代

至翁二兄：

獲手書快慰無似，二日來竟夕相對，其悦可知。弟無復□昔者，但望來春以視如何耳！兄雙疣依舊潰爛，是症能抗到今日，決非不治之疾，弟仍希我兄速速來津，勿謂年老氣衰，坐視自然。兄若肯來，可住元緯路與弟同居，我們覓一人幫忙，不期年終便可霍然而愈。兄常言尊府皆上壽，兄果如弟意而爲之，百歲在握也，努力吧！我們仍有何顧慮者。兄祇要鼓起勇氣，忍耐途中跋涉之苦，一定很快就愈的。如何？請商酌並示復；如實不肯來，願命侄輩把病情詳細書寄。專上，順問近安，並請

嫂夫人好

弟蓮溪頓首

十一月十日

按此件爲編者收入，不屬於《名劄集存》原册。

張蓮溪先生信

一九五五年

至陽二哥座次：

前些天接到賜給我的佳作很多，我反復讀了不知有多少次，真是看不忍釋。我本想抓着時間胡謅幾首，權作我的奉和，可惜到現在還没有尋出時間來，這衹好請您再容我幾天吧。

現在已是花期已過了，我本想請您到天津來玩玩，可是我又念到您這樣的高齡，哪能隨便的走出這遠的路，況且有去歲的等車的經驗，還是等我到港去吧，兹趁銅鈴旋里之便，奉告如是，餘俟再陳。此請

春祺！

弟蓮溪　頓首
四月十三日

按此件爲編者收入，不屬於《名剳集存》原册。

楊明漪先生信 一九二三年

子陽仁兄：

頃由璜兒轉來大剳備悉種切，拙著務祈費神細校，如校後仍不放心時，可寄弟校閲再印。禄堂《拳藝述真》之作實吾輩所亟思見者，未審何時可得一閲？惟洩漏家法，國人不知寶，恐流入異域，楚材晉用也。弟南來尚無所事事，不過海山蒼翠，竹樹明瑟，又值荔枝新熟，甜膩可口，既悟南宗山水之趣，更與楊妃同其噉咽，不負此遊矣。吾兄病兆天報瓊花，所謂與造物通神者歟。病後回思有橄欖味甘之妙。詩澹宕有陶意，此蓋桃源返棹時翻然惄然之一境也。《廣省指南》未之見，並弗及聞，俟徐訪之。

印完加勘誤表也可以，弟怕錯誤太多耳。皮面裝飾要好看，便於賣也。此頌

時祉

子翽、星階、澗亭、怡庵，均此道候

弟楊湲 頓首

七月廿一日

暫時通信：福州督辦行署副官處王心畬轉。

李忠元，印存義，直隸深縣南小營村人，世以其藝稱爲單刀李先生者也。先生修七尺有咫，赤顏鐘聲，未嘗讀書，精通武術。自言曆習多門，年三十八皈依形意。今七十矣，望之如四十許人，内功醇而睟盎見，理固然也。施教未嘗有懈容。學者遇之，輒依依不忍離。聆其一二語，終身由之無銖粟失。大河以北宗之。高弟某，功行最深，聲塞京津間，一日請益，先生未用力，某仆丈餘外，體無輕微傷。先生名滿天下，顧與人恂恂如老嫗，所謂俠骨佛情者非耶？著拳譜二百餘卷，皆手自編録，中華武士會本部及其弟子孫禄堂出版之譜，特其緒耳。予師事先生，又與其哲嗣彬堂遊，兹值先生歸農，合影紀念，以志仰止，爰作頌曰：

七十老翁，髮鶴顏童。精深武術，形意是攻。娓娓循循，宇内從風。闡明詳贍，著述富隆。黄河滚滚，岱嶽崇雄。守先待後，斯道無窮。

此近日題忠元師相片之作，不足言文，然在弟已是狗嘴中之象牙矣！特博一粲何如。

弟溪 又及

楊明漪先生信 一九二三年

子陽、星階、子翽：

仁兄大鑒，昨自泰安歸來，悉吾兄連賜兩函，又有某軍隊要居住會房之事，想已平定，殊深念念。李瑞東被打身死一節，弟所聞不祇海亭所道，尚有模範團中人言之，擬於卷首凡例中添『如有調查失實者，請函更正，以便再版時改之』一條，此文即不必改矣。不知付印須若干時日可完，請示知爲要。又有應需文料，爲『朱光祖』，即《彭公案》中之朱光祖也。此人是一進士或舉人，好任俠，山東聊城人，詳載《廣輿記》中。弟此書爲友人借去不還，無從再查。如圖書館中有此書，請子陽費神查查該書山東名人之内，抄寄爲荷。賜畫近中可寄下否？禱禱。二十八元可印一千本書，價廉極了，恐怕紙不好，未知報紙有白的否？弟今一面修正原稿，打算陰年前印出，若文料不齊，或有別的間阻，就得來年了。在濟閒居無事，倒比在津忙的多了，真煩的慌。敬頌

近綏

健亭、子揚、橫孫、覺非、般若，均此道好

弟楊溱頓首　廿三日

關廣譽先生信 一九三六年

至陽仁兄先生：

有道去歲承賜法繪人物屏條，今夏又蒙惠贈折箑，筆妙入神，洵稱佳品。日前舍親王公餘堂於無意中閱之，大爲贊慕不已，一再囑弟代爲奉懇，其豔羨之情殊難拒卻。用再不揣，冒昧函懇法繪人物屏條四幅或小中堂一幀，並祈惠題款字，賜呼餘堂。有瀆精神，容當走謝，專此奉懇。敬請

暑安。惟照不既

弟關廣譽　頓首
八月六日

企雲先生信 二十年代

子陽兄：

在津與你别後，因爲我的伯父病勢不佳，我在家中朝夕不得離身，所以屢次想要到公園裏和您談談，竟不可得。到了三月五日，因爲吉林毓文中學來信催促返吉，匆匆用行，並不知道您現在是否在津，悵惘的很了。我謝謝你老人家，因爲您假與我許多金錢，況且你本來不甚充裕，我是很知道的。這次我的川資問題如非你的幫助，真就難解決了。覺非此刻還在宜興埠嗎？求你給我致意，他究竟打算南下没有呢？我現在又在這種不大明瞭的社會裏面配角色，説聲『無聊』罷了。此致

健康

亡弟企雲　謹白

姜般若先生信 二十年代

折供下來，魚一尾，肉一方，納於一鍋而會之，沽乾酒一壇（甕也），箋邀兄等臨舍間一敘，權當春宴，時在今日下午也。何人在座，望代邀來。萬勿客氣。此呈

子陽道兄並賀春吉

小弟般若　再拜　初七

會中有人看家也罷，無人看家也罷，總而言之非來不可。

吳勤先生信 二三十年代

（以上缺頁）謂之何哉，想足下亦不以之傷悴也。近常晤般若先生否？彼家宅之水退否？河北一帶究否被水？據戚友數數來書，愈謂無恙，而不知是否有水，暇中示及爲盼。手肅敬問

日祉

弟吳勤　頓首

閻志華先生信 二三十年代

道侄鑒：

昨寄零件當已收閲，錦州三兄有志修譜可謂克家子矣。叔數年來亦有志於此，惟以家室之累，羈身京師，不克從事，未嘗不慨然太息也。將來重修之後，擬請碩學鴻儒，作數篇大序藉以顯榮祖宗。所有格式，依從舊樣爲是，惟當縮小範圍耳。節前本擬在津小住，而局中同仁再三來信催促，致難自由。在家帶來（叔係光緒十九年十一月廿五日卯時又或寅生，不准）先曾祖韻竹公手寫文稿一紙，書法極爲質直，而詞學亦甚美，頃已交南紙局付裱，前後富裕二尺，留爲題跋，叔自志數百字，略序在府教授並軍中之勞績，奈文字荒陋，不足顯揚萬一耳！俟跋就後將原底寄侄處，我侄亦當數十字於其上。兹又有至友黄子嘉（字）兄，再四托侄畫扇，情難拒卻，祇得隨意一寫可也。寫就後仍由郵寄，貼三分最好。我家祠堂有韻公書大屏，已面囑敬波侄攜至家中收藏，異日再爲設法加裱。我家人數十年來對於斯事恒不注意，誠祖宗之罪人也。我侄近習篆字極好，蓋書畫原係一事，書法須遍臨各家碑帖，如漢、如魏、如晉，亦皆要緊，鄉間人眼光不大，動口即謂顔柳歐蘇，以爲此數家外別無所求，殊無謂也。

叔乃斌

閻旭生先生信 一九二九年

子陽二弟如晤：

頃接手書，得稔前函未見，當然郵中所誤，今復詳告以慰弟悃。兄前月初一日到津視芹女之病，實覺沉重，察其情形，不可再以逗留，於十一日登車抵良，延醫診治力圖挽回。不料十七日忽添喘症，雖醫有人，束手無策，延至二十日下午，不幸夭殤。最可痛者視其斷氣而慘苦之情，不堪言喻矣。痛哉！痛哉！即就地置棺，次日妥埋於先塋以西少亡墓，約費三十餘元，已由修金籌辦矣。兄數年以來，運氣顛沛，非常不幸，每憶所經，焦灼無濟，何日可得寬心也！咱村連遇饑饉，鄉人寒苦已達極點。兄幸就此機脱離種地之苦，由此觀之，不幸中之幸耳。兄自到良，雖與武昌尺素頻通，皆因他事並未加一語求事之意，不意既望以前，來函與兄索小楷，據云以備謀事之用，兄即寫去，刻下尚未覆音，俟其回書，行止再定。樹政弟如欲速去，令其前往可也。家中諸事竟仰吾弟操持侍奉，兄無所盡心，時覺愧對，惟勉求自立以圖將來報於萬一也。餘俟再陳。專此，即詢

近安

兄旭　手書

廿七日燈下即

內附致旭堂弟一函，晤面時祈交是荷。

曹爾桓先生信　一九四六年夏

至翁夫子道鑒：

新正拜別，霎經數月。行領師門，道勝企慕。生於棄群從事軍隊生活，細想起來卻亦別致也。於上月開抵沙河鎮，不意此地竟有高人隱居。生於每日出操則見有舞形意拳者，細細訪查始知有崔公瑞福者名冠平北，西直門至張家口一帶無不曉其

技術精良。生以同道資格星期往訪，略談梗概即入説手階段。青年人無知可笑已極，初打四手，繼而散手。由彼之愛纔加生之謹慎，約半小時知難而退，孰料彼竟氣入丹田矣，險哉！後敘原源始知彼竟是師李公忠元及定興三李者。即知之，生以師侄叩首爲禮。而今與彼學雜式捶，將來回家較諸同學又新異矣。專此敬候
道安
受業 曹爾桓

按此件爲編者收入，不屬於《名劄集存》原册。

閻廬家書

致三女閻戴民 一九五六年五月

戴民：

你母親到靜海住了十六天，因没有梅廠車，也未得到二姐家去。你母親是五月十九日纔回家。老舅去世以後，大潤手足四人搬回獨流去了。咱西院由霸縣採購站就咱房匡蓋三間房，已立了合同，貳百五十元建築費，三年住完，過三年頭再立租價合同，現時正在修建。此中能有餘錢即歸咱有，昨日支到卅元。吾想還能再有這些，不能再多，馬上就花掉無餘。可是生産社中尚想教投資，不知是如何答復。吾想暑期攜爾芃到津，住二三日，不知果能行否。大姐尚無期去津，你母親惦念你頭暈，你須吃些涼物調養。叢林當不日回家，有何事就交與他，你能何時可以脱空回家？在你結婚那日吾夢見你呼吾數聲，吾疑你是回來了，吾醒來寫了一首詩，附去，並問蘇宅親家兄嫂及少大嫂與賢婿及第二代小英雄們全好。

父字

致三女閻戴民

一九五六年五月

戴民：

吾在你二姐家住兩星期纔回家，坐的大車，也倒舒服。與你去信之遲，因爲崔大哥要去津往西沽邵公莊兩處，就便與你捎坎肩、夾褲、刷子與信，現因麥秋天忙，他先不能去了。咱村食堂昨日還有大麥麵換換口味，咱家還可領生麵，是有照顧的樣子。據説麥秋後還須自己做飯吃，你惦着家中生活倒教人難過起來。自然有糧票將來給家中豈不是大好的事，可是也不甚急迫的事，你且慢慢的尋找吧。又如有油票與麻醬票時就寄到二姐家，他在郊區可以買。小芃三個星期可以放假，在這當口他須去天津。你二姐在本村自己一人作縫紉，他那裏信尚未發，即接到你一次來信，知道一切事情。家中既有暫時活動，可以減少些憂慮。叢林如來可以少捎一些，能補你的不足。咱村淀水又滿，船路皆通，但盼不再多漲。今年麥子竟未結實，麻又種晚，都被水没，眼前是二秋全無，比户顯出窮乏。以下是詩。再，叢來囑他買兩包六六粉，咱村此物全歸農業用，不能外賣，與避瘟球。

昨日雨紛紛，大地不生塵。五一好時節，三女正結婚。昔年洪水惡，無力再升學。移志習重工，此身是有托。去秋有蹇修（蹇，音減。蹇修，伏羲時人，是善作媒者），媒介到蘇門。同庚復同業，意氣兩相敦。今日是何日，不能親結褵（褵，音離，古人聘女，父母必親手爲結衣帶）。浮雲遮望眼，佇立神如癡。夢中聞女聲，聲聲呼阿爸。依稀（依稀是仿佛也）是在家，忽覺今已嫁。這是結婚之夜，夢你呼我，吾醒來輾轉不寐，因構燈寫之，尚有不盡之意。父又書。

大姐附筆問高堂及一家全好。

致三女閻戴民　一九五六年八月十六日

戴民：

接到你的信了。大姐是十號一船直到天津，那日正當上雨了。結婚日期將近，可是無有定期，大約總是避免周旋的意思。吾與你母親極好，祇是吾先月聾了一氣，近日又能照常。水是在十日前後三四日間驟漲六七尺，已平堤頂。當時極爲恐慌，到十二日忽見大落，至今已落三四尺，説是文安窪決了口岸，受了巨災。汝三叔正在此，是與陳道一調理中風不語的病，此病難醫，全仗針法，一時恐不能回去。大姐是住在三條石同○鐵廠對過。你腿有何疾？不是受寒，即是受勞，使人惦記。將來能可回家時，在早車來必遇咱村腳車。

提起颳大風的事，想起在二日下午，天空如風濤之聲，一時風雲頓變，雲如翻墨。旋風右左旋轉，由北至西，忽現出蜿蜒的一綫白氣如蛇半身，忽没忽現，俗説就是龍掛。可是大風頓起，滿天紛飛如衣，如席片，如紙張書册之象，究不知風捲的何物。一時聽説西街受災的很多，如西頭蔡家的大車，某家的船，皆飛舞，天空有幾個小孩也旋轉上去，一時摔下未受大災，多數的皆翻瓦飛磚，如檀樫生家房子及一帶也受災。最是知道是閻孝棠的弟弟到西頭買物，忽飛一磚來，觸破頭角，幾乎不治，現在正調養着啦。可是天氣由這一變，陰雨連綿，洪水驟漲數尺，文安窪受了巨災，我霸縣至信安都是雨澇，霸縣五區衹剩下這堂二里一區是個樂土了。

皮袍你叢弟走教他捎去，是真正西口貨，可惜脱了些毛，就檢着用吧。吾想如皮子有餘富，多少剩下給二姐做個小皮坎肩，可是裁皮時必須看着衣匠裁，要緊，不然就剩不了許多。二姐尚在此，你大姐來信，囑咐他，等着他見面再走，大瞻、小昭越發愛人了。吾若出當然在伏假尾，各處全想看看，可這是一説，不知我的精神如何，所以不能定日子，也是爾芃希望着下衛的心熱，或須實現或須實現。有何事就交與大姐，咱房租得到七十六元，轉瞬即完，叢林的學費，可由你想寄家裏錢撥給他身上幾元或十元，也少省你些籌劃，這是母親再三囑咐你的。此覆，並頌

蘇府全家均好

父字

十六號

前叢林又去津，捎去一方乾黄石，正分兩塊。如上。

致三女閻戴民 一九五七年十月一日

戴民：

爾芃平安到家，初見市面風光非常歡喜。聽説你的腿還是有病，實教人惦記，你母親尤甚。此病雖是受勞，總是多由風寒，吾有幾個辦法：（一）你三叔對於筋骨之症實有把握，且毫針絶不覺疼。有時可以試治一下。（二）以芥末麵拌雞蛋清，

敷痛處，凡是風寒皆可以治，衹是上藥時覺疼，過去即除根。俗云，偏方治大病，亦可試試。（三）拔火罐有風寒馬上立除，你可星期到大姐處，教大姐給你拔拔罐，須去病。（四）你既會喝酒，可配一瓶藥酒，作爲常服，每次可喝二三小盅。此酒專能除風去寒，兼治筋骨。先年咱家時常不斷，你祖母在時極得意此酒。藥酒方下列：力參五分，紅花一錢，歸尾一錢，木瓜一錢，牛膝一錢，千年健一錢，追地風一錢，威靈仙一錢，好酒壹斤，冰花糖五兩，酒過濃可對些净酒喝。現時木瓜各處没有，缺一位也不要緊，如有設擺木瓜的主，可以尋他的切兩三片。（五）又用坎離砂一付，用好醋調拌，裝入小布口袋内，置於患處，至三四分鐘即熱氣騰騰，立時徹動透汗，一次一次自然去病。此方當用睡眠時最爲適宜。以上這全是經驗的多。你母仍是囑咐你早穿絨褲與棉褲，須知老年有病多是少年不在乎所得的。老人的話不可不信。棉衣服家中也不能與你拆洗，你母親説□大姐處便當，可以將棉褲拿到那裏拆洗拆洗。皮襖筒多有脱毛處，可以選用，剩不了就不給二姐啦。二姐是在梅廠過年，你母親在九月十日以後就去梅廠。家駿可與他在工廠謀點工作，聽説工廠能可薦人。家潤今日赴山東與于世聲結婚去了，也到很好。二姐也鬧腿疾，這全是由寒所致。大姐總攛掇吾去津，吾趁着放假攜爾芃兩點鐘到車站，可巧十一點、一點、七點全不賣票，午後衹可步輦回來，險些兒患了一場累病。吾這是又給你寫的信。前次去信，郵局竟退回原函，説是無此人，真是不解。你有錢盡着腿治，家中多寡全能支持，不必按你一定的計畫，總宜從容爲是。此信並問蘇宅大家都好

父字　國慶日

致三女閻戴民

一九五七年十二月

戴民：

得到信。遷移之事也不能如此急速，家中房子現在已找賃主，一切東西應帶的應存的，也得預先籌畫。吾當時又忙天津畫展，吾在一月間即到天津與侯十爺商酌填表，忙迫已極，所以家中一切事情全得吾籌畫。吾想仍是訂的住工房吧。早晚有何説的，你將租的房退了吧。吾昨日纔從霸縣回來，縣裏還給了貳十元作爲提倡。你有活，可先拿到大姐家去，爾芃去捎來吾作，四寶服食要時時注意。明正初二二姐就來，吾想把一部分不用的書籍，存在鄭莊。家中全好。明年遷移證實不行，吾

找協會裏。問家中全好。

父母字　二十五號

致三女閻戴民

一九五七年十二月二十八日

戴民：

你母親於十一月初四回家，二姐母子均碩壯，老姨家亦好，大潤亦與于世聲結婚，現在山東，連飯連活也不用做，終日游山玩景，享這些歡樂。于世聲在陽年輪勤，必須要回家，家駿亦在天津考入車務段學習，機會很好，小影歸靜海上學，小四隨大潤去，一家全有了辦法，可謂窮則變，窮則通了。你母親因在梅廠没捎衣服去，不然就一定去天津看你去，最是惦着你的身體。産後的攝養可最重要，設一服食與居處不慎則立成疾病，且留一生病根，你母對此時刻關心。你大姐前冒寒到家，你母親來時未得見着。聽説小孫甚壯健，起名叫四寶，我恨不能一時看見他。你母親明春暖和當往津去看你。今冬你千萬不要回家，三十里路的嚴寒你母子曷能當此，爲要，爲要。小芃在新年有假當去天津，並問

闔家均好

父母字

古十一月初八日

致三女閻戴民

一九五八年一月十四日

戴民：

吾不見信，也知道你没有閒時間。家中食堂一日兩餐，咱村無秋收，每天都向各村化斂食物，山芋乾掛了帥，頓頓多是這個。想到你如有糧票，寄到邵公莊幾張，多少皆可，教大姐買點玉米麵存着。你叢弟去時教他帶來，可煮點粥，得個温暖。高東麵決不希望，玉米麵價便宜，且不過分。你若想回家看看，陽曆年不可動身，咱村上楊柳青這段無船、無車、無汽車，如能行時，吾已早去天津了。若舊曆年有空，你可以回家看看，因那時冰堅，當有冰床來往，也可在此過年。想年節或可須自己吃兩頓團圓飯，總不能時，家中已能周轉。來時可烙幾張餅來，燴着煮着，全能方便。小孩若怕冷且不可來。你母親欲去看四竇，明春再説，祇因不認路程，所以遲滯如此。

親家兄嫂與賢婿，並四寶均好

父母字　廿五號

致三女閻戴民

一九五八年三月八日

戴民：

信已見着了，你母親本想隨叢林到天津看你姐妹，又受了風疾，調理未停竟未成病，已好了，勿庸惦記。找房一節，吾看先不用甚急，將來如能有新村的房最爲適當。你芃弟在暑假祇可先就勝芳中學，在此期間咱能賣了房，豈不全解決了嗎？且如到了天津，自然你芃弟也就轉到天津了。你的薪資尚小，吾甚躊躇。你因家庭事爲了大難，所以移津的主意且慢慢的進行爲要。你母親約在二月間能到津。他事全好，勿念。並候

親家長兄嫂春祺

賢婿及一家全好

起名吾不知寶字排在中或在下，就兩個起法，擬於下面，不知可用否。用寶、家寶、長寶、乃寶。寶相，寶綸，寶相卦經爲莊嚴之相。綸，文綬也。

父字
正十九日

致長子閻叢 一九五八年四月十四日

叢林：

你是走的中亭堤嗎？街上污泥没足，多少年無此天氣。堤上高坦還須好走些，咱雇的三輪車在此逗留三日纔得回去，可是那車子還抛在這裏。你母親的病經劉先生調理極有把握，已服藥三劑，燒冷已除，漸能加飯，已失去那樣的昏沉，兩三日當可復原，可無憂也。此事可到三姐家告訴他，教他喜歡，並問小外孫寶綸的病好了麽，你母親極爲惦記。（下略）

父字 四月十四晚

三姐處不另去信了。

致三女閣戴民

一九五八年五月三日

戴民：

前來信知道了，五一那天你們上鄭莊去了嗎？陳燕妮廿七日夜間到揚芬港，正趕上黑夜的狂風，他步行到村已到夜半，這艱苦他平生未曾經過，今日星期才坐二等回去。人極誠實，無習氣，很好，很好。上半月減了糧，吾每天減五兩，農人減的還多，你叢弟減六七斤，今日聽説多少增點，吾亦不大理會。藻菜是家家的輔食，食堂内亦有羼用的。爾芃昨日回家，今日還校，他説下星期不能去津，再下個星期日（十七號）就能去接你母親去了。糧票没法尋，這一住可累苦了親家老兄嫂了。給你母親找點活做吧。吾精神甚好，勿庸惦念，並問

蘇府闔家均安

父手書

三號

致三女閻戴民 一九五八年夏

戴民：

吾今天到了西沽了，安好牙，擬去你那裏看看。若能住一夜，就在北站上車回家。你如不上西沽，教大姐送了吾去見面。小芃同來了。今日接大姐的信，知道你鬧痢疾。二姐天熱不能來，今年無水，上鄭莊甚便。見面説話吧。

母手書

致三女閻戴民 一九五八年九月四日

戴民：

叢林去津有四五十天，未來信，你如知道他現時的事，可速來信，以免惦念。如不知道，可與他去信，他如先不回家，教他快來回信。知道你廠中加倍的忙，此事就脱空辦吧。家中全好。並問

闔家均好 四寶好

父母字

今日是表姑去津之便寫的信。

致三女閻戴民

一九五八年九月十六日

戴民：

前去信大概是在九月三四日，叢林在九月五六日就回來了，已任鄉中學教員，待遇如何尚不分明。你二姐已由上月在村中習縫紉，不下地了。鄭莊的生活等於楊柳青，天啟爲農，每月開支能得三十元左右，二姐的工作也能如此。説是在十月一號就能實行開支。前日爾芃到鄭莊，二姐精神大好，其樂非常，他掙了錢還要給吾買好東西吃了。他這一轉變（到）［倒］比從前好了，可減去了你母親一分憂慮。家中伙食不成問題，好是你弟弟二人全能買細糧，夾雜着互相吃些湯飯，也算舒服。你母親吃虎骨酒臂似稍好，再吃你弟弟買的覺着口熱，接着又鬧痢疾，現在又好啦，精神復元啦。你説有虎骨丸，吾去買幾粒試試。吾也病了些日，也復元啦。幾日就到津，再與你去信，並問闔家均好。

父字

你母親囑咐你要吃好，因你太勞苦了。你弟弟在家，你可少捎錢。

九月十六號

致三女閻戴民 一九五九年一月二十三日

戴民如面：

前芃來，錢全捎到，年關計算足付所用，今臘你不要再籌措了，要緊要緊。小孩要善爲保護，你二姐來信還惦着這個。二姐的小小子名叫式，極其壯碩，天寒也不教他來家。將來想看看他，在南門外上汽車，八角錢直到梅廠。咱家買的一百二十斤土稗子，家家如此。昨天又買了九十斤稻子，碾出米來每斤在一角五分多，較購米合適，又買了十五斤（每人五斤）麥子，這是白麵稻米，過年的落全有了。衹是大姐不在家，你母親格外勞苦了。十三十四日大寒，天極寒，你穿上皮猴了嗎？這樣弄着孩子怎麼受。

父字

臘十五發

致三女閻戴民

一九六〇年一月

戴民：

接來書，知長了八元，甚爲喜悦。你叢弟未減糧，還是三十斤。家中生活，到了春天當然恢復原數，不過是一時節約。咱村下窪自留地全被水淹，所以不及裏面小村。買代食品入手已晚，胡蘿蔔、疙瘩全不許出境，所以咱村發荒。桂花粉、代乳粉、八寶麵都熬粥喝，還有蒸餑餑吃的，其價貴則不論，衹能充腹就得。明春夏咱打算到二姐家買土豆，秋天到張許堡買疙瘩、蘿蔔、白菜等，早作預備，當然無憂。八寶麵比較是最合適最賤的東西，你有暇就注意八寶麵。八寶麵以紙包的爲合適。上次小穎去津買，此種亦無有了，或者不日就有。（點心可不要買）救荒自然是糧票最好，可也不能傷了你的食糧，是從從容容的籌畫罷。十八十九的日子無人能去，楊青與咱村全是臘月廿五六放學，離年有三二日，也怕他們去不了。吾且與爾芃去信向他商量，如實不能去就在正月初去吧。叢林長了五元錢，可是在這建豬年，必須與社了買口小豬，教員全是這樣。你母親精神甚好，也許就好下去了。寶

鈺能走兩步，這樣夭健，教人喜極。並問親家二位兄嫂與賢婿及四寶寶鈺均好

如有賣糧票的，何在貴賤，托二位親家注意。

父母字

致三女閻戴民

一九六〇年二月十日

戴民：

你叢弟於昨日回來，知道你前幾日患病曾住醫院，現在恢復原狀了嗎？教人好不放心，你母親恨不一時去看你去。你可以多養些日，再去上班。究不知你現在的情形，小孩受了大委屈。聽説勞苦了親家娘，如必用人照顧小孩時，你母親就可以前去分勞。你可以來信説説，家中就放了心了。來錢足付年用，且賣了一項磚與無用的大小缸，又足够明正一月之需，你寬心保養身體吧，且不必顧及於此。如果你母親去時或將來去時，不知你那裏可以住嗎？家中全好，勿念，勿念。此並向合府全安

致三女閻戴民

一九六一年一月二十四日

戴民：

年節將到，天氣如太冷，可不要來，恐怕小孩受感冒，要緊。如必來時，若教你叢弟去接你們去，可預先來信。吾的病無變相，衹須是抽些當歸先寶藏起來。吾已服過西藥雷米風弍百多粒了，已打注射三十餘日了，大夫説須六十針再停住。蘇和丸如一元上下一丸，可買三丸，如再有八寶珍珠散可買一小瓶，吾可不知價錢。這些藥全不是現用，你們來能捎來就好。家中一切全好，並頌

闔潭均吉

父字　臘廿五日

如能搜羅一點蜜更好，五倍子還可買，以上説能買就買，否則以後再好。

父字　臘八日

致三女閻戴民

一九六一年春

戴民：

你的病好了嗎？食糧長了嗎？咱家食量仍是半斤左右，大概是四月一號長糧。咱每人分了一分半自留地，可是咱全是廢物，也不容易經營。燕尼暑期畢業，須向北調，還願意在天津買房，可不知現時還有買賣否。他能把一年的肉條湊到年節，各色罐頭全給家中帶來，又給我捎來的米糕、大壽餅及餅乾糖塊，可算是罷了。咱村大概是畫到天津市，果如此，至麥場可當有些好轉了。你叢弟化肥廠解散，又歸辛章商店，聽説又要作這一公社的文化教員，薪水仍是那些，雖是行蹤不定，可是較教書少費腦子。他的食量是二十九斤，如再轉教員食糧還要減至二三斤。你二姐去冬倒好，得了花紅錢三百六十五元，還有幾百斤白菜，該處爲田園區，當然富饒。静海老姨全家逃到黑龍江，一家是可以吃飽了。你的情況有暇來個信，我好放心。即候

全家均好

父母字

二十四日

師友飛鴻

致羅劍秋先生 二十年代

中秋對酒

羅君劍秋拈○○○○○，趙君佑之，與余飲酒，爲中秋佳節之雅集，即席賦此以作雪泥鴻爪□□。

中秋嘉會際良辰，況復聯歡對故人。座上西裳來趙翼，樽開北海有羅倫。酒酣欲拂琴三疊，燭至□□月一輪。寄語畫師閻立本，好圖雅集比公麟。

（按此件夾於書信集中，故録入）

致李敦素先生 三十年代

敦素：

別有日了，使人思想不置。寄去畫聯，便交張先生。均未題上款。不給錢則已，如給錢則足下自留五元，有餘就存着，得便仍尋買《故宫週刊》，由十期起，不忙不忙。如回家可停車於舍下，住一二日。

道生謹啟

致李敦素先生 三十年代

敦素：

年關想不久將回府矣。今忽得友人買到《故宫週刊》第十册第十一册二本，足下如已托人尋買時，即改爲由十二期起。如尚不得進行，就先停止，明春吾們見面再説。天寒，諸祈珍攝。華北化干戈爲玉帛可美也。

便諸代問耀東先生近好。

道生謹啟

致李敦素先生 三十年代

敦素知己：

家中有要務，乘晨回家，不得面辭，我曷能書，襯一小堂幅吧。燈下神離未得題令尊之上款，且將就糊壁，明年再畫一幅。張先生幾日寄來，惟此次來津毫無神氣，新舊債皆未清債，好是尚有畫幅。所喜者得到攔門槍法，不枉也。

至陽留字

致李敦素先生 三十年代

醇白如面：

今日纔得妥人送上扇面二個。畫册早收到，將來錢有便仍須足下尋購數册。近在家不得多錢，有項即奉上所墊。鄉荒甚，不成國家的樣子，可歎。附《健者傳》。此致時祉。有購畫者可介紹些。

至陽頓首

致李敦素先生

一九四八年

醇白老賢阮：

來書悲喜交作。今老大人仙去，已聞於懷白函中，追憶前塵，能不悲悼！吾想令先君享年是在七十左右，不當亂世之憂鬱，其壽豈能盡此。可是道在人間，精神不死也。十年故人多凋謝，而吾已鐘鳴漏盡，寂寞殘生了。去夏劉縣長卓炎隨還鄉團來敝鄉，相從職員多半爲貴邑人，曾道尊府也受些波折。當此沉淪覆巢之下，哪有完卵。余之所遭尤有甚者。三十二年六月十四夜之變，搶了個蛋光，燒了個光蛋。白髮染透了鮮血，長繩緊束了雙臂，入過地獄，下過水牢，亂世滋味余已飽嘗。舍下所有都不介意，獨惜四十年之書畫收藏一旦化作煙塵。余已有二子，大的十二歲，名叢；二的名芃，全强壯。附去叢兒之書、芃兒之畫，愚傻之形現於紙上。余之有後不止我賢阮所喜，而令先君有靈亦有所忻悦。子翽兄已作了古人。去年化南相問答，今無消息，不知如何。風扇微和，燒痕盡緑，春到人間了，珂鄉如何，甚念。

臨風布意，敬復文祺，並問合潭均安。

閻道生謹復
古曆三月七日

致高樹學先生 一九五二年

樹翁仁兄先生閣下：
未飲月老，而轉代酬酢，世間真有賠麵的廚子。高誼盛情，曷以爲報也。盈盈一水，瞻望神馳，肅此，即候
秋安

小弟閻道生 頓首

致李敦素先生 一九五八年

醇白賢阮：
展讀手書，歡喜無限。我們契闊有年，尚能有惓惓思耶，使我瞻望雲天而感於

今昔，有不能言者。我是養生無術而致於衰老，行將昏憒，已以生死爲一條，安時處順而已。我近歲喜讀《南華》，得此意境，故無所不適也。我賢阮以爲何如？天津武術以太極拳爲標準，郝家俊亦以太極爲應付，若何威如、郭漢之市氣太深，皆不能宏道，還是河東韓子恒與王鳳林尚能兼傳形意。噫！我道之微矣。我前赴津幾兩旬，因長女三女嫁與津，纔得此食住，遂得交國畫集團，熟意此中旨趣非我所想，而兩載輾轉竟無所得。長男高中卒業，無力升學，已回鄉勞動。二男尚在楊柳青上學。其他無所告者。徐景仁畫友不以我之業鄙俗，曾兩函相問。古云，士屈於不知已，而伸於知已。徐君知我者也。以遥遠關係致難互作觀摩，而負此良友，誠恨事也，誠恨事也。請致意徐君，並候合潭均好。清明前六日，闊至陽手復。

尚有餘紙，寫個小唱，是我由津回來唱的：『又作津門客，無聊衹自知。空餘長劍在，獨恨故人稀。小技難投合，衰年不適宜。明朝趁天氣，還去卧茅茨。』咱無不可説，這種俗氣不可教外人看。

致李敦素先生 一九五八年

敦素：

吾去歲到津，知子揚三哥與春舫相繼謝世，使人驚悼何如。吾們四五十年天津，一旦收場，豈不可歎。繼起雖有人在，可也失卻了當年的樣子了。你景況好吧。吾那年被火，所好的書畫毁去極多。有本舊劍譜，不知你存着嗎？上頭有十來個大人圖，背面都有四句讚語。吾這劍譜還有，衹少背面的字，如有時可得閒暇將贊辭抄來可也。要注是托、拿、洗、壓、烘各字，俾吾好抄在圖上。吾身體尚可，衹是目光太少，風燭之人合當如是。閒時寄我數行，以解思想。此致，並候合潭秋祉

閻道生肅啟

致高元良先生 一九五九年

元良表姐夫如面：

大理石硯向所未見，面上有天然米家山，置於案頭仿佛時有煙雨，吾卻得以涵養，可歎吾不親筆硯已有年矣。今盛情割愛感激難言。我在五七年曾入國畫研究社，

因亦有道。曾煥弟在文史館，衹是未得訪問。天津老畫友已寥寥無多，若劉子久，我在津時他還未有風頭，而今成了藝壇鉅子。吾近來不斷去津，最接近是侯彻千十爺，能給吾辦好些事。若再有曾煥表弟得以指引豈不更好。望注意畫會外表與内容兩不相干，二三年來未得發展，裏邊是湖社二三子相保守，若云同業相忌，理或有之。

叢林小兒於前月十二日結婚，此女二十歲，在津讀書有年，福建籍，家住蘇門答拉，現在上海上學，現已去上海了。内子已在津長女家服侍月子，春天在三女家也是服侍月子。三女生一小女，長女生啥尚未可知。此瑣碎語，望告知甥女。吾由津來即有疾，近已愈矣，故復之遲也。此復。即問

令尊老大人及闔潭均安

愚舅岳閻至陽　頓首

國慶紀念吾爲國畫會畫一松樹獻禮。又應霸縣之徵與河北省畫了二張。

致徐景仁先生 一九六一年

景仁仁棣：

能有暇作畫嗎？吾也是兩載未曾捉筆，咱這種技術於社會本無用處。兹有所商

者，君能將詩中畫捎來嗎？必須雙掛號纔爲妥當。此本是天津張蓮溪的，已來函催索也。若能將黄山壽大屏郵來更好，不能就移至下次。吾們不相見已有兩載，憶昔不憚遠來，正值兄有微疾，又兼兒婦南來，事物之煩雜諸多不靖，即未盡主客之歡，而反使代兄一些勞作，兄不安極矣。欲見顏色瞻望弗及，吾若有彭祖之年，或當造訪高齋，把酒論畫，以恰平生。寫畢一笑。暇時寄下數行，須知余常撥雲而西望也。

專此並頌

春祺　並候福年仁弟。

小兄閻至陽頓首

致徐景仁先生

一九六一年

正想念間，忽接手書，樂何如也。春初得敦素書，正值吾精神不適，未及回答，他日相見敦素時望代致意。好在吾與敦素爲神交，不在形跡。吾弟百忙中尚及繪事，而我半載光陰多付於疾病之中，把這興趣都抛在九天之外了。所談畫的陰陽，如凸處爲陽，凹處爲陰，樹石之皴點最爲明顯，衹是勾衣紋之淡墨稍加仔細，可是日久自然一見了然。時間洋紙已無處去買，聽説南紙（即宣紙類）多有賣的了，如綿連是最薄，利於勾仿，若以此勾詩中畫，自然較洋紙爲莊重，真是白如雪，柔如棉，動筆即生美感。如偷閒多少勾上幾筆，久而久之自然成册。此中的是一絲不俗，一筆不苟。若能如此，此種工夫是不白下。余弱年好畫，無師友，曾以此爲進階也。在舍下曾提到染房之靛花，如有此即望注意。言止於斯也，他日再談吧。

肅復景仁賢弟。如福年弟他日在家時望代致意。

閻至陽頓首

二十五日

致李敦素先生 一九六一年

敦素：

展書慰甚。知由京歸來即從事於農，賢阮英年何適不可。敝處瀕於水患，向爲挨餓之區，吾長的天然也是吃野菜的樣兒。新定高阜向無災苦，珂鄉之温飽曾幾生修得也。若余者終日昏沉沉的，常不分朝夕與歲月，及至意悟形開，纔知尚是人間。

嗟乎！余之老態若此。千室之邑已不多有，若推而言之，亦可謂天下之大老也。一笑。垂念之情，意不能已。臨穎神馳，如何如何。即頌春祺。

至陽頓首

致茀卿先生

一九六一年重陽日

茀卿道兄先生：

大書過承抬舉，使人抱愧難當。復又割愛，下贈沙壺，可是若弟之俗鄙，那能配此講究東西。盛意如斯，曷以爲報？說起弟之病，乃乳瘤與腋瘤破潰相繼，直延至今不愈，小村且有無醫之苦，好歹衹任其自然。弟八十之人，年歲已爲過分，而尚蒙我公垂念，感激何如。弟之畫見不得方家，而又付下數紙，教弟塗抹，弟笑謂洞庭曰：『吾也願再假時日，以拙筆相報酬於諸公也。』肅此並頌

文安

小弟闇至陽　頓首　重陽日

閲廬武學

十劍譜釋文

閻子陽抄繪　閻伯群整理

序

古今來瑟居六樂，劍統五兵，制器尚已。夫瑟與琴並用乃琴在而瑟亡矣。即今之談劍者往往假刀法托之，抑知古之人居則在側，行則佩身，飲食宴享則起舞以佐歡，未嘗一日廢也。

漢唐以來，彬彬之士執筆墨而拘於文，赳赳之夫仗戈矛而流於莽，遂使古法漸湮，而干莫之精沉大澤而淹龍光者，良可惜也。順治間，有一老人不知所自來，入湖湘之白鶴山中。巉巖峭崿林木蒙茸，野獸山魈雲屯霧散，數千里不接村墟，樵蘇跡絕。老人則茅屋數椽於陡壁間，形容奇古，衣冠不與世同。且無炊煙灶茶，隻身草萊而居，人無過而問焉者。時湘中一少年好山水遊，偶憩於此，見其器宇超逸，精神充越，心異之，後復日日往，不虞道里之艱也。然每至，初不交一言而退，如是月餘。一日老者忽曰：『虎狼堆裏人跡稀逢，子何數數耶？』答曰：『知公奇人，時來相進耳。』老者顧笑曰：『少年何好？』曰：『好武事。』曰：『何所習？』曰：『諸藝皆粗習之。』老人曰：『長戈大戟武夫雄耳。須儒藝。儒藝何？劍法是也。此法創自軒轅，内外兼之。内運爲術絶影滅形，外昭於象，機動神行百技之原皆此焉出。姑先示子外劍何如？』老人於是起舞。少年見其捷如流電，宛若飛花，翺翔之間迴非恒勢，遂拜，受之。不旬日盡得其妙，及再至而老人已不知所往矣。少年既得其傳，欲遂遊天下名山川，托緇衣以自便號廣義云。後廣義傳三韓周禮。周平生惟習一劍，嘗教内廷武士，諸藝皆授之，惟未談劍，不知皆劍法所出也。周復傳三韓祝公。余卜居南城下，與祝公比鄰得觀其秘，大約取勢面面俱圓，不事囂張，有儒者風，而出没迅速，宛若遊龍，其神變不與他技等。且劍之爲器也，健而鋭，美而文，置小窗琴几間，與一卷書、一張琴、一爐香參錯而陳之，以供豪人清賞，其怡我情矣。至若空階雪壓，案接冰天，曙光晨雞，聞聲起舞，此時之氣何其壯哉。其法定十字，勢列三排，首排直，二排横，三排勢兼左右，以劍有左右鋒也，精而煉之無不得者。余喜其法之長出其奇，有以接不傳之秘用，是述其始末且繪圖於簡端，使有心者觀之瞭若指掌云。

乾隆丙寅荷月之望敏齋主人識

出劍勢

烘勢

劍飛向上，體就身低。敵高須下，迎送合機。

劈勢

進身一揮，直下霜鏃。後手遥隨，勢如破竹。

壓勢

右來須壓，送過敵鋒。全賴滚手，進步從容。

推勢

敵鋒偏左，法須用推。順勢直入，無堅不摧。

掃勢

掄劍横掃，勢如斬草。蕩妖除氛，雷轟電掃。

洗勢

洗兼左右，傍足就低。如水流下，斷蛟剸犀。

斬勢

轉身進步，掄劍橫飛。全身一送，如電斯揮。

鈎勢

探鋒向下，裏挑如鈎。還賴身就，宛若遊龍。

拿勢

劍低向外，挑吃鋒頭。身隨婉轉，法取乎柔。

刺勢

進身入鋒，霞光一縷。其直如繩，開槍之祖。

按《十劍譜》原文缺失，根據陳少梅所繪《十劍譜》補。

入劍勢

附：十劍譜原圖

敏齋主人原譜 閻子陽抄繪（見下頁）

古今來劍居六乘劍統五兵制器尚已夫劍與琴並用乃
琴在而劍亡矣即今之談劍者往往假刀法託之抑知古
之人居則在側行則佩身飲食讌享則起舞以佐歡豈常
一日廢也漢唐以來彬彬之士執筆墨而拘於文仵仵之夫仗
戈矛而流於莽遂使古法漸湮而莫之精沉大澤而施龍
光者良可惜也順治間有一老人不知所自來入湖湘之白鶴山
中嶇岩峭壁林木蒙茸楚獸山魈雲屯霧散數千里不接村

墟堆莽榛跡絶老人外茅屋數椽於陸壑間形容奇古衣冠不
異世同耳之之炊烟窩竈茶隻身怵菜而居人之之道而問焉者時相中
一無年好山水游偶憩於此見其崇穿超逸精神亮越心異之談
復日日往不憚道里之艱也然每至初不交一二言而退如是月餘
一日老者忽曰甫猿推襄人跡稀逢遇子何數數耶答曰慕公吾人
財來相追耳老者顧笑曰少年何好曰好武事曰何好
習曰諸藝皆粗習之老人曰長戈大戟武夫雄耳須

儒藝儒藝何劍法是也此法劍自軒轅而外兼之內運為
術絕影藏形外貽於象撲動神行百枝之原皆此焉出姑之人
示予外劍何如老人手是起舞少年見其捷如流電婉若
飛花翱翔之間迥非恆勢遂拜受之不旬日盡得其妙
後再至覓老人已不知所往矣少年既得其傳遂游天下
名山川託緇衣以自便覲廣義云後廣義傳三韓周禮周
平生惟習一劍嘗教內庭〔廷〕武士諸義〔羲〕皆授之惟未傳劍了

知皆劍法所出也周後傳三韓祝公條下居東掖下與祝公皆時
得以觀其秘大約取勢而兼俱圓示予所寫僅了儒者風而去後
迅速疾若游龍其神變不與他杖等且劍之古有器也犍和
鋭美而文置以聽槊凡間與一卷書一陳槊一炒然叅錯而俟
之以供立家人清賞其怡我情矣至若七八皆雪歷累接水天
曙光晨雜陶春乾坤舞蹈附之今哉何其壯哉其法定之十
字勢列三排首排直二排横三排勢兼左右以劍首自左右縱也

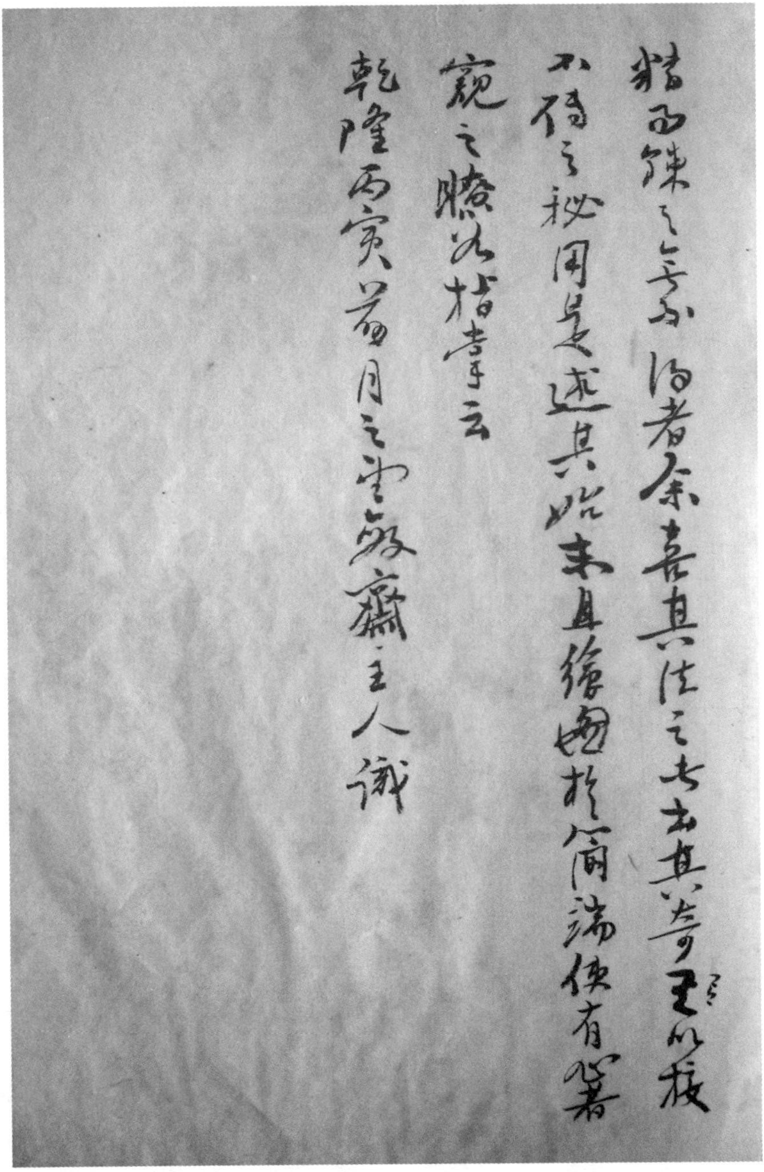

精而練之無不得者余喜其法之古其奇足以發不傳之秘因是述其始末且繪圖於簡端使有著觀之瞭然指掌云

乾隆丙寅蒲月之望敬齋主人識

出劍勢

烘勢

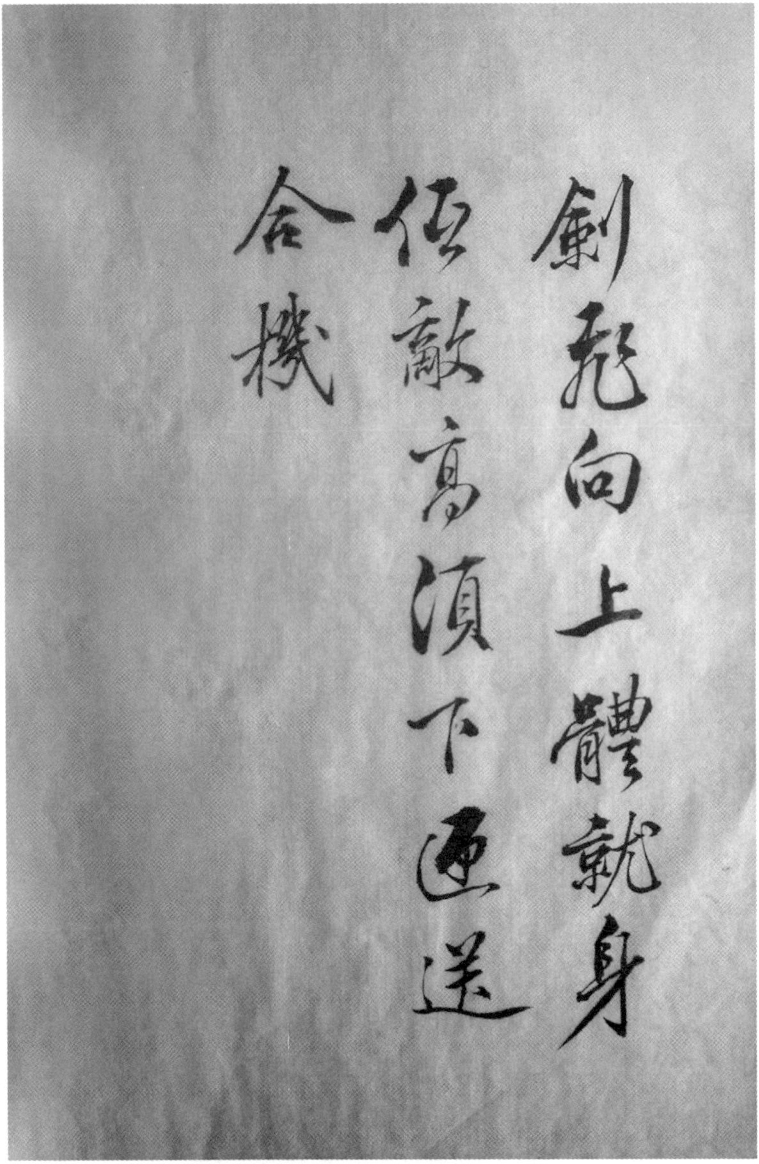
劍飛向上體就身
低敵高須下迎送
合機

劈勢

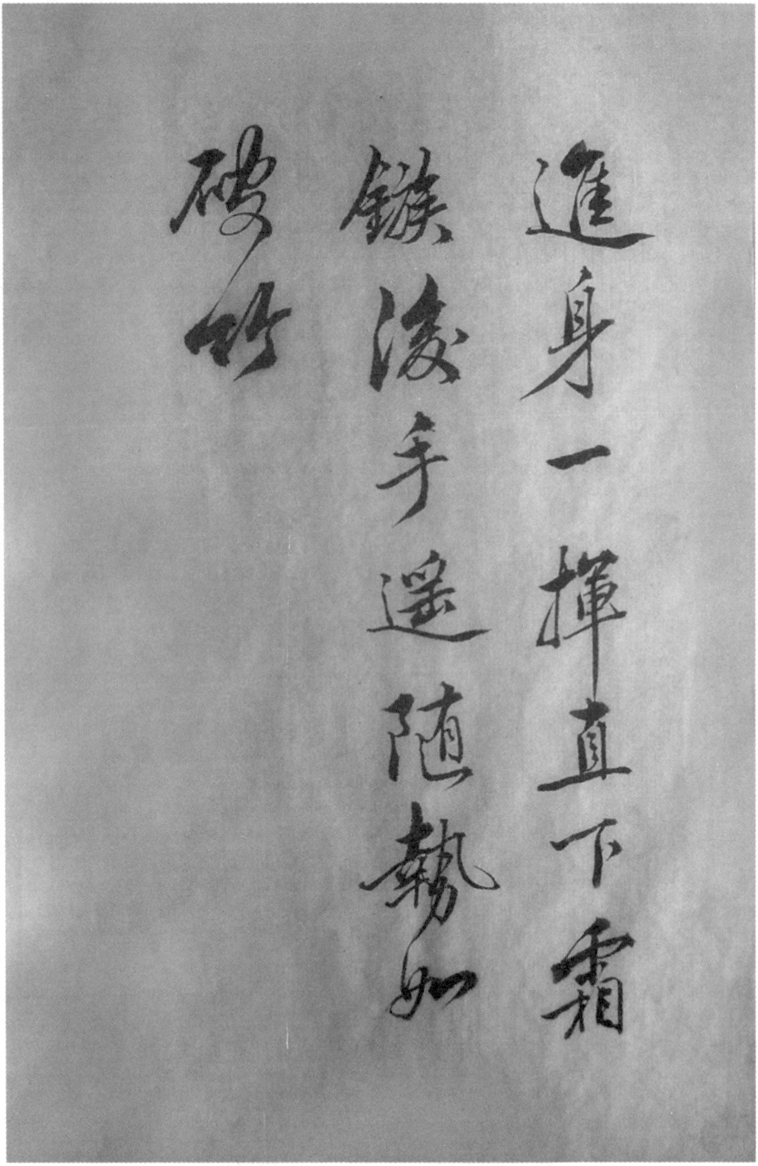
進身一揮直下霜
鏃淩手遥隨勢如
破竹

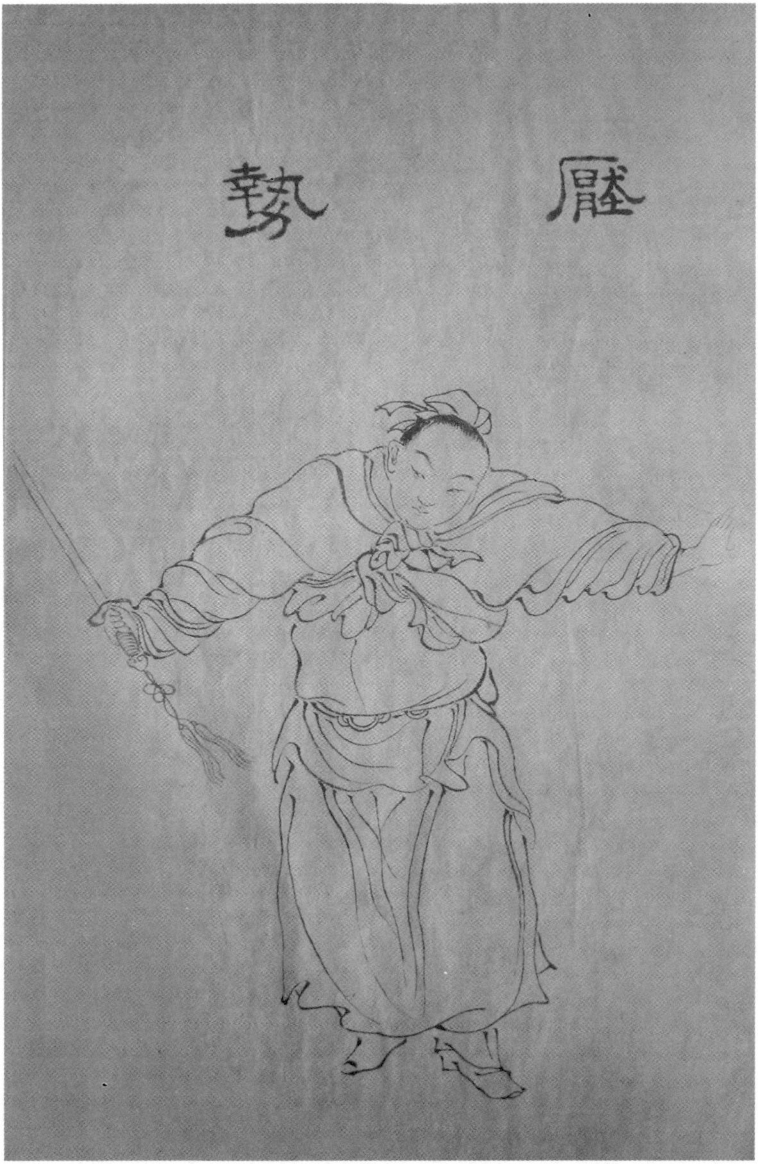
壓勢

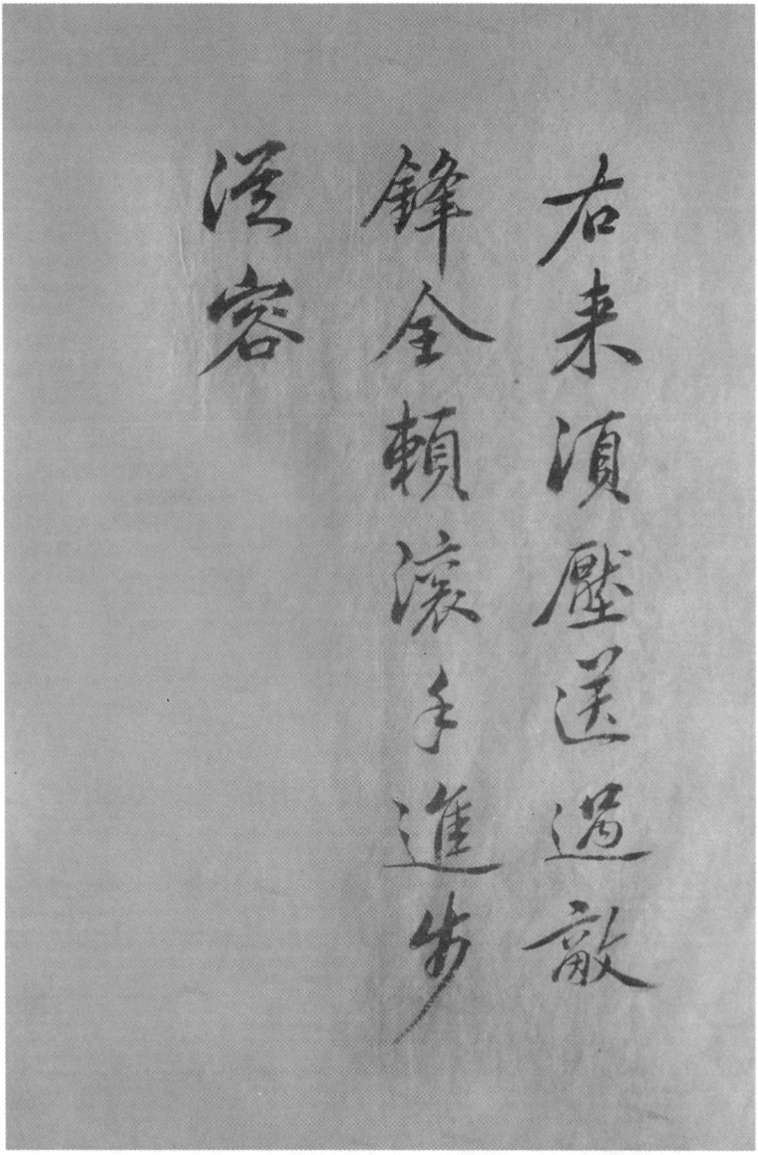
右來須歷遥遇敵
鋒全頓滚手進步
從容

推勢

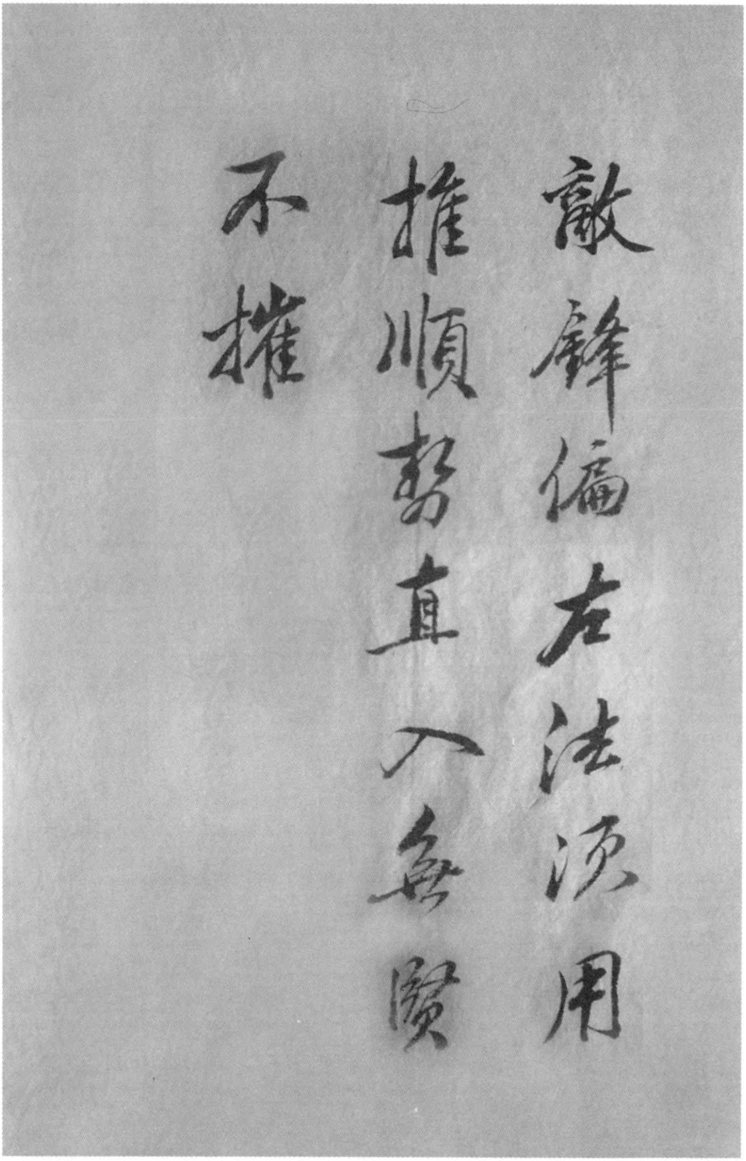
敵鋒偏左法須用
推順勢直入無關
不摧

掃勢

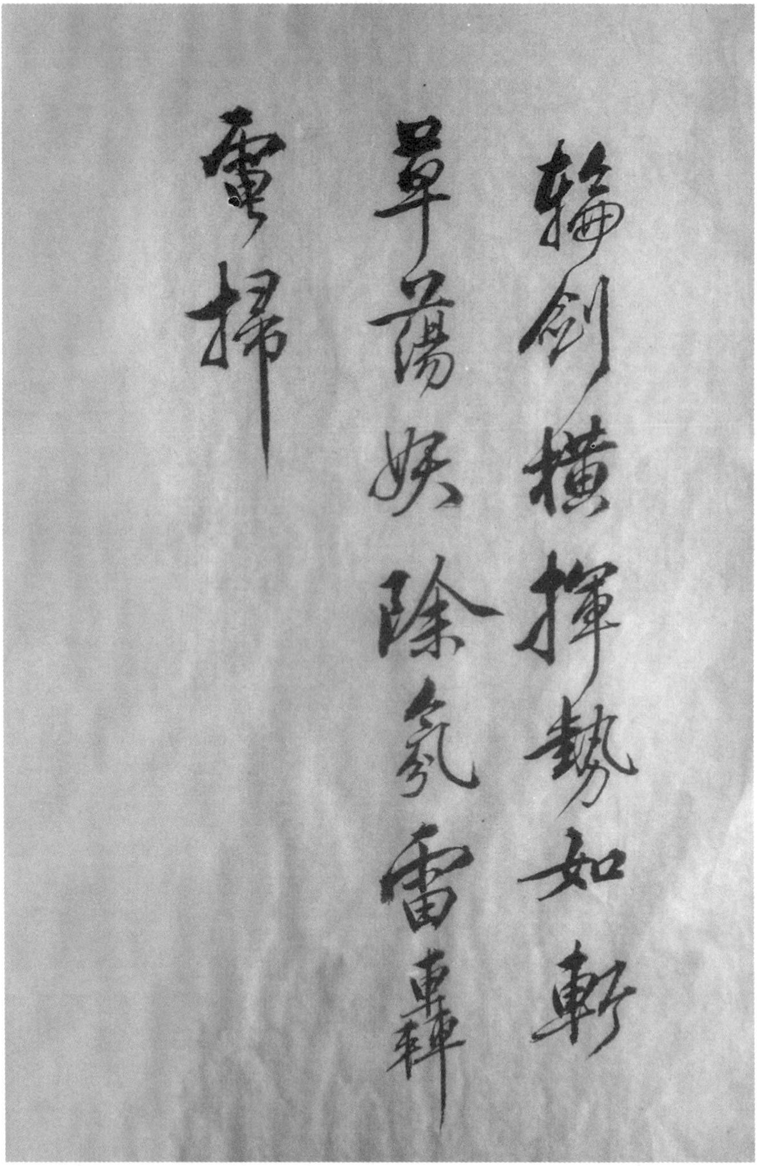
輪劍横揮勢如軒
旱陽妖除氣雷轟
電掃

洗勢

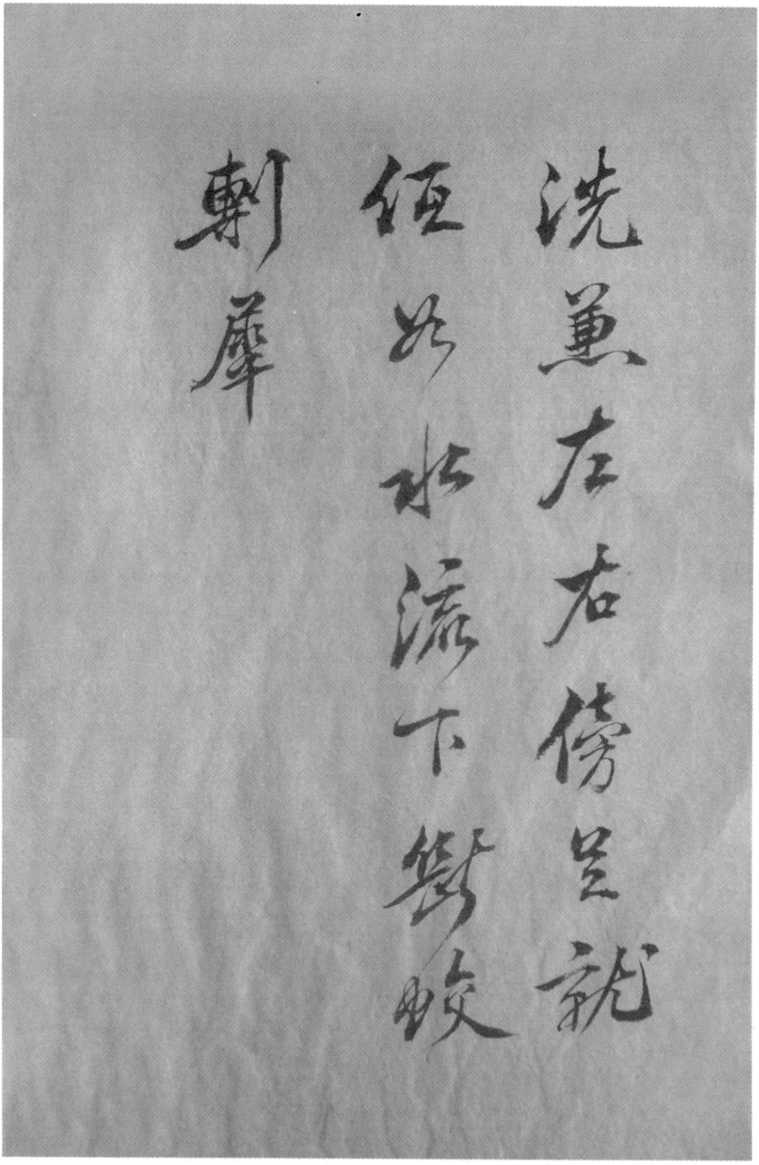

軛勢

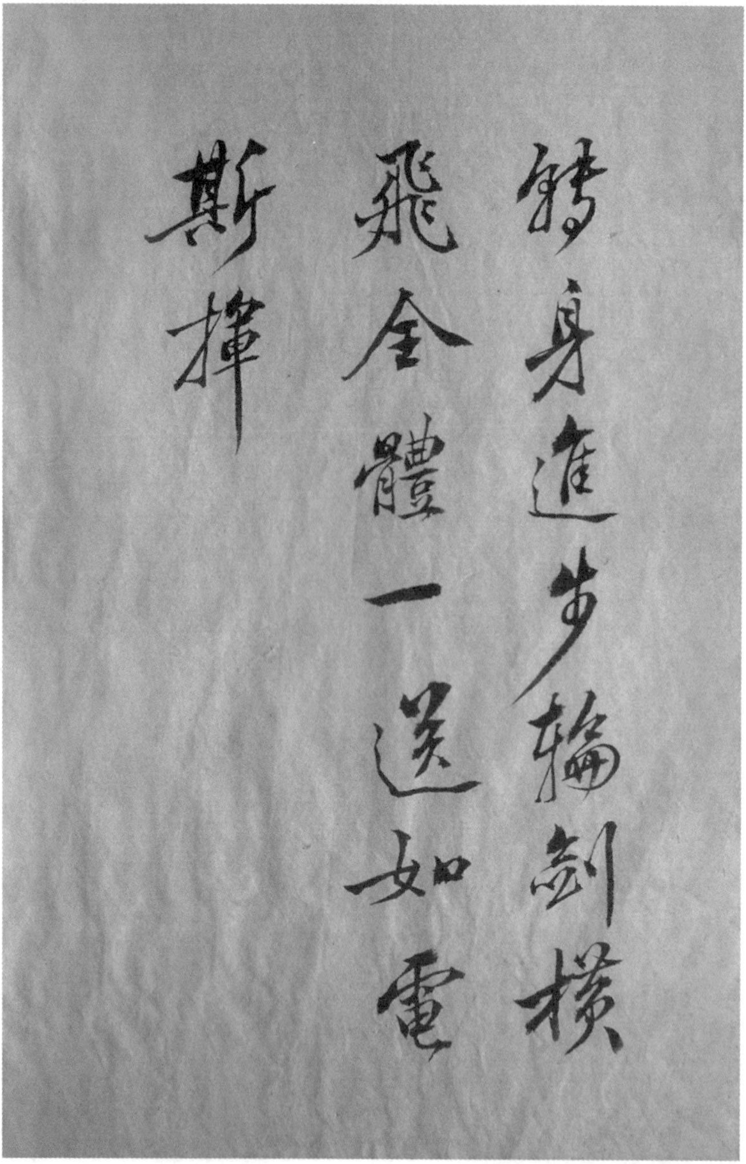
轉身進步輪劍橫
飛全體一送如電
斯揮

鉤勢

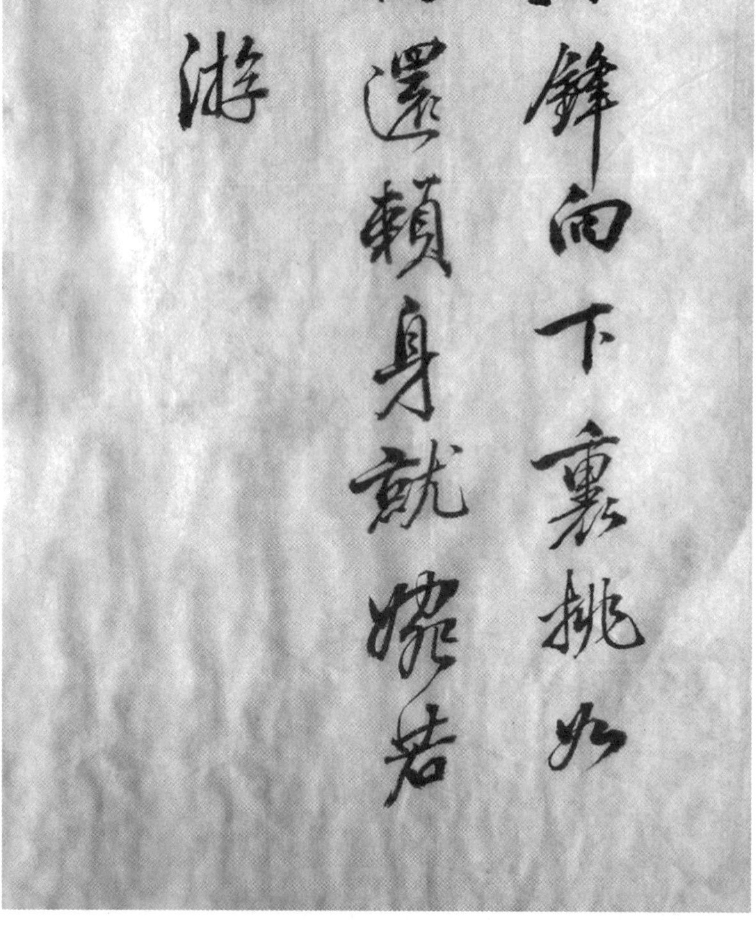
探鋒向下裹挑如
鉤還賴身就婉若
龍游

拿勢

劍俛向外挑出鋒頭身隨嫁轉låtta耶乎柔

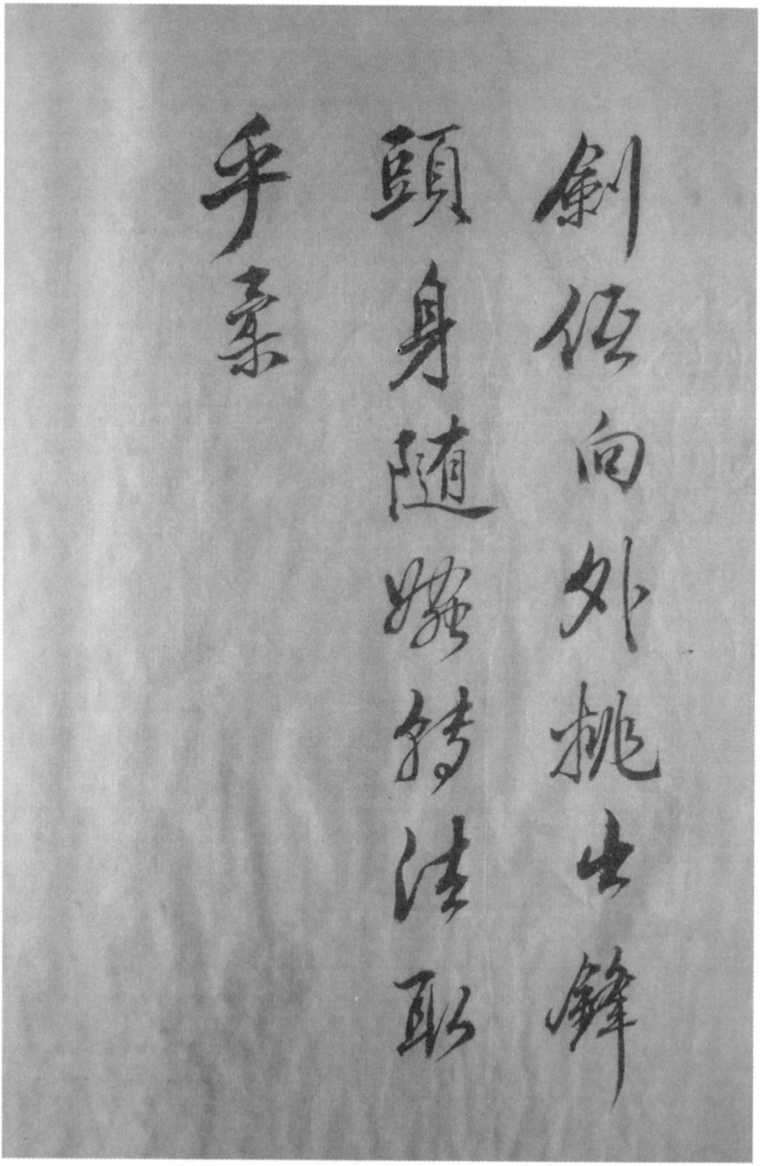

刺勢

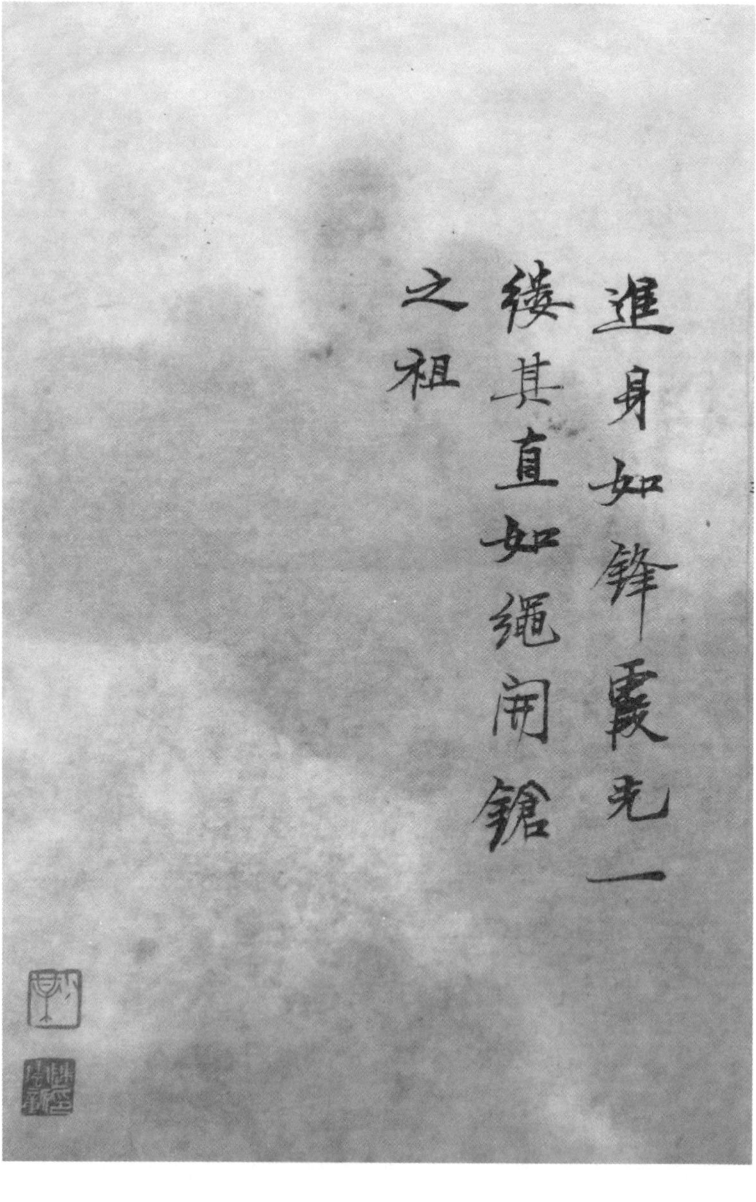
進身如鋒處无一
縷其直如繩閑鎗
之祖

此圖原缺，據陳少梅繪《十劍譜》補

形意林泉劍

閻子陽編　閻爾芃整理

練習形意劍術的特別提示

閻子陽先生得李存義大師的嫡傳，又經幾十年的勤學苦練，對劍術的練習要領，領悟頗深，現提示以下幾點：

形意劍與形意拳的功法基本相同，頭上頂、肩下垂、含胸、拔背、挺頸、提肛、舌頂上齶、氣降丹田，掌要五指自然分開，虎口要圓，足趾要扣，四肢似直非直，似屈不屈。

握劍不可太緊，要指實掌虛，靈活機動。前腳動，後腳必跟，右手動，左手必隨。劍與手，手與腳必須同起同落。

動作要認真，要有棱角，不可含乎草率。要端莊穩健，精於揣摩，須知差之毫釐，謬之千里。

意領神隨，神到劍至，劍的起和落必須在一拍內完成。要做到快進勇猛，敵劍未動，我劍已到。

練劍時要全身放鬆，不要努勁和僵硬，要以意帶氣，以氣貫力，力貫劍鋒。練劍要彼此呼應，剛柔相濟，周身靈動，動作協調，虛實相生，徐疾相間，節奏明顯。

練習劍術要循序漸進，由淺而深，由簡而繁，先求形似，再究劍理。從有形至無形，從有法至無法。祇有堅持不懈，勤學苦練，纔能悟到劍術的奧妙。

運動量要適中，不可過度疲勞，不可大汗淋漓，否則，宜散步、換氣，調節養息。尤其老年人更要量力而行。

握劍方法

一、常用握劍法

虎口對向劍的上刃，拇指和食指靠近護手，斜向鉗住劍柄，拇指和食指可屈可伸。中指、無名指、小指依次斜向排列，握住劍柄。手腕要松，手指要活，手心要空，隨動作變化靈活掌握，時握時放，順其自然。

根據大指、小指、手心、手背的朝向，又分成以下幾種握法：
順把持劍：手心朝左，大指朝天，小指朝地。
逆把持劍：手心朝右，大指朝地，小指朝天。
陽把持劍：手背朝天，手心朝地。
陰把持劍：手心朝天，手背朝地。
内把持劍：手心朝自己，手背朝外，小指朝天或朝地。
外把持劍：手背朝自己，手心朝外，小指朝天。

二、滿把握劍

虎口對向劍的上刃，其他四指並齊横向握緊，拇指變曲壓在食指第一指節。腕部挺直。

三、鉗式持劍

虎口對向劍的上刃，拇指和食指鉗住劍柄，其餘三指也附在劍柄上，五指屈伸可靈活多變。但都斜向劍柄的劍鐔方向。

形意劍的基本技擊方法

閻子陽先生傳授的形意劍的基本技擊方法有六種，即提、吊、鬥、斬、崩、駁。

一、提

右手陰把持劍，拇食二指鉗住劍柄，手心空虛，劍柄提至胸前，劍尖斜向前下方，劍刃向左，成提掣之勢，謂之提。用於敵方攻我時，我劍刃下從下向上割敵方握劍腕或臂。提劍時右腳必須同時向右跨出，上身向右閃，以脫離中心綫，避開敵劍。左腳尖點地以利身之右傾，左手成掌狀自然配合。右腳向右前邁步爲上步提，向右後退步爲退步提。向右側提劍法相同。

二、吊

右手順把持劍，手臂高抬，腕與眉平，手腕下垂，手指用力鉗住劍柄，手心空虛，劍刃朝下，劍尖向前下方擊出，謂之吊。用於敵方攻我時，我劍尖從上向下擊敵方握劍腕或臂。吊劍時，右腳必須同時向右跨出，上身向右閃，以脫離開中綫，避開敵劍。左腳尖點地以利身之右傾，左手成掌狀自然配合。右腳向右前邁步爲上步吊，向右後退步爲退步吊。向右側吊劍法相同。

三、鬥

右手順把持劍，手臂上抬，劍刃朝下，用手腕的彈力，使劍尖向前下方快速點擊，謂之鬥，也叫點法。主要攻擊敵方握劍腕或臂，也可點擊敵方其他部位，如雞啄米之勢。一啄即揚，可一次擊，也可連續擊，回劍可斜向返回左側，也可直向返回右側，可高可低，可俯可仰，可倚可側，腳可虛可實，握劍手虛空靈活，身體姿態多變。左手成掌狀，自然配合。這是形意劍最基本的功法。

四、斬

右手陰把持劍，當敵方攻我時，我右腳速向右跨，上身右閃，胸腹空虛，脱離中心綫，避開敵劍，左腳尖點地以利身右傾。我劍刃朝左，劍尖向前，順敵劍刺出的方向將敵劍領向左後方，敵劍高時則我劍尖上翹，敵劍低時則我劍尖下垂。不等敵劍變動，即速進右腳，跟左腳，劍柄朝前，劍刃朝外，劍尖朝後，斜割敵方頸部，謂之斬。左手成掌狀自然配合。向右側斬劍法相同。

五、崩

右手順把持劍，手臂下垂，劍身成柄低尖高位，向右突然爆炸狀側擊以崩出敵劍，使敵劍脱離進攻軌道，隨即順勢持劍前刺，謂之崩。側擊與直刺應連在一起，要在一拍内快速完成。左腳與右手側擊同起，向前邁步，右腳跟隨，左手捧住右手腕。向左側崩，劍法相同。

六、駁

敵方攻我時，我左腳右邁，腰向右扭，以脱離中心綫，避開敵劍，持劍手高舉平額，變外把持劍，劍刃朝左，劍尖朝下，把敵劍駁向左方，使其脱離進攻軌道，同時左手成掌狀向右伸，然後劍尖上揚，速向右斜向砍出，謂之駁。右腳與砍劍同時進步，左腳跟隨，左手成掌狀，自然配合。向右側駁，劍法相同。

林泉劍

預備勢

身體直立，面向正南，雙臂自然下垂。右手持劍，虎口對向劍的上刃，以拇指和食指鉗住劍柄，無名指和小指伸直抵住劍柄首鐔端，中指自然附在劍柄上，劍刃朝天，劍尖微上翹。左手成掌狀，掌心向下，五指自然分開，成圓扣狀。兩腿伸直，兩腳並齊，成立正姿勢。沉肩降氣，頭正上頂，目視前方。

一、並步捧劍

接上式，左腳向前上步，右腳緊跟與左腳並齊。右手持劍，大指朝上，對劍上刃，與左腳同起向前平刺，左手在胸前與右手相捧，身體平直，目視劍尖。

二、坐盤上挑

接上式，左腳向前邁出，腳尖外撇，右膝貼左腳外踝跪地，上身右傾下俯擰身。劍尖沿地面向左上方挑出。持劍右手小指翻上，右臂盡力上伸，左臂後擰，向左上方伸出，成掌狀，手心向上，目視劍尖。

三、踢足撩劍

接上式，身體直起，同時劍尖於左側沿逆時針方向向後下方劃弧，劍尖至下方時，持劍右手小指翻上，左手背貼於右手腕下，助右腕用彈力將劍向正前方撩出。劍尖向後下方劃弧時，右腳即向前進步直出，右手撩劍時，左腳即挺住腳尖，向正前方（南方）踢出，與劍同起，似腳踢劍，目視劍尖。

四、垂腕掛劍

接上式，（動作不停）劍與右腳同時回收，左腿屈膝，腳尖挺直，虛點於右足前。右手持劍原路回落，右腕下垂，左手背仍托住右腕，劍刃朝前，垂直掛於身前，左右腳尖、劍尖，在同一直綫上，目視前方。

五、左右運劍（俗名燕子三抄水）

接上式，左腳於左前方落地，右手持劍手背朝上向右上方探出，左手成掌狀，掌心朝上隨附於右手左側。劍尖内旋，右手心翻上，劍刃朝左，劍身持平，劍尖向前（南方）由高向左下再向左上，平行緩慢推動。劍尖内旋時，左手也轉爲掌心朝左下，在劍柄左側尺許領行。身體隨劍起伏，兩腳也交替横行運動。目視劍身。

六、左右運劍

接上式（動作不停），劍行至身左側與頭頂平時，即停止向前，轉動劍尖，右手心翻下，即返身向右，劍刃朝右，劍身持平，劍尖向前（南方），由高向右下，再向右上平行緩慢推動。左手成掌狀，掌心向右，隨右手推進。身體、兩腳、目視同（五）。

七、左右運劍

接上式（動作不停），劍行至身右側，與頭頂平時，動作同（五）。

八、俯身展翅

接上式，（動作不停）劍行至身左側與頭頂平時，左腳倒插至右腳後，左膝貼右脚外踝跪地。右手持劍，劍尖沿逆時針方向向左上方劃一弧，手内旋小指翻上。上身向前下方俯下，劍由左下方，向右上方（西南）撩出，劍刃朝天，劍尖上揚，超過肩背。左手掌狀，掌心向上，向左上方伸出，身體成西南與東北斜向展翅狀。頭下頷附於右膝處，轉向右（西南），目視劍尖。

九、返身平掃

接上式，劍尖内旋，劍脊朝天，右手持劍，手心翻上，與劍尖内旋同時，由劍尖領先，由左向右疾速平掃。左脚與掃劍同時起動，大步左跨，落順位，右脚過左脚落於左脚前（北方），脚尖外撇，成横位，雙腿屈曲，右膝抵左腿膕窩，左右兩脚成丁字形。左手托住右手，雙手向後（東北）平伸，劍身持平，劍脊向上，劍尖向前（東北），頭右轉，目視後方（西南）。

十、背托環轉

接上式，頭返回，右脚内旋，成上式相反横位。右手持劍，大指朝下，劍刃朝天，劍尖斜指後下方，執於肩背處，但不著身。左手托住右腕，身體左旋，成反弓狀，保持既定姿勢，旋轉一周（三六〇度），向前（南方）立定，目隨劍尖移視。

十一、退步回割

接上式（動作不停），身體轉至正前方（南方）時，右手持劍前伸，劍刃朝天。左手成掌狀附於右手上，劍尖先前探再向後割，邊割邊退，雙足碎步後撤，雙手逐漸分開，上身由前傾逐漸挺直，目視劍尖。退數步後，成預備式。

十二、墊步取耳

接上式，左腳墊步盡力前躍，右足過步落左足前，成弓步。右手持劍，劍刃朝天，劍向前上方（南方）擊去，劍尖與頭部落平時，即迅速左抹。左手成掌狀，向後下方撐出，手心向後，目視劍尖。

十三、左側回抱

接上式，頭回轉，左腳以腳尖爲軸，足跟轉向前（南方），左腳墊步，盡力後（北方）躍，右腳過步，落左腳前，腳尖外撇，落橫位，成弓步。左腿屈膝，左膝靠近右腿膕窩處，左腳跟提起，與右腳成丁字形。右手虎口持劍，以拇指和食指鉗住劍柄，其餘三指自然附於劍柄上，劍柄領先，倒劍後插，右臂盡量後拽。左手捧住右手，抱劍於右前方，劍尖向後上方。身前傾（北方），回頭，目視後方（南方）。

十四、翻身鬥劍

接上式，劍交左手，左右腳均以腳尖爲軸，右腳跟向外，左腳跟向内旋轉一百八十度，與上式成相反位置。身體向左轉，面向前方（南方），身上提，後仰，左足尖點地。左手大指朝上，用手腕彈力，劍尖向前上方點擊，一啄即起，目視前方（南方）。

十五、右側回抱

接上式（動作不停），右腳向右後方退小步，膝微屈。左腳撤至右腳左側，屈膝，與右腳靠近，腳尖點地。左手虎口持劍，以拇食二指鉗住劍柄，其餘三指自然附在劍柄上，劍尖向前（南方），抱劍於身右側，距身尺許。右手成掌狀，虛推於劍柄處，目視前方。

十六、弓步探誘

接上式，左腿大步直出，成弓步，右腳微動跟隨，上身盡力前探。左手由虎口鉗式轉成陽把（手背朝上）持劍，劍前伸，劍脊朝天，劍身接近地面，與地面平行，劍尖向前（南方）。右手成劍指（中食二指伸直，其餘三指屈曲），塌腕，中食二指上翹，附於左手右側，目視劍尖。

十七、插步砍劍

接上式，右腳進步，腳尖內扣，落橫位，成弓步。左腳從右腳後插向右腳前方，腳跟向前（南方），與右腳成丁字形，左膝對右腿膕窩。劍交右手，滿把握劍，與右腳同時起動，劍尖左旋然後由左上向前下方（南方）砍出。左手成掌狀，掌心向外，朝後上方伸出，上身前傾，目視劍身。

十八、斜身反撩

接上式，左腳大步回跨，成弓步。右腿跟步，距左腳二尺餘。右手持劍沿逆時針方向劃一弧，然後右手小指翻上，從下方向右後（西南）反臂撩出。左手成掌狀向後上方伸出，掌心朝上，上身後倚（東北方），目視劍尖。

十九、退步鬥劍

接上式，右手持劍由下撤至左後方，然後右腳稍後撤，腳尖點地，仰展身體，右手大指翻上用手腕的彈力，劍刃朝下，用劍尖向前上方點擊，一啄即起，左手掌狀，向左後下方伸出，掌心朝後。目視劍尖。

二十、虛步抽抱

接上式（動作不停），右腳向右後方大步撤回，膝微屈，左腳退至右腳側，屈膝，腳尖點地。右手持劍從前上方後抽，手心翻上劍鐔抵住右小腹，劍脊朝天，劍身持平，劍尖向前（南方），左手抱住右手，上身前傾，目視前方。

二十一、退步提劍

接上式，右腳向右後方退步，膝微屈。左腳原位不動，仍以腳尖點地。右手持劍姿勢不變，順勢將劍柄斜提至胸前，劍尖斜向前下方，劍刃朝左，成提割之勢。身體閃向右後方，面向東南。左手成掌狀，掌心朝外，向後下方撐出，目視劍尖。

二十二、提膝截腕

接上式，身體返正（向南），左腿小步前移，右腿上步提膝，腳尖外撇，橫於左膝前。右手持劍，由左側向前右下方擊出，手心翻下。左手成掌狀，揚起於頭頂之上，掌心朝天，用力上頂。目視劍尖。

二十三、回劍平刺

接上式，右腳上步，左腳緊跟與右腳並齊，右手劍抽回至胸前變陰把（手心朝上），又轉順把（大指朝上），左手捧住右手向正前方平刺。右手與右腳同時落地，身體直立目視劍尖。

二十四、左跨側劈

接上式，左腳向左橫跨，右手劍劍刃朝天於身前左插，然後由左上向右下劈下，劍尖向西，劍身成尖高柄低斜勢，劍尖與頭平。左手與右手成相反方向運動，當右手左插時，左手成掌狀，掌心向上在右手上與右手成十字交叉，右手劍劈下時，左掌又向左上方伸出，掌心朝上，上身左傾，面向西南，目視劍尖。

二十五、撤步抽劍

接上式，右腳向右後方（西北）撤步，落橫位，右腿微屈，左腳回收，腳尖點地，貼於右腳側。右手與右腳同時起動，劍尖沿逆時針方向劃一圈，即順勢撤回右側，劍尖向前（南方），劍脊朝天，劍身持平與肩齊，距肩約尺半許。身轉向左（南方），左手成掌狀，手背朝天，附於右手腕處，目視劍尖。

二十六、左右洗劍

接上式，左腳向左後方（北方）邁出，腳尖外撇，右腳自然左轉。劍尖沿順時針方向劃弧，劍行至左下方時，右手手背朝外，小指翻上，劍尖由下向上撩出。身體從左轉向後（東方），左手成掌狀向後撐出，手心朝外，目視劍尖。

二十七、左右洗劍

接上式，右腳前邁，腳尖外撇，左腳跟隨，距右腳尺半許。右手持劍，劍尖沿逆時針方向劃弧，劍行至下方時，右手手心朝外，小指翻上，劍向右撩出，劍柄上提與耳平，上身向右擰。左手成掌狀，掌心向右，距右手尺半許，目視劍尖。

二十八、左右洗劍

接上式，左腳向左前方邁出，腳尖外撇，右手持劍，劍尖沿順時針方向劃弧，劍行至下方時，右手手背朝外，小指翻上，劍由下向左撩出，上身向左擰，左手成掌狀向左撐出，手心朝外，目視劍尖。

二十九、左右洗劍

接上式，動作同（二十七）。

三十、横劍左環

接上式，劍尖沿逆時針方向劃弧，劍尖即轉向左（北方），左腳收回，貼於右腳側，腳尖點地。右手持劍，手背朝上，劍尖向左，劍脊朝天，劍身持平，横於胸前，距胸一尺許。左手輕扶右手腕，向左繞場環行，雙腿碎步相隨，於一周處（三六〇度）立定，面向東方，目隨劍尖移視。

三十一、左側撩劍

接上式，劍尖沿逆時針方向向左後方劃一弧，右手小指翻上，左手背貼於右手腕處，協助右手劍從下方向前（東方）撩出，劍尖與腹平。左腳與撩劍動作同起，向前一步，右腳緊跟，落於左腳側，目視劍尖。

三十二、左側謝劍

接上式，右腳後退一步，左腳緊跟落於右腳側。右手與右腳同時起動，劍尖沿順時針方向由下向左後方劃弧，劍行至正上方，右手大指翻上，左手掌緊貼劍柄，雙手捧劍，劍刃朝下，向正前方（東方）落下，平胸，身成立正姿勢，目視劍尖。

三十三、竪劍右環

接上式，劍交左手，手背朝自己，小指翻上，劍柄高舉過頭，劍尖垂直向下，劍刃朝前。右手成掌狀，撐於劍後半尺許。雙腳碎步向右繞場環行一周半處（四四〇度）立定，面向西方，目隨劍身移視。

三十四、右側撩劍

接上式，左手下落，劍交右手，以下動作同（三十一），面向西方。

三十五、右側謝劍

接上式，動作同（三十二），面向西方。

三十六、左轉刺劍

接上式，左腳向左跨出，腳尖外撇，落順腳，成弓步。右腳小步跟隨，膝微屈。身轉向左（南方），左手與左腳同時起動，成掌狀，掌心朝上，向前伸出。右手背朝上握劍從左肘下向左刺，劍身持平，劍脊朝天，上身前傾，面向南方，目視劍尖。

三十七、正向砍劍

接上式，劍交左手，滿把握劍。左腳小步前移，腳尖内轉，成横位。右腳從左腿後插入，右膝對左腿膕窩，右腳與左腳成丁字，兩腿屈膝，兩腳距尺許。左手劍與左腳同時起動，由上向前下方砍出，劍身幾貼地面。右臂後撑，手成掌狀，掌心朝外，上身前傾，身向西，頭轉向南，目視劍身。

三十八、反向撩劍

接上式，左腳向後退步，落右腳後成順位，劍交右手，上身回轉，面向北方右手小指翻上，左手背托於右手腕下，助右腕將劍向前方撩出。身後仰，右腳尖點地，左腳轉成順位，目視劍尖。

三十九、反向吊劍

接上式，右腳退後一步至左腳後，左腳尖點地，上身後仰，與右腳同起，劍尖向下沿左後方劃弧，劍行至前上方，握劍右手大指翻上，手臂上抬，劍柄與眉平。左手扶右手腕，腕下垂，劍尖向前下方點擊，目視劍尖。

四十、反墊步刺

接上式，上身返正，左腳墊步，身體躍起，盡力遠跳。與左腳同時起動，左右手先後擺再同時前擺，左手捧住右手，順勢奮力前刺，劍刃朝天。上身前傾，右腳落於左腳前，右腿弓步，左腿微屈，目視劍尖。

四十一、反向砍劍

接上式，動作同（三十七），身向東，面轉向北。

四十二、正向撩劍

接上式，動作同（三十八），面向南。

四十三、正向吊劍

接上式，動作同（三十九），面向南。

四十四、正墊步刺

接上式，動作同（四十），面向南。

四十五、提膝截腕

接上式，身體直起，左腿上步，腳落順，右腿提膝，腳尖外撇，右腳横於左腿膝前。右手持劍沿逆時針方向由上向左下劃弧，劍行至正前方（南方），左手背托於右手腕下，右手小指翻上，用手腕彈力向前撩出，劍尖與腹部平，目視劍尖。

四十六、上步平刺

接上式，右腳上步，左腳跟隨與右腳併攏成立正姿勢，左手捧右手腕，與右腳同時起動，右手大指朝上握劍向前平刺，劍刃朝天，劍身平行，目視劍尖。

四十七、輾轉雲劍

（即用劍尖沿場地書寫一草書『雲』字。注：『雲』字的實體部分爲動作内容。）

接上式，右腳上步，左手成掌狀向左上方高舉，掌心朝上。右手持劍，手心翻上，劍脊朝天，劍尖領先，從左腋下穿過，然後劍尖隨身體向前向右又向後旋轉，劍持平，脊向上，與胸平。劍轉至正後方（北方），即沿逆時針方向畫一圓，在劃圓過程中，右手心逐漸翻下，劍隨身體轉至正前方（南方）劍沿平胸處，横向抹過，即成雲字短平橫畫。

四十八、輾轉雲劍

接上式（動作不停），身體左轉，左腳左邁，右手持劍，手心翻上，向左回抽約三四步，胸向東南，面向南。即成上圖第一短橫與下筆連接的縈帶。

四十九、輾轉雲劍

接上式（動作不停），身隨劍尖右轉，右手掌心翻下，劍向右側緩慢橫掠，約五六步後，劍尖拐往右下方，再圓轉貼近右腿側時，右手小指翻上，用劍尖向前上方挑出，即成上圖縈帶下之右長環，逆鋒上挑和接連下筆的縈帶。

五十、輾轉雲劍

接上式（動作不停），握劍手不變，劍由上返左下約兩三步，右手即手心翻下，劍尖即右轉，劍身由左向右沿平胸位緩慢掠軋，約三四步，即成上圖縈帶下折鋒下注的短豎畫及轉鋒短橫畫。

五十一、輾轉雲劍

接上式（動作不停），劍尖又由右返左後，右手手心翻上，斜向退三四步後，劍尖又轉向右，右手手心翻下，沿平胸位，緩慢橫掠約三四步，即成上圖短橫下的縈帶和轉鋒後的又一短横。

五十二、輾轉雲劍

接上式（動作不停），劍尖由右轉左，右手手心翻上，劍身向左後撤回約三四步後劍尖又向右轉，右手手心翻下，劍横向右行，緩慢横掠，約五六步，即成上圖短横下連的縈帶及轉鋒後的長平横畫。

五十三、輾轉雲劍

接上式（動作不停），劍尖左轉，右手心翻上，劍隨身體向左後方回抽約三四步後，劍尖又轉向右，右手心翻下，横行向右掠軋三四步後，劍尖又轉向左，右手心翻上向左後斜掃，即成上圖長横下的轉鋒斜下，換鋒右横，又回鋒逆轉左下撇出鋒。

雲劍練法要點

身體有高低、俯仰、倚側、收縱、偏正等姿態，可靈活多變，無定則，雙腿隨身運動無定則。

左手成自然掌狀劍左行時在劍柄前，手背向劍柄，劍右行時在劍柄後，手心向劍柄。距劍柄尺許靈活運動。

除回轉動作外，均以劍脊朝天，劍持平，平行，平胸爲基點，也可有高低、起伏、伸縮、轉扭等變化。

動作要連貫，舒緩，柔韌，綿長，靈動變換，不可呆板停滯。

運動的步數依場地大小而定，以走滿場爲准。

眼睛始終隨劍尖移視。

五十四、雲收門劍

接上式（動作不停），右手持劍，拇指朝上，用手腕彈力向前上方點擊，劍尖平胸，一啄即起。左腳尖點地，身後仰，左手成掌狀，掌心朝外，向左後撐出。目視劍尖。

五十五、右轉回抱

接上式（動作不停），右腳向右後方邁出，落橫位。身體右轉，左腿隨右腿回撤，屈膝，腳平提貼於右踝上方。右手持劍，手心朝下，劍脊朝天，持平，收劍至右後方，與頭平，距頭約尺半許。劍尖向前。左手成掌狀，掌心附於右腕左側，身向西，頭左轉（向南），目視前方。

收勢（同預備式）

——原刊《形意林泉劍》，臺灣逸文武術文化有限公司，二〇〇九年版

問津文庫

『十四五』國家重點圖書出版規劃項目

津沽筆記史料叢刊第十四種

主編 王振良

閻道生集

下編

閻伯群 整理

天津出版傳媒集團
天津古籍出版社

下編目録

閬廬研究

閬廬評説

閱廬序跋

閒廬瑣記

附録

閱廬研究

地域文化新坐標下的閻道生研究

閻伯群

閻道生（一八八四—一九六二），著名書畫家和武術家。字子陽，後改至陽，號閱廬，河北霸州揚芬港村（原屬静海縣）人。早年就讀於湖北武備學堂，肄業後寓津作畫，並拜李存義爲師習武。一九〇九年受聘直隸教育圖書局、商務印書館天津分館，繪製教科書插圖。一九一二年兼任《民約報》畫刊編輯。一九一二至一九一五年在直隸學務公所致力於年畫改良。一九一六年執教天津中華武士會。七七事變後歸隱故里。有著作多種存世，另外還有大量手稿等。

作爲天津先賢，閻道生的書畫、武術和教育等活動，在天津曾産生巨大的社會影響，但因其晚年隱居田園，聲名逐漸湮没無聞。新時期以來，天津文史界出版的文史資料、藝術志中，完全找不到他的名字，他已經成爲一個被遺忘者。二〇〇九年以來，天津民間文化志願者團隊從發現閻道生日記、書信等遺稿起，開始關注閻道生，二〇一二年召開了閻道生文學藝術討論會。二〇一三年天津市問津書院成立後，將閻道生作爲重點研究的天津地域文化人物，開展了多項學術活動，推出了系列研究成果，閻道生開始引起天津、河北文化界乃至全國文化界人士的注意，其影響還在發酵中。

以天津市問津書院正式成立爲標志，閻道生研究可分爲兩個階段。

《天津記憶》主導的史料整理挖掘工作

二〇〇九年十一月五日，《天津記憶》第二十六期刊發《閬廬日記》，收録閻道生自一九二五年到一九六一年的日記。日記内容有殘缺和中斷。附録閻子陽書信十通，主要爲保定市定興縣張祖莊村李敦素先生所藏。李敦素爲閻道生弟子，是民國年間直隸著名武術家李星階之子，青年時代在天津從事武術活動。這些日記、書信内容涉及廣泛，爲研究天津民國時期的藝術、教育及武術史提供了寶貴資料。

《閬廬日記》的出版推動了天津中華武士會的研究。二〇〇九年四月十日，《閬廬日記》整理者閻爾芃、閻伯群叔侄赴張祖莊村與李氏後人會面，搜集到閻道生書信、劍譜、字畫，還有爲武術史研究者尋找多年的珍貴文獻——武林秘本《近今北方健者傳》。閻道生、李星階兩個家族提供的文字、照片及口傳資料，進一步促進了中華武士會的研究，李瑞林據此修訂了其著作《形意拳俠》，也受到了武術界的矚目。二〇一〇年十月，臺灣逸文武術文化有限公司出版《閲廬日記》《閲廬信劄》，作爲『紀念天津中華武士會誕辰一百周年』文叢的第五種和第六種。

天津改良年畫研究出現突破。王樹村先生《中國年畫史》中，以較大的篇幅介紹民初天津改良年畫，但對其代表人物閻道生的生平研究卻留下空白。《閲廬日記》印行後，著名年畫研究專家張道梁先生根據這個綫索，考證出一批出自閻道生筆下的改良年畫作品，閻道生作爲中國年畫史上重要畫家的地位也得到了史料印證。

二〇一二年一月十四日，天津記憶文化遺産保護志願者團隊、天津市歷史學學會藝術史專業委員會、河北省霸州市文學藝術界聯合會聯合主辦的閻道生文學藝術討論會在天津舉行。

會議當天上午，尹樹鵬先生在天津圖書館主講了海津講壇『天津記憶』系列講座——《不該被遺忘的閻道生》。講座前兩天的一月十二號，天津《今晚報》還以《鈎沉津門改良年畫，揭秘畫家革新歷程》爲題，對講座内容進行預告和披露。

下午，閻道生文學藝術討論會開始。津冀兩地專家學者和閻道生親友代表近五十人參加會議。與會者圍繞閻道生在傳統繪畫、改良年畫、書法、武術、教育、慈善、小學、蒙學、昆曲等方面的成就和貢獻，進行了廣泛而深入的探討。

與會專家們表達了自己的觀點：一、閻道生的傳統繪畫在天津美術史上佔有重要地位；二、閻道生的改良年畫爲楊柳青年畫從傳統走向現代作出了貢獻；三、閻道生爲河北形意拳理論奠定人之一；四、閻道生是中國配畫蒙學史上最成功的畫師；五、閻道生是一位令人尊敬的民間慈善家和教育家。

會議結束後，天津《今晚報》《天津日報》等媒體對此次會議及成果進行了報導。一月十六日，天津人民美術出版社舉行『社藏老年畫展』，展出閻道生先生民國初年創作的改良年畫，《天津日報》記者對尹樹鵬先生進行了專訪，發表題爲《傳遞一座城市的記憶》的文章。

問津書院爲閻道生研究提供全新的學術平臺

天津問津書院是新型民辦的非營利學術機構，致力於整合各種社會資源，推動天津地域文化研究。問津書院延續和拓展了《天津記憶》團隊的閻道生研究，從史料挖掘、整理、研究、出版、推介等環節連環推進，已經取得重要成果。

二〇一三年五月二十五日，天津『問津講壇』以《閻道生：允文允武的藝術大師》爲題舉行學術講座，由尹樹鵬主講。尹樹鵬從中國社會生態環境的視角研究閻道生的人生軌跡和藝術歷程，主要論點爲：一、親水的環境是閻道生生活的天賜空間；二、閻氏家世、家風奠定了閻道生的品格基礎；三、閻道生是津門畫壇的開拓者；四、改良年畫引領新風；五、從事書畫慈善，盡顯大愛關懷；六、襄助武館，弘揚形意，尚武精神的踐行者。最後談及閻道生歸隱後的歲月。

五月二十七日《渤海早報》第三十九版『悦讀』，發表專稿《畫劍雙絶的藝術大師——地方史學者尹樹鵬講述津城鄉賢閻道生傳奇故事》，報導了這次講座的内容。

二〇一四年夏，問津書院召開選題會，確定由閻道生之孫閻伯群撰寫閻道生傳記。二〇一五年五月，長篇傳記《布衣大師：允文允武的藝術名家閻道生》由天津古籍出版社出版。

本書是第一部再現閻道生藝術歷程和人生軌跡的傳記作品，以閻道生所遺日記、書信、書畫等内容爲綫索，參閲了相關史料，對閻道生在天津近代文化史上的貢獻進行了闡述，同時對閻道生人生不同時期的歷史事件探幽析微、鈎沉索隱，堪稱一部在諸多方面彌補了天津藝術史研究空白的作品。

本書出版後，引起良好的社會反響。二〇一六年八月，《天津日報》副刊『滿庭芳』在『沽上文叢』欄目中連續十五期刊登連載了《布衣大師閻道生》，對閻道生進行介紹。《天津日報》《中老年時報》《廊坊日報》發表書評三篇。《中國書畫報》也刊發了有關文章。二〇一六年，天津市政協文史資料委員會『近代天津名人』叢書出版《近代天津武術家》，收入十二位在近代天津武術史上享有盛譽的武術家的傳記，閻道生入選。最新面世的《天津地域文化通覽·天津卷》中，閻道生在改良年畫上的貢獻被載入。

目前，閻道生日記、書信、詩歌等文獻資料，已經整理、編輯完畢，擬名《閱廬文存》，列入『問津文庫』出版計劃。

未來，閻道生研究仍將依托問津書院這個平臺進行深入挖掘，從而使一位天津文化史上的隱者，其人格魅力和藝術成就，逐漸爲世人所知。

——原刊《追源衍流：問津書院的前世今生》（天津古籍出版社，二〇一八年）

畫劍雙絶的藝術大師

——地方史學者尹樹鵬講述津城鄉賢閻道生傳奇故事

劉世明

五月二十五日，問津講壇迎來了第四期講座，與前幾期不同的是，這期的話題人物閻道生知者甚微。隨著主講人尹樹鵬的講述，一個能文能武、畫劍雙絶的民國奇人形象逐漸明朗起來，聽衆們開始瞭解了這位津城鄉賢的動人故事。

閻道生（一八八四—一九六二），字子陽，中年後改至陽，號閱廬，别號北溟劍士，生於静海縣揚芬港村（今屬河北霸州），生活的軌跡主要在天津，早年學習繪畫，成爲譽滿津門的書畫大家、天津畫壇的開拓者，也是推動楊柳青年畫改良的重要人物。又拜形意拳大師李存義爲師，習練内家拳法和劍法。盛年時遇日本侵華兵亂，回故土隱居，聲名逐漸湮没無聞。

沽成了天津文化符號

近日，我采訪了天津市環境科學學會專家、地方史學者尹樹鵬，他研究地方史的獨特角度和閻道生的傳奇人生引起我極大興趣。

悦讀周刊：我見您的履歷，是學理科出身，是什麽促使您從事地方史研究？

尹樹鵬：是的，我當初是天津師範大學生物系畢業，學的是理科。我是土生土長的天津人，天津的變化印刻在我家三代人的記憶裏，我們看著它一步步走過來。畢業後做教師工作，比較關注天津市的文化歷史。我觀察天津文化的視角與别人不同，我既注重文獻資料，也重視自然與文化的交融關係。生物學是一個介乎於文理之間的學科，我願意用生態文化的視角來研究天津。

悦讀周刊：能舉個例子來説嗎？

尹樹鵬：對天津來講，就是沽文化，我們老説『七十二沽』『沽上人家』，沽儼然成爲天津的文化符號。我發現前人講『沽』很難講透，這就凸顯了文獻的不足。我試圖用水文地理的角度來破譯『沽』的文化内涵。我發現，天津是這樣一種生態景觀——平蕩的土地上，蜿蜒著一條海河，因爲流水不暢，形成羊腸狀的河道。而沽就是河灣處的高地，不論豐水期還是枯水期都可以住人。古人經過長期觀察，發現這些年代久遠的水邊沽地非常適合生存和居住，於是欣然前往。這就是天津先民逐水而居，以利運輸取水、捕魚行舟，同時近水而不被水淹的大智慧。『一方水土養一方人』，這種地理環境孕育出了天津人的樂觀性格。

悦讀周刊：能具體説説天津的水文地理對老百姓性格的影響嗎？

尹樹鵬：天津是一個移民城市，大部分文化人來自江南，底層百姓多數來自山西洪洞縣。天津的土地是退海地，多鹽鹼，没有多少可耕地，所以自古以來這片土地上人比較少，明代大量移民以後，沿河形成村莊，才形成了以村莊爲單元的經濟擴展，但原始的經濟形式還是魚鹽和漕運。因爲天津的水多，水産豐富，而人不多，生存空間廣闊，所以天津人都比較樂觀，比較知足，又加上近海，最早經歷中西方文化的碰撞，所以天津人又很包容。

改良楊柳青年畫使其長盛

悦讀周刊：我看到您寫了很多關於閻道生的文章，關注閻道生是從什麼時候開始的，機緣是什麼？

尹樹鵬：最開始是因爲遇到了閻道生的後人。當時他的嫡長孫閻伯群來津尋找祖父好友馬阜的後人，而我跟馬阜的侄子是有四十年交情的好友，因此跟閻家後人有接觸。我一直關注天津的生態美，發現楊柳青年畫裏有很多表現天津多水的畫面，我就對這個畫家特別感興趣。所以他把閻家關於閻道生的資料都給了我，希望我能比較系統地對閻道生做研究。

悦讀周刊：楊柳青年畫大家肯定不陌生，他在年畫史上擔當了什麼樣的角色？

尹樹鵬：一九〇九年，當時的直隸省推行年畫改良，委任當時在畫壇已有名望的閻道生擔當創作工作。他繪製的很多移風易俗的年畫作品，如《戒纏足》《幼稚園》《家禽守信》，拉開了民國初年改良年畫運動的序幕。

在改良年畫的創作中，他用文人良知把真善美的藝術内容用於社會教育，解決了藝術風格上古與今、雅與俗、中與西的三大對立，使之和諧共處，創出了閻氏風格。他用文人畫的風範爲通俗年畫加深意境，他介紹新事物和良風良俗，批評陋風陋習。所以到今天衹有楊柳青年畫長盛不衰，就是因爲其文化底蘊中與時俱進的慣性。改良年畫是天津文化史上的一大亮點，而旗手是閻道生。

悦讀周刊：閻道生的年畫創作是以他文人畫爲功底的，我看到這樣一種評價，閻道生的晚期畫作與同時代任何人比起來都不遜色，您認同這樣的評價嗎？

尹樹鵬：這個評價並不爲過，當時閻道生的畫，每平尺的價格是超過齊白石的。他在天津書畫史上地位也是舉足輕重的，他是天津畫壇的主要奠基人，最早有作品赴日本展出的人。他除了少年時跟從一民間畫師學畫外，並未拜過哪位大師學畫。這就使他的畫技非常全面又不拘一格。他系統學畫是從臨摹開始的，臨摹了海派畫家馬鏡江的山水人物畫，而綫描功夫則從臨摹陳洪綬和任渭長的畫稿得來。他的仕女畫則吸納了費丹旭的風格，但又摒棄了他羸弱的缺點，所畫仕女既完美端莊又有健康的人間味，把對婦女的玩賞變成了欣賞。

這種藝術生涯使他完成了熔百家之美，成一人之奇的創作道路。也使他畫路寬得少有。他的山水畫既有山川秀美和峭峰險奇的境，又有嫻静、飄逸、空靈的高士們的意，使意境互襯。他的世俗場景畫生氣勃勃，逼真動人。更使人敬佩的是他在吸納別處營養時，不是刻意的截取而是悟出真諦後再拈手而就，達到了師其意而不在其迹象間的藝術效果。

繪製最早形意拳教材

悦讀周刊：閻道生號稱『畫劍雙絶』，他在繪畫之餘還在研習武術嗎？

尹樹鵬：一九一二年，中國同盟會一批成員聯絡武術家籌備成立『中華武士會』，閻道生雖未加入同盟會，但積極參與其中。同年拜中華武士會教務主任李存義爲師，習形意拳、八卦掌。從此自號『北溟劍士』。形意十二形中『燕形』是他最拿手的絶活，身子貼地，能在板凳底下一掠而過，出去丈餘，再次俯身下探，掠過第二條板凳，輕盈落地，俗名『燕子抄水』。

悦讀周刊：我最早知道李存義，是在王家衛電影《一代宗師》裏，北派宗師宫寶森多次提到『大師兄李存義』，可以説是電影裏未露面的『一代宗師』，他們師徒有没有值得説道的故事？

尹樹鵬：在習武過程中，對閻道生影響最大的是李存義的人格魅力。李存義急人之困、仗義疏財的性格深爲閻道生所敬仰，也使他一生傾心慈善。多年以後，在中國武林漸成往昔的歲月裏，每到除夕，閻道生都要取出珍藏的李存義遺像，供奉起來，陪伴恩師度過一年中最後的夜晚。另外，閻道生因爲畫工精湛，彌補了語言符號的匱乏，由李存義口述，他繪製的《五行連環拳譜合璧》，是最早的形意拳教材。

悦讀周刊：閻道生的繪畫和武術境界如此之高，爲何最終竟湮滅無聞了呢？

尹樹鵬：閻道生一生的轉折點在一九三七年，正是日寇進逼中原的年月。那時他已年過半百，面對國破家亡的現狀，開始厭惡塵囂，回到出生地揚芬港。歸隱後仍躬身學校教育，修堤治水，以一己之力保全家鄉父老。一九四三年，閻家遭匪劫，家藏萬卷書畫被焚毀。當時閻道生及家人也被綁架，拿不出贖金，還是村人們湊錢搭救，才得以保全性命。

悦讀周刊：他的去世是病故，還是又遇到了什麼變故？

尹樹鵬：晚年的閻道生以書畫詩劍爲伴，臨終時雖貧病交加仍樂天知命。一九六二年，正是中國困難的年頭，閻道生年近八十，無食無醫。在生命的最後，蘸指爲筆，作了一幅絶筆畫，以端午蟾蜍自比，『吸得人間硯水枯，腹中含氣口含酥。莫嫌形狀無人賞，寫向端陽作畫圖』。詩中雖有淒涼，但也透著樂觀知足。

悦讀周刊：閻道生爲什麼能淡泊名利，放下一切回鄉隱居？

尹樹鵬：閻道生一生清高，獨善其身，他不依附於任何人，不參與任何政治派别，也遮罩了政治對他的抬舉。他年輕時與天津各界的名流爲友，曹錕也很賞識他的畫，但他從未借此謀求利益。他的這些性情，雖然影響了藝術聲譽的弘揚，卻滋養了繪畫的高逸品位。可惜，閻道生晚年的繪畫精品在『文革』初期大多焚毀，只有很少一部分傳世，難見全貌。

——原刊《渤海早報》二〇一三年五月二十七日

天津人應記住的『文化三傑』

——閻道生、馬阜、姜般若交遊初探

尹樹鵬

從清末民初到二十世紀的二三十年代，天津文化界有三位才華橫溢、性格不同而志趣相投的文化三杰。他們思想前衛，文化超群，爲天津的思想和文化發展做出了很大的貢獻。在某些領域還起到過引領的作用。爲天津開放城市的文化特徵注入了獨特的成份。他們是畫家閻道生、書法家馬阜、教育家姜般若。三人因文化、才華而成爲摯友。他們互敬互助又相互支撑，成爲天津思想、政治、文化發生發展歷程中可歌、可歎的佳話。

閻道生（一八八四—一九六二），河北静海縣人，是引領天津改良年畫的巨擘。很早就被聘於直隸提學使司任畫師，是共和國第一部全國通行的教科書《新修身》的插圖作者，是民國初期文人畫潤格很高但能俯身屈下，關注民間教化的良知代表。他引領了天津改良年畫的繪製，親繪了辛亥革命後天津美術界第一幅歡呼民主慶祝共和的作品。他文武雙修，襄辦我國北方地區最大的武術團體——天津中華武士會。

系統整理了劍譜和理論，並付諸實踐。終成大就，實現了書劍合璧。後看穿世道之險危，低調做人，最終隱居鄉野，以詩畫終其生。

馬阜（一八八〇—一九三五），字嘯山，後改覺非。其先祖在明代從山西洪洞縣遷居寧和區俵口村，後定居於宜興埠。是此地大户，家道殷實，自幼學習各種典籍和書法理論，刻苦臨帖。在清末，就系統學習西方政治思想名著和自然科學知識。他思想敏鋭、性格豪爽、膽大口直，是天津早期同盟會成員。一九一二年，既是國民黨燕支部的黨員也是宜興埠議事會成員。是清末積極參與政治改革的人物，爲減輕民營企業的税負和地方自治，長期奔走和吶喊。他經營過織布廠，是天津最早系統學習西方哲學的人士。對馬克思主義學説的組成和形成都做過宣傳。特别尊崇其中的唯物辯證法。對恩格斯整理出版馬克思的著作頗爲贊揚。是具有哲學境界的書法家和天津早期無政府主義和社會主義的信仰者。其書法沉厚蒼勁，有大家氣度。魏碑行書非常出色。『尤擅顛草，性豪放，喜交友，不分爾我。』（陸文鬱《天津書畫家小紀》）津門書法巨擘，人稱『神草馬』，還是天津中華武士會的中堅力量，與吴稚輝、吴玉章等過從甚密。馬阜性格放蕩不羈，後因情志不遂、多方失意，沾毒成癮，潦倒而終。

姜般若（一八八九—一九六四），河北青縣興濟鎮人，天津怡和斗店大股東之子。一九一一年畢業於南開學校後，一九二〇年赴法勤工儉學，畢業於比爾大學，後任南開中學學監。他學識淵博，精通七國語言。二十年代是天津無政府主義思潮的主要傳播者，與李大釗等人一起參與過早期共產黨的建立。一九二八年任天津國民黨地下特派員，與孫洪伊謀劃河北省自治。一九三一年在京津組織鄧演達第三黨分支機構。一九三四年成爲天津紅幫首領。日本投降後，任國民黨第十一戰區司令長官孫連仲咨議。與李濟深等成立育德學院，從事教育。到新中國成立之初還積極辦學多所，長期從事各層次教育，至晚年被入獄收審，釋放後終老於家鄉。

閻、馬、姜三人相交於中華民國成立前後社會劇烈變革的時代，彼此因才華而惺惺相惜，意氣相近而契若金蘭。時三人均在天津教育界任職，閻道生在直隸學務公所，馬覺非在扶輪學校任教員，並在天津縣民立第五小學（現天津市北辰區宜興埠第一小學）任校長，姜般若在天津南開學校任學監，風華正茂。從史料看，一九一九年春日，閻道生作《訪吴稚輝》一詩，涉及了第一次與吴稚輝的相識：『天挺漢家豪，浩氣淩雲霄。矯手風雲起，推翻帝制朝。歸國不受勛，退隱塵囂外。品高陶淵明，旨合托司泰。仰慕十八載，一旦親高風。發言披雲霧，滔滔説大同。』

此詩記述了此次由姜般若、馬覺非引見閻與吴稚輝相見的過程和感受。當時，吴稚輝常去南開中學與姜般若談無政府主義和社會主義。閻道生常去天津南開中學觀看學生演出。邀請人是劇團的組織者姜般若，戲罷便住在他那裏。年輕的閻道生，對打破思想束縛的無政府主義思想很嚮往，但崇尚顔李之學的家風，性格内斂不善言表的性情，與姜、馬的政治活動家的熱情奔放氣質大相徑庭，遂潛心於書畫劍術，僅對政治保持著良知但不敢冒然涉入。

一九一五年，閻道生執教於天津中華武士會，馬覺非、姜般若成了中華武士會的常客，也與閻道生的諸位師友成爲莫逆，共襄其事，從現存的閻道生師友的通信中，常能見到馬、姜二人的名字。馬覺非參與中華武士會的事務，成爲了重要的一員。馬覺非還把自己的兒子托付於武士會的孫禄堂、楊明漪學習。天津中華武士會是『顔李學派』的踐行者，强調『經世致用』『實學』『習行』『習動』，與關注社會公平，反對專制的思想基礎有一定的一致性。故馬、姜二人參與其中有思想淵源。

一九二〇年，姜般若赴法勤工儉學，給閻道生、馬阜寄來外國的裸體明信片，對異國的風情充滿了中國前沿知識分子的開放。兩個人在這一段時間的通信内容不得而知，但據閻道生的後人回憶，我們可以窺測出兩個人在通信中不同的狀態和性格，閻道生較爲慵怠，姜般若急躁，有時姜般若來信後，閻道生還未復信，姜的下一封信就又寄來了，不客氣的發問爲什麽還不回信。現僅存姜般若致閻道生書信一封，是過年時節姜家祭祀儀式後，折貢下來的魚肉，納於一鍋，權當春宴，請閻道生及武士會同人前來。隨意親切的朋友之情撲面而來。

據閲廬日記載，一九三〇年嚴智開、姜般若創辦天津市立美術館，邀請閻道生作畫展出，並赴東瀛，同時還在美術館爲閻道生舉辦了個人畫展，爲閻道生事業的提升和擴大影響發揮了積極作用。

一九三二年，姜般若父親姜履升（聘卿）去世，馬覺非、閻道生同去祭奠，閻道生爲姜父畫小像一幅，此畫采用白描手法，栩栩如生，姜公倚松鄰竹，持書而立，馬阜同挽曰：『總理贈言，喆嗣半肩天下業。關中遺範，船山以次屬斯文。學海深淵，留得遺編光日月。秋陽慘淡，頓覺華國失賢豪。』此畫像的照片一直保存到八十年代。不過，閻道生也直言不諱地説道，『般若善誇大，稱伊先翁守横渠學，自謚貞靖先生』。

二十世紀二十年代，經姜般若介紹，閻道生與李大釗相識，李大釗很欽佩閻道生的人品及繪畫技藝，希望閻道生能發揮出一位書畫名家在社會上的政治影響力，並很想和閻探討關於黨派方面的問題，李大釗致信閻道生，希望面晤。據閻道生的後人回憶，閻道生回避了這個話題。此書信一直保留到七七事變後，在戰亂中焚毁。

一九四九年新中國成立後，姜般若、閻道生二人仍聯絡不斷。新中國成立初期，徐悲鴻邀請閻道生赴中央美院執教，徐悲鴻與閻道生的關係也是多年前經姜般若介紹認識的。歷經亂世和生活坎坷的閻道生此時既懷有歸隱者的出世思想，又有對世勢不明朗判斷的畏懼。閻道生一生多次放棄進入主流話語社會的機會，與他的性格和人生選擇有極大關係。『笑餘誤識陶彭澤，錯避塵囂歸故鄉』『一生從不出人頭，危行寡言有自由』。他的詩詞裏不時透露出矛盾、無奈和自嘲，雖避開了種種政治碾壓，但最終僅獲得了遠離世俗的決絶。

一九五七年，在全國政治形勢愈來愈緊張的時候，姜般若托揚芬港村一位去天津賣菜的農民捎回一封信，信封寫：大畫家閻至陽收。信是邀請閻道生去天津，有一件要事商量，因路途不便，閻道生吩咐在津讀書的長子閻叢前去看望，當時留的地址是在天津市和平區，恰閻叢忙於學業，一直未能拜訪。

閱廬日記中有這樣一段：『遁迹異鄉甘與草木同腐，今年目昏手倦，老態頻加。因〇〇〇入城一見，然風景非前，諸公散落，獨與某公周旋兩日，不勝慨然。倘至〇〇毋惜枉駕。辰下暑隆，唯冀善加調攝。』我們判斷此處是寫到了姜般若。新中國成立以後閻道生在津的好友中，姜般若是最有政治争議的，此處隱喻的可能是與姜般若的見面。在閻道生遺留的贈姜般若的一幅扇面上，姜般若的名字已經被塗掉，只留下一些痕迹，也應認爲是政治年代爲了避免麻煩，閻道生故意塗掉了姜的名字。但姜般若始終是閻道生密切的朋友，並没有因爲政治上害怕牽連而中斷交往，只是一貫行事謹慎的閻道生采取了隱晦的方式，心中對朋友的惦念和牽挂一如從前，從未磨滅。

馬覺非是一位著名書法家，其狂草之筆冠絶一時，閻道生自認爲自己的書法不及馬覺非，並受他影響開始習魏碑。馬覺非也視閻道生爲畫壇奇才，對他倍加關心和呵護。從詩詞中可看出馬覺非對閻道生人格及畫品的贊賞：『東籬可蒔菊，何如陶隱居。燕趙悲歌士，斯風似閬廬。』『俠骨非傲世，舒嘯大江東。』『獨具金剛眼，縱横一劍雄。』

馬覺非的趣事非常多，晚年的閻道生常回憶起與馬覺非的一次遊歷。路上，兩個人花盡了盤纏，坐下來休息，肚中饑腸轆轆，路邊酒肆響起喧嘩聲，是一個殷實人家舉行婚慶喜宴的盛大場面，馬阜突然豪情迸發，拉起了閻道生，走向了酒肆，上前向喜慶人家連連道喜祝賀，一表人才的馬阜就像是一位遠道而來的貴賓，其洋溢出的喜慶和灑脱征服了這家人，被奉爲上賓，閻道生和馬覺非痛飲了一場淋漓盡致的美酒。

馬覺非人稱『馬五爺』，生活中不拘小節，自稱『素行不修』『大德不渝，小德出入』，爲人慷慨仗義，交友肝膽相照，頗具俠義之風。

馬覺非與閻道生的書信中，常涉及中華武士會的一些重大問題，闡明觀點，比如北京召開國民大會時，『又想中華武士會可否加入國民大會，鄙見及此，請就便裁奪，或在星階二哥來京便能捎信研討，餘容再及』。並疾呼：『社會與國家共休戚，當機坐誤，以爲不可。』其中書信裏提到的『星階二哥』是中華武士會會長李星階。

一九二七年，經馬覺非聯絡，閻道生的書畫擬由海派大師吴昌碩擬定潤格，『前致函缶廬，旋接答書，候晤。因隔於雨，晴時走訪，已赴杭州。大約此刻已回，當俟數日訪焉。弟畫須速寄來爲妙，筆潤尚可祈缶廬一定耶。鄙意如願以欲瞻覽仰止，旋即北上京事』。但不巧的是，心願未及完成吴昌碩即中風而逝，爲畫壇留下遺憾。

同年，馬阜利用與吴玉章的朋友關係爲閻道生謀職。『吴玉章在此組織世界通訊社，尚在初組之時，想弟在津當能擔任駐津通訊，弟於省署省會消息都可隨帶訪事。俟明後日與伊説過，當無不可。』『七日接到一片，更不審就道何時，故先致函更生（編者注：姜般若）、穀陽兩弟，計今當即回信，而尚未接及，諸君懶於書翰，固是職守爲勞，臨池旋殆耳。通訊社刻已賃定房間，但稱無的款，中山解組，呵獲無人，私計吾弟如欲來申，更可吹嘘一切。』馬覺非力邀閻道生到上海共事，不久，杭州靈隱寺寺院派人赴天津邀請閻道生繪製宗教題材壁畫，此次邀請也是馬覺非的一片苦心，想借此機會敦促閻道生南行。他在書信中坦言：『吾輩故非甘心於書畫事業，但可濟燃眉，則小技反爲我之功臣，保吾廉焉，悦吾志焉。見缶廬之寓，皇皇巨室，不謂書畫生活亦能如許闊大，非如周鐵山、趙少松之不足矜式耶。』『國勢岌岌，吾輩不出如蒼生何？今國勢如此，當國衮衮諸公，皆屬故舊，而對外具城下之盟，受良心之切責，何以對民報之呼聲，以及黄農之孫子？而有殷□士危急之報告，方知素養之寶貴耶！萎頓如兄，曷堪一面王侯，而竟承近樂，遂是當謹慎，將持無負天公假我之機會。以弟偉畫，當可盡談待命之至，不翅爲黄河流域請命耳。』『社會兵戈而後，感情倍感枯燥，寫字畫畫正是美育，潤澤紛煩頭腦，而且金潮以後，銀行界以及錢行等等，大發其財者大半數。籌到千千百百，掖到懷中，自由揮灑。功業攸待乎時機，時機須經正眼，振背一呼，隻眼獨具，我之責也。況半生素養，坐而言者，起而行之，是在決然毅然。』

二十年代，閻道生在家中創辦『甲子閱報社』，意在啟迪民智、移風易俗，馬阜深表嘉許：『吾輩力量稍充，當先成流動圖書之舉，吾弟兄數十之遥，朝發可以夕至。既能當人受益，並即嘉尚風俗。要招並善招也。』

一九三四年《静海縣志·方輿志》載：『新中亭堤。在縣北揚芬港。光緒中葉，村民閻恩焕等創修。民國十九年，天津、静海、文安三縣重修，保障東淀之水，堤内收穫恒豐。』閻恩焕，字炳萱，閻道生的父親，熱心公益，創立本村堤防，治理水患。繼承了父親急公好義的性情，二十年代末，閻道生與三弟閻午生操辦家鄉中亭堤的修築，馬阜義不容辭，爲閻道生兄弟的善舉奔走，聯絡高官要人：『匹夫匹婦與有責焉耳！三弟談起地方被水，正擬□□□興訟，詎非鄰國爲壑之道乎？且據三弟主張，官府如能允許將清河斜岔入下西河之假河，高築堤防，以實救濟東淀爲美田，這等主張果得實施，則兩方俱利，以收合作功效。尚何尋仇械鬥，遺遠大規模而莫之及耶？此刻如果貴方衆首要人物贊同辦法，張厲生——蔣主席之背影，即張興周也，去法六年由組部秘書而一躍中委矣；彭濟群——華北水利委員會主席，石曾部下，奉省人；段老三，電話局局長；此輩雖非現任官吏，皆可站在民衆方面，樂不得地辦一番好事也。果得群公允俞，一席杯酒談歡，大事集矣。』『再者，貴村堤外，即屬東淀，綿延三十里，勻寬十餘里，約地在千五百頃乎？成功而後，閻廬教育基金何愁不自幼稚蒙養，家庭社會，成人男女，家庭社會化，群衆教育化，□了歸訖。培生産，殖人才，萬古不磨之鐵案，孔聖人之富之教之依然無樣耳！須工多少，計劃詳盡，則在貴地方群紳以及老弟耶！』馬阜利用自己的人脉資源促成了中亭堤的重修、河道的疏浚，造福了大清河下游的黎民百姓。

二十世紀二十年代末，馬阜隨中國無政府主義思潮的破滅而消極頹廢，轉向佛道。『吾於唯物昌盛之秋偏乖禪悦。』『吾們爲各各宗門之友，非案學問求，非案結果求，即時熱惱轉清涼，心、性、智、慧、識、覺等概給它一個著落，弟更超然塵表耶！』走向了自己生命的晚期，染上毒癮，不能自拔。這一階段，馬阜變賣了家産，用去了閻道生的潤格，最終潦倒而終。其病故時姜般若親乘汽車到宜興埠弔唁，並從大氅中取出一筆很厚的資金以助發喪，並對其妻進行了誠摯的慰問。馬家後人至今不忘。之後，思想平民化的閻道生告别了生活了二十多年的天津，走向了自己的歸隱之路。而思想激進的馬阜，思想穩健執著的姜般若也各自走完了不同的人生命運。馬、姜二人都是天津最早研究和介紹馬克思、恩格斯學説和黑格爾、費爾巴哈等西方哲學思想及辯證法的有志之士。但受主客觀的限制，終不能穿透歷史，而失敗於政治大潮中。最終在新政權除舊的歷程中被徹底剔除。但思想高於文化，文化高於政治，我們只要研究天津的文化思想史就不能忘記這些曾經輝煌的人物，應給他們一個歷史的評價。

——原刊《閱廬藝文記》（《天津記憶》第一〇三期）

縱情書劍　獨馳天馬

——閻至陽的草書與劍術

閻爾芃

『昔者吳人張旭，善草書帖。數常於鄴縣見公孫大娘舞河西劍器，自此草書長進，豪蕩感激，即公孫可知矣！』詩聖寥寥數語，即點破了草書與劍術盤根錯節、千絲萬縷的關聯。

《近今北方健者傳》記載，閻至陽先生『摹石門銘及素師狂草』『習形意十餘年，尤篤好劍』『極飛躍閃變之妙』。先生對草書和劍術研練之精妙，可見一斑矣！

書法與劍術都是中華民族彌足珍貴的精神財富，它們雖然形式不同，但其傳統文化底蘊，和東方哲學内涵是一脉相承的。

書法與劍術文化屬性的相同之處，不勝枚舉：

執筆和持劍都要求腕活指靈，可正、可側、可順、可逆、可輕、可重、可虛、可實，要擒得住，縱得出，遒得緊，拓得開。不拙不滯，才能靈動自如。

行筆和運劍都應該有徐有疾，或聚或散，似斷還連，忽往復收。極意旋轉，竭力騰挪，淩空取勢，沉著痛快。一揮之內，蘊含著微妙的起伏與衄挫；一動之下，滲透著凝重的骨力和神采。『動如脱兔，静若處子』『勢來不可止，勢去不可遏』。

在章法和路數上，都善於營造絶岸頽峰，欹側奇險，極盡變化。在險中求穩，在變化中求統一。無論是點、畫、使、轉，還是推、掃、洗、刺，都要婉轉輕捷，吞吐自然，式式承接，一氣貫注。『導之如行雲流水，頓之若石措山安』。

書法和劍術其藝術風格，如出一輒。像一曲交響樂章，節奏起伏，蕩人心魄，像一幅水墨丹青，充滿寫意與情感寄托；像一位浪漫詩人，狂放不羈，超脱塵俗。無形即有形，無法是真法。物我交融，天人合一。這是它們的共同追求。

閻至陽先生是内家拳武術家，一生致力於太極、八卦、形意諸家劍術的研究演練。在書法造詣上，力追殷周鼎彝之學，對旭素狂草也筆耕不綴。胸中自有狻猊、渴驥、鏤鳳、雕龍，所以，先生的書法作品，就是一路奇逸跌宕的劍術表演；先生的劍術套路，就是一幅酣暢淋漓的狂放草書。

先生能將丹田之氣貫至劍鋒，運劍時，可見劍尖瑟瑟抖動；臨池作書時，可把周身之氣送到筆端，在其手迹的字裏行間則多見顫筆。

先生常教導他的弟子，拈筆作書不可直入直行，要衄、挫、撚、轉，才能含蓄多變，不板不滯。這一功法，同樣體現在他的劍術之中，其劍鋒無論洗、掃、撩、刺，都是羅旋運動，絞轉向前，猶如龍行蛇走，顯得神采飛動。

先生在寫字作畫神疲力倦、思維澀滯時，常揮劍起舞。一番擰腰舒臂，恣意揮灑，即覺意氣勃發，文思飛揚，再據案搦管，無不落筆生花，如有神助。可見書法與劍術有强烈的藝術共鳴，它們的一招一式，一點一畫，都是彼此之間的相互延伸。

先生在形意劍的紆回盤旋末尾的淩空一點，犹如狂草遊絲婉轉後的驀然一頓，真似高峰墜石。一點，一頓，靈性相通，貌異神同，可謂奇妙絶倫。他的奇崛飛動的狂草和揮霍瀟灑的劍術，水乳交融，珠聯璧合，已達到合二而一的程度。

先生在他的得意創作《林泉劍》的套路中，把書法的乍徐還疾、倏聚忽散、參差錯落的意態，巧妙地移植於劍術的騰、挪、回、繞之中，並以藝術家獨特的視角，超凡的悟性，將狂草造型的『雲』字，做了巧妙的、恰如其分的空間移位，使龍飛鳳舞的狂草筆意，在『展轉雲劍』的一系列動作中，得到了淋漓盡致的發揮。無論身段的高低、倚側、俯仰、收縱，還是劍勢的舒緩、柔韌、連貫、綿長，既具備了狂草的豪蕩感激，又體現了劍術的淋漓頓挫。真可謂神來之筆，在武術界也是史無前例的。

草書和劍術兩大國粹源遠流長，博大精深。它們環環相扣，血脈相通。閻至陽先生擁有精湛絶倫的劍術和出神入化的草書。他不愧爲二者融匯貫通、兼收並用的國學大家。

——原刊《追尋湮没的武林歷史》（臺灣逸文武術文化有限公司，二〇一二年出版）

閻至陽繪畫藝術的階段評析

閻爾芃

揚芬港地處偏隅，低窪易澇，頭枕中亭堤，身傍東淀窪，歷史上十年有九是一片汪洋。在洪水泛濫時，大多數農民都以漁爲業，少年閻至陽即在『夕陽漁鼓』『晨霧船謳』的煙波浩渺的水鄉裏長大。其父閻恩煥爲鄉村塾師，攻詩文、習書法，好昆弋、喜十番，以多才多藝享譽鄉里。少年閻至陽又在笙歌管奏、墨韻書香的門第飽受薰陶。耳濡目染的東方水墨意象，滋潤温煦著他日益增長的藝術細胞。勤奮好學的閻至陽十四歲就進入了賣畫糊口的書畫行列，進而苦攻不輟，終於成爲超凡脱俗的書畫大家。

閻至陽從事國畫事業六十餘年，一生深稽博考，篤學不倦，取得了卓有建樹的成就。他的繪畫藝術鬼斧神工、不同凡響，對於他的藝術特色，我們擬從他藝術生涯的早、中、晚三個時間段，並針對其人物畫試作評析。

早期繪畫的藝術特色

閻至陽生於文藝世家，從小攻讀詩文，尤喜書畫，初臨《幽蘭賦帖》就被其瀟灑俊逸的氣質叩動心扉，習練有成之後，又深入研習黄庭堅的行草、草書諸帖，由於先生的勤學苦練，黄字瑰麗的結體、鬱拔的筆意，逐漸心領神會。黄字技法的融入對他前半生尤其早期的繪畫特色影響極大。

其父爲發展他的特長，從幾十里地的縣城請來一位花卉畫師，專修家教。天資聰慧又勤奮異常的閻至陽，幾十天後即能畫一手賞心悦目的國色天香，觀者無不嘖嘖。每攜作品去楊柳青鎮出售，顧客均愛不釋手，深受買家的歡迎，而且售價屢屢高出他的老師，師某深感羞愧，遂不辭而去。這就是先生從事繪畫事業的開端。

閻至陽對繪畫的追求日益强烈，而且不滿足於緑嬌紅艷的花草世界，開始進入人物畫的藝術探索。當時馬濤的《詩中畫》很受書畫界青睞，先生也對這種俊逸的風神和遊龍般的墨綫一見鍾情，遂購得一册，即廢寢忘食，日夜勾摹，從此對人物畫的研究日趨深入。先生晚年還勸他意欲學畫的友人徐景仁用綿連紙勾摹《詩中畫》，『如能偷閑多少勾上幾筆，久而久之自然成册。此中是一絲不苟，一筆不苟，若能如此，工夫不是白下。餘幼年好學無師友，曾以此進階也』。寥寥幾句，可以看出

《詩中畫》使先生早年受益匪淺。

對馬濤的認可，追根溯源還是對老蓮的崇拜。二十世紀初，閻至陽先生潛心鑽研明末畫壇鉅子陳洪綬的作品。當時，其版畫創作稿《九歌圖》《水滸葉子》《屈子行吟圖》，深爲先生所喜愛。其人物造型的高古偉岸，筆法的古拙挺秀，綫條的强烈轉折，成爲先生孜孜不倦的追求。和老蓮一脉相承的任渭長、任伯年、黄山壽、胡公壽都成爲他心目中的師範。任渭長銀勾鐵畫的綫條，任伯年瀟灑超逸的風格，讓年青的閻至陽更是崇拜得五體投地。他曾寫詩贊美任渭長的才華：『豪才妙思本天賦，欲窮造化托毫素。筆鋒偉岸師章侯，纖巧全脱仇十洲。伯仲獨有天臺客，百歲之間如一轍。展君圖畫一何欽，始信六法擅山陰。弟熏子頤承家學，尤繼聲華説到今。』同時，還花大精力勾繪臨摹了他的綫描作品《劍俠傳》《高士傳》《於越先贤传》，可見閻至陽早年的繪畫多以廣收博引爲主，尤其著重吸收了陳任諸家的藝術養份。

先生早期人物畫因其技藝尚未純熟，應屬於成長階段，人物氣質神韻略顯呆滯，墨綫輕佻綿弱，筆意平淡乏味，無變機，少靈動，内涵不足。他的早期人物畫《楊妃賞花》，無論是人物的風神氣骨，還是衣紋山石的筆意墨韻，都暴露了他早期繪畫的諸多弱點。

畫中體現了黄氏書法、《詩中畫》《水滸葉子》的筆法特色，甚至暴露了它們的薄弱環節。工細人物畫的衣紋均藏鋒逆入，圓勁飛動，雖如行雲流水，但缺乏遒勁堅韌。寫意人物畫的衣紋雖借鑒了前人的方筆硬折起伏頓挫之法，卻散亂無致，尤欠鏗鏘沉著之氣，而且在頓挫和轉折處因漲墨而形成圭角。另外，畫中山石樹木多墨輕色重，似有以色礙墨的傾向，或者墨重筆蠻，略顯浮躁霸悍。花卉常用白粉，用色偏艷，流於俗媚。

畫中的景物，多采用没骨畫法，似有乖於人物衣紋的綫描風格。畫中的題識均顯示對黄字的深厚功力，行楷者中宫收縮，長筆四展，行草者縱伸横逸，變化强烈，而且都是規規矩矩的中鋒用筆，但不管怎樣努力，也掩蓋不住它的恣媚和甜俗。

我們舉出先生的兩幅早期作品，讓大家欣賞。

《踏青圖》可以作爲早期工細仕女畫的代表，該畫作於一九一七年，當時先生三十三歲。畫中仕女清眉秀目，淡妝濃發，端莊大方，和諧穩重，蘊動感於静謐之中。其子拽母衣帶催行，但其母倚樹静立，漠然置之，似有所思，極具『青青河畔草，綿綿思遠道』的詩情畫意，其衣紋筆綫調暢、縝細，筆意從容圓轉，尚能一氣貫注。

《趣兒圖》可作爲早期寫意人物畫的代表，作於一九二三年，當時先生三十七歲。人物造型豐富多彩，色彩配製濃淡俱佳，兒童神采逼真，嘻笑中透著嘎氣。筆意雖力求方峻，卻失於荒疏草率，偶見敗筆。

欣賞這兩幅作品，也許會覺得我們這樣吹毛求疵，似有貶低先生書畫藝術之嫌。其實不然，所謂不足之處，也只是和他的中晚階段相對而言，如果没有中晚期作比較，也就無可挑剔了。

中期繪畫的藝術特色

書法是繪畫的基本功，書法的造詣，決定了繪畫的面貌和格調。閻至陽中期繪畫藝術的一次飛躍，是與他由纖巧柔弱的黄帖一舉蛻變成雄强古厚的魏碑密不可分的。

碑學的興起，應該是從清乾嘉時代開始的，經過阮元、包世臣的大力推崇和傳播，碑學在中國書法界日趨興盛，到清末民初又被康有爲推向極致。

閻至陽正式步入碑學領域是在二十世紀二十年代，那時先生已經接近四十歲了，三十年的刮摩淬厲，黄字的筆法已經在頭腦裏根深蒂固，人過中年還要變革書體，要在短時間内脱胎换骨，談何容易。這種艱苦和毅力非一般人所能及，然而閻至陽做到了，他從《龍門二十品》開始，繼則《爨龍顔》《石門銘》，幾年的頓學累力，終於如願以償，取得了顯著的成效，爲繪畫面貌的改觀夯實了堅實的基礎。

先生在青年時期，曾借在湖北武備學堂肄業北歸之機，遊歷湖南湖北，飽覽奇山妙水，貫聞樵歌漁唱。『讀萬卷書，行萬里路』，脱去塵俗，丘壑内營，自然下筆如有神了。

先生是一位愛國愛民社會責任心極强的志士，在津期間，曾爲公益事業厲行不輟，旺盛的熱情，風發的意氣，無疑也滲入了他的丹青畫卷。

對於海上畫派諸家的崇拜，從他繪畫的早期就開始了，但真正把先人的精粹消化吸收，據爲己有，並非一朝一夕所能辦到的。經過多年的志堅行苦、焚膏繼晷，到二十世紀二十年代以後他的繪畫藝術已爐火純青，他不但吸取了海上畫派的精華，而且發展了自己的個性，在畫壇中獨樹一幟。

先生中期的人物畫應屬於藝術的成熟階段，進入了他藝術生涯的黄金時代。這個階段的人物畫，造型古樸偉岸，氣質雄厚。畫中仕女儀態雍容秀雅，無絲毫俗媚脂粉之氣。這一點足可以與歷代著名人物畫家一爭高下。景物多欣榮繁茂，神采飛揚，整個畫面充滿旺盛的氣機。

揮毫落墨，筆筆金石風味，峻拔奇崛，古樸渾厚，剛柔相濟。其雄强的鋒穎和濃郁的墨色似乎比任氏更勝一籌。人物的衣紋多用下筆重而有力收筆瘦而尖利的丁頭鼠尾筆法。方折頓挫的勾斫，用淡墨加深凹凸感。人物的頭面的筆綫也用較濃的墨色，在鬢髮的生動墨迹邊緣尚有淡墨輪廓依稀可見。

《東山絲竹》《南宮拜石》二畫均作於一九二七年，那時先生四十三歲。畫中的二侍女，除了有任氏繪畫中女性的伶俐、俊俏外還多了幾分嫵媚。典型山陰派綫條在謝安身上和芭蕉的葉脈上做了充分的體現。畫中怪石磊落，墨綫雄健蒼硬，渾樸敦厚。再看同時期寫意畫《鍾馗》，滿幅大筆飛墨，咄咄逼人，氣勢恢弘，充滿了陽剛之氣。

工筆仕女畫《折梅仕女》，作於一九三〇年，那時先生四十六歲。其畫在先人多種稿本中突出再創造的新意，仕女神態的莊重綽約，是他一生孜孜不倦的追求。先生還善於用人物的眉目、手姿、身態來表達他們的内心世界。如折枝手取左手仰腕，以拇食二指著力，其餘三指纖纖翹起，於極細微處刻畫了仕女的高貴和矜持。

堅實凝煉的筆墨，顯示出先生高深的功底。衣紋綫條凝重堅韌，柔中見剛，圓中見角，如盤絲曲鐵，可謂『力透紙背，入木三分』。畫中梅樹瘦勁行筆，鐵綫勾勒，老幹蟠曲，六面出枝，千姿百態，被嶺上白雲裁成數段。意趣高逸，别開生面。

晚期繪畫的藝術特色

七七事變後，北方烽煙四起，禍亂交興。閻至陽寓居的中山公園也遭兵燹之擾，先生只好告别居住二十多年的『詩韻劍光樓』，回歸僻村荒港。其實先生早就有回避主流社會的意念，他在《鄉居》詩中寫的『平生愛野曠，豈爲遠囂塵』就足以證實他的隱遁心理。升平歲月，躬耕南畝，吟詩作畫，小園裏蒔花種菜，晚來與鄰翁飲茶談笑，也算自在。然而好景不長，接踵而至的災荒、饑餓、戰亂、政治運動，使他的桃園避世的美夢像肥皂泡一樣徹底破滅了。幾十年的水深火熱，冷雨嚴霜，讓他在磨難中對人生的認識又一次昇華。生活際遇的坎坷多舛，給繪畫精神面貌的嬗變提供了決定性的因素。

古稀之年，閻至陽把他家傳的四書五經束之高閣，卻捧著南華真人的經典百讀不厭。在艱難的歲月裏，『齊一萬物』『任其自然』『天道無爲』『至樂無樂』『虛静自適』成了他的養生良方，也成了晚年畫中的『玄因妙旨』和畫外的深層意境。

多年的鄉居，先生與農夫漁翁交友作伴，踏泥巴，劃小船，出入蘆灘、蓼窪、田疇、園圃，觀看狂濤細浪，策筇荒崗泥皋，他的藝術已經融入了家鄉的生活，豐富的實踐，使他的筆下生出了農民喜歡的玉米、大豆、瓜果、棉麻。漁翁栩栩如生，船夫形神俱肖，蘆葦蕭蕭風動，淀水波光瀲灩，尤其前無古人的是他在荷塘、漁溝、柳岸、溪邊，總愛畫上幾棵蓼花，千姿百態，活色生香。如《田間送飯》《屈子行吟遇漁父圖》《洛神圖》等晚年作品，用碩壯的玉米株，雙勾的蘆葦叢，洶湧的大江水作爲背景，放情丘壑，得自然真趣，有濃郁的生活氣息。

領教了人生的淒涼，他用墨用色也像心情一樣日趨澹泊，晚年的很多作品都具有清淡空靈的特點。先生擅用獨具特色的破墨以飾染衣帽，以純真代替華麗，如《桃園問津》畫中漁翁的上衣，《竹林七賢》畫中賢士的風帽，所用的破墨都給人以樸素疏淡的美感，形成了畫中的亮點。先生用色也多有創意，濃重的服色常用硃砂罩以洋紅，後來又用精製的血竭代之，更顯得古樸厚重，還專用青黛易花青，取其質樸而不嬌艷。先生不主張用白粉，意在辟除俗媚保存天真，同時也免受反鉛之苦。

在他一生的藝術追求上，始終由海上畫派一綫貫穿，但是不同的階段，卻有不同的認識，對任伯年的認識進一步深入，反映在他一九五二年寫的一首詩裏：『前無來古後無今，畫家誰比任山陰。説起家風本深遠，數世文華萃一身。先生用筆似用斧，横砍豎劈興無阻。重巒疊嶂奇境開，打破唐人舊規矩。老夫研畫四十秋，閑蹤六法數名頭。苦瓜八大無緣分，獨唤頤公上藝舟。』閻至陽打破了先人的舊規矩，取其精華，並以自身的面貌再現，所以在他晚年的繪畫中又完全看不見任氏的影子了。

先生後期人物畫堪稱入化階段，意境高遠，筆下千變萬化，隨心所欲。章法多幽静空曠，大面積布白，形成虛靈玄遠的境界。他的晚年畫作《潯浦琵琶》《煙波釣徒》，都巧妙地運用空白來延伸畫面。正像明代人所説的『畫禪』，只有通過悟才能得其妙境。先生晚年作畫還喜歡把視平綫提到端頂，把人物放在畫幅的最高處，俯瞰天下，似乎這樣才能舒其望眼，豁其心胸。這也是多年在政治上、生活上受限制，受壓抑必然的心理發放，像《千古雄風》《童鶴西湖》，一個是壯志淩雲的民族英雄，一個是恬淡孤高的隱逸高士，用相應的景物和特色筆墨做輔佐，讓觀者瞻仰崇尚大賢，凜然而頓生敬畏。

畫中用筆，源於碑法又脱離了碑法，筆鋒或藏或露、或粗或細、或整或破、或正或側、或圓轉或硬折、或誇張或抑制，靈活多變，旁若無人，把富於道家精髓的思維與大自然融爲一體，其筆墨又焉能不出神入化。

寫意畫《群童鬧學》，作於一九五〇年，先生六十六歲。衆兒童面容各殊，神態迥異，其耍笑頑皮，活脱如現，面上凹處淡施朱磦，嘴巴凸處用淺洋紅點染，其色暈有明顯圈痕，在有意無意間極具真趣。淡墨寫頭髮，然後趁潮用渴墨提擦，無不情趣奇妙，神采飛動。人物衣紋的描寫，較之前期面目全非，筆之所湊，砉然騞然，莫不中音。這種鮮衣磅礴的畫風和變幻奇異的綫條，令人嘆服。

工細仕女畫《嫦娥奔月》，畫中柔美婀娜的仙娥，身姿蜷屈，飄帶舞動，用淡雅自然的筆墨，寫出了仕女的最高韻味。除一輪圓月的襯托外全無背景，突出的人物佔領了畫面的下方，上方二分之一的空白用淡墨烘染，顯示出太空的廣闊無垠，使觀者進入一個虛無飄渺的世界。人物面目，輕描淡寫，頭髮由淺入深，層層遞增，其虛淡的邊緣毫無勾勒痕跡。最動人的地方是嫦娥的回眸顧盼，這回頭一顧把天上人間拉不斷扯不斷的情思，表現得淋漓盡致。衣紋的筆綫像雲彩一樣輕柔，柔中見骨，像水波一樣流暢，暢中見勁。仙娥的娉婷，畫面的深邃，可謂窮其造化。

色和墨的清淡蒼老，不膠不滯，通透自然。非清心寡欲的隱逸者没有如此境界。

晚期作品《風塵三俠》，整個畫面肅穆清新，墨古色淡，俠義之態撲人眉宇。《美人紅蕉》作於一九六一年，畫中仕女側身回目觀花，極致傳神，全幅淡墨勾寫，瘦竹摇風，碧蕉滴露，是贈與王慶坨書畫友人的，畫中題了一首打油詩，把道家自然主義的美學思想和超脱的心境融爲一體了。其詩曰：『階下有紅蕉，袖中有素女。畫成請所益，不止接相與。天寒難設色，因依李伯時。近年乏筆氣，纖弱只自知。提起我二老，天下之大老。入水不能濡，入火亦不熇。馳騁藝林間，造化全在手。甚麽是與非，一笑復何有。』

妙筆點睛，獨具神奇，每畫諸事完備常審視良久用虛毫幹墨，著紙即起，不加修飾，有意無意間在睛中現出空白點，像瞳孔一樣灼灼閃光。寫意畫《群童鬧學》，由於毫端精彩，使畫中諸兒靈光焕發神采畢現。工細畫《嫦娥奔月》，在仕女眼角側鋒一點，即妙筆生花，萬般嫵媚，多少風情，均生於『阿堵』。這就是『點睛即飛去』的神話再現。

晚年畫中的題字，可爲藝林中一絶，出於碑崖而脱離碑崖，方硬怪拙，參差錯落，虛實並見，幹濕不一，無形無迹，無法無度，獨行天馬。我們看過《群童鬧學》畫中之不同凡響的草書，即可見一斑而知全豹了。

在我們評析的三個時期中，可以清楚地看到，一個時期一層臺階，其時間差異明顯可見，我們用簡練的幾個字來概括它，初期纖弱生拙，中期雄渾濃重，晚期清淡自然。

如果把先生的藝術歷程像三個臺階一樣截然切斷，是不符合客觀規律的，事物的發展變化無不循序漸進，而且每時每刻都在發生著，又怎能以十年二十年斷開呢？但是爲了述説方便，只能這樣虛擬了。

畫家對繪畫藝術的認識，也和人類對客觀事物及其規律的認識一樣，由實踐到認識，再由認識到實踐的不斷反復。也就是在認識的初期，我們被社會和自然界這個必然王國支配著，經過不斷的努力才能擺脱來自社會和大自然的奴役，成爲自然界的主人，進而自覺地創造自己的歷史狀態，這就是自由王國。

閻至陽從初級階段的迷茫和拘謹，通過長期艱苦的實踐，逐漸開闊視野、修正偏見、提高認識，最終達到思維與自然完美結合的高級階段。這個過程就是從必然王國到自由王國的全部過程。

民國初年的改良年畫

王樹村

民國初年，直隸（河北）巡按使公署天津教育司社會科對年畫進行改良，旨在輔助社會教育，破除陳舊陋俗，遂對天津楊柳青年畫進行了考察，並在天津以彩色石印法印製了一批『改良年畫』。如《破除迷信》《遊楊立雪》《家禽守信》《阿財》《樓護》《孟母擇鄰》等題材，皆由『直隸教育圖書局印書處』刷印，作者閻子陽。從畫面上的人物衣綫勾描來看，畫師應是一位傳統人物畫畫家。

《破除迷信》圖，畫一山村天旱不雨，農民赤足露頂，在烈日暴曬下抬一泥『龍王』，敲鑼打鼓，步行道上，以祈天降甘霖，描寫了北方的祈雨民俗活動，圖上題詞解説云：

宇宙萬象，離離奇奇，若推其理，皆有可知，自然作用，物理爲之，科學所考，已無可疑。豈有風伯？豈有雨師？迷信鬼神，其心太痴。更有陋俗，不值一聲；求神祈雨，遠道賓士，抬一神像，遮以柳枝，露頂跣足，相追相隨，肅肅其容，喃喃其詞，其心實虔，其愚堪悲。嗟此妄舉，屍之者誰？戒之戒之，勿事自欺。（文後

有『改良年畫』方形朱印）

此圖用通俗易懂的文字宣傳自然科學，教育人民大衆勿信『風伯雨師』之説，更不要因久旱不雨，去作抬一泥偶神像求天賜雨的迷信活動。

《家禽守信》一圖，是藉公雞每日司晨報曉，勸人們愛惜時間。此圖描繪一鄉村人家傍河而居，遠山一抹，霜染紅葉，秋收已畢，柴垛出檐。一公雞聲破清曉，屋内有讀書人開窗遠眺，見有行旅趕程，商販肩挑貨擔，農民拾糞，腳夫趕驢，一派北方農村晨景。圖上題詞則勸勉人們發奮圖强、有所成就。其文如下：

世間最貴，惟此光陰，大禹惜寸，陶侃惜分。其逝如水，不可追尋，可貴可惜，甚於黄金。惜陰之法，不但勤勉，接時執事，須有預算，每日如斯，無或少變，天下何事，能我困難！家畜之雞，咸稱德禽，每曉必報，不忝司晨，守信若此，愧煞吾人，用繪此圖，範民之心。

此圖用山水人物畫法繪製，設色淡雅，意境恬然，雖無木版年畫設色濃艷，民俗生活氣氛强烈之特點，然而它寓意深刻。欣賞圖畫讀其題詞，使人潛移默化，從而珍惜時光。

《阿豺》畫晉末十六國時，吐谷渾王阿豺以『折箭』教育諸子的故事。阿豺病老時，召諸子到賬中，令弟慕利延折箭。先以一枝折之，既斷，又令以十九箭共折之，慕利延不能折。阿豺曰：『單者易折，衆者難摧，戮力一心，然後國家可固。』此圖所畫，雖然是歷史上的少數民族之故事，然而它在當時南北還未統一，帝國主義者瓜分中國之心未已之時，頗具喚醒民衆團結一致、共同抵禦外來侵略之功能。

《樓護》畫漢代樓護憐老濟貧的故事。

《遊楊立雪》是畫宋代遊定之、楊中立修學於教育家程頤的故事。描繪遊、楊二人初見程頤，見先生坐在廳中椅子上閉目瞌睡，二人遂侍立於旁。程醒來見二人敬立而待，稱其二人爲賢後輩。時門外雪深一尺，反映了古代尊敬師長的傳統美德。

以上諸圖及其文字説明，反映了官方改良年畫的目的和方法，即通過刷印封建社會歷史故事，對廣大城鄉民衆，尤其是兒童進行愛國主義、民族傳統美德教育，從而達到啟蒙民衆、喚醒民衆的社會教育目的。

民國四年（一九一五），天津教育司司長李金藻提倡摒除舊社會留下的遺毒，指令楊柳青年畫作坊繪刻『四戒』爲主題的木版年畫。『四戒』年畫即《戒食鴉片》《戒賭圖》《戒早婚》《戒嫖淫》，都是鞭撻吃喝玩樂的惡習，提倡文明進步的好作品。

不久，社會教育司辦事處（辦事處設於天津市西北城角）處長林兆翰（墨青）管理民間年畫出版事業時改良年畫又有發展。當時楊柳青戴廉增畫店聘請閻子陽出稿刻印了《恩加鄉里》《莫説謊話》《信實》《夫唱婦隨》四幅小樣，又有《中華成立》《民族自强》兩幅，獲得了天津直隸教育司奬金銀洋八元。大幅整張刷印的有《文明娶親》一圖，畫新郎騎一駿馬到女方迎來新娘。圖上題詩云：『改良維新去娶親，香車彩轎對迎門，從今文明成婚禮，富貴榮華滿門庭。』打破了過去新娘出嫁坐花轎，前有旗鑼傘蓋，共拜天地那一套千百年來的封建禮儀。對改變封建婚姻，提倡男女平等的宣傳起了積極作用。

原注：閻子陽，生卒年月不祥，河北武清縣汾港人，善畫山水、花鳥、人物，常爲楊柳青年畫作畫，是爲畫家中重視年畫藝術改良者。

——摘自《中國年畫史》第二三四—二三六頁（北京工藝美術出版社，二〇〇二年出版）

民初改良年畫先行人閻道生

張道梁

一九八四年八月十四日，天津人民美術出版社紀念建社三十周年，我受命寫一本百年來天津年畫發展的歷程。在這本《天津年畫百年》中，我在《楊柳青木版年畫》一節後，寫了民國初年新興的『改良年畫』一部分，選了《幼稚園》《家庭教育》《戒早婚》《赤壁火攻》《鶴蚌相爭》五幅。我對民初改良年畫的具體情況並不太瞭解，也不知道作者爲何許人，只根據畫框右側及底綫外印注的『直隸教育圖書局印書處刷印』『中華民國元年十月製作，直隸學務公所印行』這一點綫索查找資料。

直隸省是河北省的前名，在《天津近代人物志》（一九八七年版）中所載，李金藻於一九一二年曾任直隸省學務處視察、直隸巡按使公署教育科主任，我推斷這改良年畫或爲李金藻所倡議。

二〇〇九年霸州文聯閻伯群同志來訪，稱《天津年畫百年》中所選民初改良年畫係他的祖父閻道生所繪。當年《今晚報》王振良、張元卿、穆森編輯的《天津記憶》第二十六期，刊印了閻道生先生所撰的《閬廬日記》。這兩年，閻伯群積極挖掘、收集、整理出版了《閬廬畫集》《民初天津改良年畫選》，《霸州文苑》二〇一一年第一期還出版了《紀念閻道生先生逝世五十周年專刊》。

根據以上專著，我瞭解到其中的《楊俊恤孤》（三國故事）《恩加鄉里》《謊言無益》石印年畫中注明了『直隸巡按公署教育科供稿』，楊柳青戴廉增畫店刻板印行，而這教育科主任正是李金藻（字琴湘，一九三六年任河北省教育廳廳長，是知名的老一代教育家）。

閻伯群於二〇一二年秋查到民國二年（一九一三）三月二十三日天津《大公報》一則關於改良年畫的報導，題爲《改良社會之進步》，記載『教育司社會科去年編印改良年畫，行銷暢旺，社會歡迎，頗著成效。頃聞該科於此事仍力爲進行，逐日出稿，印刷已至二十餘種。惟此次印出者並不出賣，乃分寄天津縣之楊柳青及豐潤縣之豐臺鎮各畫店作爲模範稿，以資取法，俾得仿效；因而東三省及山東、山西各省教育司皆派員或來文向該科調查，以資仿辦』。

《民初天津改良年畫選》末頁選了閻道生最後創作的年畫《長亭餞别》，是《西廂記》中鶯鶯送張生進京趕考到十裏長亭餞别的内容，閻道生先生於一九六二年逝世，可見閻氏一生都從事繪畫創作，而且達到很高的水準，這從一九二五年他所訂的潤格可見，潤格寫意人物爲十五元，扇面六元，工寫人物、山水加倍。

閻道生的《閬廬日記》記載一九五七年『中秋又客津門，住長女家。今夏由楊柳青專區開文化專業會，凡七日，由此到津，三次往返，得入國畫研究會，會長劉子久，人甚端重，並能識藝術界數十人，今來津已四次矣』。又有詩賀天津國畫研究會：

天下無虛士，諸公法俱良。
奇開三祖秘，妙合兩宗長。
雅會聯燕市，藝壇競海邦。
灑家忘發白，充數傍門牆。

記得一九五五年年初，天津美術出版社由錦州道遷至山東路濱江道把角，每周日上午國畫研究會在美術出版社會議室聚會，負責聯繫的是美術出版社的女同志陳效昭。二〇一〇年美術出版社老社長張映雪重病住鞍山道總醫院，八月末她的女兒張安紀陪我到醫院去看望，我借機詢問半世紀前國畫研究會的情況，他聽覺清楚，但説話聲音微弱，安紀告訴我，他父親説當年没有參與國畫研究會的具體事務，都有哪些人參加也記不清了。

閻道生先生（一八八四—一九六二），字子陽，河北霸州市揚芬港村（原屬静海縣）人，民國初年任直隸提學使司畫師。一九一二年至一九一五年在直隸學務公所社會科從事改良年畫工作，任主筆，編繪教育畫多種。一九三七年抗日戰爭爆發後歸隱田園。生前出版《新修身》（教科書插圖）《書法指南》《閻子陽畫册》（日本版），其畫宗海派任伯年，以寫意爲主，兼用工筆，二十世紀二三十年代獨步津門畫壇。

——原刊《往事九十年》第二集（天津人民美術出版社，二〇一四年出版）

閻道生改良年畫研究

段光杰　尹樹鵬

二〇一九年舉辦的第三届中國木版年畫國際會議上，我提交的論文題目是《楊柳青廊坊木版戲出年畫研究》，文中曾介紹廊坊木版年畫畫家閻道生，並附以簡歷；由於時間倉促，搜集到的資料很受局限。交稿兩個月後，在天津問津書院召開的『高步瀛藝術研討會』中，我有幸遇到閻道生的嫡長孫閻伯群，聽他講述了更多關於閻道生的情況並首次見到了多件閻道生的人物畫真跡，深受啟迪。閻伯群時任霸州市作家協會主席，先後整理出版了《閻子陽日記書信集》《閱廬畫集》《閻子陽改良年畫集》並饋贈與我。至此，使我對閻道生先生的瞭解更加深入，此後我們成爲朋友，我們發現之前研究改良木版年畫的文章中，都没有提到閻道生先生的名字，作品也不標注是閻道生的作品。因研究者確實不知道閻道生對木版年畫的貢獻和作品情況。深感閻道生先生對中國改良木版年畫的貢獻不能疏漏，勸説閻伯群應打消『宣傳自家人』的顧慮，還歷史的本來面目，特撰此文以彌補木版年畫界之前對閻道生先生研究的不足和缺憾。就此我們徵求了天津改良年畫的研究專家尹樹鵬先生的寶貴意見，並得到尹先生在学术上的大力支持。

一、閻道生生平及對改良木版年畫的貢獻

閻道生（一八八四—一九六二），字子陽，中年後改至陽，號閬盧，別號閻仲子、北溟劍士。廊坊霸縣揚芬港村（今霸州市）人。自幼家道小康，其父閻恩煥，早年曾習醫濟世，後專業教書。閻道生出生時，其父正在江西學館教書，良好的家學條件和文化氛圍，使年幼的閻道生耳濡目染，飽受薰陶。閻道生先入村塾，十歲從父讀書，首學《詩經》《論語》《孟子》等古代經典；十三歲時閻道生遵從父命拜静海縣一民間畫師學習繪畫。揚芬港緊鄰楊柳青鎮，也是一個出產年畫的村落，閻道生的師父除精通工筆寫意花卉，也是個木版年畫技藝的高手。閻道生從此受到了文人畫和民間畫技藝的雙重啟蒙。爲改善生計，師父經常帶他到另一大年畫基地炒米店賣畫，在賣畫的過程中閻道生接觸了各種内容的年畫，特别是錢慧安鐵綫畫風、高桐軒年畫的寫實創作，對其影響很大，也逐漸熟悉了市場對年畫的需求，同時也涉獵了金石書法，書法師黄山谷，繪畫私淑任伯年，並一生堅持了繼承和創新，最後形成獨立風格。在十四歲時他就走進天津石竹齋古玩店，用賣畫所得三角錢購

得一方老舊壽山石，由朋友爲其刻『子陽』爲印。十八歲時，閻道生在同鄉的介紹下，報考了湖北武備學堂，接受了嚴格的製式訓練，後因南方生活方式和語言環境不適而棄學。棄學後的閻道生仍然被江南的山山水水所陶醉，隨後到湖北、湖南遊歷寫生，也曾到達經濟文化發達的南京和上海。直到二十二歲，閻道生北歸於天津落腳，此時的閻道生繪畫技藝日漸成熟，開始以賣畫爲生，人物畫作爲賣畫生涯的始售，也成爲閻道生終身鍾愛的繪畫題材。

一九〇九年，閻道生受聘直隸教育圖書局，主要是爲學部繪製教科書插圖；同期也受聘於商務印書館天津分館爲課本畫插圖。儘管此時他的文人畫潤格已很高，閻道生依然以極高的熱情參與了編教材過程而且畫得非常認真，這些插圖多爲人物故事，畫面風格全爲寫實，易懂、直白，其繪製楊柳青年畫的功底有了新用場。當時課本插圖爲小技，既不署名稿酬又很低，而參與課本編纂的核心人物多爲天津名人，閻道生自然被吸納介入。現僅從收集到的民國元年商務印書館《新修身》課本來看，共一百四十四課而插圖近百幅，有動物寓言故事、典故、成語、格言、派生的説明畫面，並有了許多域外故事的畫面，許多背景畫面材料明顯有天津的痕迹。閻道生爲此作出了獨特貢獻，但研究課本史的文獻對插圖作者少有提及也是缺憾。

閻道生除了完善自己的文人畫創作以外，還以極大的熱情投入到楊柳青新木版年畫的創作之中。他先後應楊柳青年畫名號齊健隆和戴廉增之邀，完成的改良木版年畫：《恩加鄉里》《信實》《恤孤》《夫唱婦隨》《竇燕山》《孟母擇鄰》《完璧歸趙》《竊符救趙》《張良刺秦》等，在閻道生的年畫中，可以看出較爲深厚的寫實功底和文人畫的傾向，使每件作品都力求生動傳神，達到雅俗共賞的藝術風格。

一九一一年直隸巡按使公署天津教育司司長李金藻親自對市面流行的年畫進行了考察分析，指令木刻年畫必須出版新年畫。爲回應當局號召，天津楊柳青各年畫出版商紛紛出版新内容的改良年畫，他們或翻印官方已出版的改良年畫，或請人創作新内容新時尚的年畫，而閻道生是首選人物，他不但是天津直隸學務公所專職繪畫人員，也是戴廉增、齊健隆畫店的特聘創繪畫家。當時由楊柳青戴廉增畫店聘請名畫家閻道生出稿刻印了《恩加鄉里》《莫説謊話》《信實》《夫唱婦隨》四幅畫稿，又有《中華成立》《民族自强》兩幅，獲得了天津直隸教育司獎金銀洋八元。這期間把楊柳青年畫的内容從傳統進行現代化的改良，使其内容和藝術風格有了質的變化，彰顯了改良木版年畫的生氣，也是社會教育中年畫起到教化作用最爲突出的階段，這一活動雖然由官方行政推動，但閻道生完成了新思想和新内容的注入，所以把閻道生作爲天津年畫改良的領軍人物當之無愧。

辛亥革命後，直隸提學使司學務公所社會科，直接領導和推行年畫改良運動，閻道生就職於社會科，是這一運動的主要執行者。從現在搜集到的閻道生石印版畫來看，當時是利用先進的石印技術，色彩艷麗、畫面逼真。年畫内容是宣傳剔除社會『四毒』即：鴉片、賭博、早婚、嫖妓。以及以宣傳科學、破除迷信、誠實守信、珍惜光陰爲主題，年畫稿是全部由閻道生完成的，史上稱之爲改良年畫。這些改良年畫，每幅都配上議論和點評，深受大衆喜愛，其傳播的廣泛性是其他傳播形式所不及的。

一九一六年，天津年畫改良運動中止。閻道生離開直隸學務公所社會科，專心執教於中華武士會本部。一九一七年，直隸督軍曹錕賞識閻道生之畫品，曾到河北公園拜訪畫家。閻道生與其切磋畫藝，濡筆談歡，臨别互贈作品。由於與閻道生的關係，曹錕常往武士會視事，提供資金，聘請武術人才，中華武士會也因此而興旺。

閻道生廣結天津文化界志趣相投諸友，最早結交了書法家馬阜、教育家薑般若，而後結識了具有科學思想的天津寫實畫家陸文鬱（辛農）。陸文鬱在所著《天津書畫家小記》中對閻道生作了如下簡介：『閻道生，字子揚（陽），武清羊（揚）芬港人（揚芬港曾區劃武清），居津甚久。善書畫，人物、仕女宗改七薌、費小樓。鬱友李貫三藏有道生所畫梅花仕女横幅。設色淡雅，極静逸之致。』陸文鬱對閻道生畫的記述用的『藏』和『設色淡雅，極静逸之致』是高於天津其他畫家的評述語。陸文鬱是天津書畫大家和博物事業的開拓者，對繪畫既有傳統又有西畫技巧，對閻道生的畫給予這種評述，可見其對閻道生畫的推崇。閻道生的畫能引起陸文鬱的推崇是閻道生畫的文人畫優秀，説明閻道生已是天津有名的畫家。但簡介中不提其年畫成就，是因爲在當時歷史條件下對畫家的推崇是專指文人畫，而對年畫等應用美術的人都稱畫師或畫匠，前者正宗，後者爲旁門，所以爲楊柳青年畫提供畫稿，直接推動年畫發展的繪畫者在楊柳青年畫史裏提及者寥寥無幾，多被湮没。

一九三〇年，天津美術館成立，在館内舉辦了閻道生首次個人畫展，而後作品到日本巡展，在中日現代繪畫名家聯展中攝影立傳：『閻道生，字至陽，號閬廬，河北人，能書擅畫，好劍術，喜歌詠，性恬默，不以其所能示人。家貧以畫自給，故以畫名。人物山水筆法偉岸，欲學陳章候而復參己意，邈然高遠，極斥脂粉蹊徑，故白描畫尤重於世。復追殷周鼎彝之學，文器兼重，考據頗勤，今年四十有六矣，尚力行不輟，殆保揚國學，無解心者。』在日本出版了個人畫集，此事轟動天津社會，在當年二月七日《益世報》對其畫風性格也作了報導。『閻道生，字至陽，揚芬港人，擅長人物，雖寥寥數筆，而神態生動，近則兼繪山水，渲染特妙，頗有山林之氣，指頭草畫，亦豪邁超卓，惟惜墨如珍，倘非其人，雖豪勢巨金，亦不輕作，其賦性古傲，頗有八大山人之風，爲近今不可多得之作家……』

在三十年代，閻道生的書畫不但在天津被看好，而且在上海和江南也受人青睞，從其已發現的閻道生的潤格單，在一九二五年其白描人物畫達到了二十大洋一平尺，在當時的津門畫家裏已屬最高，三十年代，其潤格又有提高，足見大家對他的追捧。一九二八年後閻道生對國民黨主政的社會逐漸遠離，寓居天津净業庵，加入天津净業國技研究社，一九三一年出版了《書法指南》一書，一九三五年個人捐資兩千大洋爲鄉梓建揚芬港完小，一九三七年隱居老家鄉間，一九四〇年遷住静海縣城賣畫，一九四三年六月東淀葦塘土匪僞東挺支隊洗劫揚芬港村，見閻道生爲村中殷實門户，遂被綁架並將其家中保存古籍拓片畫稿各數百件及十年所畫精品燒搶一空，所存年畫資料及早年日記全部被燒毁。但他並沒有消沉，繼續創作，一九四四年匯定《閱廬題畫詩》兩册，一九四六年繪製絹本册頁數十幅準備結集出版，一九五六年多幅作品參加河北省、天津美術展覽，《赤壁夜遊》赴日展出，一九五七年加入天津國畫研究會，一九六一年秋作絶筆畫《指畫蟾蜍》，後患病維持到一九六二年七月二十一日淩晨，以八十歲逝於揚芬港。觀其一生，閻道生是自學有悟有成的繪畫大家，他劍膽琴心的風度在巨變動盪多災多難的社會環境中恪守著文人的良知，他有名而隱名，有才而不恃才，有能而不逞能。整理他的畫作、文稿，撰寫他的傳記都是天津文化史、河北省文化史上一件有意義的事。

對閻道生改良年畫的貢獻給予關注的是天津年畫研究大家王樹村先生。王樹村先生工作在中國藝術研究院，是我國系統研究年畫史的第一人，也是個人掌握天津年畫資料最多的人，他也注意到年畫的核心和活力來自創作人員，但留下的痕跡太少了，他只能用『民間畫師舉要』來勾勒一些史實，他發現許多重要的改良年畫，从畫面上殘存的署名得知是閻道生，並分析出其是傳統畫家，其餘則一概不清，致使後人對閻道生知之甚少。所幸王樹村先生鈎沉出年畫史上殘存痕跡，將閻道生的創作歷程殘缺地保留了下來，才讓我們沿著這些痕跡得以挖掘。現在我們所見及存目的三十多幅改良年畫，僅是閻道生作品的極少部分，雖然量小，但畢竟展現了其歷史價值，也使楊柳青年畫研究史裏衆多空白和缺失得到補充和銜接。楊柳青年畫作者的研究應是年畫史最核心部分，因爲無畫稿其他就無從談起，但這方面實在薄弱，故而我們通過艱難的收集整理將衆多作者群中的一個重量級代表閻道生髮現，並對其作品進行收集、整理和研究，也是對木版年畫研究做些具體的工作。

二、閻道生木版年畫作品舉要簡述

傳統木版年畫一般題詞很少，可閻道生的改良木版年畫則與衆不同，畫面題詞較多，且用通俗易懂的白話文，形成一種特色。本文將畫面題詞釋出，文章字數所限，特別長的略去。由於木版畫文字印刷難度較大，部分字跡不清。我們經反復推敲辨認，盡量還原文字原貌刊出，以解讀者讀畫時辨認文字之苦。

木版年畫《竇燕山教五子》內容突出了竇燕山教子有方，其義學受歡迎，這是有意把視角突出在教育的重要性上。《三字經》中説：『竇燕山，有義方，教五子，名俱揚。』此圖即繪鄰人送子來竇氏義塾讀書情形。此木版畫中刻有説明五百多字，在木版年畫中爲字數最多者，畫中兒童神態各異，且畫有馬、牛、羊、豬、狗、雞，還有各種花卉樹木，生活氣息濃郁。

《孟母擇鄰》突出了孟母注重教育，必須選擇良好的兒童成長環境。孟母爲教育好幼小的孟子，曾爲選擇環境搬家三次，終於把孟子培養成爲一代大儒。此木版年畫設色優雅，構圖講究，畫中人物挑肩推車很有生活情調，畫中亭臺樓閣、大小橋俱全，各種樹木花草穿插别致，是一幅濃濃的風情畫。

《完壁歸趙》則突出了不畏强權的愛國主義，此木版年畫構圖奇特，似舞臺演出，畫中人物衆多，服飾采用明代服飾，而未用戰國服裝，桌幃、牙板、宮扇、大印與舞臺道具相同，只是曲形擋板用戰國青銅器紋飾，點出所處時代，人物旁邊標出人物名，便於讀畫，是一幅上乘楊柳青特色木版畫。

一九一一年閻道生率先爲戴廉增畫店繪製了《中華成立，歡迎共和》《世界大同，文明進步》。《中華成立，歡迎共和》又稱《中華成立，民族自强》，爲同一畫樣，此圖爲辛亥革命後年畫界最早出現的擁護民主、共和的經典作品，各畫一美人持一五色共和國旗，和一折枝花卉，旁畫穿制服之學生。童子高舉一對燈籠，上插一象徵五族共和之五色國旗。《世界大同，文明進步》，全圖人物以學生跳高、踢球等體育活動爲主。同時，畫面人物皆穿著新式服裝，行新式鞠躬之禮。背景繪以彩紮牌樓，懸掛民初之五色旗及各國國旗，牌樓上的楹聯爲：『南北統一紀念，專制已除盡帶維新氣象，共和初定咸懷尚武精神。慶五族一家，政治變革專制滅，人民共造共和春。賀共和萬歲，後世文明基此際，前途幸福立斯國。』反映了辛亥革命後，人們要求文明進步的思想和喜悦歡樂的心情。也是天津唱響共和國體的首篇木版畫作品。

閻道生繼而又創作了針砭時弊与舊禮教醜陋的畫稿《文明娶親》《謊言無益》等木版年畫。

《文明娶親》講的是男婚女嫁，中國古代原有一套禮法。辛亥革命後，社會風氣開始演變，結婚儀禮也與以往不同，全圖刻畫了天津城市結婚喜事出現革新簡辦的場面，以及新舊交替中的特殊形式。如圖中男方新郎坐四輪馬車，新娘依舊坐在花轎上，其間還有肩荷紅燈高照者，以存傳統的天未明成婚禮之義。圖上題詩：『改良維新去娶親，香車彩轎對迎門，從今文明成婚禮，富貴榮華滿門庭。』過去娶親前有旗鑼傘蓋，共拜天地的一套封建禮儀。這對改變封建婚姻，提倡男女平等的宣傳起到了積極作用。

《謊言無益》則是教導做人要誠實，木版綫稿題字爲：『王某好説謊話，人人都稱他爲王大謊，有一日路上遇見一狼要吃他，他就大喊救命，别人聽見他的聲音，全説是王大謊説假話，别信他，因此大家都不去救，王某差不點被狼所吞吃，大概尋常好説謊話的人一旦有事，就是説真話，人亦不信他，豈不有誤大事麼。』題字將畫意表達的很清楚，這在民國初年，用白話文將畫内容詮釋，是件很不得了的事。

閻道生創作的木版黑白綫稿《恩加鄉里》，是在實業救國思潮的延續下，教育部通令各省設立實業學校，以教授農、工、商業必須的知識技能爲目的。此圖閻道生借東漢樊重恩加鄉間的故事，勸人要勤學致富，要多種經營且長期計劃。木版綫稿上題字爲：『樊重他家輩輩能種田地，又好作生意，他所置産業没有不好的，他所雇僕役，没有懶惰的，上下一心，財産一年比一年的加增，共置田三萬餘頃，蓋的房屋很多，水池中養的魚足，圈中養的畜牲豐，若有來求者必給之，欲作家具先備漆，時人笑之，以後成杉笑者全求借焉，積財巨萬而賑濟鰥寡孤獨，鄉里皆感大恩，吾人之理財處世，以他爲法方好。』畫中以種樹造林而寓意『恩加鄉里』的實績，配上文字説明，教育意義更强。畫中人物挖坑、種樹、培土、扛樹苗，動作規範，一看就是從生活中來。畫右標有『直隸巡按使公署教育科出稿』。畫左標有『天津楊柳青廉增公記畫店印行』。

《信實》講的是爲人誠信的故事，木版綫稿題字爲：『漢時有信友張劭、範式者，他兩人同遊太學，到分手時候，範式對張劭説，二年後必往拜令堂，逐訂一日期。到那天張劭稟知母親預備酒席，母答曰：「别已二年，並且路隔千里，何必信以爲真。」正説著，範式忽來叩門，張劭急速迎入，登堂拜母，歡敘作别。請我們衆同胞想一想，交朋友全要像他二人這樣信實，遇事有多麼好辦呢。』

《楊俊恤孤》木版畫上題字爲：『三國時楊俊，字季才，同鄉有王象者，少孤，爲人牧羊，暗私自讀書，被主人箠楚，俊嘉其才賢，以錢贈象，並爲之聘娶立屋，然後與别。』圖中楊俊於松下見王象持書放牧，舒掌欲令其起身，二人作問答狀。

閻道生的木版年畫中，由於刻板工人水準所限，閻道生的黄體書法特點在題字中已不明顯，而在其手繪畫稿經石印出來後，閻道生的黄體書法特色則展現無遺。

三、閻道生手繪稿石印年畫舉要簡述

除木版改良年畫外，閻道生還畫了一批手繪年畫稿，在天津以彩色石印法印製了一批『改良年畫』。如《破除迷信》《遊楊立雪》《家禽守信》《阿豺教子》《樓護重義》《孟母擇鄰》等題材，皆由『直隸教育圖書局印書處』刷印。

傳統木版年畫一般題詞很少，但閻道生的改良年畫則在畫面上加上了較多的題詞，尤其是閻道生繪製的石印改良年畫稿，都是以白話文的形式，用通俗易懂的語言表述畫面内容，傳播近代思想與新觀念。閻道生的這些石印改良年畫承擔起了開啟民智、普及社會教育的責任。加之石印技術可以把閻道生所繪製改良年畫的形象、色彩及他書法的勁道不打折扣地表現出來，廣受民衆歡迎，其宣傳作用又遠遠超過了其他年畫手段。

《破除迷信》一圖，畫一山村天旱不雨，農民赤足露頂，在暴日曬照下抬泥『龍王』，敲鑼打鼓，步行道上，以祈天降甘霖，描寫了北方的祈雨民俗活動，圖上題詞解説爲：

宇宙萬象，離離奇奇，若推其理，皆有可知，自然作用，物理爲之，科學所考，已無可疑。豈有風伯？豈有雨師？迷信鬼神，其心太痴。更有陋俗，不值一聲；求神祈雨，遠道賓士，抬一神像，遮以柳枝，露頂跣足，相追相隨，肅肅其容，喃喃其詞，其心實虔，其愚堪悲。嗟此妄舉，屍之者誰？戒之戒之，勿事自欺。（文後一『改良年畫』方形朱印）用四言一句，通俗易懂的文字宣傳自然科學，教人民大衆勿信『風伯雨師』之説，更不要因久旱不雨，去作抬一泥偶神像，祈天賜雨的民俗迷信活動。

又如《家禽守信》一圖，是藉公雞每日司晨報曉，勸人們愛惜時間。此圖描繪一鄉村人家傍河而居，遠山一抹，霜染紅葉，秋收已畢，穀倉出簷。一公雞聲破清曉，屋內有讀書人開窗遠眺，見有行旅趕程，商販肩挑貨擔，還有農民晨起拾糞，腳夫趕驢，一派北方農村晨景，安然恬靜生活。然而畫上題詞則勸勉人們發憤圖强，力争成人。其文如下：

世間最貴，惟此光陰，大禹惜寸，陶侃惜分。其逝如水，不可追尋，可貴可惜，甚於黄金。惜陰之法，不但勤勉，接時執事，須有預算，每日如斯，無或少變，天下何事，能我困難！家畜之雞，咸稱德禽，每曉必報，不忝司晨，守信若此，愧煞吾人，用繪此圖，範民之心。

此圖用山水人物畫法繪製，設色淡雅，意境恬然，雖無木版年畫設色濃艷，民俗生活氣氛强烈之特點，然而它寓意深刻，使人潛移默化。

又如《阿豺教子》一圖，是以晉末十六國時，吐谷渾王阿豺教其弟慕利延折箭而教子的故事。此圖所畫，雖然是歷史上的少數民族之故事，然而當時南北還未統一，帝國主義者瓜分中國之心未已，此圖之刷印，確實唤醒人們勿相互殘殺，削弱自己力量，若團結一起，則會使國外敵人不敢繼續侵略我中華民族。今天看來，此圖借古喻今之意義仍未失去。這是官方改良年畫的新試點，由閻道生畫出畫稿，具體實施。

《樓護重義》畫上説明文：漢時，齊人樓護有故友吕公，年老無子，依歸樓護贍養。樓護與吕公及妻子吕嫗同食，樓妻頗厭吕公。護聽到後，流涕對妻子道：『吕公從故舊，窮老托身於我，義所當奉。』遂養吕公終身。圖畫中庭院雅潔，一廳中吕公與老婦分坐桌旁飲茶，侍女侍立於後。另一屋窗前，樓護夫妻似在談論吕公之事。

《遊楊立雪》是民國初立，直隸教育司社會科爲擯除年畫中升官發財及一些不健康的題材内容，要求另出的一種提倡愛國、講禮貌講道德的新畫樣，這畫新畫樣的任務也由閻道生來完成。《遊楊立雪》以宋代大學者遊酢、楊時二人初次拜師求學到程頤門前，見程頤正在瞑目休息，不敢驚醒老師，立在一旁等待的故事，教育人們尊師重道，學禮以立。

《幼稚園》《戒早婚》《家庭教育》這三張改良年畫是在民國一九一一年，由閻道生畫稿，直隸學務公所出版的。出版時間爲民國元年十月，比王樹村先生記載的時間要早。

《幼稚園》畫中國旗爲紅黄藍白黑五色，象徵漢滿蒙回藏五族共和。畫上原文説明如下：

幼稚園就是教育未入學校小孩子的地方。小孩子到了三四歲的時候，就進這幼稚園。園内有保姆兩三人，可看護四五十個小孩，教給他識數、唱歌、遊戲、童話和那小孩見過懂得的物件；小孩又歡喜，又得了好些知識，省得在家淘氣，又騰出大人的工夫來去做事，到了七歲進學校的時候，自然就容易了，你説這幼稚園好不好呢？

《戒早婚》畫上原文説明如下：

近來風俗日壞，人心不古，男女多尚早婚、北方尤甚。有幼童年至十四五歲就爲他結婚，更有十二三歲的幼童即婚娶者，你説他的父母糊塗不糊塗。十二三歲的童子，骨骼尚未堅固、氣血尚未壯、人事尚未懂，亟亟給他娶一個大媳婦，實在是胡鬧，那早婚的害處一言難盡了。有兒女者，千萬莫再爲兒女早婚啦，今日雖不能行古道，總以在二十歲左右結婚爲合宜。

這白話説明很通俗易懂，比戲曲《小女婿》要早幾十年，白話文運用讓民衆喜聞樂見。

《家庭教育》畫上原文説明如下：

欲謀社會改良，先講家庭教育。女學遍地發達，母教自然普及。飯後茶餘之暇，子女團團繞膝。姊姊懷抱弟弟，母親教誨幼子。

教以方字圖解，教以飛潛動植。自古賢聖文豪，皆受母教之益。孟母擇鄰教子，歐母布沙畫荻。望我中華國民，家庭當講教育。

閻道生的這套改良年畫不僅題材全新，而且用極爲通俗易懂的口語注解説明文，這在當時文言一統的時代，所起推廣白話文的作用比一九一九年五四時代胡適提倡白話早多了。這在中國文化史上也是值得一記的大事。

四、深入瞭解閻道生是研究現代年畫史的需要

我們在查找資料時發現：《中國現代美術全集·年畫卷》是一九九八年十二月一日，由遼寧美術出版社出版的圖書，作者是王樹村。書中有《中國現代年畫史敘要》一文，文中提到閻道生的改良木版年畫作品和手繪石印年畫作品。王樹村先生寫此文章時（估計二十世紀六十年代初）閻道生大概還在世，且王樹村的故鄉楊柳青鎮與揚芬港相距不足二十裏路，兩人相差僅三十多歲。很可惜的是，如果王樹村先生當時與這位對楊柳青年畫作出重大貢獻的閻道生能見上一面，那麼楊柳青木版年畫史上很多疑難問題就會在當時解決。

經與尹樹鵬先生協商，他説除對閻道生的新年畫作品進行研究之外，還提請改

良年畫研究者應注意以下幾點：

（一）閻道生是以極强社會責任心，主動投身清末民初改良年畫運動。他唱響共和的第一聲吶喊，拿起畫筆爲利器，吹響新思想的號角，衝破舊的專制思想，閻道生起到不可替代的作用。辛亥革命後帝制滅亡，知識界以極大的熱情來歌頌新政體。閻道生的改良年畫立即出現了創作高峰，引領了當時新年畫的潮頭，爲新年畫的内容從傳統走向現代做出了貢獻。閻道生是改良年畫的奠基人之一，這是研究改良年畫的重中之重。

（二）閻道生的家鄉揚芬港周邊是當年新年畫的創作生産基地，是霸州、勝芳、揚芬港文化帶與天津對接的前沿。當年很多木版畫、石印版畫藝人都到揚芬港學習先進的印刷技藝，這與閻道生的宣導有重大關聯。改良年畫的研究者應對揚芬港周邊的新年畫創作、製作中心加强關注研究，亦是研究閻道生不可缺少的重要環節。

（三）閻道生是天津畫派的重要元點，是最早與海派畫風聯接的關鍵人物，是將文人畫與木版年畫、石印版畫完美結合的典範。研究閻道生改良年畫的繪畫技藝，是破解他的畫作如何能成爲各畫店争先模仿學習之用的突破口，從中看出閻道生改良年畫畫稿的示範意義和成爲書卷氣改良年畫高峰的必然原因。

閻道生當時在楊柳青年畫上的貢獻不被人知的原因多種多樣，現分析起來起碼有以下幾點：

（一）當時文人畫家很少談及爲年畫畫稿之事，閻道生不但對外界不談，且對後代子女也很少提及。閻道生從事改良年畫的經歷，發現於一九五七年加入天津國畫研究會時、由其三弟閻午生代填的履歷表上。

（二）閻道生文人畫、武術上的成就過大，湮没了他在年畫上的成績。且他自一九三七年抗戰開始後就隱居鄉里，漸漸被年畫界淡忘。

（三）閻道生早年的年畫稿與早年涉及年畫的日記，都在一九四三年土匪洗劫揚芬港時燒毁，没有留下文字資料和畫稿實物。

（四）閻道生在年畫上很少署名，即使署名也只是寫子陽，但後來閻道生中年又改字至陽。陸文鬱先生的《天津書畫家小記》、王樹村先生的《中國現代美術全集·年畫卷》把他又寫成閻子揚。這樣不了解情況的人很不易將這幾個名字聯繫到閻道生一人身上。

（五）另外，由於行政區劃多變，揚芬港村早年屬於静海縣，曾劃歸過武清縣，後又區劃到霸縣（又改爲霸州市），這幾個地方都不研究其村、其人、其事。因此就耽擱下來。

以上多種原因，將這位不該被遺忘的年畫大師慢慢淡出了人們的視野，讓想研究他的人也很難查到資料。前段時間又發現一張署名子陽的木版花鳥畫，據説圖版可能還在楊柳青年畫版庫中，此木版年畫是發現的唯一一幅閻道生的花鳥木版年畫，名爲《五倫圖》。從題款字體看有明顯的閻道生早年書寫黄體的風格，該木版畫面構圖講究，花鳥形象栩栩如生，實爲一幅花鳥畫佳作。隨著研究深入，還會有多少閻道生的木版年畫被發現還不可知。我們在這裏抛磚引玉，望各位研究年畫的同仁多關注、多研究這位對改良木版年畫作出極大貢獻的重量級畫家。

——原刊《年畫研究》二〇二二年秋季號

《唐宋詩合選繪圖》的意義及閻道生的教育情懷

羅容海

《唐宋詩合選繪圖》，近代畫師閻道生手繪本，一九四八至一九五〇年繪成，是閻道生爲教子吟誦詩歌而編的配圖詩歌選本，《天津記憶》第六十五期刊行。該書無論從童蒙詩選還是童蒙畫册的角度上看，都具有崇高的地位，尤其是在配畫蒙學史中，完全可以稱得上鳳毛麟角的一流作品。作者閻道生，字子陽，中年後易字至陽，天津静海縣人，民間儒生兼畫師，孜孜一生經世濟民，力行教化事業，其上下求索的歷程和精神，使得他成爲近代社會與教育轉型中衆多默默無聞而又最值得尊敬的民間教育家之一。

一

詩歌教育在中國教育史上源遠流長，早在孔子時代便有『《詩》教』的傳統。孔子説：『小子何莫學乎《詩》。』《詩》可以『興、觀、群、怨』，可以『多識於鳥獸草木之名』。及至唐宋，上承《詩經》傳統的近體詩蔚爲大觀，一躍而成爲中國文學的主流，詩歌也成爲科舉必考的項目，成爲古代士子和讀書人的必備技能。隨著科舉的影響日益擴大，明清兩代便有了不少童蒙誦讀的詩歌選本，最有名的如《千家詩》《唐詩三百首》。《千家詩》在蒙學史上和《三字經》《百家姓》《千字文》一起被合稱爲『三、百、千、千』，成爲古代童蒙誦讀最多的詩歌選本。《唐詩三百首》則更具文學色彩，並留下了『熟讀唐詩三百篇，不會作詩也會吟』的美稱。本文所討論的《唐宋詩合選繪圖》，全稱即爲《〈三百首〉〈千家詩〉唐宋詩合選繪圖》，雖然其產生時代已臨近民國後期乃至新中國成立之初，但依然是從古代詩歌教育一脉相承中長出的碩果。

儘管有現成的範本《唐詩三百首》和《千家詩》，但是幾乎古代每位老師都有自己的一套詩歌觀念和詩歌選本。至陽先生一生多才多藝，新學舊學各種思想兼收並蓄，這就是爲什麼至陽先生編選的《唐宋詩合選繪圖》，不光對《三百首》《千家詩》中的唐宋人詩歌進行斟酌損益，還有晉人顧愷之、明代劉基、清人鄭板橋等的作品，甚至其中夾雜著一首從《幼學故事瓊林》中選出的四句無名詩歌的原因。

也許是覺得詩歌需要雋永，言短而意長；也許是覺得小兒讀詩，若讀太久注意力則不易集中，以致耗氣；也許是四句的小詩更易入畫。總之，這本《唐宋詩合選繪圖》，其實更可以稱爲一部絶句選本繪圖。全篇所選一〇四首詩，無一律詩，全是四句的小詩，這在古詩選本中可謂絶無僅有。在明清的科舉考試中，最後一道試律詩要嚴格地遵照近體詩格律，四句實在只能算半首詩。然而絶句適合描寫和保存瞬間的感悟或美麗，我國一代代偉大的詩人用絶句這種形式，創造出了大量的佳篇。這類抑揚頓挫、朗朗上口、言簡意長的小詩，自然地成爲童蒙教育的首選。儘管如此，我們依然要慶幸科舉制度已經結束，慶幸教育觀念的進步，不然，爾芃伯伯很小年紀可能就不得不去大段大段地讀背《春望》《蜀相》《錦瑟》等一本正經的律詩了。

至陽先生在排列這百餘首詩歌的順序上，體現了循序漸進的原則。先是三十三篇五言詩，先通過五言詩，讓孩子對詩歌的韻律有初步的瞭解。並且這些五言詩都是生趣盎然、回味無窮的佳作。如第三首《問劉十九》『緑蟻新醅酒，紅泥小火爐。晚來天欲雪，能飲一杯無。』如第十六首《池上》『小娃撐小艇，偷采白蓮回。不解藏蹤跡，浮萍一道開。』這些詩歌多以簡單的詞句，以白話的方式，或描寫孩童的言行，或以童真的眼光看待日常世界，很快地便引起孩童的共鳴，能迅速提起孩童對詩歌學習的興趣，讓孩子從一開始接觸便喜歡上詩歌，激發孩童詩歌的手筆、眼睛和心靈。五言詩後是七十一首七言詩，七言詩較五言詩有更多的節奏和韻律變化，更多的篇幅則更能描寫或表達細緻的情景和複雜的感情。所以，全篇中七言詩佔據了大半分量，體現了至陽先生對詩歌格律的重視。七言詩中的內容，除了繼續保持通俗易懂之外，內容、感情和風格漸趨成人，這樣既反映了中國詩歌的真實面貌，又對孩童的社會化成長和文化技巧起到了奠基的作用。

『我手寫我口』，詩歌是自我的一種表達。同樣，作爲詩人的至陽先生，他選擇詩歌教育自己的子女的過程，也是其文學觀念、教育觀念、社會理想等思想的一種自然流露。甚至，當作爲一個家長，關起門來在自己家裏教育子女的時候，這種流露會更徹底，更毫不僞飾。縱觀全篇一百餘首所選詩歌，再印證至陽先生自己的詩歌作品，我們能從中窺識到至陽先生的詩歌理念和人世情懷。

對田園的熱愛，對農事的重視，和對於勞動人民的同情，這是《唐宋詩合選繪圖》給人的第一印象。全篇多次選擇具有濃厚鄉土風味和田園風情的詩篇，如範成大的《村莊即事》《田家》、雷震的《村晚》、張演的《社日》、徐元杰的《湖上》、戴復古的《夏日》等，並將李紳的《憫農》置於第一首，又選取鄭板橋的《九九謡》、謝枋得的《蠶婦吟》等，至陽先生對下層勞動人民的辛苦給予的同情不言而喻。這在至陽先生自己的詩集中也可以得到印證。至陽先生在他的《夏日鄉居即事》系列詩歌《觀閒》《久雨》《暑夜》《采莧菜》中，其『桑幹爲患久，誰爲解民憂』的憂愁，其『碧淀添新漲，漚麻正及時』的欣喜，其『秋風野莧肥，其味勝苜蓿。采采復采采，冬日盡飦粥』苦中作樂的體會，無一不在印證著至陽先生對田園生活、對農民農事、對辛勤勞作的純真感情。從事後的結果來看，至陽先生的教育也收到了實效。閻伯群先生在回憶自己的父親和叔父，即本書《唐宋詩合選繪圖》的『受衆』——至陽先生的兩個兒子閻叢林、閻爾芃的時候説道：『天資聰慧的我父親和叔叔也由於家教的影響，繼承了他們祖父的衣鉢，一個是教師，一個是醫生，堅守民間的生活準則，靠勞動吃飯。』相信這個結果一定是至陽先生樂於看到的。

林泉生活的閑適和從容是全篇最大主題，全篇幾乎一半的詩歌與此相關。如『終日昏昏醉夢間，忽聞春盡强登山。因過竹院逢僧話，又得浮生半日閑』『梅子流酸濺齒牙，芭蕉分緑上窗紗。日長睡起無情思，閑看兒童捉柳花』『呢喃燕子語梁間，底事來驚夢裏閑。説與旁人渾不解，杖藜攜酒看芝山』『傲吏身閑笑五侯，西江取竹起高樓。南風不用蒲葵扇，紗帽閑眠對水鷗』『門外無人問落花，緑陰冉冉遍天涯。林鶯啼到無聲處，青草池塘獨聽蛙』。從容閑適的最高境界是『陶然自得』和

『物我兩忘』，如王維的『深林人不知，明月來相照』，如僧智安的絶句『沾衣欲濕杏花雨，吹面不寒楊柳風』，如蘇東坡的『只恐夜深花睡去，故燒高燭照紅妝』。至陽先生中年以後隱居鄉里，這些詩歌不能不説與他的身心『有戚戚焉』。至陽先生本雅士，詩畫書劍皆深精通，壯年奔走時期尚且不時偷閑，如其在自己的詩集中説述：『小院平如砥，籬花亦清麗。對此卻瀟灑，閑作五禽戲。』歸隱之後，更有《思去秋之詩》曰：『一雨滌殘暑，河漢横天白。獨坐悄無言，秋蟲鳴我側。朝起臨梳洗，晴霞飛入窗。揮之竟不去，紅上美人妝。』然而至陽先生的體内畢竟流淌著儒家經世的血液，縱然詩人的浪漫情懷亦不能讓他陷入如王維詩中一般的禪意和出世。至陽先生如同許多的儒生一般，行走在塵世中，陶醉亦在塵世中。正如閻爾芃在本書序中，寫到自己小時候『放開充滿稚氣的喉嚨，高聲吟唱起來』，至陽先生則常常『盤腿坐在炕頭上，腰板挺得直直的，微微合著雙眼』，一邊喃喃地念著的那句話——『天下太平，無憂無慮呀』一樣，先『天下太平』，再悠哉陶醉。

《唐宋詩合選繪圖》中選取了衆多『思婦』的詩篇，如《春怨》裏的『時時驚妾夢，不得到遼西』，如張仲素《春閨》裏的『提籠忘采葉，昨夜夢漁陽』，如崔道融《春閨》裏的『遼陽在何處，莫忘寄征袍』，如《隴西行四首》中的『可憐無定河邊骨，猶是春閨夢裏人』等。這些『思婦』的形象，在藝術表達上延續了《詩經》『温柔敦厚』的傳統，在内容上透露出了至陽先生對戰争的控訴，對『天下太平』的渴望。觀看《閻道生日記》，至陽先生一生歷經多次兵燹、匪燹，近則憂親友之喪亂，遠則慮百姓之疾苦。所以，本篇中所選唯一的兩首描寫戰争的詩歌，似乎也在流露出至陽先生對『單于夜遁逃』的喜悦，對『大雪滿弓刀』的暗自慶幸（第二十四《和張僕射塞下曲》），以及『至今窺牧馬，不敢過臨洮』的安然無憂（第二十六《哥舒歌》）。依然是『天下太平』的樸素願望，至陽先生『非攻』『弭兵』的渴望『可知矣』。

詩選中透露出濃厚的友人感情、自然氣息、思鄉情緒以及表達藝術，這些無一例外地隱約流露著至陽先生自身的性情和喜好。篇幅所限，在此不再展開。單就從爲童蒙編選的古詩選集的角度來看，《唐宋詩合選繪圖》篇幅適中（所選詩歌篇數相當於小學語文六年所要求背誦的詩文總篇數），言短意長（全部采用絶句），所選詩歌興味盎然、温柔敦厚，内容上偏重於對閑適的自然生活、對勞作的田園生活的嚮往，不愧爲童蒙詩選中的第一流讀本。

二

可能是中國的文化過於『早熟』，可能是中國的禮教傳統太過强大，也可能是古代中國的老百姓過得太辛苦，古代中國的兒童其實很可憐的，不是早早就進行辛苦的體力勞動，便是不知疲倦地背書。五千年燦爛的中華文化，没多少給他們作的詩詞歌賦，也絲毫没有爲他們作的琴棋書畫。唐宋以後終於漸漸地多了些專門爲孩童編寫的啟蒙讀本，如上一節所稱『三、百、千、千』等等，但其大多數都是一板一眼地教小孩學怎麼做大人的，衆多的規訓戒條，大量的成人知識，實在『教人活潑不得』。

就以中國古代的畫而論，除了難登大雅之堂的年畫中有些白胖得近似理想的嬰兒嬉戲圖以外，中國畫中描繪兒童的作品少之又少，至於傳神的作品更是微乎其微了。明清兩代傳統啟蒙讀物逐漸增多，但是爲之配圖的幾乎没有。流傳較廣的《二十四孝圖説》，大概是古代爲數不多且最有名的童蒙配圖讀物了。可是其中的兒童形象，全然没有兒童的樣子，他們穿戴著大人的服飾，走著大人的步子，板著一副大人嚴肅的面孔，好像把大人的形象全封不動地縮小一半，就是個孩童了。只有老萊子有點趣味，舉著手、跣著足，穿著彩色衣服，做著跌跤的樣子，在父母面前裝天真爛漫的兒童，用於取樂父母，可是畢竟翦子一大把，童真又豈能真的裝得出來？

時至近代，西風東漸，尤其是甲午戰争之後，近代教育由日本傳入，變爲一門單獨的學科，人們漸漸地有了兒童需要教育、教育需要理解、理解需要各種手段幫助的意識。而圖畫則成了幫助理解文字、提高學習興趣的第一手段。清末頒行的兩次學堂章程之中，畫畫都是小學堂的必修課，並也成了師範生的必修課，並逐漸地有了畫畫的教材。其他科目的教科書也大量地引入圖畫，《國文》《修身》《歷史地理》《格致》《英文》等教材都添加了許多插圖。傳統的私塾和教材也不甘落後，如《百家姓》《幼學故事瓊林》《千家詩》都出了不少繪圖本，哪怕有些書籍只在封面上印個『玉麟吐書』的板畫，也要號稱自己是繪圖本，以招攬讀者。畫師至陽先生就生活在這樣一個時代，成爲這個時代教科書配圖、年畫改良最早的一代引領者。同時，至陽先生在其漫長的一生中，對傳統繪畫進行了博采衆長以及精益求精的追求，逐漸形成了自己的風格。

至陽先生晚年的《唐宋詩合選繪圖》，達到了傳統蒙學讀物配圖的頂峰。以《千家詩》爲例，民國元年，上海廣益書局和久永齋書局都曾出過《繪圖千家詩》，然而一則圖畫有限，只有四五分之一的詩才有配圖，二則畫面毫無趣味，實在引起不了讀者多少的閲讀興趣。具體就人物形象而言，廣益和永久齋兩家所出的《繪圖千家詩》人物形象單一，基本上以文官和道士模樣爲主，入世的則是雍容華貴、蟒袍紗帽的士大夫模樣，裏居的則是仙風道骨的道士模樣，每幅配圖幾乎都大同小異。裏面士大夫的形象尤其重複，他們穿著宋代的官服，面部表情如同佛像一般四平八穩，動作無非是拱手，要不就是端坐，全然不知道他們在想什麼或者想幹什麼。又因爲這兩本書在排版上用的都是傳統的上圖下文的形式，上面一幅圖，下面四五首詩歌，有時候真的很難判斷這幅圖到底是配的哪首詩，似乎哪首詩都有點可以，但又都不像。總結起來，這些爲傳統蒙學讀本配的畫，尤其是爲啟蒙詩歌選本如《千家詩》所作的畫，似乎是在『爲了配圖而配圖』，給人一種勉强和隔膜的感覺。我們不能苛責這些畫師去創造性地處理他們的師傅們從未處理過的問題。但是可以説，這個問題時至今日，仍是難以解決的難題，並且只會愈來愈難。迄今爲止，閻至陽依然是爲童蒙詩選配畫最成功的畫師之一。

首先，至陽先生創造了豐富的人物形象，農夫、童子、行路人、讀書人、官宦、漁夫、船客、少女、思婦、劍客、士兵、隱士、歌妓、帝王、妃子等等，凡是詩中能有之人，至陽先生均能在畫中活靈活現地表達出來。而且每種人物形象，根據詩歌中的不同場景和情感，至陽先生均能畫得各不相同，没有絲毫的重複。如其中的女子形象，《春怨》中畫的是一位少婦的手舉枝條正要打樹枝的側影；《新嫁娘》畫的是一位穿著高跟鞋，還來不及换下新婚禮服的圓圓臉蛋的新娘；《怨情》畫的是一位卷起簾子向下看的少女，濃密的頭髮似乎怎麽紮也還是太多；張仲素的《春閨》畫的是一位少年女子提著竹籠拿著采葉鈎望著樹葉發呆的幸福模樣；而崔道融的《春閨》則只能看到女子盤著一頭美麗的秀發，手拿剪紙和剪刀入神的背影，給人無數的猜想。此外，《早起》中旗袍女子的倩麗背影，《新拜月》中女子隨風飄動的衣袂，以及《清平調》中與牡丹互相凝視的楊貴妃，《集靈臺》中騎著高頭大馬意氣風發的虢國夫人，無一不讓人驚歎女子的各種可愛、深情與嫵媚。再如其中的兒童形象，更是多姿多彩，《尋隱者不遇》中是一個小大人一般，卻又有點木訥的童子；《池上》是三個偷鄰家蓮子的小淘氣，一大帶兩小；《清明》中的牧童是牽著一頭老牛，温文懂禮的農家孩童；《村晚》中的牧童是個悠哉橫在牛背上專心學吹笛的少年；《田家》中的倆農家『童孫』則是趴在大樹蔭下專心玩種瓜『過家家』的幼兒；最有趣的是《社日》中扶著醉漢回家的孩童，一邊狼狽地扶著踉踉蹌蹌的醉人，一邊看著醉酒的樣子忍不住樂開了懷。至陽先生的高妙在於，全篇一百餘幅插圖，没有一個雷同的形象，每一個形象都有自己獨特的傳神之處，這也正是中小學教科書配圖難以企及的地方。

其次，至陽先生的畫作是建立在詩歌的深入理解上的再度詮釋。《尋隱者不遇》是首再熟悉不過的小詩，相信許多讀者在讀完本詩後，都會站在作者的立場上回味那種淡淡的遺憾，而深山中的隱者也常被視爲神龍見首不見尾的世外高人。至陽先生的畫則跳出作者的視角，寥寥幾筆，畫了一個穿著長袍的『小大人』般的童子，似乎是很難用語言表達師傅的去處，只能盡力用手指給來訪者看。至陽先生給這位『小大人』略略幾筆劃了個帶點傻氣的髮型，臉上只一點，便算是眼睛，一個有點懵懂、老實巴交、木訥不大機靈的童子形象就躍然紙上。看到這個童子，我想觀衆不得不重構來訪者的遭遇以及隱者的性格模樣了。再如《春怨》，這位被黄鶯驚醒遼西夢的女子是什麽形象呢？畫面上是一位少婦的側影，盤著頭髮，正一腳踮起一腳臨空，身體用力向前探，手裏高舉著一樹枝，樹枝稍向後揚，向著那棲息著黄鶯的樹枝上打去。臉上是空空如也的一道綫條，没有眼睛、鼻子，也没有嘴角，看不見任何表情，可是少婦急促、惱怒的神情卻呼之欲出。我們仿佛看見一個裹了小腳、小步珊珊的少婦，一臉的怨氣，手裏舉著枝條，嘴巴裏還罵著黄鶯兒，向樹枝打去的樣子。少婦可愛、率性又略帶點潑辣的性格活靈活現地呈現在觀衆面前。還有大家也都很熟悉的『借問酒家何處有，牧童遥指杏花村』，許多後來的配畫都把牧童描繪成一個騎著黄牛，吹著悠揚的笛子的少年，我之前也常常在腦海中這麼還原這句詩。至陽先生不這麼理解，他畫的牧童是牽著一頭老衰的黄牛，默默地在路邊行走的鄉間兒童。愁苦的行人來問哪里有酒家，童子禮貌地鞠躬，再告訴行人只有很遠的杏花村才有。整個畫面裏没有喧鬧的笛聲，没有田園的詩情畫意，没有高高在上騎牛背的孩童，有的只是從行人黯淡的神情和疲倦的彎背上流露出來，占滿整個畫面的『斷魂』的感覺。

在繪畫風格上，至陽先生創造性地糅合現代漫畫手法，融入傳統中國畫繪法之中，成功地傳達了中國詩的寫意特色，起到了『畫有盡而意無窮』的效果，從而使《繪圖》成爲配詩畫的一流作品。如第一首李紳的《憫農》的配畫，太陽只畫了一半，畫得很大，上面只一道綫，就將『日當午』的感受傳神地表達了出來。如《雜事》中拱手問故鄉事的老者，至陽先生用了一大團的墨色將他的身影描繪出沉重的感覺，再將他的身形畫得矮小，使之變得局促，與剛從故鄉來的老鄉形成一個鮮明的對比，突出問者的滄桑感。而問者難以分辨的側面表情，更讓觀衆展開衆多想像，體會背井離鄉之人種種複雜的感情。而鄭燮《九九謠》，至陽先生畫了一個骨瘦如柴的老農，赤著上身，頭髮掉得只剩一點點，手裹拿著一把破得幾乎只剩骨架的蒲扇，無力地驅趕著蜂擁而至的蚊蠅。本畫没有一絲背景，完全用漫畫的手法，突出表現了窮漢如影隨形、揮之不去的苦難。至陽先生的漫畫筆法幾乎滲透在每幅配圖之中，除了傳神、意長的特點之外，漫畫還造成一種幽默感。如《遊小園不值》中躲在母親後面的孩童，粗獷的幾筆，有點怯生生又有點傻乎乎的表情，便令人忍俊不禁。如《社日》中三個醉漢的形態，一位東倒一位西歪，一位腆著肚子，仰首朝天，真讓人擔心他要往後跌倒，而三位扶大人回家的孩童，無一個不擠眉弄眼樂開花的，這種效果，似乎只有用誇張、粗獷的漫畫筆法才能幽默地表達出來。

當然，配圖主要還是繼承了傳統山水畫以及民間年畫的風格，這使得整個《唐宋詩合選繪圖》終究是一部典雅的傳統國畫集。傳統詩歌終究要用傳統的方式表達出來，這讓至陽先生這部配圖集今天看起來愈發珍貴。至陽先生的《繪圖》是藝術性和教育性的渾然天成，希望有更多人能分享它。

三

至陽先生是畫家，是武士，是詩人，是慈善家，大至天下大事，小至金石文字，他都好之樂之，是全能型『爲道不爲器』的君子儒。我想還可以給他再加上一個『教育家』的頭銜，應當之無愧，這也是其『大道』之煌煌的一面。

至陽先生早年飽讀詩書，十五歲開始以畫爲生。宣統年間曾爲直隸學務公所圖書局編撰教科書，爲教科書配插圖。其親屬曾回憶見過至陽先生爲商務印書館配圖的修身教材。然而，配圖作者多不署名，這一段歷史，至今尚未考證出實物，故縱能言之，卻『不足征也』。雖然可惜，但教科書配畫實在受制於文字以及編者理念太多，並因爲受衆太廣，很難表達畫師的獨特理念，更考慮到這時至陽先生初識教育，對於教育學科尚處入門階段，故於先生無大妨。

民國元年之後，至陽先生在學務公所社會科從事年畫改良工作，這期間，至陽先生創作了大量移風易俗、勸學重教的年畫。前者如《原璧歸趙》《戒早婚》《破除迷信圖》《戒遊惰》《家禽守信》《樓護重義》《文明娶親》《謊言無益》等，後者如《竇燕山》《孟母擇鄰》《幼稚園》《家庭教育》《遊揚立雪》等。（俱見閻子陽《民國初年天津改良年畫選》）對社會教育及學校教育進行了卓有成效的宣傳。

隨著年齡的增大，對於鄉里宗族的責任也日益加重，到了二十年代，至陽先生經濟上稍有積蓄，於是建立閱廬教育基金，和一些志同道合者如馬覺非、王耀成諸君子，開始踐行他的教育救國之夢。馬覺非在給至陽先生的信中構建了一個閱廬教育基金的宏偉藍圖——『成功而後，閱廬教育基金何愁不自幼稚蒙養，家庭社會，成人男女，家庭社會化，群衆教育化，□了歸訖。培生產，殖人才，萬古不磨之鐵案，孔聖人之富之教之依然無樣耳！』天才横思的馬先生還和至陽先生商議要開辦流動圖書館，實行圖書下鄉活動。其在給至陽先生的信中寫道：『吾輩力量稍充，當先成流動圖書之舉，吾弟兄數十之遥，朝發可以夕至。既能當人受益，並即嘉尚風俗。要招並善招也。』想想當時才二十世紀二十年代，馬先生和至陽先生興教之誠及想法之超前，足令今人汗顔。

躊躇滿志之始，至陽先生首先在家鄉閻氏祠堂裏成立了平民學校。民國十九年，至陽先生的日記裏寫道：『舊二月五日，平校開學。鄉中識者咸集，爲一時之盛。教員職務爲濟舟、少耕、紫暉、佩綸、佩青諸同志。會之餘興，有馬熙臣之三合劍，餘與紫暉之太極四手，終會作十番三遍。爾申來家祠就學。』三十年代，在至陽先生的推動下，平民學校從祠堂遷出，建起了獨立的樓房。民國二十五年，至陽先生日記裏記載『學校樓成』，並言『爲學校籌劃費盡心血，由開土動工至四月半樓成。上下十六間，需資二千四五百元，規模較天津侯家後民三十八校後樓堅固，而只少洋灰臺及鋼筋（我校取樣於三十八）。協作史怡兮、張鳳墀、劉印潭，王慕如以教讀無暇無常工夫，而爲力最鉅者厥惟怡兮弟也，使人欽服。若此巨製，只有底款三四百元，其餘多是賒借而來。』學校落成後半個月，民國二十五年舊曆五月二日，至陽先生在日記中向兩位耄耋老人裕庵爺、樹本爺『見賢思齊』，並反省說：『我因於族事、學校事及南園建設之私事，從此當無懈心。』

可惜好景不長，日本的入侵打斷了至陽先生的教育事業。天佑先生，卻又在隱居鄉里之時，接連賜予先生兩位佳公子。從此，至陽先生的教育情懷在家庭教子中得到了抒發和展現。在先生的日記和詩集中，能多處看到至陽先生爲兩位公子親自授讀及改寫詩詞的記載，並且有了《唐宋詩合選繪圖——閻爾芃童年吟本》的出現。閻爾芃在《唐宋詩合選繪圖》中回憶至陽先生教他吟唱詩歌，雞蛋上畫人物以獎勵，先生循循善誘、諄諄教誨，父子倆其樂融融的景象，是對至陽先生一生從事教育、關心教育最好的回報。

至陽先生一生對教育的追尋中，受三種思潮影響最深。一是先秦儒家經世濟民及風俗教化的思想。至陽先生遵循孔孟富民教民之旨，對於實業和民生尤其留心。又尤重社會教化，希望建立中國本位的新風尚。至陽先生自覺維護儒家一貫的道德，對於節婦和烈女始終保持尊敬，其曾對既成的縣志提意見説：『爲滅列女事蹟，只書爲某人之妻××××六七字，亦可稱荒謬。』而對於那些對女子始亂終棄的人，至陽先生堅決斥責，其提《會真記》詩中，直斥『負心與敗德，孰若元微之』，對元慎的醜行進行無情的揭露。至陽先生還有强烈的正統觀念。其曾在日記中記載自己對家喻户曉的《三字經》的意見：『王厚齋抑魏尊劉，以蜀爲正統，極是。可是《三字經》「魏蜀吴，争漢鼎」兩語是失其主張。餘無事因改此句：「光武興，爲東漢，四百年，曹魏纂，漢昭烈，起西蜀，稱三國，因魏吴。」童蒙當讀之。』至陽先生除了對於國家朝代的正統非常在意之外，對於思想的正統也格外强調。新修縣志者崇洋媚外，尊崇天主教，居然在縣志上赫赫寫著『奉教之人皆爲儒雅可親，所謂上帝臨爾，無貳爾心者』，至陽先生在日記中稱這類人是『最可鄙者』。二是清代的顔李之學。至陽先生對顔李之學推崇備至，並身體力行，引爲身家性命。其曾在日記中抄下顔習齋四存之學的宗旨曰：『四存教育主旨：顔習齋先生四存學，是存性、存人、存學、存治。存性是反對宋儒的理氣二元論，主張保持强健的身體和腦力。存人是辟佛教出世之思想，消極的防止遊惰。存學是極積地培養人的能力及學識。存治是養成人民政治能力，完成健全的國家。』友人蘭秀山奉黨令來朔方提倡尊孔，至陽先生與之論儒家後學，至陽先生認爲：『宋之程朱，明之陽明，斯席已被習齋佔據，北宋推許荆公，南宋則陳同甫辛稼軒。』表現了其對於顔習齋及儒家經世學派的推重。三是當時興起的平民主義。對於平民主義的前輩吴稚暉等人，至陽先生非常崇敬，他曾經專門拜訪吴稚暉先生，贊頌他『平高陶淵明，旨合托司泰』，並稱自己已經『仰慕十八載，一旦親高風』，而對於吴先生的發言，更是『發言披雲霧，滔滔説大同』，表現了對吴稚暉社會主義的欽慕和贊成。至陽先生的摯友王耀成也有相同的理想，他曾在給至陽先生的信中寫道：『弟暇時閲教育運動書，深慕蔡孑民、李石曾、吴稚暉諸先生之爲人，但緣艱一面，又以頑陋不足效執鞭於君子，竊自愧恨。』然而，更讓人敬佩的是，至陽先生對於平民主義的體認是堅定而純粹的，當吴稚暉等人作出違背平民主義的事情來的時候，他也不惜對自己仰慕的導師進行批判。民國十七年，國民黨要從碧雲寺移孫中山遺體返南京，僅南京築墓地便要花費五千萬之巨，馮玉祥阻之，曰民不聊生之時，當不浮靡。至陽先生甚以爲是。越明年，遺體南移竟成行。至陽先生在日記中記載道：『孫中山由碧雲寺移櫬於南，治葬及迎櫬路糜費民脂至千萬，千古帝王未之有。平民主義者亦名之曰奉安，而吴稚暉、蔡孑民以爲是。』對吴稚暉、蔡元培等所謂『平民主義』分子不顧平民表示了極大的不滿。

至陽先生的這三種思想其實又是一以貫之的，分而爲三，合而爲一，貫穿其中的是純粹的人道主義。這種純粹的人道主義，讓至陽先生不論在任何時候，從任何角度來審察，都算得上一位優秀的人師，一位令人尊敬的民間教育家。

我們不該忘記他。

——原刊《閱廬藝文記》（《天津記憶》第一〇三期）

閱廬小學管窺

張元卿

閻至陽，號閱廬，以畫名世。自《天津記憶》於二〇〇九年、二〇一〇年先後刊印《天津記憶·閱廬日記》《天津記憶·閱廬往來存札》後，閱廬作爲博雅型學者的面目才逐漸爲人所知。閱廬治學尚博雅，詩書畫劍皆精，於小學用力尤勤，至老不輟，有書札日記爲證。

在一九四四年的日記中，閱廬列舉了『去年被焚之書』，其中有《段氏説文》《續辭源》和《爾雅》。《段氏説文》有附記云：『粉紙放大。餘在津預約三元四訂的，我涉獵二十年。』由此推知，閱廬治小學當始於一九二四年，但這一年閱廬已四十一歲，就當時一般情況而言，接觸小學不會這麼晚，因此我以爲閱廬在此前早已接觸小學，只是自覺的研究始於一九二四年。《閱廬日記》一九五六年下還録有研究『侏離』等詞字音字義的文字，這是目前所知閱廬治小學的最下限時間，其時閱廬已七十三歲，六年後辭世。

閱廬治小學前後約三十餘年，而這三十年正是其畫藝不斷成熟，最終臻於大成的三十年，期間二者並肩前行，彼此不會毫無影響，而小學對畫學之影響，就日記所載信息看，宏觀上是學對藝的知識滋養及精益求精，持之以恒的治學精神的貫通，具體而言則是字形之象與畫相通，深於畫者易解象形之字，而邃於學者能明畫之流變。

《閱廬日記》一九二六年七月二十六日寫道：『午，恒爺研討薄䍐之字。䍐，選，去聲，爲網魚鳥之物，即是此無疑。又思洗衣，我一方，爲彳，又衣裳，擣衣，擣，古文爲壽聲，段氏音均譜表列在第三部。』（『恒爺』即後來日記中提及的『蔭恒爺』）同年七月還記道：『部首彳，象人脛之屬相連，甚不解，竊謂彳，人之側立，亍或爲側行，行字謂是行走之正面，又足疋二字，足象腓腸脛骨，亦不甚解，又丵，叢生草也，象丵，嶽，相並出也，以及菐，瀆也，□瀆也，義通，而終爲掃除之物，他書不得有考據者，只《段文》及《文字蒙求》俟考。異廾畀：予也。注雲，分之則有彼此之異，竦手而予人則離異矣，異古異字，又有何分合之意，字之難考，殆如此甚多，共象廿人合作，何太死板，不知廾古之共也，廾廿或象物，廾爲共舉也。』

由這兩段文字即可看出：閱廬善解古字之象，能言象之涵義，是謂深於畫者易解象形之字。

《閲廬日記》一九三三年八月初六日寫道：『行者，金多作，甲文作。楊桓以爲象道形。中空者，人所由也。羅振玉亦據壺字從，象宮中道，證知行即道路。倫按《吕氏春秋·下賢篇》：桃李之垂於行者，莫之援也。錐刀之遺於道者，莫之舉也。行道對文，亦行即道路之證。今訓人之步趨也。亦引申義，或雲字爲所字之僞。馬敘倫云，爲三孔之竹管，，象竹管，象孔，所説高於段。段云，從侖從品以音節而有倫，前與爾桓所講即同馬意，可見見解有所及也。竊以爲笙竽之類，古笙而横排，今笙而圓束。』這段文字是閲廬讀馬敘倫《説研》（《説文解字研究法》）後所寫札記，也是由象及義，論及字，進而説古笙而横排，今笙而圓束，表面是説器形之變化，可在畫家心中分明是藏了一幅古今演變的畫卷，是謂邃於學者能明畫之流變。

閲廬邃於學又深於畫，二美兼具，互相滋養，似是天成，實則是一番辛苦所得。他早年研治《爾雅》，『通體朱點』，晚歲遇著生字，必推求音義，鍥而不捨，到老方休，其辛苦遠非一般畫家所及，而更像是一位專門學者。

閲廬晚年研究文字，多從古文中選取例證，且注意文字在後世的『俗音』，這已流露出治小學爲的是讀古書，當著眼於應用，而爲了通曉字義之流轉，須注意後世之『俗音』的學術思想。《閟廬日記》中有一些這方面的例子：

一九五四年

噭啍，音叫呼，呼聲也。韓愈：嚻童～～。俗云叫喚，即此～～二字。

艞，音跳，～板也。溓，部首或從冫，裹忝切，音歛，漬也。曰薄冰，溓溓，水結冰貌。《潘嶽賦》：水～～以微凝。水初凍，名之曰産河，遍查此字，無此音義者，只溓字是初結冰之字，不過聲音與産音略異，或俗音之訛也。

趼，音見。《莊子》：百舍重～而不敢息。足行路長，腳底摩的～子，俗讀將，去聲。

一九五六年

媟黷，音屑都，狎而玩之也。班昭《女賦》：房室周旋，遂生～～。媟與褻通，因想人言不莊，近於玩戲，稱爲解怠，此字當是～～之轉音。

閻伯群先生在《閟廬日記·後記》中説『祖父的日記嚴格來説倒像是隨筆』，

可從上述例子來看，這些隨筆很見功力，若彙集成書，當更具學術價值。治學有主次，閱廬把治小學所得以隨筆的形式留在日記中，而没有留下系統的學術札記或著作，這説明在他心中畫學爲諸學之長，諸學不必皆留有形跡，至少不必刻意去留形跡。

馬覺非是閱廬研治小學的學友，他在一九二五年一月四日給閱廬的信中寫道：『……數年來，所擬購不可得者，北京書攤盡有之，未嘗非北大一般人之普及心理所致。王引之《經傳釋詞》（毛邊紙兩本），戴東原《孟子義疏》（毛邊兩本），合價不過一元有零。又六扣買到《恪齋篆書》《陶公廟碑》《李公廟碑》《周真人碑》，楊濠叟之《説文部首敘》（前年買到又遺失了，今日購之如獲故人暢敘），總不過四元六角錢。在津不但没此等書，且不能有此等價，此數年來耿耿者，將覓本錢開風氣耶。』閱廬研治小學的形跡，除了他偶然記在日記裏的隨筆外，就要從這樣的友朋通信中去追尋了，可是這種信又極爲少見，因此只能把這封信的信息放大，相信閱廬研治小學是受到了當時治學尚博雅的風氣的影響。

這一時期馬氏在給閱廬的另一封信中寫道：『小孩們竟把《説文韻語》熟若百家姓，只是尚多疑字，幾俟我弟暇時，過此斟酌一番，想當見益彼此不少。』由此不獨可見馬氏對閱廬研治小學功夫的推重，亦可推知閱廬幼年也會像信中所説的小孩們一樣『把《說文韻語》熟若百家姓』。能『把《說文韻語》熟若百家姓』的小孩最終成爲一代畫壇名家，期間自有無數因緣，而造就小孩們熟讀《說文韻語》的時代環境無疑是萬緣之源。由此看來，邃於學又深於畫的閲廬實爲時代所造就，精研小學與妙理丹青在那個時代竟水乳交融——這樣的歷史畫面，久違了。

二〇一一年六月二十一日北秀居

——原刊《閲廬藝文記》（《天津記憶》第一〇三期）

繼世書香傳雅聲

——閻至陽與吟誦文化

閻 叢

吟誦是指古詩文的一種獨特的似唱非唱、似讀非讀的念書法。吟誦的歷史已有三千多年，其内容豐富，典雅高尚，積澱深厚，又集音樂、文學、舞蹈於一身，是中國非物質文化遺産園地裏的一支奇葩。

吟誦文化目前已幾近失傳。一百年前清朝覆滅，科舉廢除，中國社會經歷了巨大變革。教育界新式學堂代替了舊私塾，西方話劇藝術引進城市和農村，漢民族的語文課上我們祖傳的吟誦被西方的朗誦所替代。現在受過正宗私塾教育的老學究已經很少，有人統計説現在每個市（包括各郊區縣）平均有一到十名左右。那麼五年、十年以後，如果得不到較好的傳承和發揚，吟誦藝術即瀕臨失傳。

我父親閻至陽在抗戰以前就開始用傳統吟誦法傳授詩文，培養了一批弟子。日寇投降前，父親開始教我吟誦《詩經》和唐詩，新中國成立後我弟弟閻爾芃也在學前時期學起了古詩文。因此，我們接觸了古調念唱詩文的方法——吟誦。

父親口傳心授，除了用口遞的方法一字一句地教我們吟唱，還强調要一邊讀一邊慢慢地咀嚼、品味、揣摩、欣賞，曼聲長吟，以聯想其精神内涵，挖掘其言外之意。當時，我一個小孩子並不解其中之奥妙，時過幾十年之後，再按父親的遺教誦讀小時學過的唐代陳陶的《隴西行》中『誓掃匈奴不顧身，五千貂錦喪胡塵。可憐無定河邊骨，猶是春閨夢裏人』時，我哽咽不成調，聲淚俱下了。

父親總是喜歡在晚上或黎明前點著油燈長時間地吟誦古文。他最愛讀的篇目有《秋聲賦》《愛蓮説》《答蘇武書》《春夜宴從弟桃李園序》等。聽的時間長了，《愛蓮説》《春夜宴從弟桃李園序》這兩個短篇我小時就會背，而且至今不忘。父親讀《秋聲賦》《答蘇武書》時最爲動情，深夜裏其聲淒淒然，如怨如慕，如泣如訴，而且父親在摇頭晃身，似進入如痴如醉狀態。顯然父親在彼時彼刻已然靈感焕發，進入佳境，刹那間會閃爍出對所誦詩文的更深刻的理解。我知道古人讀書反復吟詠，終有一天會豁然貫通，與作者心越千百年而相通，領略其詩文之精髓。此時讀書人的聲音、神態與身姿都會有異樣的變化，會表現出一個追求學問的人的欣慰和無盡的享受與陶醉。在這裏，我特意把古人這種吟誦動情時所特有的自然動作稱之爲『舞蹈』，因爲古時候人們把朝拜皇上的動作就稱爲舞蹈，並已載入典籍，我們讀書人這種不由自主地出神入化地隨情感和旋律的舞動正好使用『舞蹈』這個稱謂。南懷瑾老人説過，凡不是摇頭晃腦或吟誦一番的便不能叫做讀書，充其量也就是看書。可見這情感到處，吟者的摇動之舞態標志著他已進入讀書的最高境界。

我們所説的吟誦，實際上是儒家的禮樂文明的體現。西周開國之初，周公制禮作樂，奠定了中國傳統文化的基調。這套制度之所以爲後世稱道，因爲它是以道德爲核心而建立起來的，由此確立了道德在治國理念中的主導地位，這對於中國歷史的發展方向，産生了極爲深遠的影響。禮的教化和樂的教化可以通過吟誦來感受。每當吟誦的時候，我總感到有一種高尚的凛然正氣在胸中激蕩，久而久之這就可形成知識分子的謙謙君子之風。父親閻至陽就是一位謙和、善良、正義、愛國的舊知識分子，他的品格的形成是和儒家的禮樂教化分不開的。

父親所傳承的吟誦屬於津冀地區的腔調，是我家祖傳的。我家族閻氏自山西遷至金陵，明朝初年由金陵遷至静海揚芬港，清代初年曾遷居静海獨流鎮，清末又回到揚芬港。但我家所傳的吟誦腔調完全没有山西或南京腔。爲了驗證我家吟誦腔調的區域屬性，我曾給一位籍貫天津静海臺頭的酷愛古典文學的八十多歲的老先生吟誦詩文，他説他雖然未學過吟誦，但他聽過他的老師吟誦，我和他的老師誦的是同樣的調子。我的岳母陳婞女士是河北文安縣西碼頭村的一位大家閨秀，年幼時她常在她家的家塾專館窗外聽先生教哥哥們吟誦詩文，漸漸地她也會了。可惜我和她相處只是在『文革』期間，那時吟誦被誣爲舊文化，不敢暴露自己會吟誦詩文。『文革』後我開始大膽在家裏吟詩，我妻子不知道我是讀詩，說我唱的歌爲什麼和她母親唱的一樣，這時我才知道岳母原來是一位會吟誦的老人。此時岳母已故去。這是我一生唯一遇到的並非經家父傳授而懂得吟誦的人，可惜我未能有幸和岳母交流吟誦問題，不過我知道了我家的吟誦腔調和文安一帶是一脉相傳的。

父親所傳承吟誦包括文賦、古體詩、近體詩等。他酷愛吟誦，每讀詩文必用古調，而且他讀報念信也用吟誦的腔調。有些曲譜已失傳的詩文經父親反復推敲爲其譜曲。他爲鄭板橋的《道情十首》自撰的吟誦新調是其得意之作。爲了弘揚祖國的優秀文化傳統，挽救行將失傳的吟誦這一非物質文化遺産，我陸續整理出一部分吟誦曲譜，算是對父親的一種紀念吧。

閻至陽的昆弋緣

張元卿

閻至陽乃一代丹青妙手，一九三〇年天津美術館特爲其攝像，並配小傳雲：『閻道生，字至陽，號閱廬，河北人。能書擅畫，好劍術，喜歌詠，性恬默，不以其所能示人，家貧以畫自給，故以畫名。人物山水，筆法偉岸，欲學陳章侯，而複參己意，邈然高遠，極斥脂粉蹊徑，故白描畫尤重於世。復追殷周鼎彝之學，文器兼重，考據頗勤。今年四十有六矣，尚力行不輟，殆保揚國學，無懈心者。』此傳雖略，卻頗能見閻至陽之志趣，然自盧溝事變歸隱鄉間，其聲名漸不爲外人所知，以至去世近五十年，除一二研修畫史者歎其爲埋没之明珠外，其畫藝外之志趣如昆弋者，竟鮮有評説，如此何可深味其人之畫學？

民國《静海縣志》説閻至陽『善音韻，喜昆弋』，這應當是對其『喜歌詠』的具體説明。而閻氏之喜昆弋，首先來自家學，因其父閻炳萱即好昆弋。一九二五年閻炳萱去世，王耀成致信閻至陽，談及他和炳萱先生相處的舊事，曾提到昆弋：『惟是耀成與老伯在廬堡相處數年，每花月晨夕，課餘過從，燈闌酒醒，輒高歌昆弋，一曲未罷便覺胸中塊壘都盡。日月幾何，人事遷變，既感離索，復乏音書，今聞噩耗，緬懷曩昔，猶如昨日，而幽明已隔，不知涕之何從也！』（參見《天津記憶・閱廬往來存札》二〇一〇年十月）翌年清明，閻至陽在天津與六沖獨坐倭樓，以談昆曲釋悶，後執筆寫成挽聯，當日《日記》有『掩泣一時』的記載。三十多年後的一天，即一九六〇年八月二十三日，閻氏在日記中又寫道了其父炳萱先生：『夜夢吹簫有聲，在家祠，父親與安承緒皆在坐，是作昆弋會者。餘若夢唱昆弋腔即順當。』（參見《天津記憶・閱廬日記》二〇〇九年十一月）閻氏思念其父時常憶及昆弋，足見昆弋不僅是精神溝通的媒介，更是追憶往事的紐帶。閻至陽之喜好昆弋正是在那些往事中薰陶出的。

如果説閻炳萱好昆弋是閻至陽喜昆弋的天緣，那麼促使他們父子喜好昆弋的地域環境則是地緣。閻至陽是河北靜海揚芬港（今屬霸州）人，其地周邊諸縣自晚清以來便流行昆弋，許多鄉村都有昆弋子弟會，北昆諸家即出自這一地域。據丁汝芹《北方昆曲的珍貴特色——昆弋風格》記載，『清末冀中方圓四五百里地，有幾十個既唱昆曲，又唱高腔的昆弋班在縣城、農村演出。受河北地區習俗、風土人情和民間曲調的影響，演唱的昆曲也溶入了「趙燕慷慨悲歌」，逐漸形成了粗獷、淳樸並帶有當地鄉土氣息的風格，那時期的藝人把冀中平原當作北方昆曲的搖籃』。自幼生活在北昆的搖籃，父親又喜好昆弋，正可謂得天獨厚。

閻至陽交遊較廣，師友中不乏喜好昆弋者，這又成爲他喜好昆弋的外緣。除上面提到的王耀成外，馬鐘琇等人亦好昆弋。

馬鐘琇字仲瑩，號箬羲，河北安次（今屬廊坊市）人。天津城南詩社社員。著有《味古堂集》《滄海一彙集》《東溪草衣詩抄》等，編有《古燕詩紀》《清詩徵》等。曲學方面的著述有《曲學書目舉要》《顧曲談屑》《戲劇雜考》等。馬家是遠近聞名的酷愛昆曲之家，其父馬驤是清光緒年間的貢生，長子鐘琦、次子鐘琇、五子鐘璞，皆擅昆曲。馬家與各地昆弋班藝人多有交往，對名角如陶顯庭、白雲生、韓世昌、侯玉山等，更是傾心結交。因此，北昆藝人稱馬家爲『熱窩子』，視之爲昆曲樂園。

六沖，雖不可考，但從《閱廬日記》看，亦爲閻至陽摯友。一九二九年元旦閻至陽寓於天津浄業庵武術社，當天《日記》有這樣的記載：『六沖與三弟同來度新年，飲白乾酒，喝豆腐湯，嚼青梅、白果、蓮子、櫻桃。酒半醺，六沖吹笛，我唱

《佳期》《仙緣》《刺虎》《認子》。六沖笑曰：『今日之樂，惟我獨真。』酒半醺，友人吹笛，正是良辰，如此光景，正所謂樂與君同。如此昆弋之樂便成爲友朋之樂，而友朋之樂又滋潤了昆弋之樂。

閻至陽於昆弋不僅得父輩之傳，朋友之樂，自己還能作曲詞，因而還有作詞之雅。《閱廬日記》『一九五七年』下有這樣一段記載：『民國四年，袁世凱欲爲帝，深防蔡松坡。蔡常詩酒，留戀於小鳳仙家。小鳳仙識其機，結爲同志。偵蔡事急，小鳳仙與蔡遂潛身於天津。當別時，小鳳仙唱驪歌三疊，蔡行色倉皇，不能相和。我閱書及此，愛其事愛其詞，遂現蔡鍔之身而提筆和來。』此段後附有閻至陽和作與小鳳仙原唱，彌足珍貴。閻至陽和作如下：

［柳搖金］

今日相歡宴，領你的盛餞。唯呀，任他虎牢堅，也能脱險。賢妹呀，舉杯兩相勸，莫學兒女同哽咽。這一席酒筵，是千載一時的紀念。

［帝子花］

到東瀛那能留戀，我敢説光復民國必操勝券。呀賢妹，與你具眼的紅拂意氣牽。兩花已結同心蓮，有甚不如願。

［學士巾］

我這裏法術全，老魔不難殄。執枹北伐氣無前，且行行暫别你春風面。我功成身退，賢妹呀，再相見，樂林泉。

小鳳仙原唱如下：

［柳摇金］

驪歌一曲開瓊宴，且將之子餞。蔡郎呵，你倡義心堅，不辭冒險。濁著一杯酒，料著你食難下咽。蔡郎蔡郎，你莫認作離筵，是我兩人大紀念。

［帝子花］

燕婉情，你休留戀，我這裏百年預約來生券。你切莫一縷情絲兩地牽，如果所謀未遂，或他日呵，化成地下並頭蓮，再了生前願。

［學士巾］

蔡郎呵，你須計出萬全，力把渠魁殄。若推不倒老袁呵，休説你自愧生前，就是儂也羞見先生面。要相見，到黄泉。

一位畫家能有如此身手，今天看來不免令人驚訝，可若置於民國歷史文化氛圍之中，這又不值得稱奇。而令人驚艷的是，閻至陽不僅書畫稱絶，詩文印俱佳，又擅長劍術，博通經史，且用心鼎彝之學，酒半醺，還能歌昆弋，如此人物，幾生得見！

鈎索閻氏昆弋之跡，不僅是想追尋畫外諸藝如昆弋對畫家的藝術修養和藝術品格的影響，其實更想追尋和品味造就博雅人才的文化氛圍，怎奈舊事已成斷片，只能按『緣』綴聯，而先生畫藝之大成，既得益於他藝之相哺，又豈非諸緣之妙聚？

二〇一一年三月二十九日於北秀居

——原刊《閱廬藝文記》（《天津記憶》第一〇三期）。删節後刊於《今晚報》二〇一五年十二月十六日

乃文乃武的閻道生

李瑞林

閻道生（一八八四—一九六二），字子陽，四十歲易字至陽，號閱廬，別號閻仲子、北溟劍士。河北霸州市揚芬港村（原屬河北静海縣）人。自幼隨父讀書習字，頗喜書畫，後就讀於湖北武備學堂，肄業後寓居天津，在直隸提學使司學務公所從事美術教育，潛心研究繪畫、書法、詩詞，是馳名津沽的書畫大家。一九一二年，閻道生參加中華武士會，輔佐李存義、繼任掌門李星階做文字工作多年，乃文乃武，德藝雙馨，是民國時期天津形意拳界的重要人物。

直隸提學使司學務公所在天津河北公園内，一九一二年中華武士會成立，閻道生就成爲本部第一班的學員。另外四位同班的學員是膠州楊林生、廣東三水縣羅斌甫、定興翳子高、雲南王湄午。其中的王湄午是清末川滇邊務大臣王人文之子。

閻道生就讀湖北武備學堂時的術科很優秀，精於軍事，是武備生裏的佼佼者。但因厭惡仕途，棄學歸津，投身武林。師從李存義十餘年，『習形意，十餘年來尤篤愛劍，所好頭合劍、二合劍、八卦劍、龍形劍、三十六劍、連環劍、十劍以及十三刀法皆精妙，有心得』（民國二十三年《静海縣志》）『十劍，極飛躍閃變之妙。十三刀法，殆即五公山人受之孫夏峰者』（《近今北方健者傳》）

有文字記録了他研習劍法的經歷：『十三劍，在民三年學之新安王子銘師兄。當時，餘尚造圖説，李老師甚悦之。及民六，李星階兄由雲南歸，以此非本門之術，漸惡之，予因焚其圖説，遂舍而不習。十五年秋，策大伯母由南歸，餘往視之，既夜深不寐，遂掩門潛歸，一路清浄無人，因思十劍，得勢三十餘手，雖不能及全豹，而亦覺爲可觀，復到津與任丘李玉琳研究。廿年冬，又與熱河盧文熼研究，訂爲拿、撩、洗、提、掃、截、雲、劈、割、誘、坎、謝、刺十三點，今朝有興，復加添減，覺更大方，且成一氣，最尾雲即成雲字，雲收爲提，從此不再變更矣。復訂十三字爲拿、刺、洗、掃、截、鈎、劈、割、誘、撩、謝、雲、提，以此名十三劍。』這本書定名爲《十三劍》行世。

『十五年八月初六爲内子生辰。傅乾坤（振嵩）來三日矣，研究劍術甚精細。有云，得道者須有緣人，我遊十載，真藝竟於家得之。』（《閻道生日記》）

經李存義介紹，閻道生同時就學於李瑞東先生。閻道生除精於劍術外，還擅長抖杆子，在武士會中人稱『杆子閻』。形意十二形中的『燕形』是他最擅長的絶活，表演之時，身子貼地，能在板凳底下一掠而過，躍起後再次俯身下探，掠過第二條板凳，輕盈落地，其精彩之處可追前輩大師宋世榮。

李存義在中華武士會期間口述了大量的武學知識、技藝，許多是由閻道生等弟子記録、編纂，尤其是當時中華武士會編輯的圖書、教材等的插圖，大多出自他的手筆，如杜之堂的李存義口述系列，就是由閻道生配圖。中華武士會同人出版的許多著作，如楊明漪的《近今北方健者傳》、孫禄堂的《拳意述真》等，也由閻道生幫助定稿或推出。正是因爲有了閻道生等一批文人俠士，中華武士會也成爲了中國北方武學研究的重鎮，延續著孫夏峰、五公山人、顔習齋、李恕穀一脉的絶學及遺風。這也是中華武士會在弘揚中國傳統文化上做出的特殊貢獻，在中國學術史上具有重要的踐行意義。

閻道生還留下了《十劍譜》《形意林泉劍》《太極十三勢形勢與應用》等手稿，爲武學理法皆通的大家。

《十劍譜》是閻道生根據乾隆時期的手抄本整理、繪製，保留下來，全部傳授給了門生李敦素。目前，這本劍譜是關於十劍的唯一版本，十分寶貴。另外，這部劍譜除去它本身的武學價值外，還具有特殊的美學價值。閻道生以神來之筆，傳達出中國傳統武術古譜中的繪畫之美和武技之美，兩者珠聯璧合，宛若天成，被譽爲『世上最美的劍譜』。

《形意林泉劍》寄托了先生的林泉之心、退隱之志，其劍法有新法、有創意，獨臻神妙，體現了閻道生高超的武術修養和深厚的傳統文化底蘊。唐代草聖張旭見公孫大娘舞劍器而悟出草書之奥秘，作爲著名書法家的閻道生卻把草書的乍徐還疾、倏聚忽散、鈎環盤紆的筆勢，巧妙地結合到劍法的旋轉進退、起伏開合之中，真可謂不同凡響。另外，他還大膽地把廣爲流傳的劍指（劍訣）變爲形意拳中的圓扣掌，意求靈活，自然、氣力貫通，全身放鬆，中發内勁。並用包羅萬象的擬無極式取代了各派劍術套路中開勢的傳統架勢，顯得姿態古樸、儒雅、自然、大方，不但在劍術之林獨樹一幟，而且也體現了他樸實無華的性格和回歸自然的道家哲學理念。

《太極十三勢形勢與應用》是以前從未面世的本子，有很高的版本價值。内容雖略爲繁雜，但可反映早期拳譜之面貌，對界定武禹襄早期拳譜意義猶大。

這三本著作都同時收入了臺灣逸文武術文化有限公司出版的『紀念天津中華武士會誕辰一百周年』叢書中。

閻道生把大部分精力投入到了中華武士會。他寓津二十餘年，大部分時間活躍在武術界，身居武林，傲視畫壇。他利用自己在繪畫界的名望，不斷爲武士會捐贈畫款，籌集資金，民國出版的《近今北方健者傳》和《靜海縣志》描述他：『襄辦中華武士會，有終焉之志』『中華武士會矗立十餘年之久，經劫不稍頹者，至陽與有力焉』『中華武士會創始於李存義，實施教而持久之者，乃郝海鵬、李彬堂、李星階、閻子陽也』。

李存義去世後，閻道生協助師兄李星階等一起支撑中華武士會。這個時期是中國歷史上的多事之秋，社會動盪，戰亂頻仍，在閻道生等同仁的努力下，天津中華武士會克服了諸多困難，達到了它的鼎盛時期，成爲中國武術社團史上持續最久、影響最大的一個團體。一九二八年中華武士會解體後，閻道生加入到天津净業國技研究社，直到一九三七年七七事變後，由津返回家鄉。

天津中華武士會是閻道生一生的情結。在中國武林漸成往昔的歲月裏，不管是兵荒馬亂的日子，還是政治鬥争盛行的年代，每一個除夕的夜晚，閻道生都會離開家人，取出珍藏的李存義老師的遺像，供奉起來，獨自和恩師度過一年中最後的夜晚。

閻道生多才多藝，武術而外，更以繪畫名世。就讀於湖北武備學堂期間，曾遊歷名山大川，臨摹寫生，積累了大量的繪畫素材，回到天津，即以賣畫爲生。

一九〇九年，閻道生在直隸圖書局工作，繪製教科書插圖。一九一二年在天津《民約報》任畫刊編輯。一九一二年至一九一五年，在直隸提學使司學務公所社會科從事年畫改良工作，任主筆，出版了大量年畫作品，如《幼稚園》《破除迷信》等，都是中國年畫史上的精品。一九二一年，參辦天津書畫慈善會，致力於濟貧與賑災。曾創立閲廬教育基金，在家鄉捐資辦校，培養了衆多的平民學子。閻道生的好友楊明漪在《近今北方健者傳》一書中説道：『予與子陽友善十餘年，相談拳械書畫事甚衆，見其精治縑素，資酬臂助之人，予曰：「何爲自苦哉，此會非君家物，且平民教育，爲人群互助之業，責不專在我輩。」子陽曰：「君子哉若言，視世人皆禹稷矣，然國粹湮没，世不之信，且有以多事目我者，以是得不傾覆，區區書畫何珍焉。」津門售畫，子陽門人及他畫家，多冒其名而得善價，子陽手跡少，人重之。又與書畫家辦書畫慈善會，以爲常，嘗奔走冰天雪地中不輟，饑溺之懷，同乎古初，可以愧當時風天下矣。』一九三〇年二月七日的天津《益世報》刊載了閻道生的傳記，稱其『賦性古傲，頗有八大山人之風，爲近今不可多得之作家』。同年，閻道生參加在日本東京和大阪兩地舉辦的『中日現代聯合繪畫展覽會』，並由日本出版《閻子陽畫册》，享譽東瀛。閻道生在津門畫壇獨領風騷二十年，爲近現代中國傳統人物繪畫的代表畫家之一。

閻道生歸隱鄉里後，以書畫自娱。其畫宗海派任伯年，以寫意爲主，兼用工筆；精工人物，亦善山水、花卉，各種題材都涉獵。在人物畫中，有名人軼事、歷史典故、文學故事、神話故事，還有劍俠故事、淑秀才女、孩童嬉戲、漁樵庶人以及現實人物肖像等。

歸隱後的閻道生生活在天災洪水、兵匪人禍中，但始終保持著高尚的民族氣節。一九四〇年前後，閻道生居住在静海縣城内。日軍軍官聞知閻道生的畫名，前來索畫，均被閻道生拒絕。日本軍官十分惱火，把閻道生押到日軍駐地，强令動筆。閻道生遂畫一幅《惡犬圖》，畫面上是一隻兇相畢露的狼狗，以影射和痛罵日軍。此事被静海縣百姓傳爲佳話。

閻道生一生勤奮好學，淡泊名利，樸實寬厚，安貧樂道。晚年更崇尚老莊，自比陶潛，寄興東籬，以恬淡超脱的田園生活爲樂。

——原刊《武魂》二〇一二年第一期

有關閻子陽和中華武士會的兩則史料

閻伯群

中華武士會是中國武術史上的重要社團，開創了近代武術發展的新紀元。但因其年代久遠、存世文獻稀缺等原因，有關中華武士會的研究始終存在較大的局限性，無法突破現有的瓶頸。近日，天津文史學者方博發來兩則發現於天津《大公報》的史料，對閻子陽和中華武士會的研究具有極大裨益。

第一則：《維持武士會》（一九一五年十月十九日《大公報》『本埠』新聞）

原文：河北公園中華武士會自開辦以來三年，於兹畢業學員四五十人，莫不成績卓著。嗣因發起人公務紛紜，多不到會，以致該會不能進行。刻有奧界學校教員王亦韓，以武術振起尚武精神爲國民體育之補助，若一經廢弛，殊深可惜，遂約請商會協理卞月庭、會董楊曉林，整頓該會，已於十七日下午三鐘開會。經衆公推，卞月庭爲正會長，楊曉林爲副會長，李忠元爲教務主任，李彬堂爲教員，林墨青、張小良、張升甫爲名譽會董，杜顯閣、閻子陽爲編輯員，楊琳生爲文牘員，胡子皋爲庶務員，職員舉定。經正副會長相繼演説，大致謂：發展中國固有之武術，爲强國之基礎。又經王亦韓宣讀會章，逐條討論，完畢時至五鐘，當即閉會。

第二則：《武士會畢業》（一九一六年四月二十五日《大公報》『本埠』新聞）

原文：前日下午二鐘，河北公園中華武士會講習科專修班舉行畢業式。是日，到會者爲該會會長卞月庭，會董教育會會長張小良，私立法政教務主任李秀夫，師範學校教員楊欣蘭，幹事杜顯閣、楊林生、胡子高、閻子陽、王子翽等。此次畢業者五人，爲王恕、楊琪、閻道生、羅斌、胡崗，當由會長卞月庭發給各該學員文憑。對於該畢業生演説大致係勸勉畢業後仍須求學，總期中國固有武術逐漸推廣，喚起同胞尚武精神，必須達到强國强種目的。又，張小良相繼演説云：練習武術首重精神，體操不過强健外表，武術可以練氣，由内發於外，此術學校多贊成之。今北洋法政、北洋大學、社會教育辦事處等，均由本會傳習設立武術分會，其餘尚有保定各學校亦由本會傳習武術，將來必須推及各師範學校，輾轉傳至各小學，可達普及之目的云云。畢會後，開茶話會議，教務主任李忠元、教習李彬堂云：編輯拳術、劍術各譜，如能翻印，可以任人觀摩，惟乏經費，勢難舉辦。會長卞月庭首倡捐款百元，以資補助。擬定，此次畢業生均加入編輯員之席，每星期討論一次，研究拳術、劍術，各式繪具圖説。訂期伏假後蕆事云。

這兩則史料分别記述了一九一五年十月十七日中華武士會整飭會務、推選會長及教職人員，一九一六年四月二十五日舉辦講習科專修班畢業式、捐修武術拳劍譜之事宜。

通過這些史料，我們可以梳理出中華武士會早期的幾段重要史實。一是關於中華武士會會長的問題。多年以來，有關中華武士會首任會長是誰、先後經歷過幾任，都存在争議，至今除去李存義和李星階二人外，未見他人有準確記載。《維持武士會》一文明確記述了卞月亭、楊曉林於一九一五年十月當選爲中華武士會正副會長的過程。二是中華武士會教材的編纂、印製問題。目前我們能見到的中華武士會教材，多是由『李存義口述、杜之堂編輯』、采用石印或者鉛印技術印製而成的書籍，如《五行連環拳譜合璧》《三十六劍譜》《八字功譜》等，均没有版權頁碼，未能提供出版時間。作爲形意拳早期的理論著作，其編輯、出版時間對於河北形意拳史的研究具有重要的坐標價值。以上文獻幫助我們解決了這個問題。從中可以知道，一九一五年十月，這些教材由『杜顯閣、閻子陽爲編輯員』，一九一六年四月，中華武士會講習科專修班畢業後，該班畢業生『均加入編輯員之席，每星期討論一次，研究拳術、劍術，各式繪具圖説』『訂期伏假後蕆事』云。

閱廬評說

閑向西風策短笻

閻爾芃

我想，寫文章總要有個引人入勝的開頭，但幾次拿起筆來，卻總因文思遲滯而不能如願。近日偶讀近代天津書畫家張蓮溪先生的詩，覺眼前一亮，索性就拿過來做鄙文的『開場白』吧。

詩曰：『畫師閻仲子，榮譽世争傳。淡泊陶元亮，風流孟浩然。新詩吟自賞，高節晚尤堅。秋水蒹葭白，與君各一天。』

一首簡約的五言律詩，把這位畫師的氣質風度表現得惟妙惟肖，連其内心世界也隱約可見了。

這首詩題爲《贈閬廬》。閬廬就是書畫家閻道生。先生字子陽，號閬廬，别名閻仲子，四十歲後改字至陽，以字行，河北静海縣人，二十歲即寄居天津，以書畫爲業，在津堅持二十餘年。後來退歸故里，潛踪隱跡。

先生垂暮之年，各界友人散盡，唯與這位詩作者交好到地老天荒。此君敬仰先生的人品才華，擬爲其著書立傳，不料『文革』期間遭劫，這個傳記的初稿和它的主人一道煙縷輕揚。

閻至陽在天津的這段歷史就這樣被割斷了，知情人相繼作古，後人們充其量也只是略知梗概，甚至有些事情的情節還近乎臆測。值得慶幸的是，能從閻先生日記裏的一百餘首詩和部分殘留書畫中，發現先生生平的一些雪泥鴻爪，我們可以順藤摸瓜，來探尋先生精神世界的奥秘了。

我本想爲本文每一個段落擬定一個明確的標題，但又覺得所講的内容未必規範，不能用某個具體的概念准確地把握，所以就在先生有關詩歌内擇出一句來，權當眉目，這不但可以掩蓋文意的紛雜，還可以使拙文也附庸風雅。

遍野嗷嗷可奈何

閻至陽兒時就飽讀經典，尤擅書畫，因其聰慧過人，總角之年就以小畫家的美稱聞名鄉里。有一次，他應邀參加了縣府舉辦的繪畫比賽，比賽開始後，考官讓自己命題，參賽者多選擇傳統的人文素材，聚精匯神地投入創作。而先生卻皺著眉頭，遲遲不動筆。是不知所從，還是另有所圖？在考官們面對著這個發愣的孩子，漸漸地心灰意冷的時候，先生卻驍然奏筆，眨眼之間，一幅匪夷所思的圖畫就呱呱墜地了：一隻破棉鞋，泥垢斑駁，不堪爛舊，在磨損的鞋幫上，布面飛了花，還綻露著一團棉絮。畫面詼諧生動，似有玩世不恭之態，考官和參賽者無不驚絕。

事後有人評論，此畫的構思是受『八破』畫法的影響。這個説法或許有些道理，但先生在啟動他形象思維的時候，第一個浮出水面的圖象爲什麼不是『字紙簍』裏的雜物，而是與書房文化毫不相干，讓文人雅士不屑一顧的一隻破棉鞋呢？這就讓我們不得不聯繫到他的家庭出身，他從小生活在貧困的農民中間，耳濡目染的是饑不得食、寒不得衣的鄉親，冬季裏他們常穿的這種棉鞋更是司空見慣了。艱苦的農家日子，由衷的窮人情結，在這位留著小歪辮子的『小畫家』的心靈裏早就烙上抹不掉的印記了。

先生住在偏僻的水鄉，他的父老兄弟們年年在洪水和瀝澇的災難中苦苦掙扎。先生目睹農民生活的艱澀，雖幾十年寄身鬧市，但他卻始終與最下層的民衆悲喜相通，禍福與共。

打開先生的日記，有《觀壩》一詩，詩曰：『南岸開新壩，挾沙遏衆流。桑幹爲患久，誰爲解民憂。』詩的前面有先生的細緻的説明，『南岸横空設壩，水來挾沙斜灌大柳灘，復折入白塔寺入子牙河。去年永定河下口塞，此處境成下口，若如此長阻，滹沱、子牙、大清、白水諸河流入子牙之下口均恐被淤，是不止上游塞流之爲患也』。先生對津冀地帶的地理研究得這麽精細入微，可見先生對農民的處境無日不耿耿於懷，其用心之良苦可想而知。先生身爲普通百姓，完全執著於現實，執著於民衆，執著於對人民大衆的親切關懷和對腐敗官吏的深刻怨恨，就是這種仁愛精神，構成了先生藝術創作的强烈的『以民爲本』的現實主義特色。

《卅五年徵兵》一詩，真實地反映了二十世紀四十年代因徵兵給窮苦農民帶來的災難。詩是這樣寫的：『聲聲傳説要徵兵，忽從深夜來拘人。爾民不許苦哀告，悲喜全由鬮上分。中選之家淚交涕，眼看老弱失生計。縱然征了富貴家，他能雇人去代替。淩晨相送到河幹，妻子爺娘離别難。長風吹送帆無影，一片汪洋秋水寒。』讀完這首詩，我想起了先生的一幅名曰《石壕吏》的人物畫，茅屋前一棵疤痕累累的樹上挂著一輪昏暗的月，月下一位衣衫襤褸的老婆婆，低著頭用衣袖擦拭眼淚。兩個官吏一個側臉，一個背身，側臉者横眉怒目用手指著鼻子駡。背身者倒背雙手，腆胸仰面，對老婆婆的悲傷熟視無睹。吏呼的怒，婦啼的苦，在先生筆下模糊了古代與現代的界限，古代與現代依樣畫葫蘆。人物形象的塑造，思想感情的表達，體現了畫家鮮明的愛憎。詩中的意境與畫中的意境不謀而和，所不同的是詩裹更突出了窮苦人和富貴人在社會中的不同命運和不合理的社會待遇。這種『上憫國難，下痛民窮』的情感，正體現了先生『不虛美不隱惡』的心性。這種心性不但突出了華夏文化的人情味，也突出了先生早期文化審美的實實在在的人道本性。

鑒於民衆生活的重重苦難，先生的憐貧恤苦之情步步加深。一九四九年寫《和岳父句》一詩，『誰料今年歲大饑，來年豐稔已無期。傷心欲畫流亡譜，珠淚潸潸落筆時』。新中國成立前後，北方連年水患，農民望穿雙眼也盼不來豐稔的年景。貧苦的農民，房倒屋塌，少吃無穿，很多人家賣兒賣女，流離失所。强烈的社會責任感，深厚的人道憐憫意識，從先生的筆下流淌出來，匯成了一曲傷感悲壯的樂章，和歷代愛國文人一樣，『歌罷仰天歎，四座淚縱横』。

大家可能見過海派畫家王一亭和吴昌碩合作的名畫《流亡圖》，但是你們没有見過閻先生在方不盈尺的宣紙上，以毛筆速寫的形式記録的水災慘狀：滔天洪水裏淹没著傾斜倒塌的房屋，滾滾波浪裏漂流著折斷的樹木和狼藉的門窗，村邊一棵半淹半露的彎曲的枯樹上，繫著一條在汪洋中飄摇的小船，船上坐著一個衣衫襤褸的四五歲的男孩，孩子扒著船幫，向村子裏張望著，張著嘴好像在呼喚著什麼。一片洪荒慘淡，令人心生悲涼。畫的空白處記録著時間地點和受災的狀況，這小孩子名姓也寫入畫頁。這雖然不是一張正規的作品，卻讓先生格外珍重，他在四個角上抹了稀糊，貼在一個大本子上，不料年長日久它竟化爲精靈，長上翅膀飛走了。

《近今北方健者傳》中專題記載了先生的生平，書中提到了先生與天津書畫同仁組織書畫慈善會，發起救濟災民的義舉。『嘗奔走冰天雪地中不輟，饑溺之懷同乎古初，可以愧當時風天下矣！』先生的三女兒閻戴民有《思父》長詩一首，其中有這樣幾句：『憶父行慈善，好事一樁樁。山東受災衆，柳灘放賑糧。獨流逃難民，日日飯餐香。家鄉興教育，賣畫建樓房。親友逢災難，籌措解私囊。』詩裏説的『山東受災衆，柳灘放賑糧』，正是天津書畫慈善會衆多活動的冰山一角。因爲有幸保留了一張照片，所以家人只知道在二十世紀二十年代，在天津大柳灘給山東災民發救災糧一事，其他善舉皆不得而知。詩中的『獨流逃難民』一句就與書畫慈善會無關了。説的是同世紀三十年代，日寇攻陷獨流鎮，當地民衆乘船紛紛向揚芬港逃難。先生利用閻氏家祠的空閑房間，接納難民五百多人。他不但自己罄其所有，還動員有條件的族人捐款捐物，解決難民的吃、喝、穿、住，這個行動堅持了二十多天。這對生活本不甚充裕的閻先生來説，確實是一件了不起的事。明代慈善家高攀龍説：『合天下言人，猶之乎合四體之身，吾於身有尺寸之膚刀斧封割而木然不知者乎？

吾於天下有一人顛連困苦見之而木然不動於衷者乎？』先生的『動於衷者』，大多出於其仁愛慈善的天性，當然也和後天『仁者愛人』『以仁存心』『兼愛』等儒家及墨家思想的不斷澆灌密不可分。

頻發的嚴重洪患，老百姓生活在水深火熱之中，先生以仁民愛物的情懷，泣之述之，嗟之歎之。幾年内吟詠諷誦，創作了十餘首憫貧傷災的詩篇，如泣如述，真情感人。現在僅向大家介紹一首七言律詩《水災》，即可以滴水而知全海了。詩曰：『包天洪水浩洋洋，平地狂濤兩丈强。聞到積屍成慘劫，計來比户半流亡。拯災無處呼神禹，辟穀無由問子房。萬户千村多覆没，炊煙不見起斜陽。』

詩的内容，真實可考，因爲是親身經歷，所以描寫得有聲有色，有血有肉，讀起來就像面前挂著一幅讓人觸目驚心的圖畫。風濤的淒厲，蒼生的哀嚎，從駭人的水勢到殘酷的災情，讓讀者如聞其聲，如臨其境。他假神禹呼唤對洪災的治理；借辟穀暗喻群衆的轆轆饑腸。往日的裊裊炊煙看不見了，天呐，怎麼辦，怎麼辦呢？

先生沉溺於憂傷沉鬱之中不能自拔，内心的惆悵眷顧，真情的啼血呼唤。明知無力回天，卻仍然在淒苦中長久地等待。面對湛湛青天，不管是哀求還是責難，最終還是叫天天不靈，叫地地不應，只落得一聲長歎。

先生動了真情，然情之所衷，並非『抱中物』，而是千千萬萬饑不得食、寒不得衣、苦不堪言的災民。讀了這凄厲的詩篇，你的内心是否也在顫動？我想凡德心未泯之人，怎麽能不爲詩中由衷的惻隱之心而感激涕零呢？

詩人内心的悲愴，醖釀成胸中的『横塗豎抹』，這些『横塗豎抹』中飽含熱淚，正像鄭板橋對八大山人書畫的評論，『墨點無多淚點多』。但八大山人滴淚，痛的是他的朱氏江山，而先生滴淚，痛的是苦難的芸芸衆生。

在三年困難時期，他寫了很多反映農民饑苦的詩，其中以《饑年》較爲典型，詩曰：『艷婦苗根莎草根，掘來一食可還魂。老天真有好生德，萬石黑糧惠野村。』

艷婦苗和莎草是當地的兩種野草，饑餓的人群，靠掘食它們的根來維持生命。幸虧有大自然的施捨，才能使老百姓勉强活下來。人道主義的感傷，自覺意識的嗟歎，已經構成了先生懷抱中的感情世界。作爲一個畫家，一個詩人，這樣的正視現實，這樣的大膽披露，尤其表述於政治形勢異常嚴峻的年代，這確實不是一般人能辦到的事。

先生在戰亂和災荒年月寫的詩，無不代表著底層的人民群衆，把他們的災難用詩的形式記録下來，以美啟真，以美儲善。在先生的憫災的十幾首詩篇裏，我們多次看到了『蘊藻』『瀕蘩』『麩皮』『無神禹』『導洪流』『乏米糧』『盡糟糠』『時斷炊』『莫寫糕』『永不饑』等描寫災荒生活的詞語。先生與成千上萬的人民群衆同呼吸共患難，想貧困人之所想，急貧困人之所急，幾十年如一日。先生的仁愛意識成就了他道德情操和文學藝術的大美境界。

寒房燭影人無語

人物傳記《布衣大師》中有這樣的記載，閻道生『不擅言談，在激動的時候略見口吃』。這一點語疾，應該是没有争議的事實。天津美術館在他的小傳上寫著，『性恬默，不以其所能示人』。《近今北方健者傳》又進一步證實他『沉默寡言』。先生把『沉默寡言』奉爲他人生的準則，應是當之無愧了。他在《秋懷》詩中寫道，『一生從不出人頭，危行寡言有自由』。行爲謙遜正直，與世不抵觸，與人不争强，與事不較勝，盡量不表現自我才給自己留有迴旋的餘地。無粘無滯，才能自由自在隨心所欲。孔子説『邦有道，危言危行，邦無道，危行言遜』，『危行』正是儒家的處世準則，『寡言』就似乎又是儒道兩家共同追捧的的正道。它是一種修養，也是一種境界，如果説它消極、淡定、深藏不露，這就和道家的『應時順處』『保身全生』

的哲學觀比較靠近了。

我們打開他的詩集，第一頁就是《題聽松圖》，詩曰：『何處仙人下碧峰，盤陀石上坐從容。終朝無語不歸去，長聽聲喧萬壑松。』坐在突兀不平的大石頭上，鎮定自若，和大自然默默相即。畫就是畫家的自我表現，畫就是畫家思想的載體，進入幽深玄遠意境的仙人就是畫家的自身。在『終朝無語』的冥會狀態中，他的心靈超越了時空，超越了界限，在無垠的宇宙中自由翱翔。以不變的心態去觀察萬變的事物，以恬靜澄明的心態去諦聽大自然的聲音，在無言的感悟中妙契大道，這才是從容的仙人。

接著我們看七絕《夜坐對雪》是怎樣表現無語的：『寒房燭影夜如何，茶鼎香清逐睡魔。庭院無聲人語寂，滿天飛灑曼陀羅。』冬天的夜裏，在寒冷空曠的屋子裏，只有昏暗的燭影在晃動。一縷清新的茶香從瓦壺裏飄出來，驅散了詩人的睡意。屋裏屋外冷寞無聲，沉靜的天空飄下了鵝毛般的雪片，在蕭疏寧靜的氛圍中切入了詩人幽深的生命體驗，潔白純真的天妙花從九霄雲外墜落下來，空靈美妙，不可名狀。

在五絕《秋思》中又有一個不同凡響的無言：『一雨滌殘暑，河漢橫天白。獨坐俏無言，秋蟲鳴我側。』秋雨過後，夜深人静，天格外清，風格外爽，天上的銀河格外清晰明徹。詩人潛心默坐，清新恬淡之氣蕩滌心懷，『我』早已飛向浩翰的夜空，放棄了欲望和追求，在無言中與衆星相攜。身邊候蟲的幾聲鳴叫，顯示了寂滅夜空的生機宛如，又把詩人帶進了王維『雨中山果落，燈下草蟲鳴』的禪意哲理之中了。

再看《十月》詩：『寒房燭影人無語，江嶺梅花遞暗香。』這兩句詩意境幽深，體現了詩人微妙的禪心。『我』在寒房燭影中『無語』默坐，給人帶來絶對的平和，一切相對知識均已『停歇』，本真的我已進入虚静澄明的冥想之中。寒梅的幽香從千里之遥陣陣襲來，『暗香』讓詩人迷離惝恍，酣然入醉。肢體和智能的束縛釋然而消，心性解放了，一切都似乎融化在闃寂無聲的永恒之中。

先生在五律《老境》中抒發了人生的諸多感慨：『近歲偏多病，欲爲無所爲。沖寒一盞酒，舒悶半章詩。長劍能偕老，小爐時斷炊。壯懷思在昔，無語撚霜髭。』詩人在窘迫潦倒的境遇之中，想起昔日的書生意氣，心潮涌動，思緒萬千。在寂静中撚著變白了的鬍鬚，感悟著世態的炎凉、人生的艱苦，一輩子忙忙碌碌，到頭來白首空歸。詩人在穎悟中體驗著生命的真相，在無語中溟會著心性的最深奥秘。

律詩《遊園懷舊》是先生與友人在故園之遊中觸景生情的佳作，它的最後一首是這樣寫的：『領取風光二十春，如何我去即沉淪。因思勝事題疇昔，靜立無言倚夕曛。空色妙言誠善解，毀成一理總非真。衡町花木皆嬌小，哪識當年舊主人。』時代更替，物去人非，面對滄桑巨變，感慨頗多，對『空色妙言』『毀成一理』的釋義，頓生覺悟。一切有形之物，都没有實體性，它們的存在和消失都決定於不同的因緣條件，隨它去吧！但是，對毀和成的悟會，暴露著心中的執著，而且總有難以化解的糾結。道不在聲色，卻離不開聲色。失去的東西還是失去了，怎麼能用這些虛枉的概念麻痹自己呢？先生用『靜立無言』表達他的知性認識與悟性認識的極度矛盾，他雖然熟讀《南華》，酷好佛禪，卻仍然没有擺脱現實主義的牽絆。在這一點上，先生斬斷了佛道兩宗的糾纏，還是讓唯物主義占領了一席之地。

先生在很多詩章中都塑造了沉默的意境，在《三女嫁》中，有『浮雲遮望眼，佇立神如痴』的詩句。老人在女兒出嫁之日，因年老家貧，不能親去結縭，『佇立神如痴』者，如呆似兀萬感交集。語言的表達本來就是有限的，此情此景、此時此刻更顯得蒼白無力。只有超離語言，用没有語言的語言才能表達心中的感惑。

在《七月七日病中不寐》詩中，有『畢竟《南華》有名句，以靜消疾是妙方』一句。莊子説過『必靜必清，無勞汝形，無摇汝精』，《黄帝内經》也有『靜則神藏，躁則神亡』的論述，神氣靜則無雜念，能使氣清神斂，能使心神安定，外不勞形內不耗精，才有助於卻病健身。古人説『欲延生者，心神宜恬靜而無噪擾』，這樣一來，『無言』又有益壽延年的功能了。

《霜降》詩中有『立聽萬籟肅，忽覺一天寒』一句，詩人從天氣的變化，嗟歎人生的苦短，時光的冷酷。只有進入萬籟俱寂之境，才能透過假相，體驗真實。古人有『霧卷雲收山岳靜，楚天空闊一輪寒』的詩句，詩中的禪意，正好與先生的詩意默然相契。在契合中捕捉了無上菩提之道。

《秋夜情思》是一張没有題款的扇面，雖然被作者打入另册，但畫中『此時無聲勝有聲』的意境，讓我們總與它有割不斷的情緣。這是一張白描仕女人物畫，用墨也極盡虛淡靜謐。畫面上月淡風輕，空空落落，萬籟無聲，應該進入充滿銷魂、忘己忘物之絶境了。少女獨坐石階，雙手抱膝仰望著這可望不可及的皎皎孤圓，在靜寞清冷中放飛思緒。這時『秋蟲鳴我側』的妙意，油然生於筆墨之外，更增加了寧靜中的禪慧。時間變得悠長，好像在畫家的筆下悄然不動，這種無聲的意境讓你杳杳冥冥、悠悠蕩蕩，此種空靈幽遠的氛圍，可意會不可言傳。

先生後半生優遊於『沉默之鄉』，他没有追求，没有欲望，没有干擾，在寧靜明澈的心境中體驗著落花無言的美。

清標誰向淡中窺

閻至陽先生在他的《咏菊》詩裏，有『而今我在羲皇上』一句，也像靖節先生一樣，以『羲皇上人』自稱，他早年還用過一個別號，曰『澹然』，看來他已經自許其古樸淡泊了。

在《庭柳》詩中曾有『欲賦新情貽洛裏，且思高蹈步陶公』的名句。先生一生崇拜陶淵明先生，崇拜的不是他躬耕南畝的志願，也不是采菊東籬的逸情，而是陶先生那種親和自然素樸本真的精神面貌，是那種對理想生活的追求和熱愛，那種守志不阿的高尚情操。

先生的《鄉居小詩》以五言絶句的優勢留住了純真的田園風色：『伏中七八日，日日雨淋漓。碧淀添新漲，漚麻正即時。』『蚊蚋嚼人膚，炎熱復如熇。中夜起涼風，一枕方睡足。』『秋風鐵莧肥，其味勝苜蓿。采采復采采，冬日盡幹粥。』詩人脱盡了年輕時候文辭的峥嶸和絢爛，『不求宫律高，不務文字奇』，詞語簡淡，内容單調，没有情没有景，不加修飾，全用白描。娓娓道來，似説家常，就是『擔水砍柴』没有任何感情的本體詩。濃郁的鄉村生活氣息，都是自我的、當下的、直覺的體驗，這些體驗，讓生命流動起來了。這三首小詩以《久雨》《暑夜》《采莧菜》爲主題，講述了農民的艱辛和貧窮，遇景入咏，深入淺出，處處真實、句句純樸。從這一點上看，先生的詩作，不但有孟浩然的沖和韻致，還滲透著農民樸素、清醇、清心寡欲的美德。不但流露著對生活的熱愛，還可以從中體味出無形跡可求的禪意。

他寫的五律《秋興》更是與大自然相融相即的佳作：『節序至孟秋，看看郊原好。紅襟衿紡織娘，黃袍莊稼佬。豳風歌適時，爾雅物可考。回首望㪚廬，蒼煙挂樹杪。』詩裏先寫眼睛看到的，再寫心裏想到的，然後把視綫從平面引向高空。即景會心，發掘了自然和生活的美，饒有『微雲淡河漢』的人生格調和宇宙情懷。如果放下主體的視角，就會發現一個生命互相映發、生機勃勃的世界。詩中用『紡織娘』『莊稼佬』這些極具鄉土風味的通俗稱謂，體現了詩人不拘奇抉異，不尋詞擇句的從容簡淡，其素樸之境，恍惚微妙，言有盡而意無窮。在這裏詩人的感情回歸了自然，又超越了自然，詩人的生命也被自然融化了。

五絶《立冬》，極似口占：『一夜被如冰，突然天氣變。風定雲不開，窗外飛輕霰。』詩人純用眼前景物口頭語，不加思索，脱口而出，一切現成，自然清淡，無絲毫斧鑿的痕跡，無感情色彩强烈的語言。他自己説得好，『輕航一葦浪無痕』。正是這種『輕航一葦』，抿滅了景和情的描寫，成就了詩中渾然無跡的境界創造。在這種境界裏，無知無欲，人似乎消失了，只有大自然。

還有一首詩，也是詩人的口頭創作：『扁豆初成角，絲瓜花又開，絡緯騰在上，札札報秋來。』詩中字句恬淡悠閑，從容自在，用極平常的語言傳遞著極平常的信息，這些常人不理會的信息，詩人卻天機湊泊，如飲太和。詩中的『扁豆』『絲瓜』『絡緯』，無不呈顯著清新圓滿的自性。它們各自都成爲一個天國，一個世界，生命鼓吹，活活潑潑。只有『坐忘無心』的心境，才能充分啜飲大自然的甘美。那些沉迷於色欲的世人，即使和這個世界撞個滿懷，也會當面錯過。詩中的天然野趣呈現出一片化機，它回歸了生活，又超越了生活，這種美，如水流花開，純乎天籟。

先生有一幅指畫《達摩東渡》，畫上題著一首詩：『三指試畫水，頃刻風濤起。中有達摩來，履之若平地。』一顆平常心，似乎没有想寫詩的意識，只是隨隨便便『無隔』地『直寄其意』。所以其詞句顯得那麽輕鬆自然，平平淡淡，無滯無粘。句子裏只羅列表面現象，無特定的情感，根本不像是詩。莊子説，『同乎無欲，是謂素樸』，詩中無情感，無欲望，似乎索然無味。這正是莊周所説的素樸，素樸的的語言才是不受污染的語言。

意態的平淡，反映的是明心見性的精神境界，一身舊布衣，一頂破草帽，一雙補丁鞋，一條綁著布條的竹棍做的拐杖，一根穿著棒葶子的柳枝做的癢癢撓，這幾件家當足以完成先生的人生白描了。先生在與友人的信中説，『我長的天然也是吃野菜的樣兒』，又説，『只就田疇中拔草拾柴而已』，先生晚年正值生活的困難時期，食不果腹，當然形容樵悴，面有菜色。『拔草拾柴』是暗示一種純真的生活方式，先生用既寫實又寄寓的言語把自己推向簡淡樸陋的極致，在艱苦的條件下，任運天真，隨緣自在，保持平常心。又用『而已』二字再次表示身處逆境而自然安樂、心平氣和與世無求的人生態度。

先生一生不張揚不作態，儉約低調，無論是事業騰達，還是窮困潦倒，始終樸樸實實，保持著一個平常人的本色。

他客居天津時，曾和一位勝芳本地人外出辦事，這位老客，梳著油光平整的分頭，架著華麗洋氣的眼鏡，手提皮包，西服革履，舉止高傲，用足了派頭。當走進了某一巷子時，有一條大狗對著他『汪汪』狂吠，他仍然大模大樣地往前走，嘴裏講著標準的北京話：『誰家的惡犬，敢攔路傷人！』没想到這畜生不買他的賬，話音剛落，就張牙舞爪，向他猛撲過來，這客人霎時間丢失了全部儀態，慌裏慌張，撥頭就跑，嘴裏轉了腔地叫喚：『哎呀，俺的媽呀！』這位客人在生命的關鍵時刻，喊出了他那從娘胎裏就學會了的勝芳的土腔土調。看那狼狽的樣子，頭髮亂了，眼鏡也掉了，面如土色，他的紳士風度早就無影無蹤了。這個故事先生曾不止一次地講給他的學生和子女聽，教育後人們無論在什麼情況下，都不可裝腔作勢，迷失自我。

先生寫過兩幅皂王爺的對聯，含蘊著純真、灑脱、詼諧的意趣。一聯是『但求有飽飯，何必羨佳餚』，一聯是『貼餑餑别忘了蒸水洗臉，燒柴禾須記住淋灰擣衣』。這兩幅對聯就是先生的平淡人生的寫照，俗語入聯，俗中見真。平凡生活，凡中有聖。聯中的詞語樸實親切，想什麼就説什麼，去粉飾無造作，一顆恬淡的平常心，但得心閑處處閑，但得心樂時時樂，這就是高蹈者純真的人性。

『邈然高遠，極斥脂粉蹊徑，故白描尤重於世』。這是天津美術館給先生相片上的題詞。先生以人物畫著於世，章法簡約疏曠，造型高潔偉岸。墨色古樸淡雅，極力主張脱俗。先生在給友人的信中寫道，『天寒難設色，即學李伯時』。可見他對古樸素淡的精神世界情有獨鐘，白描人物畫正好投合了先生的情懷。這幅白描仕女作於而立之年，名曰《竹陰憩女》。一個寧静的夜晚，一輪明月，映照著幾杆孤零的修竹，疏落的竹葉向上翹著，没有一絲風。一位少女輕衫素衣，坐在清涼的石頭上，陷入綿綿的思考之中。畫家以清冷孤獨的心態作畫，綫條簡潔質樸，清淡沖和，如春雲浮動，流水行地，没有一點凝滯，没有一絲火氣。一句話，人淡物淡心也淡。他有一句經典的詩句，『近日欲離煙火食』，這詩句可以形容畫中的人，也可以形容畫中的景，其實最合適的還是形容作畫的他自己。只有無欲無知才能心地清淡，只有心地清淡，畫裏才能清淡。

先生晚年多作山水畫，其畫多平静恬淡，以純然樸素的心性融入大自然，正是由社會感性向自然情趣的一種轉化。有一幅名《冬嶺孤松》的立幅小畫，典型的一河兩岸式構圖，下段孤松一株，老幹疏枝，松葉寥寥無幾。寒江積雪，蒼茫的山丘更顯得空寂清曠。惜墨如金的『冷寒筆』把畫面推向寂寞荒寒的境界。茅屋中一老者兀坐讀書，人物的設置打破了大自然的淒涼沉默，給陰鬱的畫面增添了盎然生趣。先生用筆疏淡蒼勁，構圖簡潔疏朗，畫面上大面積天和水的烘染，使天光雲影凝結成如冰的墨色。渾化的意態，蕭疏的氣象，這就是畫家自己營造的生命的靈囿，就是他夢寐以求的精神安頓。

先生曾爲友人畫巨石一幅，跋曰：『何須塵事繞神嵬，了卻人間挂礙心。』先生展紙揮毫，心中只有隨意，没有執著，没有牽挂。了卻塵緣心，平平淡淡，頭腦裏一片空靈。

渾渾噩噩任天鈞

在寫於一九六〇年的七律《贈燕妮》詩中，首聯就是：『彈指年華七六春，渾渾噩噩任天鈞。』一九六一年在給李敦素的信中也寫著：『若餘者，常不分朝夕與歲月，及至意悟形開，才知尚是人間。』先生好像極力張揚這種『渾渾噩噩』的精神狀態，其實這種『渾噩』，正是超越了的明白，超越了的聰智。莊子説：『大知閑閑，小知間間，大言炎炎，小言詹詹。其寐也魂交，其覺也形開，與接爲構，日與心鬥。』先生呈現給我們的不是對是非功過的斤斤計較，而是在世俗面前非凡的寬博豁達，舉重若輕，大智若愚，從知識的洞穴裏走出來體驗世界的廣遠。莊子曰『至道之極，昏昏默默』，先生正是在迷離中妙契了至極之道。他在贈給友人張紹村的畫中題道：『如今我二老，天下之大老，入水不能濡，入火不能燎。』莊子在《齊物論》中説，『大澤焚而不能熱，河漢沍而不能寒，疾雷破山風震海而不驚』，先生以順應自然之心，得其美而遊於至樂，忘記悲樂，忘記生死，忘記自我，『縱浪大化中，不喜亦不悲』。

在《生辰》詩的手稿中有這樣幾句：『中廚理佳餚，就此筵故老。故老酒量淺，言語竟顛倒。案上老壽星，認爲不倒翁，我聞輟一笑，萬慮頓成空。』顛倒就是糊裏糊塗的迷妄狀態，意態忽忽，迷離朦朧，是狂放，是解脱，是人生最純真的本來面目。世間物態不斷流轉生滅，一切功名利禄都是空的。做人要不虚不滿，才能立於世而不跌倒。把言語中顛倒的見解再顛倒過來，我們就會進入一個虚無飄渺的審美世界，銀髯白髮不倒翁開懷大笑，一切塵世煩惱統統都化爲了烏有。

先生在《園居》詩中寫道：『賦性偏幽寂，南村有敝廬。清光門外水，好景案頭書。作畫乘佳日，鋤園留野蔬。逍遥塵世外，無夢到華胥。』簡陋破舊的房子，門前有潺潺流水，屋裏有卷卷詩書，足以構成先生『蘆花灘裏隱茅廬』的世外桃源了。在晴朗的日子揮毫作畫，鋤園的時侯還留著野草，先生畢竟不是地地道道的農民，大有『緑滿窗前草不除』的生命愉悦，小園裏的的荒草野菜也引發了先生的異於常人的美學天趣，生態的魅力與魅力的詩句渾然一體了。先生一貫厭惡塵世間的勢力紛争，名利追逐，嚮往一種無親無疏、無利無害、無尊無卑、無處不均匀、無人不飽暖、『天下爲公』的理想社會。迷離中，他的『神』已經成爲『華胥之國』的普通公民了。

在《中秋津門雜感》中有兩首詩：『白紵輕抛利也無，所思一片盡模糊。扔開布袋方瀟灑，明月相隨道不孤。』『思到牂羊墳首章，東方未白起彷徨。笑餘誤識陶彭澤，錯避塵囂歸故鄉。』抛掉科考生所穿的紵麻便衣，卻没有穿上華麗的官服，一切枉想都變得模糊一片。別看這糊裏糊塗的樣子，他的第三只眼早看得明明白白了。先生畫過一幅布袋和尚的畫，題的是『行也布袋，坐也布袋，放下布袋，多少自在』，丢掉名利的包袱，才能獲得真正的快樂自由。在這裏詩人放下了執著，煩惱不起，妄念全消。思想得到了解脱，清光與我相融，内心境界立即明亮起來。這皎潔的月亮古往今來寄托著多少有志之士的嚮往，代表著多少詞人墨卿的心願。此時此地詩人望著天上的玉盤，心無所求，神有所托，胸懷敞亮。他有一枚閑章，用堅挺秀潤的朱文刻著『明月爲賓』四字，篆文豐神跌宕，天趣流動，充貫著『士大夫氣』，正好與前詩相映得彰，形成姊妹之篇，共同表達著對生命的妙悟，共同述説著渾渾噩噩的禪心。

『牂羊賁首，三星在柳，人可以食，鮮可以飽』，天還没亮我就圍繞這個話題思來想去不知所從。我效仿陶彭澤，放棄繁華的都市，退歸偏僻的鄉村，過清淡貧寒的日子，不用別人説，我自己也笑話我自己不知好歹。詩中用『誤識』『錯避』等反語，對『且思高蹈步陶公』等自作詩，做了巧妙的『翻案剥皮』，自嘲與幽默並用，把肯定的心理寄寓在否定的詞語之中。這種『翻著襪』的語言是戲擬的、扭曲的、詼諧的，如果用常人的邏輯思維來理解詩中朦朧的悟性，就與詩人澹泊的禪心背道而馳了。

先生在他的五言律詩《遊興》中有這樣四句：『渠溝失古徑，雲霧蔽朝曦。四野少人迹，行行忘路迷。』古老的鄉間小路，新挖的排灌溝渠，初升的太陽，繚繞的雲霧，這兩對矛盾的雙方，因爲不在主要的話題之内，我們可以蔽而不論。下面的詩句倒是更需要我們走進他的意境，因四野人迹稀少，而迷失了前進的方向，連自己生命的足迹都忘記了，還不是糊塗狀態嗎？短短五個字，可讓讀者心神恍惚，如痴如醉。心性的無粘無滯，懵懂迷蒙，使本來樸質、自然、直觀的景物描寫一下子昇華了，昇華到生命的感歎，使詩人進入本體的至真至美，進入心性的鬆馳和解放。

再讀五言古詩《三女嫁》中的最後四句：『夢中聞女聲，聲聲呼阿爸。依稀是在家，忽覺今已嫁。』夢中的景象，似煙似霧，忽遠忽近，旋律回蕩，意念飄忽，本身就是鏡花水月的美。我們再看詩句中的對混沌的感知，用『依稀』和『忽覺』的模糊感覺狀態，把詩意引入朦朧美的勝境，讀懂了詩句的美感特質，就知道詩人内心的澄澈和虛靈了。

先生曾以《晚秋》爲題寫過一首律詩，詩曰：『滌場時節了農功，謝卻商飆换朔風。西野煙銷山影近，小庭木落月光通。竟無香稻培佳釀，尚有黄花伴老翁。日下坦然唯曝背，瞢瞢睡在日光中。』秋收已畢，西風送爽，天空的塵埃消散了，顯得山影很清晰親近。院子裏的樹葉脱盡了，月光才通暢無阻。先生以畫家疏朗的構圖思路，布屬晚秋的風光，饒有道家空虛通透的哲學特色。而且以樸實的詞句，捕捉了無所羈絆、隨意所適的隱者風度。光著上身，曬著太陽，躺在籬笆旁邊，從容閑散，無拘無束。在生命的低點卻逍遥自在，不失本真。其疏野、閑漫、恬淡，不遜於《答人》的詩境，似乎比『偶來松樹下，高枕石頭眠』的形象更多了一份渾沌意識。他心性坦然，赤條條的，一絲不挂，顯露了全部真實。泯滅了塵世凡俗的一切牽挂，進入糊裏糊塗的睡眠狀態，享受人間最美的夢。

先生晚年曾畫一古松，老墨縱横，蒼茫拙樸，松鱗斑駁，墨皴如鐵。『施之以古籀及狂草之筆，頓放勾點，磊柯然、戚縮然，駢枝鐵幹，欲盡其龍攣虎跛之勢。』拙怪的外在形象，充盈的生命氣息，涵詠著畫家的心性。其跋曰：『灑家十載屯難，昂昂自若，而含冰負雪，非松柏其身耶！』先生把世界移到了紙素間，又把感情移到了世界上，老松是我的身體，我的身體就是老松，在朦朧的境界中，心與老松俱。

在先生的一則筆記中，內容大約是抄録了畫家鐵龍在作品上的一段題識，又附加了他個人的批評，其字迹荒率潦草，方圓相間，憨厚雄强，蒼莽縱肆，隨意賦形，自成體勢。先生有『好古俗情遠』的詩句，俗情既遠，當然其書法境界不同凡響，無論從多元的碑體融合，還是濃郁的金石氣味，都可從感受到明鮮的渾古樸拙的情趣，這種情趣讓人『如飲醇醪不覺自醉』，把一切機鋒欲望都抛到九霄雲外了。

古人云：『草草不經意處，有自然之妙也。』這段墨迹，筆記態橫生，得意忘形，自然天放，透露著『風行水上，自然成文』的『無營』狀態，無心湊泊，天然契合，在淋漓的墨迹間，彰顯著靈性的懵懂混沌。

我們再看看《煙波釣徒》絹本册頁，以乾濕交融虚實並用的筆墨，層層點擦渲染，尺幅中蒹葭蒼蒼，煙雨迷蒙，荒遠滅没，滿眼模糊葱鬱，饒有『元氣淋漓』『隔簾看花』之妙。右下角葦蘆叢中，一小船半掩半露，中有一翁，布衫草帽，怡然而坐，船頭置一爐灶，旁一婦人，正在升火燒茶，上身前傾，撮口吹火，執扇煽風，很像天陰雨濕燒火費力的樣子，説它是霅溪之境，又與『最愛蘆花經雨後，一蓬煙火飯漁船』的意境似曾相識。左側有跋曰：『糊塗寫去起煙波，好趁詩人張志和。我畫世人多不惜，只能持贈洞庭哥。水色空濛，煙波無際，寫畢覺意象豁然。』先生置身蒼茫，用朦朧的墨韻述説對世界的感受，野煙漠漠，滿紙蒸騰，混沌的物象，幽昧的天地，迷茫縹渺的意境，正揭示了宇宙間的渾然不可分別的大全之美。莊子用他的《應帝王》的寓言故事，説明混沌就是世界本來面目，一旦混沌被開鑿，開發出能感知外物的七竅，迷茫渾蒙的本體就被破壞，生命就不復存在了。意象的『豁然』就是心性的頓悟，是精神家園的回歸，是先生在妙悟中胸懷敞開的一片光明。李日華説，『繪畫必以微茫慘淡爲妙境，非性靈澄徹者未易證入』，正是先生性靈的澄徹，内心的光明，才把這張小畫推向了朦朧美的高峰。

澤中野草自清幽

『澤中』的『野草』並不以自己是『野草』而自卑，它在『澤中』從容大方地表現著自己，成爲一個活潑潑的生命世界。詩人泯滅了『我』和『野草』的能所關係，把『我』也寄託在這個『清幽』的世界之中了，這就是生命的態度。這個『態度』呈現的是『我』和其觀照的『物』組成的這個生命共同體。在這個共同體内的物無高低貴賤，都是一個獨立的、圓滿自足的王國，正所謂『一花一世界，一草一如來』。詩人完全融入其中，並與物毫無滯礙地交流著感情。

下面我們就繼續關注先生在生活和藝術創作中的生命態度。先生晚年患左側乳腺癌，並轉移到同側腋下，後期乳瘤與腋瘤相繼破潰，當時在缺醫少藥偏僻貧困的鄉村，只能在無奈中含悲茹痛，坐以待斃。由於嚴重感染，胸前和腋下都用繃帶包紮，儘管用多層縛料，濃血還是從縛料裏透出來，其狀態令人目不忍睹。

有一天，大約病痛有所緩解，他躺在床上不但没有輾轉呻吟，還能安詳地讀書。他打開一本《莊子》，讀得正投入時，突然他的一個族弟一步跨進來，因爲常來常往，大家都很隨便，但先生還是不願太失禮，他立即放下書，右手吃力地撐著炕面，艱難地坐起來，煞有介事地説：『這是雞蛋剛孵成的雞。』他下意識的用右手托了一下癰腫的左胳膊，胳膊卻一動没動，又用右手摸摸這兒摸摸那兒，像是身上有什麽機關，『你看，它不動。噢，這兒動了，這不是一隻雞嗎？還是一隻大公雞。咦，看這翅膀，這不，翅膀扇起來了。咕咕咯！啊！打鳴兒了。』説著還刻意地抻了一下脖子，接著又説，『鴞鳥肉好吃嗎？這是剛用彈丸打來的鴞鳥肉。』他輕輕撫摸了一下前胸，『這就是烤好的鴞肉嗎，你聞聞，這不是，香味都出來了！』這話説得荒誕不經，不著邊際，是囈語還是嬉戲？神經兮兮的，簡直就是個典型精神病。族弟愣住了，他越聽越糊塗，弄得他撲朔迷離，不知所措。這時先生又拿起炕上的書，一字一字地念起來：『女亦大早計，見卵而求日時夜，見彈而求鴞炙。我爲女妄言之，女妄聽之。』這時他的族弟才恍然大悟，原來是莊子的《齊物論》，他没有説話，似乎還在雲霧之中，但總應該還有一句潛臺詞：『這老頭，走火入魔了吧！』

寫到這裏我有些猶豫，一個人到了生命的盡頭，還有心思拿自己的病痛開玩笑，這豈不殘忍了點？我沉吟片刻，想起了他寫給李敦素的信，信上説：『（我）行將昏憒，已以生死爲一條，安時順處而矣。我近歲喜讀《南華》，得此意境，故無所不適也！』想到這裏，胸中的糾結打消了很多，心裏也稍安定了一些。

莊子本來是用這段文字來諷刺那些不安時順處而急於操變求化的人，先生卻現身説法，用乖僻的、變態的、近乎西方的『黑色幽默』的言語，來表達東方道家的『墮肢體，黜聰明，離形去知，同於大通』的『物化』和『坐忘』思想。這個故事，用人类的眼光看，似乎很冷酷，用大自然的眼光看，卻充滿了生命的温情。先生在官能體驗中，擺脱了肢體和智能的束縛，把自己的軀體分解了，胳膊和前胸各自都成了獨立的王國，各自都成了一個圓滿的世界。這種難以理解的玩世不恭的態度，把軀體推向『身心脱落』的至妙境，在痛苦中獲得靈性的昇華，獲得了精神的自由。以審美的心理審視病痛，觀照的視角變化了，生命的現象變遷了，痛苦的感性生命世界消失了，面對的就是一個愉悦的悟性生命世界。

先生寫過一首《雨後見杏花》的詩，詩曰：『昨夜穿窗雨似麻，淋淋膏澤遍天涯。曉來卷簾探春色，籬角先開白杏花。』詩中第四句，給了我們一個亮點，夜雨穿窗，曉來就欣然發現了『籬角白杏花』這個領先春色的生機世界。這個生機世界來自詩人心靈的體驗，春色從天而降，令人驚喜萬分。詩人沒有用知識的觀點對待它，而是以鮮明的生命態度領教它的圓滿自足，光彩照人，和屹立於萬紫千紅之林的獨特魅力。別看這枝杏花平平常常，清清淡淡，卻傳達著詩人對生命的關注，以及對世界、對宇宙、對人生的真知灼見。

還有一首詩，大約描述種田歸來的心境。其文字資料已失，在其家人的回想中，只想起『路邊喜見野丁香』這最後一句。一棵微不足道的野草，沒有艷麗的色彩，沒有濃郁的香味，本來不被人重視，又何況開在路邊，人踏車軋，塵染沙迷，其尊容可想而知。但它從不借那些名花貴草的光,用它自己的光照亮了它自己。用它自己的光亮炫耀著自己的天國，這個天國，『肇自然之性，成造化之功』，清新淡泊，獨具真實，連詩人的心也被它攝持了去。這棵不入流的野花，讓詩人心靈的燈『一時明亮起來』。我們不要認爲這是單純的景物描寫，而是立意於『境』的創造，在境中表現詩人怡然的生命體驗。

《七十五壽旭光滿室》一詩，開頭有這麼四句：『寒房何所有，盆梅發紅萼。以之置壽筵，酒香花灼灼。』屋裏没有什麼擺設，只有一盆梅花孤獨地擺在桌子上。梅花有高潔孤傲的涵意，但詩人並無心粘附這個象徵意義，而在『忽然暖似春，滿堂光焯爍』的表面氣氛中，默默流露出的寂寞清冷的内心情緒，在這個情緒中，孤獨的詩人與梅花共舞，與梅花交流，與梅花成了相依爲命的夥伴。或者説，梅花就是詩人生命的拓展。詩人在寧静澄澈的心境之中，發現了梅花的生命律動。

先生自己製作過一具盆景，取一具白瓷高沿托盤，盤内放些麥粒，再放少許水，幾天後麥粒就生根發芽了，慢慢地就長成二三寸高的青苗，碧緑鮮活，生機勃勃。又放上兩三拳大小不等的淡黑色的文石，讓麥苗聚散錯落地分布其間。所謂文石，卻不具備漏透的特點，只勉强説得上瘦皺二字，或者説很像先生山水畫中小披麻加苔點的山石，似有似無的苔痕，空翠迷蒙，饒有濕氣。先生又取來一支白臘，在燈火上加熱烤軟，掰下一小塊，只見他手指輕輕蠕動，少時就捏成了栩栩如生的小鴨子。不一會兒，數不清的活生生白晶晶的小精靈就布滿了托盤。他又舀來半瓢清水，慢慢地倒進托盤裏。刹時間，眼前出現了一個神奇的世界，峰巒起伏，草木扶蘇，微波蕩漾，一群白鴨子遊蕩在青山緑草之間，一切都活了，讓人如夢如幻。案頭的一縷清新，洗滌著塵世的煩躁，先生與他夢寐以求的『境』中的景物真實顯現，默默交流，恍惚中它們成了相忘於江湖中的魚，在廣闊的宇宙中盤桓遨遊。

先生通過這個小小托盤，演繹了生命的精妙。這個妙境正好契合了先生筆下的一幅丹青。他在這幅丹青上自題詩一首：『水繞峰回別一天，氤氲嵐靄接溪煙。昨宵過雨添新漲，撐出前灘放鴨船。』畫面上成群鴨子在碧草的掩映中順流而下，放鴨人立於船尾，擰身撐篙，眉宇靈動，神采逼人。先生平生以畫梢公漁父擅名，獨得瀟灑風韻。而今日的托盤裏卻不見其人，其實這個世界正是先生生命棲居的桃源，他豈能丢失了自己，只是他已經不在觀者的視線之中，和青山碧水竊竊然私語久矣。

在先生的詩詞中，還不乏羅曼蒂克的浪漫。

先看《中秋待月》一詩：『去年風雨誤佳期，楚女馮夷相妒伊。今夜天時人意好，姮娥底事復來遲。』詩內用『佳期』『相妒』『來遲』等含蓄的語詞，給中秋節染上了幽昧的彩色。詩中描寫得似乎不是中秋的『待月』，而是中秋的『待約』，仙女之間的『相妒』，很有『多角』相戀的情趣，明月和詩人都改變了他們的本來面貌，天與地之間心靈的對話，營造了詩裏的『境』，而且使境中充滿生命的活力。

大概詩人與廣寒宮裏的仙娥真有割不斷的緣分，不然這位女嬋娟怎麼會從人物畫《奔月》的絹素中對著詩人回眸一笑，害得詩人情思涌動，面對婀娜的身影題詩曰：『畫取當年奔月時，姮娥感我費才思。從茲天上情相接，金桌之贈人不知。』在詩與畫的構思中，我們不難看出作者心理體驗的創作傾向，詩人在細膩深刻的體驗中，發現了自己的生命，更發現了生命在閃光。詩中用『情相接』『人不知』六個字，透露了暖昧的二人世界，人和物的組合，使月裏的仙子和地上的『我』，成了不可分割的有機體，詩人的主體地位已淡出了，取而代之的就是非主非客、亦主亦客的『我』。

先生晚年愛菊成痴，所以他的詩作以咏菊詩最多。這些詩看似咏菊贊菊，其實都是表現他自己。每首詩中，都有『我』寄托其中，與菊花相戀相知，相擁相抱。詩人的視角改變了，他不是記述者而是參與者，在純然的體驗中，『我』與菊形成了無執著、無偏見、無分別的渾全的生命世界。

從以上所舉的幾個例子中，我們應該體會到先生在生活和文藝作品中所呈現的『生命態度』了。

旖旎韶華滿大千

先生生性温存，待人謙和厚道，處世融洽親睦，逢得失之場，從不與人計較。先生的這種性情似乎恰合儒家的『中庸』之道，但細細思量又覺得還有些不妥，如果用既時髦又傳統的辭彙『和諧』來概括，好像更貼切一點。

這種心性蘊涵在他的詩詞裏，我們把它分析出來，再用美學角度來衡量，就自然而然把它引入圓融互攝的般若之境了。

我們先看先生的五律《吾家》（其一），詩中有『無山雲作態，有酒甕生春』的詩句，詩意樸實親切，在立處即真的生活描述中，流宕著活潑圓轉的機用，體現了不拘泥、不凝滯的通達心態和充實妙有的歡喜精神。雲和山一向是高蹈者的偶像，雲朵和山峰的結緣，前人的詩篇裏不乏美句。雲和山多姿多態，是大自然中最美好的風光。没有山，雲就有意作美，涌動著呈顯山的各種神韻，雲就是山，山就是雲，雲和山合而爲一了。春天没有來到，酒甕裏就是春天，酒中有美妙的世界，有幻化的乾坤。春天和酒甕也密不可分了。春是生物的共同追求，酒是人類精神的天堂。山之態，酒之春，不在於山和酒本身，而在人的心態。只要内心和諧了，處處都是瑰麗的山水，時時都是美妙的春天。

再看五律《吾家》（其二），詩中有『愛月常停燭，惜春不掃花』的詩句，天上的月，時序的春，是世界上美好的象徵，詩人愛月惜春的真摯之情，猶如一顆赤子之心，總是那麼天真火熱。不點蠟燭，是爲了更好地玩賞明月。不掃落花，是爲了讓春天多在院裏停留一會兒。詩人的愛，只不過是感覺中的一瞬，而詩中流露的感情，卻成了不朽的永恒。在這裏，物與『我』的對立消失了，無分别，無計較，只有通達融洽，一團和氣。

七律《自述》中，也有類似的詩句，『涼秋畫意在黄菊，清夜詩聲和冷蟄』，涼秋和黄菊，詩聲和冷蟄，本來就是兩對相輔相成的客體，詩人用『在』和『和』兩個字把它們牢牢地套在了一起。一是聲音的共鳴，一是時空的合奏，樸實的生活景象，在詩人筆下顯得無比融洽。先生在清貧的隱居生活裏，順應自然，投入自然，感應自然的真趣，洞悉人與自然渾然相融的妙諦，在純乎天真的聲色中占斷大自然的無限風光。

上文所引用的詩句，大多擇自先生律詩的聯句，似有斷章取義之嫌，或者讓讀者萌生有佳句没有佳篇的誤會。那我們就從一首完整的題目爲《題聽松圖》古詩裏尋覓生命的圓融，詩曰：『何處仙人下碧峰，盤陀石上坐從容。終朝無語不歸去。常聽聲喧萬壑松。』前文已例舉了此詩，不過此次與前者是在不同的層面。『仙人』盤坐在巨石之上，泯滅了物我，超越了情識，進入了不可思議的直覺境。個體生命與宇宙生命合而爲一，時間與空間融成一體，在生命的體驗中，大自然和諧了，人與自然和諧了，『我』與内心和諧了，在和諧的頤養中，胸中一片怡然。

再讀一首詩，詩曰：『組織迎人日，清輝照滿堂。剪花金作縷，煮菜玉生香。斯俗傳荆楚，以晴定吉祥。兒童捧佳醑，祝我壽而康。』詩意平和，無虚僞造作，字句間藴含著本初的和諧。吉祥節日，清輝滿堂，剪花煮菜，兒女們捧著美酒，給老人祝壽。詩意圓滿和睦，其樂融融，心靈與其澄明活潑的萬物交相輝映，歡樂祥和的氣氛撲人眉宇，正像他自己的詩句形容的一樣，『兒女齊騰歡，和氣溢宇宙』。質樸的農家生活，真誠的天倫之樂，不用計較商量，『樂君子之德，無不和諧』。

先生日記裏有二十多首咏菊詩，我只拿出一首來與大家共用：『擬把黄花作道場，欲將六合換清香。靈均靖節康風子，不速而來共主張。』詩人把自己化作菊花的香氣，在清新的世界裏延伸著超脱的靈性。詩人用豐富的想像穿越遥遠的時空，不同朝代的人物都歡聚一堂，心靈的遊觀，不著不滯，遺塵超物，在浪漫的『思想遊戲』裏，寄托著『天下爲公』『世界大同』的人類共同追求的人間至美。香花飄蕩五洲四海，清新充滿天上人間。無親無疏，無適無莫，詩人通過審美表達了内心潛存的博愛。多維的涵容互攝，過去、現在、未來，手牽著手向我們走來，它們排除了時空的干擾，有機地組合在一起，共同編織珠光交映的圓融世界。

想起了一個小故事，在淫雨連綿的日子，先生的住房滚了檐子，老人家年過七十，尚能登上高搭的桌凳自己修房。因桌腿榫頭老朽，在摇動中突然折斷，先生冷不防從高桌上栽落下來。頭部摔在磚頭上，雖未頭破血流，一側眼部也受了重傷，幾小時後，眼瞼即腫起一青紫大包，結膜下也鉗青瘀血，其痛苦可想而知。然先生卻不以爲然，還面帶微笑，指著自己的眼睛對家人説：『這邊叫「青眼」，這邊叫「白眼」。青白眼麼！』一句話，弄得家人哭笑不得。調皮戲謔的話語，蕴含著即俗即真亦凡亦聖的禪悟。面對突如其來的災禍，先生不傷心不惱怒，心裏一片和諧的陽光。只要超越情懷，泯滅哀樂，便會在常人不堪忍受的痛苦中產生審美愉悅，這才是真正見道之人的本來面目。

有一幅生活氣息十分濃郁的圖畫，畫的是水鄉農民航牛過河的春耕圖。我們只發現了這幅畫的稿本，雖然不是正式作品，但那活潑的生機，流蕩的氣韻，足以讓觀者心蕩神逸了。疏曠的構思，簡約的勾勒，反映了他豁達樸質的心性。稿紙上撐篙攔頭的老漢，與牛偎依的小孩，憨厚粗獷的黃牛，參差其羽的雙燕，花草叢生的河岸，煙氣蒸騰的郊園，它們在禪悟者的筆下涵容互攝，水乳交融，顯現出一派欣榮合和之氣。先生心性純真，機緣深厚，他把畫中人和物的真情體會至深，以物的感情表現物，所以畫中生態和諧，情真意切，顯示出物與物，人與物的無比親和感，築就了更高層次的精神家園。

有一幅寫意人物畫《鬧學圖》是先生晚年得意之作。一位白髮蒼蒼的教書先生趴在講桌上白晝入寢，大概也夢遊華胥之國了。一群天真頑皮的小孩子就趁機百般惡搞，使畫面活潑生動。我們不談畫中的內容和章法，只洞觀綫條的組合、色彩的搭配，就足可以領略先生的貫穿協調的美學修養了。畫中的衣紋和題識，都是用一支筆、一硯墨、一個心境，一氣呵成，氣象、筆觸幾乎一模一樣。所以畫中物相的欹正、俯仰、揖讓、聚散、粗細、方圓、折轉都是相輔相承的。最後形成人與人、字與字，人與字、色與墨的統一和諧。當然，這些和諧的活水源頭，還是畫家的內心世界。

先生是一個平常的人，又是一個極不平常的人。他的生活、書畫、詩詞裏處處可見微妙的禪心。打開他的詩集，很多詩句都以不同的角度讓人領略和諧的奧美，有『愛月常停燭』的灑落，有『無山雲作態』的豁達，有『攬鏡不堪看』的虛幻，有『風過野草香』的自然，有『秋蟲鳴我側』的親合，有『安步入雲煙』的從容，有『一望獨呀呀』的澄澈，有『鋤園留野蔬』的渾全，有『看花人亦馨』的通化，有『夜月共遲留』的融恰，諸如此類，不再多舉。我們走進這些詩句，細細揣摩，句句是體驗，不是欣賞；句句是加入，不是旁觀；句句是無心，不是有心；句句都没有寫人，但句句都有一個『我』主宰其中。個中三味，只有心境通靈，方解其中真意，『意之所隨者，不可以言傳也』。

本文以先生的詩詞作品和部分畫作爲引綫，順著這條綫尋覓下去，途中也撿些詩詞以外的例子加以補充，這也是順理成章的事。文章主要圍繞憐貧憫農、沉默寡言、古樸淡泊、昏昏噩噩、生命態度、圓融和諧幾個精神領域的話題加以評論，發表點個人意見。其實這幾個概念既可分又可不分，可分的是它們各有不同的個性，可不分的是它們之間又有明顯的共性，有拉不開扯不斷的姻緣，用一個標題也完全可以涵蓋了。

先生生在農村耕讀之家，少年時期即飽讀五經四書，十幾歲去湖南就讀過武備學堂，在江南遊歷過名山大川。天津是他的第二故鄉，作畫是他的專業。其間曾拜師習過武，也曾應國家之聘，作過報刊畫編，也作過改良年畫，還作過教科書插圖。組織過書畫慈善會，辦過平民教育。晚年即隱遁鄉野，抱素守寂，蓬門華户，粗茶淡飯，以苦爲樂。他享過榮譽，也受過淒苦。當過官差，也種過田地。經歷過戰火的洗禮，也接受過饑荒的考驗。多元的社會經歷，思想認識不斷在矛盾鬥爭中發展變化，享受過一次又一次的飛躍。小時候先輩的諄諄教導，使孔孟之道在他心中扎下了牢固的根基。走入社會後，正是二十世紀二十年代以後，當時馬克思主義的傳播極爲活躍，在友人的影響下，曾一度接受過馬列主義理論，也追隨過無政府主義思潮，還讀過佛經，研究過般若之學。但都是水過地皮濕，占領他思想陣地的還是儒家經典。因爲它畢竟是中華民族世代信仰的不偏不倚的道德模式。隨著年齡的增加和境遇的變化，心性逐漸向大自然回歸，晚年與《南華經》相依爲命，道家精神就逐漸形成了思想的主流。如果説陶公的疏淡，孟夫子的濃郁，仍然占有理性和社會性，那麼莊子的萬物齊一就完全脱離了虚僞的説教，超脱了感性和形骸，取得了精神上的自由。

這種意識形態，作爲詩情畫意的審美，做爲老年人身心的頤養，不失爲一種最明智的選擇。但在現實生活中它卻讓人喪失奮鬥的意志，安於現狀，不思進取。所謂『順其自然』，不過是對厄運的逆來順受。先生晚年的窮困潦倒也不能排除有莊周思想的影響，雖然知道這種抽象思辨是自欺欺人，但仍然也要用它作爲一種很有效的麻醉劑，古往今來不得志的文人大概都是這樣。

先生一生不信佛，不奉教，對『十二因緣』『六道輪回』之説深惡痛絶，對鬼神妖邪之論更是視如寇仇。先生頗好禪理，中年客居天津，與喜好佛禪的友朋過從甚密，後曾把某禪宗高僧接至家中常住，以圖玄談之樂。其實禪學並非佛教的專利，古代文人高士深諳禪義者不乏其人。先生的禪思，大多來源於莊周，當然也有佛學的影子。先生應該是屬於現實主義和浪漫主義結合型的學者，或者現實主義還占一點上風。他從不寫禪詩，但他晚年的詩裏卻不知不覺地藴含著禪機，也可説不期然而然。看似了無足觀，卻體驗了生命的流動，隨處充滿，無稍欠缺。這正像書法家寫字，無論怎樣拿捏，都會把他的生命密碼泄露在楮墨之間。書畫是這樣，詩歌更是這樣。人的思想意識不管怎樣僞裝也會暴露出來，這是不以人的意志而轉移的客觀規律。

先生的日記裏記録了這樣一個小故事：『孟秋買舟歸家，欸乃聲中，因憶昔年下津門舟子之語，「好風啦，送後來的船啦！」隨句占成一絶，亦少陵所謂「村童牧豎一言一笑取之皆成佳句」也。「輕舟早發白雲天，欸乃聲中憶昔年，曾記旁人向餘説，好風吹送後來船。」』『好風吹送後來船』，是舟子隨便説出的一句話，他不懂什麽是禪，但這個灰頭土面的人，卻説破了人與自然的奥秘，這就是無意説禪而暗合禪意的例子。先生也覺察到了『皆成佳句』的玄機，佳句者妙語也，這點覺悟已經到達赤裸裸的精神源頭了吧！

先生晚年的詩歌以田園詩居多，多用樸素活潑的詞語，詩中泯滅了一切對立，述説了對自我生命的感受，體現了豁達純真的人性，讀起來灑灑落落，走近去又渺無迹象。

先生一生屢經變故，命運多舛，思想也較爲複雜，或者説充滿了矛盾。從他一生的作品中或者可以找到他精神活動的起落迹象，這也是很正常的，因爲没有矛盾，世界就不存在了。

本文即將結束，還是説些實在的話，文中這些論點有的地方還是局限於主觀印象，缺乏嚴密的科學性，或者不符合思想邏輯而死搬硬套。也許還會引發『故甚其詞』之類的指責，這都是情理中的事。文章寫出來總要有人評論，文章寫的如何，是由我的主觀認識和客觀條件決定的，我也想力求完美，可實在是力不從心。

最後，我們用閻至陽自己的詩《自述》來結束拙作：『書作田兮筆作農，此中意趣極從容。涼秋晝意在黄菊，清夜詩聲和冷蛩。敗壁頽垣居李沆，緑葵紫寥飽周顒。東皋遼闊真瀟灑，閑向西風策短筇。』

詩品人品　青史流芳

——讀閻道生詩文有感

于其超

讀先生詩集，看先生日記，一副布鞋布襪，一領粗布長衫，全然布衣書生的形象躍然於紙上。他像誰呢？噢！魯迅？朱自清？他平和清淡得真像朱自清，其耿介率真又似魯迅。又不全像。他比魯迅要仁和得多，没有魯迅因四面楚歌而逼出來的藐視一切的傲氣，也没有朱自清那種精於綿綿幽思的書卷氣。他是名副其實的布衣，雖然滿腹詩書學問，胸臆間卻充溢著普通勞動者那種素樸的情懷和愛國文人那種胸懷世界的大氣。他就是我們霸州二十世紀的一代文化名流，集畫家、詩人、書法家、武術精英於一身的閻道生先生。

閻道生先生，字至陽，號閱廬。生於一八八四年，卒於一九六二年。是霸州市二十世紀文化名人，以人物畫見長，名震京、津，享譽全國。一生著述頗多，詩作除《閱廬詩集》外，還散見於他的日記當中。

我比閻道生先生晚出生五十年，是晚輩。我在霸州生活了五十五年，有幸與閻道生先生有十年的同飲霸州水、同食霸州糧的歲月，偏偏那段歲月又是啼饑號寒的歲月，我自己的坎坷境遇使我無緣拜見道生先生之尊顏，無緣瞻睹其儀表，聆聽其教誨。道生先生的氣度風采、淵博學識和爲人之高風亮節，那是我從先生留下的詩詞、畫幅、日記、文章中點滴領教的，而現在仍在不斷學習領教中。縱如此，我仍然自詡爲先生的學生，在這裏談論先生的詩文，實際是自己學習中的一點膚淺的體會。

道生先生『一生從不出人頭』（《懷秋》），他没有做過官，在詩詞上雖然造詣不凡，也没有因此而飛黄騰達，顯赫一世。他一直生活在人民中，與人民同呼吸，共患難。因此他没有像陸遊、陶潛、蘇軾等士大夫文人或懷才不遇不滿現實，或因遭貶謫而幽怨憤懣的情緒，更没有孤芳自賞、孤傲清高的氣勢，道生先生平易近人，爲詩爲畫，都以一顆素心，寫平常事，抒百姓情，語言如溪水清風，文、詩、畫皆素樸稚真，絶無顯擺張揚之氣勢。民國時期著名文人楊明漪評價其詩：『詩濬宕有陶意，此蓋桃源返棹時翻然䂬然之一境也。』而其《自述》則云：『書作田兮筆作農，此中意趣極從容。』他是真正心繫人民，而其清静高雅的情操更勝陶令。他滿腹都是勞動人民的情思，清白、素樸、平凡，絶無裝腔作勢的『陰陽怪氣』（這是舊詩人的常態），絶無做官則得意，丟官則失落的那種文人的習氣，更没有得寵詩人對權貴那種獻媚阿諛、歌功頌德的油腔滑調。他一生只書寫了四個大字：清正耿介。貧窮潦倒志不移，成就彰然意不驕。他的高風亮節就在這裏。讀他的詩詞，看他的畫，你没法不爲他這種實實在在的潔身自好、平常而又儒雅的氣質所浸潤，爲他坦蕩的胸懷所感染，你的心靈會在閲讀他的詩中油然爲之純净，並得以昇華。

道生先生的詩是舊體詩，但不拘泥格律，中律而不爲律所縛，讓形式服務於内容。文字以寄情爲目的。表述思想真實清新，自由流暢，絶不矯情做作。道生先生的詩實際是介乎格律詩與新詩之間的一種新體，承襲了格律的體制，又擺脱了格律成規的束縛，語言運用的技巧達到了極妙的境界。先生的詩，清新雋永，文字流暢平和，彰顯真摯淳厚的人性光輝，充滿親切逼真的生活情趣。

愛菊的情懷是古今詩人所共有的，道生先生的詩中，對菊伴霜天、不懼寒風、不慕熱烈榮華的品格有恰切的描述。他的咏菊詩僅可見者就不下三十首，從不同側面，以畫龍點睛之筆，把菊花的高雅俊逸，描摹得淋漓盡致，而語言又十分樸素：『我有菊花色正黄，小園也自比柴桑。淒風冷雨都經過，依舊寒風抱晚香。』（《詠菊四首（其二）》）『開放梅花在曉春，衆芳依次作陪臣。寒霜大地無顔色，點綴秋光總是君。』（《詠菊另四首（其三）》）這都不是空泛地咏物，而是寄托著一種精神，一種情趣，一種境界。凡詩皆言志，托物寄情，閻老先生的詩通俗易懂而意味綿長。再看《雨中見杏花》：『昨夜穿窗雨似麻，淋淋膏澤遍天涯。曉來卷幔探春色，籬角先開白杏花。』文字淡而雅，生活情趣很濃，情景交融，寫得很美。特別是『籬角先開白杏花』一句，使人聯想到孟浩然的《春曉》和宋代詩人葉紹翁的《遊園不值》（『滿園春色關不住，一枝紅杏出牆來』），都是淡墨抒濃情，泱泱春意彰顯紙上，詩中圖畫，如在眼前。『雨似麻』三字也樸拙新穎。初讀覺得平淡無奇，反復吟詠，便覺別有洞天，韻味無窮。可見有魅力的好詩，絶不在於華麗詞藻的堆砌，淡雅而傳神的簡單文字最屬高境界。『文章本天成，妙手偶得之。』籬角的杏花，這一平常事物喚起了詩人的靈感，寫出了這首好詩。道生先生是工筆畫的高手，爲詩爲文也頗有造詣，堪稱古體詩的妙手。

道生先生無疑是飽讀詩書的，對於唐詩宋詞的奧妙自然有更深的領悟，他崇尚清新自然，無意於辭彙的繁複和絢麗。比如寫梅，完全擺脱了那些『疏影』『暗香』等陳詞，獨用自己的體悟開篇：『幾樹清香花滿枝，尋幽林下步遲遲。』在梅林下『步遲遲』，貼切形象地表述了對梅花之傾情。從他的日記中可知，他寫的咏蓮詩篇更多，『白蓮冉冉送清香』（《蓮渠》）就是佳句。他長於用簡潔淺顯的文字寫景抒意，用字力避生僻，不佶屈聱牙，讀起來自然流暢，真切生動，恰到好處。對大自然的花卉草木，道生先生不只鍾情於菊、蓮和梅，對於平凡的柳、杏、棗都予以關注，都寫了專章。古詩詞中寫柳的詩詞很多，如賀知章的名篇《咏柳》、李商隱的《柳》等等，但是因柳樹平常，没有傲岸的身姿，没有美麗的花朵，寫柳詩多是借題發揮，以柳絮的楊花水性説事者居多，的確很難寫出新意。這種平常的柳樹，也進入了閻老先生的詩思。『溪北溪南春色融，柳枝輪緑入庭中……横經對此消長晝，絮雪悠揚散碧空。』（《庭柳》）先生善於俗物中發現詩情，這首詩就寫的平直又典雅不俗，不落窠臼，可見其文筆造詣之深、胸襟之高潔樸質。道生先生的詩都清新自然，無艷靡之句，不矯揉造作，不牽强附會，抒情敘事，維本真是求。遍觀古今詩品，可見美艷華麗好求，激昂高亢也不難，就是這淳樸、率真、自然最是可貴。

道生先生的詩中，五絶、七絶爲數不少，多屬生活小景，都是他的生活寫照。每首小詩中，都有他的身影，都有他思想的閃光，都抒發了他的某種體悟，他的筆下没有空洞的泛泛之作，篇篇言之有物，篇篇都沁潤著飽滿的感情。詩的題材隨手拈來，看似隨意，但都是有感而發，在恬淡中透著沉厚的意藴。以《題聽松圖》爲例：『何處仙人下碧峰，盤陀石上坐從容。終朝無語不歸去，長聽聲喧萬壑松。』

何處仙人？道生先生也。何等地處亂世而不驚、飄逸而逍遥啊！這裏要注意『終朝無語』四字，無語不是無思想，先生在這裏長坐，是有所思慮的，想些什麼呢？家事抑或國事？『萬壑松』的『聲喧』中大有文章。一個文人長時間痴情於嘯嘯的松濤，是當時國家的困難、人民的愁苦激蕩著詩人的心吶！我想這首詩大概寫於五十年代末六十年代初的困難時期，詩人並不是在單純寫景，憂國憂民之情懷，漾溢於字裏行間。

詩人寫景逼真而生動，《秋夜泛舟東淀》《雨後樓中眺望》《賞梅》《庭柳》都是寫景的好詩。閻老先生詩畫聯姻，堪爲典範。唐朝王維，曾獲『詩中有畫，畫中有詩』的嘉譽，道生先生這方面也成就斐然。《閱廬詩集》凡一百餘首，仔細品味，幾乎篇篇似水墨丹青。而細觀他的諸多畫幅，於栩栩如生中，也都詩意盎然。詩則更貴清雅有新意，先生許多詩都語言清淺可愛，以眼前事入詩，抒他人所未發，真情真景，無斧鑿痕，一氣流出，難做他改。這是他貼近生活，細緻觀察，現實世界與藝術思維水乳相融的必然結果。請讀先生的七絶《夜坐對雪》：『寒房燭影夜如何，茶鼎香清逐睡魔。庭院無聲人語寂，滿天飛灑曼陀羅。』寂静的深夜，詩人在寒房中久坐不眠，在想什麼呢？把雪花形容爲曼陀羅花，映射他已經入定於佛法的高境界中。順便説一句，道生先生典故滿腹，皆應時而出，自然貼切，與整體珠聯璧合，加深著詩句的韻味和知識、智慧含量。

詩人寫了梅、寫了菊、賞了雪、咏了月，然而他卻絶不是風花雪月派詩人，他詩的靈魂是抒發民情。有的詩，表面看悠閑恬適，詩人内心卻是焦灼和苦悶的，所以道生先生不是山水詩人，對自然的贊美和熱愛，掩飾不住他憂國憂民的情懷。對於詩，寫實和寫意並不是涇渭分明的兩極，而是互爲表裏，相輔相成的。實而不虚必濁，虚而不實必浮，應虚實互補，詩畫聯姻，道生先生的詩做到了這一點，因而可以説他達到了『三真之境』（季羨林語），即真情、真思、真美。他托物寄情，寄的是人民之情，詩中情與景並不游離，而是相互渲染、水乳交融。感情强烈卻並不淺露，每篇詩都喚起讀者深沉的幽思。詩人是一位愛國志士，他的詩中凝聚著與國家人民休戚與共的深厚感情，沖涌著熱愛國家、眷戀家鄉和思念親人的美好情操和熱烈情懷。新中國成立前的災荒和水患，詩人寫得深沉悲愴，讀《卅五年徵兵》《憂愁》和《苦貧》諸篇，有讀杜甫的『三吏』『三别』之感，詩中寄予了作者對芸芸衆生的深切同情，對反動當局的控訴和鞭撻。而對新中國成立初期國家的經濟困難時期，作者也有真實寫照，那就完全是另一種情懷了。他敘述了暫時的苦難，但也以坦然、明朗的發自心肺的語言，透露著一種一切都會好起來的堅强信念。『但求有飽飯，何必羡佳餚。』（《灶王對》）『麩皮與糟糠，這是維他命。花錢又不多，滋養得真徑。笑他吃葷腥，何如我潔净。笑他吃膏粱，哪能養靈性。』（《養生秘説》）新中國成立初期，國家百廢待興，人民生活不可能即刻明顯提高，但正如列寧那句樸素的名言所説，『麵包會有的』，這一時期詩人的許多詩作都表現了這種可貴的樂觀主義情懷。《梓樹》一篇是這樣寫的：『花木西園一概無，紫藤北園也凋枯。偉哉獨有中亭樹，戰退洪濤體更腴。』借景抒情敘事，中亭樹在洪水中堅韌挺拔的形象和性格，正是詩人人格的外化。這首詩，簡潔明快，通體樸素無華，借家鄉大堤上樹木固堤抗洪的形象，表現了詩人堅定的志向和博大的胸襟，也映射了新中國成立後黨領導人民戰天鬥地的英雄氣概。

他生命後期，生活清貧，度日艱難，他愛戀家小、愛憐鄉親的那種樸素純真的感情，在詩中表現得十分濃烈。愛國、愛家、愛大自然，這就是道生先生的真性情，他的詩表達了這種真性情。真情真語，情致圓足，辭采穩稱，興寄微婉。尤其他的七言絶句，意境明麗悠遠，格調清新，對仗工整，自然流暢。這些小詩都像他的工筆劃一樣，景物清麗工致，人物端莊俊逸。我覺得他寫詩就是在以文字作畫。詩中景物皆歷歷如繪。先生的律詩常吸收口語和散文成分入句，剥落華藻，語言質樸自然，活潑多姿，絶不拘泥於舊形式。他的律體，對傳統的四平八穩老調也有所改變，使其更便於傳情達意，也更增强了格律詩的表現力。『先生用筆似用斧，横砍豎劈興無阻。重巒疊嶂奇境開，打破晉唐舊規矩。』（《觀任伯年畫册》）説的是任伯年的畫，也表白了他自己詩歌、繪畫要創新的藝術觀念。

道生先生的詩寫了悲愁，寫了苦難，但他不是客觀主義的展示傷痕，因其有愛國、愛家的主旋律，因此避免了悲觀主義的色彩。從文學角度説，道生先生的詩應屬於批判現實主義。直面現實，不回避，絶不言不由衷，而是誠懇地訴出自己的肺腑之言，亮出自己的鮮明觀點。

在這裏特别需要指出的是，道生先生愛恨分明，不做違背良心的『歌德』派，對六十年代初，我國因極左路綫的狂瀾，使國民經濟瀕於凋敝，人民生活困苦的現狀，也作了如實的描述和痛訴，他立足真實，抒發了人民的心聲。請看：『十月場光正分秋，肩挑車載鬧咻咻。老夫也自有收穫，産出半囊張打油。』（《分秋》）『艷婦苗根莎草根，掘來一食可還魂。老天真有好生德，萬石黑糧惠野村。』（《饑年》）『黑糧』代指食品莎草根。『今歲重陽乏米糧，老父一肚盡糟糠。饑寒災苦全無慮，只少黄花愁斷腸。』（《憶菊》）『屋廬委於水，兒女泣成群，雲涌蛟龍舞，波飛陸地沉。救貧無善策，悲老托孤吟。辟穀留侯去，斯方何處尋。』（《水災》）『正歲偏多病，欲爲無所爲。沖寒一盞酒，舒悶半章詩。長劍能偕老，小爐時斷炊。壯懷思在昔，不語撚霜髭。』（《老境》）『天將近重九，風雨滿東皋。添得空庭冷，釀成白浪高。吟情在黄菊，秋思入離騷。瓶底無餘粟，題詩莫寫糕。』（《近重陽》）『大肚彌勒永不饑，坦然長坐笑嘻嘻。若將妙諦度於我，不拜窮儒只拜伊。』（《題彌勒》）篇篇小詩皆針砭時弊，柔中有剛。讀來十分委婉，並非激昂慷慨、筆觸强勁。細細品味，忠言而不逆耳，只感誠誠懇懇，實實在在，心地坦率，光明磊落。詩意明達而又蘊藉、含蓄、深沉。雖無霹雷閃電，一樣抒發了人民對生活困難的不滿和强烈要求。當時在幫閑文人高唱形勢一片大好的高調中，道生先生甘冒政治風險寫出上述具有强烈人民性的詩篇，披肝瀝膽，直言不諱，實堪難能可貴之極。那個年代，試問幾人有此忘我之氣魄？

道生先生的詩屬格律古體，但讀之没有深奥、艱澀、困累之感，如觀清清溪流中的小浪花，流暢，明澈，雋永；又若熱茶入腹，滋潤心脾，慰我情懷，使人在悠然、油然間有所獲益。

我也有幸瀏覽過道生先生的書法和日記，日記也是完全的『三真』，情感炙人。他的書法也自成一體，不拘泥，不模仿，瀟灑隨意，字體棱角分明，斑斕有致；樸拙穩健，骨氣彰然。閻老先生文如其人，畫如其人，詩如其人。詩中没有高調，立足生活現實，不慕榮華，不攀名貴。日常練武、潑墨丹青，堅韌高潔的氣質，盡融於他的詩中。請看：『小院掃黄葉，蹲蹲演武功。老拳博古道，健骨戰秋風。火候剛柔裏，消息吞吐中。吾家本内派，遥與五禽通。』（《練拳》）閻老先生晚年清苦，幾至窮困潦倒，然因有詩韻、劍光、畫魂相伴，依然精神充實、心清氣朗，情懷豁達，生活樂觀。

以上斷章引句已經够多了。這本《閲廬詩集》使我獲益匪淺，感慨良多。我深慕先生之學識，更敬仰先生的人品道德。他的好友張蓮溪曾有詩贊曰：『畫師閻仲子，崇譽世争傳。淡泊陶元亮，風流孟浩然。新詩吟自賞，高節晚尤堅。』這種贊譽恰如其分，先生在當時武術界、畫界都德高望重，而其道德文章，更堪爲人師表。先生一生顛沛流離，困頓於戰亂和災荒。始終安分守己，睿智好學，平和敦厚，又樂善好施。獨善其身，又兼濟天下。一生追求真善美，孜孜以求人道主義。他的書法、詩、畫都充分表現出了這種高尚可貴的品格。在日寇入侵時期，閻先生大義凜然，鐵骨錚錚，橫眉冷對兇殘的敵人，保持了一個愛國文人的高風亮節。晚年貧病交加，仍筆耕不輟。先生詩作頗豐，但因兵燹戰亂，作品多有佚失，僅就留給我們的這少量文字，雖不能及全豹，已足見其詩文的高深造詣和詩人的博大胸懷、高尚情操。

先生的人品、詩品，都是我們效法和學習的典範，我們應當像對待瀕臨淹没和散佚的許多歷史文化遺産一樣，予以進一步發掘整理、發揚、推重之，使其光耀於世，流傳千古，以告慰先生在天之靈。這對於詩人的故鄉和我們的國家來説，都是一件極有意義的事。

——原刊《閭廬藝文記》（《天津記憶》第一〇三期）

梓花館拾零

閻爾芃

閻至陽是一位格調高逸的國畫家，也是一位出類拔萃的書法家。

先生弱冠之年，曾精研黄山谷書法，後又棄帖學碑，勤奮耕耘於甲骨、鐘鼎、漢隸、魏碑等金石天地。他潛心二王，借鑒旭素，對鄭板橋六分半書也時日勤勉，尤其推崇《龍門二十品》《爨龍顔》《石門銘》等名碑，更用心錘煉，迷戀成痴，窮微測奥，通乎神解。

先生的書法作品，以師古創新爲宗旨。他的書法風格是與歷代書家迥然不同的。在筆法上，意追碑碣摩崖，刻痕畢顯，方棱尤著。善用偏鋒以造雄强，多現屈曲以釀韻律，不守『藏頭護尾』的成規，用筆放縱恣肆。

在結字上，體勢開張，中宫寬闊，大開大闔，迂怪崎側。打破字體的機械平恒，追求生拗、扭曲、變異、誇張、奇辟的藝術效果。

在章法上，虚實相生，參差錯落，無界格約束。字與字、行與行之間，或正或斜，或疏或密，輕率逾律，隨意變化。突破平正安穩、不激不厲的舊格局，闢開傾斜驚險、動盪支離的新境界。

在格調上，奇崛大氣，樸厚渾穆。純用荒拙，以追太古。超逸疏宕的道家氣質，立體凝重的金石趣味造成了其遺世脱俗、欲離人間煙火的仙風道骨。

先生的草書，多參以南北碑刻和畫樹勾藤之筆，源於二王，又脱出二王藩籬，另闢蹊徑，是唐代書風和法度的離經叛道者。

他平生喜拙厭巧，好逸惡俊，反正統，倡變革，追求『臆造』，排斥規矩。崇尚狂怪生澀，反對俗媚浮華。其筆劃的圓轉處大多變爲獨具特色的方折，其淩厲孤僻較張二水尤甚。

我們雖無法獲得閻至陽的正規書法作品，但還能從他的詩稿、日記、印集、題畫等稿件中看到他的雪泥鴻爪。今摘取數段，請大家欣賞。窺其一斑，可見全豹也。

這些稿件以率意爲主，氣息貫通，無籌措運劃、刻意雕琢的痕迹。古人云：『草草不經意處，有自然之妙也！』

閻至陽生前院裏有一棵蒼翠挺拔的梓樹，碧葉銀花，怡情悦性，先生晚年欣然命其書齋曰『梓花館』。我拾得梓花館主人的幾片零星書稿，並略陳陋見，姑擬題爲《梓花館拾零》。

《寒食即景》是閻至陽自作的一首贊美春天的詩。詩内春池水暖，桃杏芬芳，一派欣欣向榮的景象。展開書稿，一股清新亮麗、天適人和的沖合明净之氣，撲人眉宇，使人如飲醇醪。

書稿用筆大多方筆露鋒，字字乾净利落、娟秀婉麗，卻毫無輕佻俗媚之態。雖屬行書，但北碑意趣濃郁，點畫峻厚，血肉豐美，活躍多姿，倜儻灑脱，豁人心懷。

書稿中的『乞』『池』『施』字之豎彎勾，突兀而起，似蘆芽竹笋，破土而出，具有勃勃生機。『色』字的豎彎勾似出未出，含而不露，引人無限遐思。『酒』『猶』字横折處搶筆换鋒，似斷還連，虚毫暗過，又體現了典型的《龍門二十品》的『雙肩』，給人一種既雄强又空靈的美妙享受。『霖』字的一捺，勢如『横掃千軍』，又極具漢簡自然雄放的意態。『再』字的一横直入平出，往而不收，激情奔放，饒有朔北豪放之氣。『冷』字捺體拱屈，尾端上蹺，神態奇逸，栩栩似欲飛動。『花』『桃』字均用篆體草寫，使通篇文字儀態翩翩，高古不俗。

通篇上下承接，左右擺動，筆隨勢轉，自然嫻熟，既有力感，又輕鬆活潑，淋漓酣暢。

《園居》書稿，讓我們感到舒適、平穩、寬闊、活躍。筆劃像盤絲屈鐵，遒勁、連綿、恣肆，而且微微顫動。『林泉之志，煙霞之侶』是閻至陽夢寐以求的，先生能『使願無違』，遠離囂塵，隱遁鄉里，蒔花種菜，吟詩作畫，『逍遥塵世外，無夢到華胥』的恰意，脱然出紙，怎不叫我們見其墨迹就心曠神怡呢？

《閑徑浮青靄》書稿乃隨意之筆，通篇字距行距不分，尚有丢字。因先生對殷器銘文讀寫純熟，所以尺牘的布局似漫不經心，筆捺波折，勃發意氣。珠璣羅列，錦鏽横陳之致縈繞於紙端。

書稿中『堤』『停』『適』『瀟』『灑』『華』字極力開張，平穩坦蕩，悠然自得。心中自有『廣厦千萬間』，筆下當然『風雨不動安如山』了。『浮』『長』『老』『惜』『掃』字，精於布白，聚散得體，因爲虚處的空靈，顯得實處更加峻厚。『堤』『停』『掃』『隨』『南』字，筆力積聚，發而戰掣，表示出先生對追求的堅定和執著。『愛』『常』字在筆鋒横拓時撚動筆管，使其横勾筆波狀起伏，形成自然曲綫，好似水波瀲灩，平湖微浪。『國』字始筆，枯毫入紙，蒼茫古勁，但有靈氣，毫無筆痕。『月』字型奇意古，非情趣高逸之士難出此態。

整篇書稿彼此呼應，相互奔逐，洋洋灑灑，一氣噴薄。其文字排列，緊而有章，亂而有序。

書稿縈回玲瓏，神采飛動，奇逸多變，從心所欲，無不表現出先生廣博的學識和高超的書法技藝。

《昨夜雨紛紛》書稿，亦出於日記。當時其三女離膝而嫁，雖爲喜慶，但因先生身老家貧，不能親去結褵，佇立如痴，望眼欲穿，傷感多於欣喜也。全幅字章，無《閑徑浮青靄》之舒適穩健，也無《寒食即景》之端雅清秀，但主調並不低沉。閻至陽先生是一位與世無爭的『達人』，達人者『知命』，所以他仍能在抑鬱中振作精神，磨墨拈毫，使滿幅書稿意味綿長，古氣蕩漾。

此幅行書詩稿，其行筆多直入平出，出即放筆，放則萬毫齊力，從頭到尾，充滿了漢隸風味。書稿中『五』『年』『重』『此』『何』『女』『阿』『依』『稀』字，其横畫有往無收，不是末端上挑，就是極意縱出，自然而成隸腳。尤其『年』字，末尾一横，幾成彎轉，奇趣天成。『是』字三出，形態各不相同。丘壑融在心中，變機自生筆端。『昨』『地』『塵』『神』字，造型變化，大膽奇異，一字之内，此伸彼縮，尓消我長。不同的形態，相輔相承，體現了對立統一的辯證法。『大』『是』『修』『敦』字，捺筆上抬，幾成平撑，極富《婁壽碑》之古韻。『雨』『兩』『聞』『阿』字，其竪鈎向左偏下率意出鋒，法取漢簡，貌似板橋，顯得明凈婉麗，瀟灑自然。

最後一行，硯中墨幹，用小指點清水而繼之，實爲散漫不經意之筆，反顯得淡而不浮，富於姿韻，尤見神采。全幅書稿俯仰多姿，輕重各異，筆勢舒展，波磔峻發，時見顫掣，方圓藏露，任其自然。

出於審美意識的高古趨變，先生極其懊悔早年對涪翁書法的執著，然而青少年時期打上的烙印，似乎根深蒂固，不管你怎樣盡心竭力，也不容易徹底剜除頭腦深處的痕迹。從本幅書稿看，有不少字長鋒四展，意似『死蛇』，可是在我們看來，這些筆劃倒是遒勁鬱拔，疏朗有致，其淩霄萬變的長綫條像輕雲緩行、長綢曼舞，倒使書稿欹側飄逸，翩翩欲仙了。

先生隨意書寫的《心經》一稿。先生不信佛，但對『空』『無』的般若智慧情有獨鐘，對心經的文學語言也頗感興趣。鄉居期間，常外出找高僧談經論道，探求離苦得樂的真諦。

先生愛心經，寫心經，把究竟圓滿覺悟人生，傾注在點畫撇捺之間，心倪所動，妙不能已。

書法是心靈的藝術，楮墨之間，氣象千萬，透露著書家本質真實的自我。《心經》的書稿寫得這麼從容隨意，甚深微妙，可以看出先生心靈上没有執著，没有挂礙，内外明徹，净如琉璃。

這幅書稿上没有板結，没有凝滯，不拘常法，突出變化，追求趣味，崇尚金石筆韻，强調個性表達。

我們不妨剥離塵囂，澄懷觀照，進入《心經》書稿的幻境。尺幅之上若有無量善男善女群聚道場，高者矮者，胖者瘦者，俯者仰者，伸者屈者，欹者側者，揖者讓者，顧者盼者，負者行者，坐者卧者，奔者趨者，歌者舞者，芸芸衆生，各具其態。雖天真爛漫，卻不紊不亂，不即不離，不狂不妄，不失顛倒。可謂『無處不如來』。

我們還是回到書稿的客觀世界裏，賞析筆墨之中的意趣吧。

書稿一頁二行中的『五』『不』字，五行中的『滅』字，二頁一行中的『至』字，六行中的『阿』『提』字，三頁一行中的『多』『神』『是』字，落筆敦厚古樸，方折處如刀坎斧劈，石雕鐵鑄，其勢堅不可摧。二頁三行中的『菩』『波』字，四行中的『恐』字，五行中的『槃』字，六行中的『藐』字，三頁二行中的『除』字，這些字都有不同程度的上下左右錯位，活潑多姿，靈動善變，婆娑世界的千姿百態，盡在尺幅之中。一頁一行中的『羅』『密』字，二行中的『厄』『舍』字，二頁一行中的『無』字，三頁三行中的『波』『羅』字，均用大開大合的布局，使奇境天開，妙章畢現。一頁六行中的『味』字的兩點變態，變得古拙而有隸意。六行中『身』字的上肩乍出，變得高聳而偉岸。二頁一行中的『盡』字，使中部開闊，展現出一個空靈而虚凈的真理世界。二頁二行中的『集』字，三頁二行中的『真』字，形體緊縮，密不透風，而且筆意婀娜屈曲，實在不同凡響。

全篇十七個『無』字，八個『羅』字，八個『波』字，八個『密』字，均精於變化，無一雷同。

一頁四行中的『諸』字，五行中的『受』『行』字，六行中的『聲』字，二頁二行中的『無』字，三行中的『薩』字，五行中的『想』字，三頁一行中的『是』字，二行中的『若』字等等諸字，無不觸變生態，綽約多姿。

神與物遊，物與神通，下筆自然千變萬化，無拘無束，高逸超脱，而且把字態與物象結合得天衣無縫。

《古幣譯文》載自民國期間的《藝林旬刊》，被閻至陽摹録在册。先生一生頗勤於殷周鼎彝之學的考證，當他發現易縣出土的古幣照片以後，當然愛不釋手，欣喜若狂。古人云，『書，心畫也』『可達其性情，形其哀樂』。所以，他的書稿無不點畫生情，意趣高妙。奇鋒妙筆，異態新姿，信手拈來，頭頭是道。

玩味書稿的謀篇布局，不刻板，不散亂，氣脉貫通，如行雲流水，一股閑逸淡遠之韻，滲透於楮墨之間。其筆劃的樸厚嫻静，結字的靈通機變，均叫人匪夷所思。《乘邑》中的『邑』『地』『也』字，其豎折勾的横筆一反常態向上凸起，似彎弓射月，可馳可張，顯得古氣渾噩，博大樸厚。『梁』『應』字，腰部向左側扭動，似春風拂柳，弱女拈花，婉柔嫻逸，春韻蕩漾。《平原》中的『即』『邑』字，在横折處皆用斷筆，稍頓即空中飛渡，顯示出古篆和《石門銘》的虚靈含蓄、形斷意連之美。《乘邑》中的『魯』字，《平陽》中的『寒』『處』『鄭』『屢』字，縱體上聳，增字之長，使其英氣雋拔。『帝』『齣』字，《長子》中的『趙』字，及《平州》中的『州』字，横勢旁開，增字之闊，使其敦厚寬博。《平陽》中的『應』字，《宅陽》中的『魏』『鄭』字，《平原》中的『東』字，《乘邑》中的『葉』字，均以上覆下。《安陽》中的『邑』字，《玆氏八化》中的『玆』字，又以下承上。天覆地載，變化莫測，正中有奇，奇中有正，顯得字形破規求變，險峻欹側，叫人耳目一新。《平原》中的『朔』『地』『封』字，《八化》中的『城』字，《中都》中的『禮』字，《北屈》中的『義』字，均右伸左縮。《北屈》中的『即』字，

《安陰》中的『陰』『録』『鄭』字，《平州》中的『秋』字，《宅陽》中的『鄭』字，均左伸右縮，各種不同形式的結構變異，使字形中軸摇擺，兩側互動，增强了視覺上的節奏感。字勢此收彼放，彼伏此起，左昂右低，右盈左虧，似陰陽相應，暗合自然消長之道。《乘邑》中的『敗』『邑』字，《平陽》中的『桓』『平』字，展示出漢隸的波磔。《北屈》中的『即』字，《貝丘》中的『齊』字，《兹氏八化》中的『兹』字，點畫樸拙，章法奇絶，幾個草寫的籀篆賦予了字章的古香古色。

《平陽》整頁書稿兩側文字爲豎屏式，其字形亦縱向延伸，以助其豎勢。下端文稿爲横批式，其字形又横向拓展，以助其横勢。縱横陳錯，因勢利導，相得益彰。兩側和下方明顯的反差，以縱其性靈，超其情趣，造就了和諧舒適的視覺享受，奇哉！妙哉！

觀字中之點，多若繁星，但其方向姿態各不相同，有圓有方，有向有背，有含有露，有肥有瘦。總之，有變化、有力度、有動感，風情萬種，爲整篇書法的畫龍點睛之筆。

『胸中有萬卷書，筆下無一點塵』『造化入筆端，筆端奪造化』。先生的書稿簡淡疏曠，清超絶倫，胸中没有滯礙，所以能隨形綽意，審勢揚威，諸體相參，渾融無迹。

『而今我在羲皇上』，這是先生的詩句，『搜羅金石卑歐趙，管領風騷辟杜韓』，這是他自己書寫的古人的一副對聯，可見他對古代文化的崇拜和追求。這也許是厚古薄今的偏激，但不管怎麼説，古文化是我們的活水源頭。

在閣至陽《題畫詩》詩稿本中，先生用畫家的思維調動筆墨，使其款識拙怪古樸，奇崛大氣，靈動多變，雄渾老辣。其飛揚峻拔之勢，與蒼勁粗獷的竹樹山石，淋漓酣暢的衣紋綫條，偉岸古樸的人物造型珠聯璧合，交相輝映。

此稿是先生三首寫意的人物畫題詩，體似行草，大不盈寸，筆法多脱胎於大字，尤取法於南北碑體，字字鋼筋鐵骨，舒展寬綽，錯落有致。而且任意揮灑，不計濃淡。縱觀全局，如怪石嶙峋，雄奇多姿，而且極具誇張變形之態。

書稿中的『頭』『爲』『身』字，落筆如鏤金截鐵，外曜鋒芒。書稿一頁中的『危』『身』『節』字，有的上伸下縮，有的下伸上縮，上下左右反差懸殊，錯落有神。因成竹在胸，落筆自然雨態風姿，各得其妙。一頁中的『中』『愛』『依』字，二頁中的『鄭』『成』字，使長的更長，寬的更寬，大的更大，小的更小，造成鱗羽參差，峰巒起伏，跌宕跳躍的視覺衝擊力。一頁中的『詐』『社』字，一俯一仰，上下呼應。一頁中的『身』『爲』『溪』『本』字，二頁中的『浪』『頭』字，筆劃堅如磐石，渾若天成，顯示了先生對碑刻摩崖的扎實功底和驚人的書寫膽識。

本書稿縱横馳騁，氣勢奔騰，天地古今，出自懷抱，其骨力、筆勢、變化，均非常人所能爲。

《陛下有紅蕉》書稿也是一首題畫詩，因與前三首題畫詩風格不同，所以分兩次摘録。

觀此稿筆力雄健，結體茂密，氣息流暢，神采勃發。書寫時正是元宵佳節，又值老妻生日，『兒女齊騰歡，和氣溢宇宙』，此時此刻，先生興奮之情也流注於筆端，如滔滔江水，勢不可遏。

書稿中筆迹露者方峻，藏者渾厚，點如崩石，勾如利刃，起筆擒得住，行筆縱得出，既有古隸風味，又有行草意趣。

書稿中的『色』『學』『老』『水』『火』『休』『中』『化』『後』『歲』字等等，用筆淩厲激越，奇崛多變。『有』『素』『弱』『濡』『騁』『君』『後』『宵』字，以誇張的側鋒運用助長其雄强之勢。『氣』『此』『歲』字趯筆之反勾，蓄力出鋒，其铦利之勢，足以駭世驚人。

先生回首往事，心潮澎湃，慷慨激昂，自然筆下如風馳雨驟，縱横馳騁，不可思議。

此篇書稿，雖流暢疾速，卻筆筆澀得住，無一毫近於浮滑。先生嘯咏煙霞，寧静淡泊，『入水不能濡，入火不能燎』，絶非凡士可比。

文章開始我就介紹了閻至陽以折代轉的草書特色，現在不妨擇録一段行草書稿，介紹給大家。

此段是《右軍愛鵝》人物畫的題識。書稿中折筆較多，翻轉筆鋒處有虚有實，斷連隨意，少駐則按，略提即出。其折筆骨力錚錚，雄健挺拔，棱角分明。氣與勢貫注其中，頗有魏碑氣勢。

此稿用筆看似缺乏『折釵股』的圓勁，但其轉折處卻側鋒利導，連綴不斷，動盪激發，揮毫落墨，得心應手。其筆觸痛快淋漓，使全篇得恣肆之勢。古有『真以轉而後遒，草以折而後勁』之説，再加以先生腕下精熟，胸中饜飫，所以其書稿雖以雋拔剛斷掩蓋了鈎環盤紆，卻仍不失龍翥鳳盤之勢，而通篇書稿逶迤連綿，遒勁有力。

我們褒揚『折』的强烈，並没有貶低『轉』的柔韌。先生追求刀痕畢露的效果，意在不落唐人巢臼。他的書法有剛有柔，有圓有方，有含有露，這一點，我們可以從本文例舉的幾篇書稿中得到證實。

先生的寫意人物條屏《叱石成羊》行草。畫中磊磊堆積者，似石非石，似羊非羊，翹首伸足，微息欲動。觀畫上長題，縱橫浪藉，峥嶸參差，猶亦石亦羊也。静觀極照又似一幅冬嶺梅花，枝幹瘦勁，槎枒錯落，疏影暗香浮動其間矣。

先生以高超嫻熟的畫筆，馳騁於尺許墨翰之間，鋒芒所至，波瀾起伏，清泉流注，物態情思均躍然呈於紙上。

這幅尺牘，純用魏碑筆法書寫行草點畫，突破程式，筆隨意發，如步如驟，頓挫跌宕，節奏鏗鏘，個中三味，我們或可通曉一二。

毫翰中形勢的連貫、氣機的順通、胸臆的舒發、變化的奇妙，都達到了爐火純清的程度。粗壯與纖細、漲墨與枯毫、圓轉與方折、長筆與短畫、疏曠與密集，共處於一個統一體中，互相滋生、互相轉化、互相消長、互相制約，體現了中國古代樸素的唯物主義思想。

我們可以看一看書札中的這幾個字。

『初』字三出，字同而形異，有的虛毫，虛得若隱若現。有的重按，重得渾厚堅實。有的開張，有的收縮，像天上的白雲，變幻莫測。

『遇』字二出，前者蔓繞藤纏，遒絲盤環，最後一筆類似長蛇，其誇張的波折，翩翩爽爽，行至興酣處，卻斷其波磔，戛然止筆，其特殊意趣，令人絕倒。後者勁墨疾毫，氣勢淩人，一筆貫連，連中有斷，最後渴墨枯毫，行神如空，行氣如虹。以慣性的衝力倏然出鋒，使墨翰間豪氣飛動。

『安』字以毫尖虛入，斷縷相連。隨筆鋒的行進，厚重疊生，環轉中有衄挫，圓弧上有角棱，勁力橫開，指下千鈞，藏筋骨於皮相之內，真可謂神筆。

『在』字露鋒入紙，毫端豐腴渾樸，敦實堅厚，如石頓山安，饒有金石氣。

『皆』字運毫即撚動筆管，其墨迹形似屈鋼，枯如老藤，骨綫遒勁，彈性内藴，韌中有拔，其氣質綽約飄逸，如姑射之神仙。

『寫』字筆綫微顫，俯仰多姿，章法奇特，上筆左探，下體右移，貌似岌岌可危，實則重心牢固，安穩如山。

書契中，虛實、藏露、枯潤、肥瘦、斷連，交錯紛弁，古人筆法皆嫻於筆端，各人創意也閃亮登場。他營造的奇形異境，揭示了先生的卓越的資質，驚人的膽魄，及個性突出的藝術風格。

古人云，『書之體態多端，人之造詣各異』『筆墨之運體乎性情』，先生有寒諤不阿之容，放達不羈之性，寄情鄉野，嘯傲林泉，遍遊名山大川，廣涉碑帖崖刻，讀萬卷書，行萬裏路，其造詣性情就勿須多問了。

本打算就此結尾，可是一看到《漁樵問答》這篇題畫稿，又實在捨不得放下。它簡直就是一張神奇的圖畫，山川河漢，日月星辰，羅布於中，使人如臨古荒。先生胸臆淋漓，筆墨與感情相激而發，自然風雲變幻，山岳疊生。

這幅書稿的字行左右擺動，似水面上的波紋隨風而起，流光涌動。行與行之間或擁擠，或疏曠，歪歪斜斜，任其自然。其落筆方圓兼備，結體疏密得宜，字勢欹側多變，筆力有輕有重，用墨有榮有枯，有濃有淡，環轉迴旋時圓裏有方，實筆努力時直中含曲。這種看似淩亂支離的字章，把我們帶進一個如夢如幻的世界，我們看到的是絶岸頹峰，驚濤駭浪，古樹枯藤。奇趣磅礴，太浪漫了。

從書稿中可以看出先生師古求變的思想意識，而且師古不泥古法，求變不落時蹊。先生老節高邁，坦蕩清明，他的墨迹裏找不到一絲一毫的塵容俗態。

記得古人有這樣一句話：『夫兵無常勢，字無常態，若坐若行，若飛若動，若往若來，若卧若起，若日月垂象，若水火成形，倘悟其機，則縱横皆成意象矣！』

把這句話寫在先生書稿的下面，我覺得再合適没有了。

看了這些純任自然的書稿，和我的不求甚解的評論，你的慧眼是否發現了閻至陽書法與衆不同的優異之處？是否感於它的氣質與風神，而有含英咀華餘味回甘的享受？反正我觀賞了先生的墨迹，他的氣度、襟懷、情愫，縈繞在心田，久久揮之不去。

書法是胸中波濤的流瀉，這幾篇書稿因書寫的時間不同，書寫時的心理感受不同，書寫時的環境不同，當然表現出不同的氣質和不同的風格。這也折射出先生複雜的心情和廣泛的涉獵。化百家米做一鍋飯，當然百味俱呈，但每一鍋飯的味道又都各有側重。

先生的書法，自由馳騁，千變萬化，但決不失爲狂野俗鄙。石濤說：『至人無法，非無法也，無法而法，乃爲至法。』老子説：『人法乎地，地法乎天，天法乎道，道法自然。』『自然』才是至高無上的法。

初學書法，無筆無墨，經過多年的勤學苦練，鐵硯磨穿，池水盡墨，如果落得個有筆有墨已經很不容易，再從有筆有墨回歸無筆無墨，即入於化境。這就是先生書法的最高境界。先生一生多少追求，多少無奈，『挾飛仙以遨遊，抱明月而長終』。

我們呼喚超越名位、功利、時俗的書法評價，我們希望把書法批評的砝碼放在脱離社會糾葛、純粹學術的天平上。

明月美人與染天襯雪

——閻至陽繪畫淺析

齊　珏

本人關於閻至陽的研究是從《閻至陽畫集》開始的，作爲研究的基礎，這本畫集的重要性毋庸置疑。但在研究的過程中，我也發現，作爲主要參考依據的畫集存在一些不盡人意的地方。如整本畫集的編排没有按照畫作創作的年代排序，同時也没有一個比較系統而全面的人物年譜，這可能是最大的遺憾。此外，作爲研究工作的基礎依據，畫集中的兩處疑問值得我們注意。

《閻至陽畫集》的兩點疑問

『閻道生字至陽，號閱廬，河北省人，能書善畫，好劍術，喜歌咏，性恬然，不以其所能示人，家貧以畫自給，故以畫名，人物山水筆法偉岸，欲學陳章侯，而復參己意，邈然高遠，極斥脂粉蹊徑，故白描畫尤重於世，復追殷周鼎彝之學，文器兼重，考據頗勤，今年四十又六矣，尚力行不輟，殆保揚國學無懈心者。中華民國十九年一月一日，天津美術館志。』這是《閻至陽畫集》中第一頁插圖中所顯示的內容。

從中我們可以瞭解到閻至陽先生的許多情況，諸如字、號、祖籍、性格以及簡單的身世情況等。

但這段文字同樣也存在著一些值得探究的內容。比如，這段話的落款爲『天津美術館』，時間爲『中華民國十九年一月一日』，即一九三〇一月一日。而『天津美術館』正是由美術教育家嚴智開創辦的天津美術館。而翻看天津美術館的相關材料，筆者發現，在民國十九年一月一日之時，嚴智開創辦的天津美術館還没有正式建成，也還没有正式開放。天津美術館出版的雜志《美術叢刊》第一期中的天津美術館一年來大事記記載：『十月一日嚴館長正式就職……二十日本館館舍本日落成。』此時距插圖中落款時間相距整整十個月，爲何在天津美術館開館之前會出現『天津美術館志』呢？這種情況的出現據筆者分析有兩種可能，其一嚴智開在一九二九年籌備建館之時，爲了擴大美術館的影響，爲美術館召集畫家徵集美術作品曾經向社會各界發出邀請，並將曾經提供畫作以及積極參與美術館籌建的繪畫界人士聘爲『美術館館員』。閻至陽先生以其在天津繪畫界的畫名和『力行不輟，保揚國學無懈心』的熱情參與到美術館的籌建中，在與嚴智開的交往中深得嚴智開的倚重，故特聘其爲美術館館員並記作『天津美術館志』，這種情況應該最爲符合推測。另外一種情況則是『天津美術館志』出現了筆誤，將『民國十九年十月一日』誤爲『一月一日』，或者將年代記錯。據筆者目前所掌握的材料，這可能是唯一份保留下來的『天津美術館志』。或許隨著相關文獻的不斷出現，記載著美術館館員事迹的『天津美術館志』落款爲何比美術館的正式成立的時間提前十個月的問題將會有進一步的答案。這是本人對畫集中文字的一個疑問。

另外，本人還對畫集中的『閻至陽先生簡歷』中的另一處文字存有疑問。在畫集的最後『閻至陽先生簡歷』中這樣記載：『一九二三年被天津市立美術館吸收爲館員，爲其舉辦個人畫展，並授予獎狀。』結合上述對天津美術館成立的相關情況分析，可以推導出這樣一個結論，那就是這裏文字不是簡單的筆誤，而是明顯的史實差誤。因爲一九二三年時，天津美術館根本還没有籌建，更没有建成開館，所以根本談不上『吸收館員、舉辦畫展』，更説不上『授予獎狀』等。不知這個簡歷是由何而來，是根據閻至陽先生自己的憶述還是編者通過推測得出的結論？如果有機會，本人希望能與閻至陽先生的後人進一步探討，並在今後的研究中能够得到答案。

多元風格 群體意識

雖然對閻至陽畫集中的文字還需要進一步考證研究，但並不妨礙我們對閻至陽藝術的分析與探討。從『天津美術館志』中可以看出，它高度評價了閻至陽的藝術，如『能書善畫……性恬然不以其所能示人，家貧以畫自給，故以畫名，人物山水筆法偉岸欲學陳章侯，而復參己意，邈然高遠，極斥脂粉蹊徑，故白描畫尤重於世』，並且，閻至陽留給我們以大量的作品，爲我們展現了他多元而又獨特的藝術面貌。

通過『館志』的記載，我們可以得知閻至陽的繪畫風格『欲學陳章侯』，即明末著名畫家陳洪綬。陳洪綬所畫的人物，體格高大，衣紋細緻、清晰、流暢，鈎勒有力度，整體效果突出。明清之際，摹仿陳洪綬的畫家多達數千人，其作品和技法遠播朝鮮和日本。陳洪綬一生從事版畫藝術，以書籍插圖的形式廣泛流傳於世。他的作品數量很多，流傳下來有《九歌圖》《西厢記》《鴛鴦塚》《水滸葉子》《博古葉子》等五種，是明清木刻版畫的代表作。陳洪綬作品的廣泛傳播讓『家貧』的閻至陽有機會接觸學習到其繪畫藝術，並由陳洪綬開始，開拓出自身的藝術風格。

但通過對明清以及近代中國畫壇的畫家畫風的粗略比較，還可以看出閻至陽的畫風中除陳洪綬的影響，還受到清末民初的海派畫家任伯年、錢慧安等人的影響。這可能是由於閻至陽曾經於『一八九五年在天津楊柳青作畫賣畫，以補家庭生活之拮据』有關。這一時期的楊柳青年畫創作受錢慧安的影響，在市井鄉俗的趣味中添加了古雅的色彩，並且錢慧安在爲楊柳青年畫繪製的稿本中常常『爲出新裁，多擬故典及前人詩句，色改淡勻，高古俊逸』，使民間年畫增添了新的內容和風尚。而與錢慧安同時代的任伯年在海派畫家中的影響達到了無以復加的程度，可以説影響力完全突破了以上海爲中心的海派畫家群體，直至北方，影響深遠。閻至陽作爲北方畫家，同時又是職業畫家，對市場的喜好應當極爲敏感，所以接受錢慧安、任伯年的繪畫風格融合於自己畫中應當是一個明智之舉。

清末民初的天津，繪畫市場十分接受諸如『海派』『嶺南畫派』等區別於『京派』傳統繪畫的新畫風，『南風北漸』之勢席捲而來，在這樣的潮流中找到自己的方向既需要勇氣也需要實力。閻至陽恰恰找准了自己的方向並在紛繁的繪畫現象之中發現了自己的特長。在一九〇九年，閻至陽受聘於天津直隸圖書館，在畫學部繪製教科書插圖；一九一一年任天津《民約報》畫刊編輯；一九一二年在天津提學使司務公所社會科從事年畫改良工作。

教科書插圖、畫報插圖幾乎都是以綫描爲主要表現手法，閻至陽在自己的繪畫中善於『白描』當不是偶然之舉。同時在進行年畫改良的工作中，閻至陽也開始思考表現手法與大衆審美情趣的結合、雅俗共賞等問題。目前我們看到的閻至陽作品最早一幅是創作於一九二一年的《東坡趣事》，全畫以白描手法畫成，尤其是人物的衣紋用筆與陳洪綬的用筆比較接近。同時在表現衣紋的明暗轉折以及人物的臉部明暗面時，畫家又使用了以淡墨渲染的明暗表現方法，這應是西方繪畫在傳入中國後對閻至陽繪畫産生的影響。畫中蘇東坡的表現高古奇崛，但表情卻很平易近人，讓人有一種親近感。畫面右下方畫了三位女子，綫條委婉動人，幾乎全部使用圓綫，在不斷旋轉變化中展現出女子的婀娜身姿。在對人物面部的刻畫上，畫家以黑白互襯的方式，用濃墨勾染出蘇東坡的帽冠及鬍鬚；女子的面容注意了差別化處理，各自呈現出不同面貌，鼻翼處同樣以淡墨渲染表現明暗面立體感。

閻至陽的作品屬於文人畫範疇，雖然閻至陽曾經是新年畫運動的代表人物之一，但不可否認的是，從閻的文人畫作品中我們還是可以窺見民間年畫創作對所謂主流文人畫的影響，以及大衆藝術（平民藝術）對主流藝術的影響、審美趣味的轉化等時代因素。

閻至陽的繪畫中用筆多爲斷筆，頓挫轉折，從中可以看出金石書法對其繪畫的影響。在畫集中我們發現許多作品上有大量的篆字題款，如《木蘭從軍》《荷鶴仙姑》《荷上觀音》《東坡趣事》等，大量的篆字題跋顯示出閻至陽的金石書法功底，『館志』中所提到的『復追殷周鼎彝之學，文器兼重，考據頗勤，今年四十又六矣，尚力行不輟，殆保揚國學無懈心者』當不是簡單的虛誇之談。甚至在没有題跋的作品中我們都會發現閻至陽對篆字的偏愛，即將落款書寫爲篆體，這在畫家中是極爲少見的。

從陳洪綬到海派名家，從教科書插畫到金石書法，從民間年畫到文人畫，在多種元素的滋養下，閻至陽的繪畫風格呈現出多元的面貌。閻至陽的多元不是偶然現象，而是在清末民初，外來文化大量涌入中國，在西方文化藝術與中國傳統文化不斷交融的過程中，中國文人群體對中國繪畫的不斷嘗試與探索，表現出的集體性特徵之一。

雪景與美人

此外在通觀畫集後，本人有一個突出的感受，就是閻至陽的作品中存在大量雪景人物類作品。如《踏雪尋梅》《雪樹尋詩》《風雪夜歸人》《道韞咏雪》《折梅仕女》等。在這些作品中，原本是大面積空白的畫面，被畫家表現爲雪景，將畫面中的『無』變爲『有』。另外，還有一些作品，雖然不是表現雪景，但也通過對天空的渲染將本來空曠的畫面繪製成夜色、月夜、風雨天等特定場景。這些作品有一個突出的特徵就是畫面簡潔，黑白對比突出，所畫内容充滿畫面，使人没有空洞的感覺。這可能是閻至陽作爲一個職業畫家『以畫自給』作出的睿智選擇。

作爲買畫的顧客，都希望以最低廉的價格購得畫家繪製的精彩作品。畫家以賣畫爲生，必然希望以少量的勞動換取更多的回報，這是畫家追求作品最大價值的願望。而畫家用雪景，將大面積的空白轉换爲畫面中的實體内容，以較小面積的水墨山水加上天空的渲染襯托出大面積的空白，而這空白並非徒徒的空白或虛無，而是畫家精心安排的雪景。在這樣以黑襯白的對比中，畫家用幽默睿智的方式和顧客達成了一致，畫家没有多畫，顧客也没有少得。

此外作爲繪畫市場上經久不衰的題材，美人仕女人物畫也是閻至陽繪畫作品的重頭戲。

清代仕女畫的創作非常活躍，宮廷畫家、文人畫家以及民間畫師中不乏仕女畫高手，如焦秉貞、冷枚、上官周、禹之鼎、華嵒等人。乾隆以降，柔和秀逸的審美觀成爲時尚，仕女畫日漸盛行。嘉道年間社會腐敗，士風沉滯，没落文人常常尋求醉鄉樂地澆愁抑悶，沉湎於裙釵粉黛之中。以美女爲表現對象的仕女畫，更加引起人們濃厚的欣賞興趣，仕女畫從而風行。以改琦、費丹旭等爲代表的文人畫家成爲這一時期仕女畫發展的代表。而清末民初之時，錢慧安則受到陳洪綬、上官周、費丹旭等人的影響，將清代仕女畫中的審美情趣、表現方式融入其繪畫創作中。而閻至陽在受到錢慧安畫風的影響後，將清代仕女畫的風貌進一步發展，創造出獨特的個人風格。

清代仕女畫强調『玩賞性』，偏重文人意趣而忽視現實生活，人物造型也趨於瘦削，到晚清則更加纖弱不振。爲迎合市場以及畫家本人思想的局限，甚至有不少格調卑下、思想極不健康的作品流傳於世。但閻至陽的則吸收了前人仕女畫中如人物情態的含蓄温婉，景物配置得當，詩情化特徵的加强，以及對於簡潔美、境界美的探求等有益經驗。

《畫集》中的作品《嫦娥奔月》，將這種簡潔美髮揮到極致，全畫只在下半部精細地畫出嫦娥這一主體人物，白描筆法創作的人物形象略施淡墨渲染，表現出衣紋的圖案和明暗，畫面左下方，嫦娥的前方，是一輪滿月，但大半個月亮被切割在畫面之外，給人以無限想像空間，除此之外再無其他，整個夜空用統一而均勻的墨色染成，幾乎不見筆觸。爲了展現『嫦娥應悔偷靈藥，碧海青天夜夜心』的哀婉之情，畫家特意用衣服隱没了手的姿態，將全畫重點吸引至仕女的面部表情和眼睛。明月美人，懾人心魄，此畫堪稱閻至陽仕女人物畫的精品。

除了簡潔美之外，閻至陽筆下所畫的仕女人物，或許可以稱爲女性題材繪畫，不再僅僅是閨閣之中的粉黛，而大部分是歷史上的巾幗英豪，如《風塵三俠》中的『紅拂女』，《木蘭從軍》中的『花木蘭』，《紅綫盜盒》中的『紅綫女』，《道韞咏雪》中的『謝道韞』無不是以英姿、英勇或才智在歷史上獲得殊榮的經典女性。閻至陽在繼承前人經驗的基礎上，又在反映仕女畫人物精神層面上進一步融入現實生活的情感，將歷史典故以及民間傳説中具有陽剛之美的或智慧之美的女性表現爲筆下的美人，這種美不僅僅是視覺的美，更具有内涵以及積極向上的審美情趣。這可以説是閻至陽在仕女畫上的一項重要突破。

結論

限於篇幅、時間，更主要的是研究程度較爲淺顯，對閻至陽的研究還没有充分展開，僅僅是粗略的瞭解。但通過對閻至陽的初步研究，本人認爲閻至陽作爲津京地區近代畫壇上的一位重要畫家，其自身的博學和豐富的經歷對其畫風的形成改造起到了决定性作用。閻至陽作爲一個雜家，其他領域的文化元素，諸如民俗藝術、武術元素的融入，使其繪畫擺脱了單純的文人趣味，從而具有了多元性和豐富性的典型特徵。而近年來繪畫史的研究熱點之一——『京津畫派』在二十世紀一個顯著特徵便是多元性和豐富性。不同的觀念衝撞互動，不同的畫風各展風采交相輝映，不同派别並行不悖，充分顯示了北方畫壇的强大陣容和風貌魅力。

近年來，對京津畫派的認識逐漸深入，但對於京津畫派如何形成，如何發展還未能達成一個統一的認識，研究閻至陽的畫風對構建京津畫派的繪畫體系具有基礎意義，作爲京津畫派中一個比較突出的代表，作爲北方畫壇上吸收南方繪畫風格諸如『海派』等流派的代表，閻至陽形成了不同於北方風格的自身特色，凸現於京津畫派畫家群之中。我相信，通過不斷對閻至陽的深入研究，將可以從中窺見天津近代繪畫發展進程融合各方因素的縮影，爲弘揚天津歷史文脉增添更多的人文色彩，爲天津文化大發展大繁榮起到有益的借鑒參考作用。

——原刊《閱廬藝文記》（《天津記憶》第一〇三期）

也談『運墨而五色具』

——兼論閻至陽的水墨畫

閻爾芃

張彥遠的著名論述，一千多年來影響著一代又一代的丹青高手，要從單一的墨色中去領悟五彩斑斕的世界，實在是一件不可思議的事情。古往今來，文人墨客、書畫大家們對墨法奧秘的高談闊論，已經讓我們後學者眼花繚亂了。

《歷代名畫記·論畫體》云：『夫陰陽陶蒸，萬象錯布，玄化忘言，神工獨運。草木敷榮，不待冉綠之彩；雲雪飄揚，不待丹粉而白；山不待空青而翠；鳳不待五色而綷。是故運墨而五色具，謂之得意。意在五色，則物象乖矣。』

這段文字告訴我們，大自然不敷顏料，而五色雜陳。如果我們用水墨表現出五色，那就得到了大自然的真諦了。

墨裏真有五色嗎？如果我們把五色看成光影中的青、赤、黄、白、黑，那麼我們就可以理直氣壯地否定這個結論。色就是色，墨就是墨，墨與色是不能互相取代的。假如我們把古代賢哲的『濃如青、重如赤、淡如黄、清如白、焦如黑』的比喻句理解成實實在在的物理定理，那就是對『運墨而五色具』千古名言的最浮淺、最庸俗的理解，甚至還帶有主觀片面的形而上學的偏見。人的眼睛是能感知色彩的，而色彩通過眼睛的傳遞，給人以精神上的愉悦，人們把廉價的黑白電視『打入冷宫』，而甘心花重金把彩色電視搬上大雅之堂，這就是墨中没有顏色的有力證據。

如果按照牛頓大自然的光學概念去理解，七種顏色的減光混合形成了黑，七種顏色的加光混合形成了白，那就把光學和顏料混爲一談了。用在宣紙上的滕黄、花青、硃砂、赭石畢竟不是直接的大自然，它們的混合將是一塌糊塗。

墨裏真有五色嗎？如果我們不把五色看成光影中的青、赤、黄、白、黑，我們又可以理直氣壯地肯定這個結論。首先，我們先理解這個『五』字，這個『五』字並非數學中的『五』，數學是科學，是不允許有一絲一毫的抽象概念的。如果我們按照數學的具體定義來理解，幾千年逐漸形成的中國畫博大精深、浩如煙海的運墨藝術，用十、百、千、萬都不能名狀，豈是一個『五』的數字能概括的嗎？在中國文化領域裏『五』是一個抽象的數字，只表示『多』的意思。中國文化一向以虚代實，如果把『五湖四海』『五彩繽紛』『五顏六色』『學富五車』等常用成語中的『五』都理解成具體數字，豈不叫人笑掉大牙。那麼，墨色中的『焦、濃、重、淡、清』或『濃、淡、乾、濕、黑』等先賢們歸納的準確數字也就自然成了無稽之談了。至於後人提出的『五墨』『六彩』『七墨法』等機械、僵化的法則，豈不都是教條主義的產物嗎？

下面，我們就要理解這個『色』字了，科學家把『色』理解爲由物體發射或反射的光通過視覺而產生的印象。中國古代文字學又把它賦於『以粉敷臉』的定義，《論畫體》中的『色』既不適合西方科學的解釋，也不支持東方文字學的含意，只表示墨的濃、淡、乾、濕，說到底，就是墨和水的濃度比、含量，以及筆鋒在載體上的運動方式所形成的視覺效果。『五色』就是前者的很多的、很豐富的變化。我們從墨色的豐富變化中，得到視覺的享受，得到心靈的啟迪，也就領略到中國水墨的文化內涵了。

墨色的豐富變化表現的是什麼呢？當然是物象之美，這一點誰都不會否認。但是如果把物象只理解成物體的凹凸遠近、明暗虛實，那就說明我們的認識還沒有擺脫表面現象的干擾，還停留在低級的感性階段。中國的水墨運用，超越了視覺意義上的色，超越了日常生活的情境，超越了大自然的物理現象。

中國畫的水墨藝術是無字的詩篇，是無聲的樂章，『合於桑林之舞，乃中經首之會』。其中的思想意趣，個人性情，哲學韻味，均在微妙中表現得淋漓盡致。

看了八大山人的《墨荷》長卷，其漉漉水濕、勃勃生氣，撲人眉宇。他的水暈墨章，使我們不得不爲之傾心絶倒。墨色中多層次的乾、濕、濃、淡，渾然天成。筆意間的放任恣縱、淋漓酣暢、沉雄厚重、簡練概括已登峰造極。墨之傾潑，勢如洪瀉，可導而不可遏。正是先生奔放、激憤心情的表述。由於先生晚年『空』『無』思想的滲透、滋長，在其長卷上展示出大海一樣的襟懷，包容天地，磅礴萬物，置身空靈，神遊乎塵垢之外。

閻至陽撫邊壽民先生《牡丹》的戲作，雖是方不盈尺的草草不工之筆，卻極可以體現『墨運而五色具』的意境。先生憑其高深的運墨修養，落筆處超約枝葉，弄姿作態，妙合天趣。其墨色玲瓏剔透，濃淡分明，澄如明鏡，重似塗漆。破墨處更顯奇趣。而且氣静神凝，意淡韻厚，筆墨靈動、活脱自如。表現出先生虛懷若谷、與世無争、淡泊澄澈的心態。

閻先生的册頁《煙波釣徒》，其筆法非高非米，其墨法乾濕交融，虛實兼用，層層點擦，步步渲染，應手隨心，倏忽造化。運其墨於恬淡虛無之中，取其神於煙雨蒼茫之外。其意境疏淡深遠，蘊藉含蓄，使觀者在明净朦朧的墨韻中進入亦真亦幻、迷茫縹緲的仙境。作者本避世隱逸之士，其林泉之志、煙霞之侶早已寄附尺幅之間矣。

《雨昏夕渡》也是閻至陽所作，隨意塗抹，簡勁靈動。筆法的皴擦點染，墨迹的濃淡乾濕，已達極致。雖略施淡色，卻儼然潑墨淋漓。傾其視聽，吼風奏雨，撕心裂耳，昏天晦日，觸目驚魂。其蘸墨濡毫、伏案作畫之瞬間，以神遇而不以目視。神機到來，興不可遏。作者内心的塊壘，表體的饑寒，盡在這『舒懷』『寫心』的水墨揮灑中，消失得無影無踪了。

我們用心靈的目光去洞穿那些絢麗多彩的墨迹，自然就會清清楚楚地發現這個水墨王國裏博大而神奇的世界。有的率直激昂，有的含蓄委婉，有的狂濤奔騰、一瀉千里，有的涓涓細流、潤澤大地。畫家筆墨投入，似用意念撥動琴弦，筆之所觸，莫不中音。其抑揚頓挫之聲，由遠而近，又由近而遠。當提筆案側，感受其蕩漾的旋律時，怎不心蕩神怡、酣酣入醉呢？

我們賦予了水墨這麼高的評價，就可以心安理得了嗎？非也，中國水墨所表現的藝術格調和其特殊的哲學内涵是不能用文字表達清楚的。

欲窮造化托毫素

閻爾芃

先生從事國畫事業六十餘年，以花卉啟蒙，後多作人物，亦兼山水，以小寫意爲主，工寫次之。初法明末畫家陳洪綬，繼之精研任伯年畫法，師於陳任，又突破陳任，融匯諸家，貫穿斟酌，出入古人，不落時蹊，名曰崇古實爲創新。

先生作畫，特別强調一個『寫』字，即以金石書法入畫，尤其注重運用魏碑的筆法。無論人物的面目衣紋，還是樹木花草，雲水山石，都『寫』意敦足，魄力雄强，筆筆遒勁，一絲不苟。

工筆畫《吹簫引鳳》中人物的衣紋，行筆圓中見方，柔中見剛，流暢中見艱澀，聚散適宜，轉折得當，像屈曲的鋼絲，既有張力又有骨力，整幅作品，無處不有力在。《麻姑晉壽》中人物的衣紋，均用中鋒大寫，筆堅墨渴，根稍並用，淋漓酣暢，似醉似狂。機到神來，勢不可遏。間有焦墨飛白，更顯得大氣磅礴，神采飛揚。尤其下身用長鋒淡墨，肆意馳騁，氣勢奔放。紆迴轉折，連綴不斷，極似古人狂草一筆書。

《群童鬧學》中人物的手與面目，均用淡墨中鋒一路寫下來，風神蘊藉，各具情致。其衣紋肆意揮灑，如風馳雨驟。墨色生動，流利活潑，無刻意雕琢。連處斷，斷處連，疏通的氣脈，豁暢的性靈，與天真爛漫的趣兒互相輝映，妙趣天成。

人物畫《千古雄風》中人物的衣紋，方筆正鋒，棱角分明，峻拔剛斷，蒼勁森嚴，骨力錚錚，筆筆擒得住，摩崖碑刻的雄强樸厚之氣，縱横滿紙，與主人公偉岸肅穆、壯懷激烈的神態，珠聯璧合，相得益彰。其寬博峻拔金石氣，像巍然屹立的崇山峻嶺，一種莊嚴、豪壯的氣象撲面而來，使我們面對困難而百折不撓，信心百倍。

人物畫《南宫拜石》中的磐塊，多藏鋒逆入，撚轉運筆，行則貫注，澀則戰掣。筆意雄渾樸厚，奇趣横生，饒有漢隸風味。先生筆下的巨石，蒼硬老煡，巉巗古怪，似有靈氣，怎不讓如痴如顛的米公僕僕亟拜呢？

人物畫《圯上授書》中古木杈枒，老幹交纏，離奇夭矯。用秃筆頹鋒，縱意疾寫，氣脉豪發。頃刻間，滿紙枯枝勁葉。用墨洋洋灑灑，奏筆鏗鏘有聲，似江海横流，洶涌澎湃，氣勢之强，咄咄逼人。

寫意人物畫《鍾馗》中的樹幹，大筆飛墨，行神如空，行氣如虹，逆入澀進，翻轉出鋒。應手隨意，倏忽造化，其狂似張顛，堅如金農。

壯哉！偉哉！先生雄氣勃勃，胸中之波瀾壯闊，不可思議也。

人物畫《美人紅蕉》中美人蕉的花與葉，都用中鋒序寫，筆筆藏鋒，圓中見勁，柔中有骨，氣靜神凝，清潤秀麗，書卷氣十足，加以『大家閨秀』的從容悠閑的意態，窈窕豐腴的姿容，觀之無不爲之絶倒。

人物畫《東山絲竹》中的芭蕉葉均用方筆勾勒，毫力勁健，綫條飽滿，步步艱澀，一絲不苟。先生作畫時站立懸肘，古人云『腕懸筆力自然强』，所以畫中墨蹟刀痕畢露，如斷石鏤鐵。

先生在幾十年的繪畫實踐中，力斥脂粉蹊徑，極力主張脱俗。用墨設色，古樸淡雅，不求妍媚。人物造型皆脱去凡胎，個個仙風道骨，簡淡疏曠，大有禪家不食人間煙火之容。對於人物的誇張變形更是恰如其分，不但無鄙俗之氣，還融入了自己的思想感情，對於山石竹樹，也賦予了清高的人格，筆筆一塵不染。

寫意人物畫《范蠡五湖》中，兩個人物輕描淡寫，無半點火氣。一個淡施青黛，一個略染洋紅，用極輕的草緑色寫柳葉。墨也淡，色也淡，淡到似有似無，色淡則韻生。瀟灑飄逸，遺世獨立，這種清商雅韻正好襯托了范蠡遁迹江湖、逍遥世外的散淡情懷。

人物畫《新篁雛鹿》，畫中仕女，純樸淡薄，一副村姑模樣，脱去脂粉，獨寫性情。畫上的叢竹，翠影摇曳，婀娜多姿，秀潤爽朗，天機流蕩，清新之氣，沁人心脾。一切縱横馳騁之習，擺脱净盡。

人物畫《紅綫盜盒》中的仕女頭面在鬢角及鼻準陰側略施淡硃磦，在嘴巴正中以淡洋紅潤之。其頭髮先施以淡墨，再以幹筆遞增墨色。頭髮蓬鬆，略見淩亂。温婉嫻静，颯爽飄逸，『綽約若處子，肌膚若冰雪』，塵容俗態焉能犯其筆端。

扇面《竹林七賢》中，人物衆多，其疏密聚散，俯仰側背，神情面貌各不相同，而都具放達不拘、玩世不恭的傲氣。澄懷觀照，立覺心曠神怡，其塵心俗念不知不覺也雪化冰消了。

章法上，先生喜簡潔明净，空曠虚靈。凡經營下筆，必丘壑恬静，主張大面積留白，反對塗抹滿幅，填塞人目。

人物畫《嫦娥奔月》中，柔美婀娜飄然而至的仙娥占領了畫幅的下方，以極簡潔的筆墨將嫦娥含情脉脉的回眸顧盼，和『碧海青天夜夜心』的無限情思，刻畫得惟妙惟肖。用淡墨烘染了超過三分之二的空白，顯示出碧空萬里，廣闊无垠的空蕩，讓人們進入了一個虛無縹渺的世界。

人物畫《木蘭從軍》用雋拔堅韌的綫條，描繪了一個英姿勃發的神州奇女，金戈鐵馬奔赴『燕山胡騎鳴啾啾』的前綫。背景用清淡的墨色，畫出嫩緑柔軟的小草，而且儘量向遠方延伸，以遼闊的荒野襯托遥遠的征程。從另一個層面上看，畫中疏散簡淡的布局，不正是先生澹泊榮利、胸襟寬闊，傾心大自然的隱逸心理的自我寫照嗎？

章法的空靈不只限於畫面上的大幅留白，也包括布局的疏朗明净，山水畫《風雪歸人》素枝錯落，玉石嶙峋。冰凍的小溪，寬闊的路徑，就給人以極開闊空蕩的視野。而沿路向前是寒煙彌漫，嵐靄重重，無限風光盡在霧籠雪罩之中。也不知在枯毫淡墨間，隱匿著多少曲徑幽園，浮動著多少清光靈氣。

先生作山水畫最不喜門前設障，如迎面畫上大幅山石樹木會堵人目光，而有雍塞之感。所以他的作品的章法均設境高曠，丘壑平遠，讓畫面靈氣往來通暢，尺幅之内，煙雲飄渺，風光無限。

扇面《飽飲夕陽坡》置陣布勢，深遠闊漠，悠悠荒冷，萬頃蕭肅。於土坡上設一諧趣十足的冥司鬼吏，讓人禁不住掩口胡盧而笑。先生室生虛白，他思維中的『妙境』，當悟之求之，它的『玄因妙旨』不在畫中，非目所能視。

扇面《竹林溪徑》設景幽邃，布局豁達，畫面上空曠地帶占全幅的二分之一，一灣潺潺流水像一條素練從竹林深處鋪出來，給茫茫野徑增添了無限生機。淡影扶蘇，清翠無塵，百里幽篁，煙波浩渺。若無清超的懷抱，怎能造出如此意境？《潯浦琵琶》章法空靈，水天無際，畫中澄波蕩漾，月影徘徊，畫的上方蘆蕩綿延，蕭蕭風動。濃一層，淡一層，以至蒼茫不辨，陣陣清風帶著琵琶的雅韻在静夜的微波中傳送至迷濛的天際，你的心是否也奔向那遥遠的地方？

扇面《煙波釣徒》用簡約方峻的綫條勾畫出小巧玲瓏的主人公，而且被壓縮在畫面的一角，大部分畫面都用『非高非米』的手法表現煙雨中的草木，經過層層烘點和段段布白使畫面煙雨迷茫，水波蕩漾，空曠含蓄，層次分明。朦朧中如醉如夢，亦真亦幻，取其神韻於非煙非霧之間，不知身在畫中，還是身在畫外。這種高超的意境，和先生晚年把道家思想融入詩畫，以及醉心自然的隱遁心理是分不開的。

布局就是作者心靈的再現。先生虛懷若谷，與世無爭的高節，一目了然矣！

先生是一位傾向於現實主義美學思想的畫家。他注重形似，但不主張摹擬和再現，而是『取其精華，去取糟粕』，並賦於高蹈者的精種面貌，兼有文人畫和專業畫兩者之長。

人物畫《蓮池情韻》中，人物描寫在基本符合解剖位置的前提下，做了恰當的誇張變形，使人物造型脱離俗鄙，與相應景物互相襯托，互相依存。其荷花亭亭玉立，風姿綽約，荷葉翠緑斑斕，翩翩舞動，欹正仰俯，婀娜多姿。花與葉在現實的基礎上做了原型的放大，使人和物的空間比例脱鈎，給人們以忠於現實又超越現實的視覺享受。

在東海屠隆所著《畫箋·似不似》的書頁上，先生有這樣一段頂批：『若花之冠、須、苞、蒂，花光之絢爛、韶秀以及枝葉之分，萌蘖之生，欲得神態必須對花寫照，否則，全憑臆度與粉本，哪能得活脱之生氣，所以必須求似。若章法參差，花色交映，以及倚石、穿籬、横煙、傍水必須别具心裁，造化在我，此種創作不可一概而言，品之高下，雅俗立見。畫之似不似者，正如六書由象形而進於假借轉注也。』這段文字中我們可以看出，先生的藝術表現手法是寫實和寫意的完美結合。在對似與不似的觀點上，用『六書』做了一個形象的比喻，體現出他對似與不似心目中的分寸和唯物主義的哲學思想。

本文僅從四個方面，並結合具體作品，闡述了閻至陽的國畫藝術特點，文章的邏輯性和語句的準確性，還遠遠不能到位，或者是狗尾續貂，把先生高超的學識和藝術醜化了。先生寫過贊揚任氏叔（渭長）侄（伯年）的七言古詩，現擇其中數句，即可管窺先生的藝術天地。詩曰：『豪才妙思本天賦，欲窮造化托毫素。筆法偉岸思章侯，纖巧全脱仇十洲。伯仲獨有天臺客，百歲之間如一轍。先生用筆似用斧，横砍竪劈興無阻。重巒疊嶂奇境開，打破晉人舊規矩。』詩裏每一句都與先生的藝術語言契合如一，與其説是稱頌他師從偶像，倒不如説是借古喻今，把對自己的評價寄托在贊揚古人的詩句裏。

這就是詩人的智慧。

——原刊《閲廬藝文記》（《天津記憶》第一〇三期），題爲《論閻至陽書畫藝術》，有增删

傳統中的新意

——談閻至陽先生的藝術創作

張蒲生

中國繪畫發展至今日，由於現代藝術對其衝擊，人們忘記了大批以往頗具學識造詣的傳統文人畫家。隨著時代的變遷，他們的作品不幸的是毁於一旦，幸運的還被埋没在世間的『角落』。然而，中國繪畫的發展，對其深入的挖掘又是勢在必行的重任。自民國年間到新中國成立，中國繪畫有大批精英，由於社會的動盪，他們的作品在世間是零散的，毫無系統性。偶而在舊物市場或者鄉村發現這一時期的作品，不禁令人叫絶。

已故畫家閻至陽先生的作品，就是值得我們深入研究的對象。閻氏，名道生，字至陽，號閬廬，一八八四年出生於静海縣（今河北省霸縣）一書香門第，自幼受其父影響，頗喜琴、棋、書、畫，十二歲便能自作書畫，並以此爲業，後受陳洪綬、任伯年等大家繪畫的影響，作品追求明理，表達意境，筆法兼工帶寫，勾勒剛勁、墨色流暢、渾厚淡雅、高古超脱、自成一格。他的作品《折梅仕女圖》充分體現了他創作風格的獨特，此畫選材不是什麼重大題材，但在平凡和豐富的自然與社會生活的描寫中，傾注了新鮮的審美趣味，畫面梅幹、花朵重於繪趣，雲霧側重繪鏡寄情，而人物又致力『寫心』達意，即描寫心理的藝術概括。但這些在統一的畫面中又非絶然分開而是互相聯繫的，畫面最主要的還是表達意趣與情趣，體現的是真情真景的交融，有很大的『寫意』色彩。所以他的藝術語言，帶有平易性，毫無奇特怪異和過分的誇張。

筆墨形式上遵循於謝赫《六法論》的應物象形，但也有適度的誇張和裝飾，墨色柔勁而新巧，這與任伯年的墨色運用是相通的，他追求了墨、綫的拙，卻體現了巧；追求了墨綫的直，卻體現了曲；追求了綫的凝滯，卻體現了勁利。畫面形成的節奏是矜持中有奔放，甘美中又有辛澀的情調旋律。用色上追求明快而不是艷俗。《折梅仕女圖》中，仕女艷麗的裝束與大面積的梅林形成畫面的點綴，人物是突出的又是次要的，勾畫出畫面的活潑與静穆。另外在用綫上可看出先生對書法有深厚的造詣，畫面用綫蒼勁有力拙怪有神，貫通南北自成一體。

如今閻至陽先生遺留的二百餘幅作品，只剩百幅左右，其他均在『文革』中被焚毁，實在可惜。但在他有限的作品中，同樣可領略先生的深厚繪畫學識。

——原刊《中國書畫報》一九九三年八月十九日，收入《閱盧藝文記》（《天津記憶》第一〇三期）

楊柳青年畫中的生態美

尹樹鵬

編者按：楊柳青，是京杭大運河天津段沿岸多水環境中孕育出的北國江南。它以出產年畫而享譽海内外。楊柳青年畫，這種起源於農耕文化的傳統民間藝術具有鮮明的地方特色，它是如何反映自然生態美景，與人民的傳統生活密切相連的呢？楊柳青，一個水美、人美的勝景佳地。古代大清河東流入海，在此交匯，故此地史稱『流口』，又被諧音成『柳口』。明初，它已經成爲京杭大運河河畔的大碼頭、大驛站。河中舟楫不絶，物流、人流繁盛，且楊柳成林成片，青翠疊嶂，故正式得名『楊柳青』。

良好的自然生態環境使其在明代形成了融南北風格爲一體的年畫——『楊柳青年畫』。而文人、名人對當地美景的謳歌，使得楊柳青成爲了中國少有的詩、畫同豐的地區。

楊柳青河川秀美，青翠疊嶂，好一幅詩情畫意的自然美景

楊柳青美在河、美在水、美在柳緑、美在桃紅、美在運河上的片帆、美在多情的村姑與情郎。優美的自然風光養育了這個名鎮，良好的生態條件，帶來了殷實的物産與快樂的生活，楊柳青處處充滿活力與朝氣。

明代才子吴承恩在三十歲時從江蘇進京趕考，路過楊柳青時寫道：『村旗誇酒蓮花白，津鼓開帆楊柳青。壯歲驚心頻客路，故鄉回首幾長亭。春深水暖嘉魚味，海近風多健鶴翎。誰向高樓横玉笛？落梅愁覺醉中聽。』

楊柳青的不同季節給人不同的美感：春天的楊柳青給人一種充滿嫩緑、嫩紅的鮮活感受。清代的名士高承埏不禁寫道：『春事今年，山桃無恙，花朵依然。細雨沾沙，歸雲逗日，淺碧羅天。青青楊柳堤邊，且繫住烏蓬小船。荻笋新芽，河豚欲上，拚醉爐前。』春天來了，冰凍的大地蘇醒了，積雪浸潤進土壤，碧草如氈，荻芽成片地鑽出地面。堤岸邊的柳林已青青宜人，將烏蓬小船繫在柳幹上，以美景爲佐小酌一杯，讓人愜意微醉。

夏天的楊柳青水豐水美，人們辛勤勞作，在地裏耕種，在水裏捕撈。楊柳青蘆蕩裏的蘆花如波浪翻滚，和葛沽的桃花景觀相對應。故清代詩人樊彬用『憶江南』

的曲牌寫出了津沽大地的生氣：『津門好，到處水爲鄉。東淀花開蓮采白，北河水下麥翻黄，潮不過三楊。津門好，煙水望無涯。柳口蘆飄三尺絮，葛沽桃放一枝花，孤棹老漁家。』

天人合一的生態美，是楊柳青年畫中重點突出的部分

年畫是一種親民的美術作品，它承載著人們對生活的美好祈盼。在北方，楊柳青年畫是影響力最大的傳統年畫之一。楊柳青年畫是中國傳統文化的一部分，其哲學内涵强調天人合一，傳達出敬畏天地、珍惜資源、保護生態的思想。楊柳青年畫的背景也都透露著鮮明的生態美。

在楊柳青年畫的發展歷程中有三位里程碑式的人物，他們是：錢慧安、高桐軒、閻子陽。錢慧安將宋代江南細膩的院派畫技融入民間繪畫之中；高桐軒用寫實的技法來表現社會生活和歷史故事；閻子陽賦予繪畫内容教育人民、割除惡習、鞭撻醜陋的社會教化功能。

他們在楊柳青年畫的創作中，各有千秋，但有一個共同點：在畫面配景上，下大功夫，使楊柳青年畫的配景效果獨具特色。楊柳青年畫的各種景色都用遠近五層表現，畫出四季的明顯特徵。畫面上的一草一木一亭一榭，都點綴出地點環境和歲時月令，很好地襯托了人物故事所表現的喜怒哀樂。如畫春景時，用繁花表現朝氣；畫夏景時，亭臺樓榭較多，呈現出人們在近水處納涼避暑的生活狀態；畫秋景時，用月圓表現人們團聚的其樂融融；畫冬景，則多用橋面人少暗示冰天雪地。

這些背景描繪的生態景觀，極大地提高了畫面藝術的感染力，增强了故事内容的真實與鮮活，達到了自然生態環境與人們情感之間和諧互動的效果。楊柳青年畫的大師們把突出環境特點作爲創作背景的要訣，『作畫先點題，春夏秋冬要相宜，經史諸子各故事，配景恰當畫出奇』。配景畫出當地的生態特點，成爲楊柳青年畫創作的一大要訣。

高桐軒所畫的《瑞雪豐年》，真實地展現出冬天寧静中的愜意。孩子們在堆雪，大人們在賞雪，瑞雪預示著來年的豐收。雖然身處冬天寒冷的環境之中，但人們臉上洋溢著幸福安寧的笑容。畫面上雪白松青、臘梅吐紅、青竹婆娑，『歲寒三友』在瑞雪中展示著自己的個性和風采，提升了畫意的精神境界。

楊柳青年畫起源於農耕文化，弘揚的是我國人民内心的傳統理念

辛勤勞作祈盼豐收是中國農耕文化的永恒主題。在高桐軒所畫的《同慶豐年》裏，在一塊新築的場地上，中年農夫正趕著黄牛軋場，有一年輕農夫用木鍁揚場，還有一年長的老人，正指導著他們的勞作。老人身後的小孫子正用泥壺給大人們斟水。年輕婦人背著自己的孩童也在觀看勞作，一隻大花狗正温順地依偎在她腳下。最有動感意境的是畫中飄動的柳枝，它顯示出此時天氣晴朗略有微風，最適合揚場。天空中雀鴉在低空盤旋，尋食地面的穀粒。村中的房屋、院落、池塘井然有序，遠處的青山綿延，真實地表現出農村生活的儉樸和安詳。這些農業生態養人、育人的畫面，呈現出中國北方農耕文化裏蘊含的和諧、安寧和生態美。

清末民初，曾在直隸學務處任畫師的閻子陽，引領了以『新思想、新觀點、新題材』爲宗旨的改良年畫的創作。東漢樊重在家鄉宣導保護資源、珍惜土地、勤勞致富。閻子陽以樊重的故事爲背景，繪製了《恩家鄉裏》的新年畫。畫面上樊重正指導農夫在空地上種樹，身後先栽種的樹木已經鬱鬱葱葱。

閻子陽的另一幅年畫《家禽守信》，刻畫了公雞在黎明時的鳴叫場面。鄉民們依據公雞打鳴準時勞作，或背筐拾糞，或趕驢運貨，或肩擔肩扛。畫中，樹葉所剩

無幾，應該是晚秋。但整個畫面没有秋冷的淒涼，反而充滿著秋天收穫的快樂和生機。

楊柳青年畫起源於農耕文化，弘揚的是中國人民内心的傳統理念。當今的社會和生態環境已大不同以往，但只要看看這些年畫，念念這些詩文可能會有一股清涼的泉水直沁心田，讓人們浮華的心得到緩解。熱愛自然保護環境構建生態文明，是文明社會的普世價值。

——原刊《中國環境報》二〇一二年八月二日

唱響共和的首幅年畫

尹樹鵬

百年中國看天津。天津民間文化的代表——楊柳青年畫，以它與時俱進的創新性始終緊跟著社會前進的步伐。楊柳青年畫是涵蓋北方區域最廣、影響最大的年畫，是老百姓極其喜歡的大衆畫品。幾張年畫貼上牆，頓時屋裏喜洋洋。屋裏有年畫才有過年味，成爲當時全社會的共識。又因價格便宜，喜慶效果突出，它便成爲勞苦大衆離不開的觀賞畫。所以，它的宣傳魅力超越了其他藝術品。

自一八六〇年開埠後，天津成爲中國北方新文化的基地。在中國政體由帝王專制到民主共和的巨變中，天津自然是北方最重要的政治舞臺之一，涌現出了很多新思想、新文化，突出表現爲先進思想多元、政治主張多元、文化創新多元，社會呈現出獨特的活躍與生動。但它又是北京的門户，非常穩定，包容的社會風氣，使天津在此期間没有出現政治戰爭和大規模的流血衝突，爲楊柳青年畫的創新和發展提供了良好的社會條件。

楊柳青的改良年畫用最便捷、最直觀的方式，把新事物、新思想、新風俗介紹給了普通百姓，也讓不識字的孩子和婦女明白其中的含義。從清末到民初，天津的直隸學務處、教育科、圖書局等教育部門直接領導了年畫改良，並把它推向社會。創繪的改良年畫無論是種類還是印製水準，均居全國領先地位。這得力於天津有一個畫稿創作的領軍人物——閻道生。在中華民國建立不久，他就繪製了《共和富貴》《中華成立》《民國自强》等專門歌頌共和政體的年畫。

此時蘇州桃花塢推出的是《上海通商慶賀總統萬歲》，畫面中上海的商人舉著縣官出巡的儀仗，穿著戲劇服裝，再加上舞龍耍獅的花會，充分體現出南方近商的文化，而楊柳青年畫此時的衆多作品則基本表達了關注政體變革和社會變化的近民文化。特别是閻道生繪製的兩組條幅年畫最具代表性，這也是唱響共和的首幅年畫。在《中華成立》《歡迎共和》這組條幅年畫中，成年婦女背擎五色旗，兒童著戎裝，手擎雙燈，横杆頂部爲五色旗，全爲墨綫畫，五色旗的五色用五條横帶表示。第二組《中華成立》《民國自强》，均爲彩色年畫，成年婦女手擎五色共和旗幟，一個兒童佩刀，另一個扛槍，突出了五族共和的鮮明主題。南京臨時政府成立時，孫中山要以青天白日爲國旗，各種政治力量角逐，意見未能統一。之後，南京臨時參議院通過決議，將五色旗作爲臨時國旗。五色旗的紅、黄、藍、白、黑，含五族共和之義。畫中的婦女手持五色旗明確表達了當時國家統一的共和秩序已經建成，用簡潔鮮明的畫面向老百姓宣傳了共和思想，而代表皇帝家天下的龍旗已經不存在了。

唱響共和的首幅年畫是楊柳青年畫史的亮點，也是天津文化史的亮點。

——原刊《今晚報》二〇一三年六月二十九日

指畫達摩

閻爾芃

父親在指畫上的造詣，世人知之甚少。因爲他的指畫作品本不多，再加上特殊年代的毀壞，就更成了鳳毛麟角了。

小時候，我看見過父親在扇面上畫螃蟹，他先用小指蘸濃墨，畫出蟹的眼睛、眼柄、背甲的上端，趁墨未幹，即用大指蘸清水，疾速塗抹，墨色濃淡相融，幹濕相間，連背甲上的紋理也於有意無意間横生妙趣。父親運指爽捷，屈伸展轉，形同遊戲。玩笑間，一幅活脱的螃蟹圖就大功告成了。人們争相贊譽爲『活螃蟹』。

我還記得父親畫過一幅《達摩東渡》的指畫，洶涌澎湃的江水，占領了整個畫面，達摩祖師身著紅衲，腳踏葦株，肩扛禪杖，頂風踏浪而來。右側空白處，用指甲題著水墨淋漓的草書，『三指試畫水，頃刻風濤起。中有達摩來，履之若平地』。其畫氣勢排山倒海，鬼泣神驚。可惜這位紙上祖師已在史無前例的特殊年代中，駕著一縷青煙，只履西歸了。

今天我們看到的這幅《達摩東渡》指畫，是前者的副本，它能幸存下來，已成絶無僅有的珍品了。此畫没有落款也没有鈐印，畫的右下角的四字指墨是用電腦軟體移上去的，印章也是後來補上的。

父親用食指在滲透性很强的生宣上略加勾勒，又用大、食、小三指步步皴擦，層層烘染，由淺入深，由近而遠。刹那間，仿佛面前畫紙已無，只見駭波巨浪，峰涌咆哮，無遮無攔，鋪天蓋地而來。凝神入静，頓覺海沸江翻，天宇摇盪，似置身於白浪滔天、浩瀚無際的大江之中，足以叫人驚魂天外。在浪花飛濺的天水交匯處，硃紅僧袍，隨風飄舞，達摩祖師於一束束掀天的水光中，震撼登場。於是，畫面上又現出生機，似乎使我們在呼天天不應、叫地地不靈的絶境之中得到了緩衝和解脱，見到了無上光明。

人物的頭部，先用赭石塗面，再用小指甲揮掃，一個首如飛蓬、滿面絡腮、不修邊幅、麤服亂頭的天外來客，劈波斬浪，脱然出紙。相其機宜，運以神氣，把個達摩佛祖塑造得形神兼備，維妙維肖。

父親指下的波濤，水墨酣暢，隨意揮潑，指迹如蟲飾，墨色水淋漓。情感的放縱，幻想的馳騁，潛能的迸發，個性的張揚，已進入高度的自由狀態。强勁的生命力，博大的懷抱，均以磅礴的氣勢躍然紙上。胸中臆氣的渲瀉又與空靈禪心的悟思更加匪夷所思。

相輔相成，使畫裏畫外的深層意境更加空靈，更加臻妙，

面對指畫達摩，我不知還要説些什麼，只好借用古人一首詩以舒感慨，並與大家共用。

『墨汁揮灑任我意，濃皴大點紛縱横。手中無筆眼無指，此心一似空中行。傾崖倒石鬼神悸，驅江走海蛟龍驚。真宰入化無定所，丘壑隨意即可生。是中有法亦無法，無拘無束超神明。』

讀白描人物《東坡趣事》

閻爾芃

白描人物畫《東坡趣事》是閻至陽中年作品，作於一九二一年，時客居津門中山公園，年三十八歲。

畫中內容取材於毛晉所輯《東坡日記》，這則遺文軼事復活於先生筆下，顯得格外鮮活生動，不止具備了怡神悦目的形式美，還具備了明朗的抒情性、委婉的寫意性，更藴育著博大精深的傳統文化。

北宋大文豪蘇東坡大約是婦孺皆知的，若説蘇某與侍女姬妾們這段趣聞，可能大家略顯生疏。故事大約發生在宋元祐年間，因爲那年蘇公在朝，朝雲也正在身邊。看來這次退朝心情還算平静，所以學士酒足飯飽就捂著大肚子慢慢散步，有興致和侍女姬妾們説些閑話消磨時光：『你們説説我肚子裏是什麽東西？』侍女們不敢怠慢，只得順意逢迎，一個説『文章』一個説『機械』，只有她的愛姬善解人意：『我看學士一肚子不合時宜。』這句話正説到了蘇老頭的心坎上，還多少帶一點温柔的挑逗，兩情投契當然一拍即合，這是兩位侍女無能爲力的。其實二侍女的回答也不算走題，卻被蘇公的頻頻搖頭置之度外。她們沒有輸在對手的言辭巧妙上，輸就輸了一個『情』字。

聽了朝雲的回答，蘇公笑了，笑得嘴都合不上，他待要把心裏的激動發放出來，而先生的題識卻在這個當口戛然而止，酷似評書的扣子。

蘇公不止博學多才，還是一位對國家對人民極負責任的好官，是治國經世，敢於仗義直言的政治家，只可惜他的仕途坎坷，命運乖舛，屢遭貶謫，顛沛一生，在他艱難困苦的時候，他的侍女姬妾大多能看風駛舵，相繼散去。這也不能全怪她們勢利眼，也確實是害怕這位豪放曠達的風流才子再『紅粉換追風』了。只有出身低微的朝雲痴心不改，榮也好，辱也好，窮也好，富也好，布衣荊杈，粗茶淡飯，無怨無悔，始終如一。她不但天姿麗質，聰明靈慧，還對蘇公百般呵護，體貼入微。這怎麼不讓這位詩神在侍女面前大發感慨：『知我者，朝雲也！』這樣的紅顏知已實在難得。朝雲彌留之際握著蘇公的手，意味深長地誦《金剛經》裏的詞句，大意是說：『世上一切全由命定，人生像夢幻泡影，又像露水和閃電，一瞬即逝，不必太在意。』蘇公也對他心上的人朝思暮想，在她的墳墓前築『六一亭』，亭柱上鐫一對楹聯：『不合時宜，惟有朝雲能識我。獨禪古調，每逢暮雨倍思卿。』從此，

『不合時宜』四字就成了千古絶唱，也成了先生畫中的主題。時隔一千九百年，這段浪漫的愛情故事穿越了漫長的時空，在閻至陽的筆下又得新生。

講完這段歷史故事，我們就來看一看畫面的置陳布勢，以及所取得的情感效應。先生以超逸澹泊的心態，安排了多半個畫面的留白，把人類最高的心靈具體化，含蓄地表達了大自然深邃的意境，一開卷就給讀者一種『羽化登仙，遺世獨立』的縹緲之感。畫面的舉要删蕪，圖象的簡約洗練，不但突出了主題，還展現了舒適簡明的集約美。

蘇東坡是中國古代文學史上的重量級人物，也是畫中故事的主題，重量也好，主題也好，蘇公爲畫中主體是毋庸置疑了。姬妾侍女們爲傳統觀念中的附屬品，當然是畫中的客體，順理成章是不能與主體有同等價值了。所以畫家把他們分别放在上下兩個團塊裏。這兩個團塊體現了鄒一桂提出的『布置之法，勢必勾股』構圖原則。其上下兩個團塊爲弦部向右的兩個勾股圖形，兩個角端重疊在一起。這兩個勾股圖形相破相生，相輔相承。右方勾股圖形的弦邊又以飛出的拂塵和舞風的裙帶破之，避免了畫面的呆板和凝滞，造就了畫面的變化與和諧。左上方勾股形的人物是奇數，右下方勾股形的人物也是奇數，而且是一比三的懸殊，這時中國古代的等級觀念就派上了用場，貴人方肥胖高大，賤人方疊身縮體，既符合封建道德，還增加了藝術魅力，有聚散有避讓，互相分離又互相連接，更恰恰暗合了鄭績提出的『開合爭讓』之法，這豈不是三全其美？

先生强化了李伯時、陳老蓮的章法特點，合理靈活地運用『計白當黑』的理論，在東坡面前留出一塊不規則的空白，讓畫中三位女子礙於封建禮法望而止步。我們不説這塊空白對章法形式美的典型意義，從意境氣韻上講，在此間抒發著蘇公開闊瀟灑的胸襟，迴蕩著朝雲聰慧風趣的言談，給一對知音情侶的言語和情感的交流打造了一個空間平臺。

先生在構圖時非常注意在統一中求變化，以及在變化中相呼應求得視覺上的統一的表現手法。東坡的濃墨學士巾，與朝雲的烏黑的鬟髮上下呼應。畫面上的兩處空白以對角呼應。兩處圖象實角又以對角的頂部内凹相呼應。這種兩兩呼應，使畫面達到形式上的均衡，畫内人頭的參差錯落，人物的聚散和局部的重疊，既强調了圖象的變化，又豐富了畫面的空間層次，開創了生動活潑、千變萬化的局面。

分析了巧妙的章法就要欣賞它獨具特色的墨綫了。先生一生勤奮於金石碑版的耕耘，中年以後尤其迷戀魏碑的筆法，所以畫中人物衣紋皆方筆藏鋒，圓渾遒勁，更兼對老蓮筆法的鍾愛，其筆法雖由多種因素構成，丁頭鼠尾描法還是占著主要地位的，筆意堅實流暢，氣脉綿長，一氣貫注。

遍觀整幅畫作的衣紋，無綿弱、扁平、硬折、平行、齊整等不足之處，墨綫柔和似流水，堅韌像鋼絲，而且流露著文人飄逸高潔的氣質。畫家對筆綫有非凡的塑造能力更有杰出的組織能力，綫條你長我短，此起彼伏，左疏右密，倏聚還散。這些變化的交替連續的出現，使視覺也隨之有秩序地運動，讓讀者感受到明顯的節奏感。

畫中綫條均依物象的動感而設，衣裙的折疊和飄舉，機體的凹凸，關節的運動，完全取決於綫條的設計，縱向的垂墜，圓深的弧綫，柔和的墨迹，暴露出絲綢之類織品的輕柔和鬆弛，可謂『勾綽縱掣，理無妄下』。

畫中衣紋的波折和彎曲，釀成畫中物象的動盪和摇曳，像微風吹拂，像輕波蕩漾。連拂塵上的馬尾綫都有擰轉的趨向，使我們感到連静物也在動。人物的頭髮均用遊絲墨綫描寫，表現出健韌爽利的質感，尤其蘇公的美髯疏朗剔透，根根出肉，而且在微微擺動。其筆墨之精妙，不可名狀。

仕女的短裙和披肩上的圖案花紋均精美而典雅。用圓轉短促的綫條和環形小巧造型突破了主流綫條的綿長縱垂。畫中物象多用淡墨勾勒，只有男主人的帽子，中間侍女的短裙，和另外二位女士的飄帶用了較濃的墨色，這一點濃墨，像畫龍點睛一樣，使整個静寂的畫面立刻活躍起來，抒發著勃勃生氣。

當我們凝神入静，畫中那些慈愛的、虔誠的、恭維的面龐，漸漸地模糊淡化，只有無數條曲曲彎彎的綫由天上垂下來，在我們的視野裏翩翩舞動，那麽有節奏，那麽有韻律，從容自然，婉轉飄逸，無粘無滯，充滿生命的活力。奇妙的意向，會讓我們沉醉，讓我們迷茫。我們再把這些感性認識提升一個階段，你就會悟出一個道理，窗外摇曳的柳絲，空中翻飛的群鳥，宇宙中不停旋轉的星體，這些絶對的運動狀態統統滲入了畫家的筆端，他筆端墨綫的運動狀態也就在揮灑的刹那間變成了永桓。

先生是一位趨向於現實主義美學思想的畫家，對圖象的『似與不似』有辯證唯物主義的觀點，『欲得神態，必須對花寫照，否則全憑臆度與粉本，哪能得活脱之生氣。畫之似與不似者正如六書由象形而進於假借轉注也』。畫家既然面對現實美，畫中的人物形體結構的合理，形象的逼真，無可挑剔，其活脱之生氣更讓人歎爲觀止。畫中東坡雍容的體態、穩重的舉止、謙和的面容，表現出他高貴的身份、開闊的胸懷、高深的素養、慈愛的心境。通過面部綫條的設計，看出他笑得那麼開心，那麼甜蜜。目光那麼温柔，那麼仁厚，看著他的姬妾，心裏美不可言。須髯的飄灑，彰顯出這位風流才子的風格和氣度，留著長指甲的胖手指，從肥大的袖子裏伸出來，夾著將軍肚似捧非捧，表現出大人物的從容和矜持。兩只鞋子從袍子底下露出來平行置地，説明他聽著侍女們的贊美已經停步徐行了。

後面一位侍女雙臂抱著拂塵神志專一，肅然而立，看樣子她的高論没有得到主子的贊賞，與其説顯得老實本分，不如説已有自知之明了。第二個侍女還是不甘寂寞，指手劃腳賣弄精神，卻剛好避開了蘇公和朝雲的連綫，她好像在和朝雲説，『姐姐，該你説了』。朝雲只是面向蘇公，意不旁涉，仰首趨身側立，雙手拱起，施禮後即要啟動朱唇了。

畫中四人形神各異，不同身份，不同性格，不同心理，世態人情都已顯現在絹素之間了。畫中四人的聯絡諧調，全憑『阿堵傳神』，執拂塵侍女雖身姿正直，猶眯著雙眼斜覷朝雲，中間侍女最顯活躍，主動與朝雲交流。而朝雲卻漠然置之，與蘇公雙眸相對而回避了目光愛意的傳遞，顯示出朝雲的含蓄與莊重。二侍女通過朝雲的中介，間接與蘇公溝通，避免了雷同和俗媚，巧妙地編織了四人的神情交流網，使畫中人物凝聚成一個整體。

對於畫中的留白，古人早就有精闢的論述，認爲虛白『即畫外之畫也』，『虛實相生，無畫處皆成妙景』，可見空白是中國文人畫『明心見性』的一個亮點。當我們看到此畫中二分之一以上的布白後，便知畫家的良苦用心。畫家捨棄了人物間的景物，置人物於虛幻之中，讓讀者思緒開闊，悠悠然而意遠。畫面上這種黑與白、實與虛、動與静的强烈對比，産生了一個嶄新的審美世界，形成强有力的視覺衝擊力。如若去掉這些空白，讓人物團塊占據整個空間，就會失掉了畫面的靈氣，使讀者心肺窒息，胸懷塞迫。畫中的留白大多是隱遁文人的心理再現，先生在他事業的黄金時期就『心同野鶴與塵遠』，他早年的《賞梅》詩裏就有『傲骨獨於寒處立，清標誰向淡中窺』的詩句。畫面上的陳置正是這種虛白的心性與超脱的意念的具體體現。

畫中的題識也頗具匠心，把位置定格於畫面的右上方，平衡了畫面的虛實，調整了格局的分布。其内容節選了古人一則短文，既闡明了故事情節，又增加了歷史的真實性。其字體的選擇也獨運心機，在短文部分選用圓轉均勻、工整精細的小篆，延伸了畫面的和諧意境，又助長了畫中人物的文雅風度。署名部分選用雄渾古樸、遒勁奇逸的爨字，以方硬多變的筆觸彌補了篆書綿軟規整的弱點。全部題識組成四行的長方陣勢，頭齊腳齊，顯得嚴肅認真，又整潔美觀。

我們讀了這幅畫，如讀先生其人。石濤説『山川與予神遇而迹化也』。渾南田説『皆靈想之所獨辟，總非人間之所有』。這樣説來畫中的物象並非固有，是由畫家的『神』或『靈想』與時事相遇而生出來的。畫家的『神』或『靈想』是什麼呢？畫家在他的詩集裏有一首詩名曰《高歌》：『黄鐘毀棄鳴瓦缶，下里巴人稱上尊。老夫古調無人和，只過窗前幾片雲。』從這首短詩裏不難看出先生曲高和寡、不合時宜的心態。而『山川』又是什麼呢？當時社會齷齪官場腐敗，先生懷憂國救民之志，卻坎坷多艱，屢遭挫折。畫家的境遇與他心目中的偶像蘇東坡的生平如出一轍，畫家把他的心性寄托在蘇公身上，畫中的蘇公的形象犹畫家自身也。

先生作畫，一貫不喜歡在絹素上施以濃墨重彩，在他的白描畫裏就更體現了『掃去粉黛，淡毫輕墨』的風格，這種『淡』是天性，没有絲毫的虚僞和做作，因爲先生大腦皮質興奮的條件就是一個『淡』字，這個『淡』字泄露了畫家的天機，無須調查考證，就可以斷定這位畫家一定是一位清心寡欲，澹泊人生，不圖名，不謀利，孤高塵遠的隱逸之士。爲什麼呢？這位畫家把生命密碼刻印在了他的毫翰之上，他的生活經歷，人生感悟，精神氣質，已經融化在他的筆札之中，當然和他的畫卷『合而爲一』了。

只要我們蕩滌污濁，以静逸之心進入他圖畫中的大世界，我們還可以從中悟出很多天地自然物理的天趣，這種天趣就是『天人合一』這個中國文化的最高境界，而這個境界非道藝高超之士是不容易達到的。

爲大師立傳　爲士紳寫心

——讀《布衣大師：允文允武的藝術名家閻道生》

張元卿

霸州作家閻伯群所著傳記《布衣大師：允文允武的藝術名家閻道生》，最近由天津古籍出版社出版，並在天津問津書院舉行的第十三届全國讀書年會上首發。《布衣大師》一書，是第一部再現民國時期直隸書畫家、武術家閻道生藝術歷程和人生軌迹的作品，文學性與史學性兼具，是文化史研究中的重大成果。

哺育閻道生的那個時代，鄉村基本還是禮樂社會，士紳依然是鄉村社會的核心，他們以傳承傳統文化，維持地方風教爲己任，一生生活和服務於鄉村，薪盡火傳，弦歌不絶。閻道生之所以會成爲博雅型人物，首先在於他生活的鄉村社會有一個孕育博雅風氣的士紳階層。到閻道生成長爲博雅型人物的時候，士紳在鄉村社會的作用已逐漸減弱，在社會變革中這個階層逐漸走向邊緣，最終消失在了歷史的煙塵中。閻道生傳奇的一生恰好折射出了末代士紳在歷史巨變過程中的榮辱與悲喜。辦『甲子閱報社』『私立桃林小學校』『揚芬港女子學校』，通過『怡燕堂族事整理會』

接濟難民，有其榮與喜。面對兵匪的劫掠和日僞的壓榨，無力濟民，亦無力保身，時有辱與悲。可他依舊深信『培生産，殖人才，萬古不磨之鐵案，孔聖人之富之教之依然無㨾耳！』他雖猶懷士紳之心，可那個鄉村社會已爲仇視士紳的流氓所把持，他只好退守書案，以畫寫心。

閻道生去世前曾畫過一幅指畫《石榴蟾蜍》，並在畫上題了一首詩：『吸得人間硯水枯，腹中含氣口含酥。莫嫌形態無人賞，寫向端陽作畫圖。』對於這幅畫，作爲閻道生長孫的閻伯群有這樣的解釋：『在自然界中，蟾蜍是一種低級的動物。每當它面對高級動物的「權威」時，總是像其他弱勢群體一樣，敢怒不敢言，只能把憤懣之氣吞到肚子裏。據説，如果捏住它頭的兩側，再稍微用一點力，它的嘴裏會流出一些粘液。這種「酥」是可以外敷治療各種毒瘡的。這就是蟾蜍們在逆境中的默默奉獻。』伯群兄又説：『閻道生指下的蟾蜍，足繫繩帶，欲脱不能，但它卻執著地掙扎著，無怨無悔。在階級鬥争盛行的年代，蟾蜍們多麼盼望能擺脱這無形的繩索，歸還它們真正的「鳴」「放」的自由，真正的「思想解放」，多麼盼望在那陽光燦爛的石榴樹下，無拘無束地爬行覓食，無憂無慮地棲息匍匐。這就是閻道生的情愫。』最後伯群兄説：『目睹勞苦大衆的重重災難，他在心靈的硯臺上磨墨濡豪，敘寫胸中的焦灼和苦悶，生命中的硯水已經枯竭了。』這是祖孫兩人的隔世對話，足見心靈相通，末代士紳之情懷亦於此道盡。

閻道生的晚年主要在霸州揚芬港村度過，伯群兄這部傳記的最成功之處，在於他用平靜的敘述寫出了作爲士紳的閻道生在鄉村社會興衰變遷中的心靈歷程，使閻道生從歷史的煙塵中走了出來，讓我們逐漸認識到消失於鄉村社會的士紳本是博通諸學的布衣大師，非僅繪事獨有千秋也。

——原刊《廊坊日報》二〇一五年六月十二日，題《爲士紳寫心》

歸來的隱者

——評《布衣大師：允文允武的藝術名家閻道生》

于其超

《布衣大師：允文允武的藝術名家閻道生》是一本關於民國書畫家、武術家閻道生的傳記。作者閻伯群是閻道生之孫，多年從事文學創作和地方史研究。他的文字一向不慕虛華，不求絢麗，樸實而情摯，此書就是一個集中的展現。

閻道生先生祖籍揚芬港，曾隸屬天津市静海縣，現屬河北省霸州市。他長期寓居天津，是民國以來不可多得的文化名流，但因其作品多流失於戰亂，加之當代對某些文化領域疏於深度挖掘，故其名聲並不顯赫。閻道生的生平事迹、治學精神、學術成就等，只在近些年才逐漸爲津冀學人知曉而頌揚之。爲了鈎沉祖父的著述和畫作，這些年來，伯群頻頻奔波於京、津、滬等地，走訪先生當年的同道友朋，進圖書館、博物館廣泛搜尋先生被時光淹没的遺作，不遺餘力。這些工作，對研究閻道生的生平、思想和作品，充實中國傳統文化寶典，具有不可替代的重要意義。今天我們能得以領受閻道生先生之人品修養、道德文章等廣博教義，正是閻伯群這些年苦心孤詣不懈努力的結果。

閤道生有隱忍學者之風，允文允武，多才多藝，集武術家、畫家、詩人、教育家於一身。他不慕榮華，清貧一生，傾全力獻身於民國教育，他是民國國語課本插圖畫第一人，工筆人物畫技藝更是登峰造極。《布衣大師》一書中就有幾幅先生的工筆圖畫，人物逼真傳神，栩栩如生，可见藝術造詣之深。

閤道生是一位有趣的文化奇人，他有武術家的剛毅豪放胸懷，又具藝術家的温婉綿密的柔情。他愛國愛家愛親人。只看他那些精美細膩的畫，讀他那些極富兒女情長的詩，你不可能想到他竟是一位『老拳博古道，健骨戰秋風』的鐵骨錚錚的劍客。看到他慷慨解囊捐資興學豪爽的善舉，也難以想像他在晚年貧病交加時，能那樣安貧樂道，和衆鄉親一起，吞咽野果野菜，樂觀豁達地忍受瓜菜代歲月熬煎的情景。

讀過此書，我面前矗立起了一位民國末代具有時代特徵的隱者的形象。他就是一位踽踽獨行於鄉間小道和知識海洋裏的文化隱士。他威武不屈，貧賤不移，永遠布鞋布襪、青布長衫，晚年雖然經濟拮据，窮困潦倒，但他精神富有，知識修養富有，道德文章富有，民族氣節富有。先生在詩書畫和形意拳研究方面正不斷精進時，日寇入侵，山河破碎，家國有難，安全與温飽都成了問題，先生的拳術研究也只能在硝煙中擱淺，但他不爲五斗米折腰，堅決不給敵人辦事，大義凜然，橫眉冷對兇殘的敵人，保持了一個愛國文人的高風亮節。在中國文化人中，他是極具紳士風度、無私無畏的偉大的精神富有者。先生一生追求真善美，渴望全國人民都能過上温暖幸福的好日子。他的人道主義的博大情懷，體現在他的一言一行、一詩一畫中，洋溢在這本書的字裏行間。

——原刊《天津日報》二〇一五年七月二十七日

爲還原歷史而謳歌

尹樹鵬

閻伯群先生所撰《布衣大師：允文允武的藝術名家閻道生》，作爲『問津文庫·天津記憶』的第十二種，是一本閻道生的評傳，傳主是清末民國在天津書畫界、教育界具有奠基性和開創性的藝術家和教育家。他同時還是一個積極服務社會、惠及桑梓的慈善家，也是中華武士會的首批學員和襄助者，爲中華武士會的發展起了承上啟下的作用。閻道生所處的社會並不太平，他不斷奮鬥拼搏，歷經坎坷。豐富的社會閱歷使他對社會的認知極爲深刻。他低調地規避了各種政治風險，智慧地逃脱了各種災難，但面對二十世紀六十年代初的困難時期他卻無能爲力，這個外柔内剛、多才多藝的文人不幸離世。閻道生的個性風格和思想追求，使他一生没有任何政治頭銜，始終是一介布衣平民的身份，在官本位的世俗社會裏幾近湮滅。但他留下的各種痕迹，卻留在了天津的方志及鄉邦文獻裏，留在了多位藝術大家的回憶裏，留在了塵封的歷史檔案裏，留在了天津《大公報》《益世報》的報導裏……遺憾的是，很長時間天津藝術史中都没有他的一席之地。幸好民間研究平臺有著最寬泛的社會基礎，終於發現閻道生這一天津藝術史鏈條裏的缺環。近五年來，天津民間研究者爲填補這一空白做了積極的努力，並促成閻道生文學藝術討論會的召開。

閻道生的長孫閻伯群，悉心搜集整理閻道生遺留下的日記、信札、繪畫等作品，走訪他的親屬、弟子、朋友及後裔，不放過一點有價值的史料。閻道生的日記和信札大部分毁於『文革』，殘存的零散内容解讀起來非常困難，但卻是瞭解閻道生其人及相關歷史的寶貴細部史料。閻伯群在這本爲祖父寫的傳記中，利用史料寫出了傳主的生平行迹，用文學的美寫出了傳主的多種性格，展示了其豐富的精神世界。作者以深厚的文學功底營構全書，以史爲經，以事爲緯，條理清楚，讀來骨肉俱豐，優美而略帶傷感的筆調，使讀者極容易産生嫻静與善良的共鳴。盡可能地還原過去的歲月，爲社會發展進步提供鑒戒。作者頑强而艱難地做了五年準備，最終使閻道生的事迹進入中央文史館的課題《中國地域文化通覽·天津卷》，也進入了天津通史項目《天津近代教育圖志》，這讓更多天津人和研究者重新認知了一個平凡人的偉大。

——原刊《中老年時報》二〇一五年七月二十日

閱廬序跋

《閻至陽畫集》序

周茂生

由於種種原因，歷史上不知曾有多少才人名士，其學識才華不得充分施展，其名聲影響又常隨時代更易而逐漸被人們遺忘。而當後來人重新發現他們之時，則常常不免在贊歎之餘感到種種遺憾，歎息知之甚晚與知之甚少。閻至陽先生即是一位爲人所鮮知，而實爲活動於二十世紀上半葉的著名書畫家、詩人和武術界名流。

據史料記載，閻至陽（一八八四—一九六二），名道生，字子陽，中年改字至陽，號閱廬。出生於静海縣揚芬港村（今屬河北霸州市）一個書香世家。其父閻秉萱『善音韻，喜昆弋（昆曲中一種聲腔）』，以教書爲業，是當地德高望重的名士。閻至陽幼年從父親讀書，才藝深受父親影響，後師從安次縣王德修學習詩詞。十一歲從一鄉村畫師學畫，十二歲開始隨師到天津著名年畫之鄉楊柳青畫畫、賣畫，在畫藝上初露鋒芒。光緒末年，他曾投考湖北武備學堂，在棄學北歸途中，徒步遊歷江南北的高山大川、名勝古迹，開闊了視野，積累了繪畫創作素材。自一九〇一年起，他即長期寄居於天津河北公園（今中山公園），潛心研究繪畫、書法、詩詞與音韻，並拜師研習武術，日日苦耕不輟，遂以多才多藝、書藝精優譽滿沽上，爲世人矚目。其間，一九〇九年至一九一二年他應天津直隸圖書局之聘，於畫學部繪製教科書插圖；一九一二年於天津《民約報》任畫刊編輯；一九一二年至一九一四年在天津提學使司學務公所社會科從事年畫改良工作，出版多種年畫；一九二一年他參加了天津書畫慈善會，作畫義賣，賑濟涌入天津的災民，一氣堅持數載；此後，因其成就顯著，天津美術館吸收他爲館員，並爲他舉辦個人畫展，授予了奬狀，此間他還帶頭捐畫集資重建了本村的學校新舍。到一九三七年七七事變後，正值盛年的至陽先生，因有感於民族危亡與社會黑暗而憤然離津，歸隱鄉里，名其室爲『四習草堂』，邊習繪畫、書法、技擊，邊習農事，亦時與友人吟詩作畫以抒胸中之積鬱。一九四九年之後，他曾多次應邀參加縣、地、市文化活動，並於一九五七年被吸收爲天津國畫研究會、美術家協會會員，畫作多次參加河北省、天津市畫展，部分作品還被選送參加在日本舉辦的中國畫展，只是因年邁體弱而終未能離開鄉里。其成就、事迹先後收載於《近今北方健者傳》《静海縣志》《霸縣志》和《静海文史資料》等。出版有《書法指南》著述傳世，其作品因時代變遷和『文革』浩劫，大部分精品已經遺失或被焚，現僅存畫作百幅左右、詩作數十首。

至陽先生多才多藝，而以繪畫最負盛名。其畫以寫意爲主，兼用工筆；精工人物，兼善山水、花卉。總觀他的作品，既有鮮明的時代特徵，又有獨特的個人風貌。具體説來，其特點之一，是取材廣泛，内容豐富多彩。在人物畫中不僅有名人軼事、歷史典故、文學故事、神話傳説，而且還有劍俠故事、淑秀才女、孩童嬉戲、漁樵庶人以及現實人的肖像等，突破了古人提出的人物畫應多畫『聖賢仙佛及高隱通達之流』的限定，從不同視角層面爲人們展現了天上、人間各類各色的美好人物形象。而所畫人物雖然多係古裝，但形神兼備，令人可親可近，生活氣息濃厚，實際上不過是現實生活和自我心境的一種間接表現，反映了畫家思想的開闊、情感的豐富和對世間民情民風的關注。其山水畫，也是多彩多樣，不僅有春夏秋冬之異，而且還有風晴雨雪之别，並且將點景人物與景物巧妙結合，使作品情景交融，富有詩意，别具清新活潑之趣，體現了對生活對大自然的熱愛。其特點之二，是藝術方法兼融諸家，復參己意，而獨具一格。從其現存作品可以看出，畫家的畫除師法明末大家陳洪綬之外，還吸收了清中後期改琦、費丹旭和清末『海派』任伯年、錢慧安（光緒間曾到楊柳青創作年畫稿）等名家的長處。可貴的是，他不僅將諸家之長融爲一體，而且還將自己富於金石意味的書法筆意和技擊之功參入畫法，既顯出深厚的傳統功力又富有新意，形成一種情韻蘊藉、蒼勁高古的超越格調。其用筆樸拙而流暢，其用墨渾厚而多變，其用色鮮明而典雅；所繪人物形象鮮活而高邁，所繪景物天然而幽遠，均給人以豐富的美感享受。當然，不同作品在共同特色中又有不同畫法與情趣傾向。

譬如，較早的作品《東坡趣事》，純係工筆白描，人物談笑風生，造型工整，情態生動；勾勒細潤簡勁而多轉折迴旋之變，墨色濃淡相濟、層次豐富，純凈的墨綫與成面的墨染相輔相映，背景一片空白，加之用篆、楷體書寫的題識的恰當安排，使畫面形成了鮮明的疏密、虛實、黑白、濃淡等節奏變化，一股高雅的書卷之氣躍然素上。《折梅仕女》，花木在霧靄中時隱時現，枝幹盤曲瘦硬，兼工帶寫，筆法狀如折鐵；樹下美人姣好純真，精勾細染，衣紋勁健拙滯，直綫中亦見方折。全畫浮現出肅穆的金石之趣。《群童鬧學》，題材是自宋代以來不少畫家畫過的，但在至陽先生筆下則用寫意法，筆法粗健老辣，隨意勾斫中多見方硬轉折，人物情態各異，貌若現實中人而略有誇張，加上怪拙多變的草書題識的輝映，情趣性和風俗性格外强烈。《雨昏夕渡》是畫家步入老年後的一件山水畫，以水墨爲主，淡設色。畫家以飽滿的筆墨信手揮灑，放縱處淋漓痛快，約斂處簡勁靈動，表現了風疾雨驟的動人情景，具有很强的情感性，發揮了文人畫的藝術特色。《荷塘情韻》，係畫家七十三歲高齡之作。筆法圓中見方，流暢中見艱澀，色墨沉穩淡雅厚潤，可見畫家年邁畫藝愈加純熟而趨向平和。而所繪荷之花葉俯仰多姿，水面深遠開闊，戲蓮的人物，母慈子嬌，情重意濃，一片温馨，猶若當代生活的寫照，可見畫家晚年心緒愈加温善。他的《范蠡五湖》《風塵三俠》《麻姑晉壽》《微雨雙燕》和《道韞咏雪》等，都是頗具藝術特色的代表作。

閻至陽先生一生勤奮好學，『爲人沉默寡言，不以其所能示人』，淡泊名利，不喜歡社會交往，樸實寬厚，安貧樂道，熱心於公益事業。晚年更崇尚老莊，自比陶潛，寄興東籬，以恬淡超脱的田園生活爲樂。他的這些性情、品德，雖然在負面上影響了其藝術聲譽的弘揚，但有益的一面卻是恰好成就了其多方面的才能與技藝，而多種的才藝修養和特有的天然恬淡的心理素質，更滋養了其繪畫藝術的高逸品味。

作爲享譽一時的書畫家，至陽先生雖然謝世已近四十年，但終究還有人記起他。他的許多精美之作，雖然大部分已經遺失，但終究還有一批幸存。天津人民美術出版社從中篩選出部分代表性作品，編輯出版了這部畫集，這不僅有助於人們對閻至陽先生藝術成就的認識，而且對進行民國期間到新中國成立後的中國畫研究來説，也將會大有裨益。

二〇〇一年十一月

——原刊《閻至陽畫集》（天津人民美術出版社，二〇〇一年出版）

甘與草木同腐——父親的詩及人生

——《布衣大師：允文允武的藝術名家閻道生》代序

閻爾芃

『書作田兮筆作農，此中意趣極從容。涼秋畫意在黄菊，清夜詩聲和冷蛩。敗壁頽垣居李沆，緑葵紫蓼飽周顒。東皋遼闊真瀟灑，閑向西風策短筇。』

這是我父親閻至陽先生晚年寫的一首七律，題曰《自述》。多麽真摯、古樸、超脱。其中的安貧樂道、醉心自然的高尚情懷感動著我們。如今，重讀父親的詩文，讓我們對一位隱者的精神世界有了進一步的認識。

父親是一位深諳『修身、齊家、治國、平天下』大道的儒生，受顏李之學影響，十幾歲即投筆從戎，遠赴武昌就讀於武備學堂。肄業後，寄居天津，懷鴻鵠之志，在習書作畫之餘，力行年畫改良，襄辦中華武士會，參辦書畫慈善會，捐款修建家鄉小學，籌創閱廬教育基金，致力修堤治水，濟貧助學，抑惡揚善。爲國爲民之行，不勝枚舉。

善良、耿直、忠厚，是父親的本性；厭權勢、淡名利、愛護弱勢群體，是父親的情操。對世態炎涼、時風日下的感觸，使他在事業的黄金時期就埋下了煩塵厭俗的種子。在他的早年詩歌《賞梅》裏有『傲骨獨於寒處立，清標誰向淡中窺』兩句，借物寄情，一語雙關，闡明了自己的人生態度；在《庭柳》裏也有『欲賦新情貽洛裏，且思高蹈步陶公』之句。可以看出，父親在而立之年就萌生了躬耕南畝、寄興東籬之志。

歷史上不乏高潔隱逸之士。他們在入世之初都是懷著治國安邦、濟世救民的雄心壯志的，而在不斷的實踐中，逐漸認識了社會的黑暗、官場的腐敗、仕途的骯髒。他們既不願同流合污，也無力反抗，只能采取第三種態度，就是放棄自己理想的藍圖，退避三舍，隱遁山林。當然，『身在山林，心存魏闕』者自不乏其人，而沽名釣譽者當抑或有之。

七七事變後，父親目睹國破家殘，生靈塗炭，政治齷齪，民生凋敝，而自己改變社會、造福人類的舉措屢屢碰壁，失敗和挫折使他看破紅塵。於是他毅然放棄飛黄騰達的前程，丢掉經世濟民的幻想，遁迹僻鄉，甘與草木同腐。半畝菜園，數株蟹爪，足以自食其力、逸性陶情。閑來泡上一壺茶，隔籬相呼，與村裏的『素心人』『數晨夕』也。雖清貧簡樸，卻心地純潔，能領略人間真樂。然而，陰霾籠罩著赤縣的每寸土地，乾坤之大，根本没有陽光的『樂土』，所謂世外桃源只不過是一個幻境罷了。

我們和父親相處幾十年，他從來不述説以前的所作所爲，對自己的内心世界更少披露。這也正和所謂『沉默寡言』『不以其能示人』的評價若合一契。這雖然造成我們對他的事迹知之甚少，但他卻把自己的真實人生用無聲的語言展示給了我們，使我們對其前半生的行蹤不言自明，更給我們留下了彌足珍貴的精神財富。

父親隱遁鄉野，既没有閑雲野鶴、仙風道骨的翩翩風度，更没有嘯傲山林、遺世獨立的清狂氣質。他把自己視爲天覆地載的普通一員，深深植於民衆之中，誠懇忠厚，不張揚，不顯露，每日種地讀書，吟詩作畫，粗食陋衣，茅屋草舍，儼然『蘆花灘裹一白頭老畫徒』而已。

一九五七年，『百花齊放』『百家争鳴』的方針出臺，號召各界人士幫助黨整風。父親應邀參加了天津地區文化界的『鳴放會』，在會上又經人介紹參加了天津市國畫研究會。他徒步往返天津參加活動，幾次後即覺察到現實與入會初衷大相徑庭。於是，他丢掉幻想，長揖而歸。在『歸去來兮』的路上，行吟河畔。詩曰：『白紵輕抛利也無，所思一片盡模糊。扔開布袋方瀟灑，明月相隨道不孤。』在『反右』

鬥争的嚴峻形勢下，父親能識破天機，激流勇退，明哲保身，成其高節，仍不失爲明智之舉。放下布袋，多少自在！在人生路上有明月相隨，還有什麽不滿足的呢？明月者，多少文人雅客心目中的純真和高潔，知我者惟此天上清光也。

寫到這裏，我不由想起古人一首詩：『披褐出閶闔，高步追許由。振衣千仞崗，濯足萬里流。』左思生在封建王朝，自度非攀龍之客，何生此塵埃之念，於是在萬里水流中洗净塵心，真可謂雲霄中人物。

父親與左思似有所同，因塵心浮動，致使在鄉居圖的巨作中加了一筆濃重的點綴。『識迷途其未遠，覺今是而昨非。』這一個波瀾，使父親感觸頗深。他又以《齊宣王見顔斶》爲題，借題發揮，把感知提升了高度：『以位榮顔斶，齊王欲進賢。君心難强合，臣意不投緣。有道當趨士，無求只樂天。辭歸真瀟灑，安步入雲煙。』他用宏觀的視角，客觀地、理性地認識了現實。

父親再度抒發鬱悶，表白自己的胸襟，於是七律《秋懷》問世：『一生從不出人頭，危行寡言有自由。識字不多强不識，憂天無益更無憂。畫中寥落戴文進，象外逍遥莊子休。尚有閑情思二子，孤懷明徹對清秋。』

這首詩就是父親生平做人的寫真。他一生默默奉獻，卻從不願出人頭地，從不作自我表現。他的胸懷像秋天一樣高爽、清朗，從來不計得失，不議功過，不争是非，不驚榮辱，所以晚年才這樣從容自在。既乏回天之力，索性不再憂國憂民。他以書畫遣懷，像戴文進那樣疏落瀟灑，用手中之筆宣泄胸中憤懣；他以莊子學説作解脱，遨遊方外，順應自然，讓一切歸於虚無。但是，弦音之外卻流露出多少無可奈何的自我安慰。老人家赤子之心可以知矣！

在父親的詩集裏，菊花詩極多。以物寄情，諸多自比，不可盡言，例如《菊贊》一首：『可憐丹桂依玄兔，尤笑紅梅點壽陽。終古吾花不改節，疏籬老圃獨芬芳。』他借用『丹桂』和『紅梅』，嘲笑那些巴結權貴、依附勢利的『巨擘』『大家』，爲自己身處逆境的高節堅操而自豪。

在一九六〇年寫的《贈燕妮》一詩中，有『彈指年華七六春，渾渾噩噩任天鈞』兩句。在一九六一年致李敦素的信中，有『若余者，常不分朝夕與歲月，及至意悟形開，才知尚是人間』的描述。這是何等大徹大悟的『糊塗』狀態。莊子云：『大知閑閑，小知間間，大言炎炎，小言詹詹。其寐也魂交，其覺也形開，與接爲構，日與心鬥。』一位歷經滄桑收益良多之人，寧静澹泊，清風自拂，舉重若輕，大智若愚，這是一種多麽坦蕩、清明的處世精神。在父親卧病前給張紹村畫件的題識中，把這種利害之觀、通變之道推向極致：『如今我二老，天下之大老。入水不能濡，入火不能燎。』正如莊子在《齊物論》中所説：『大澤焚而不能熱，河漢沍而不能寒，疾雷破山，風振海而不能驚。若然者，乘雲氣，騎日月，而遊乎四海之外，死生無變於己，而況利害之端乎！』老人家何等修養，多少年來『含冰負雪，昂昂自若』，無往而不安，無境而不適，柔如流水，堅若磐石，至人神矣！

歷史上隱居是一種現象，入世和出世都是辯證的。父親的隱居，應該説是對現實的回避。滿腹心酸，一生怨苦，實不得已而爲之。他在退隱的漫長歲月裏，也有過徘徊和矛盾。在《中秋津門雜感》中，有這樣一首詩：『思到牂羊墳首章，東方未白起彷徨。笑餘誤識陶彭澤，錯避塵囂歸故鄉。』没有掩飾，没有僞裝，詩裏詩外，透露著一個『真』字。

時代、環境、學識、性格，諸多因素，盤根錯節，造就了父親的一生。最後窮困潦倒，饑寒交迫，他的社會貢獻和藝術成果幾乎被完全埋没。這或許就是歸隱者的歸宿吧。當然，這種世俗的功利觀念，是與高蹈者的物我齊一的虚無意識格格不入的。

二〇一三年五月於天津塘沽

——原刊《布衣大師：允文允武的藝術名家閻道生》（天津古籍出版社，二〇一五年出版）

《布衣大師》後記

閻伯群

本書的寫作萌生於五年前，因爲一直對我祖父閻至陽的研究懷有緊迫感，所以就計劃寫一部傳記，搶救部分尚存的口傳資料和家傳的史料。但限於儲備上的不足，只寫了幾個章節就擱筆了。其後，我祖父的研究在天津衆多專家學者的共同推動下，取得了突破性進展，我便不再急於寫書，而是繼續從事基礎性的文獻整理工作。

在我叔叔閻爾芃的主持下，我祖父遺留的書畫、日記、書信、題畫詩、劍譜、課子教材等文獻初步得到了搶救和保護。《天津記憶》刊發了三種，臺灣逸文出版社出版了四種。二〇一二年一月，召開了閻道生文學藝術討論會，《天津記憶》刊印了會議論文集一部，霸州市文聯《霸州文苑》出版了『紀念閻道生先生逝世五十周年專刊』，另有畫集和年畫集作爲討論會資料發送；天津市圖書館『海津講壇』以『不該被遺忘的閻道生』爲題，舉辦了大型講座。二〇一三年五月，『問津講壇』以《閻道生：允文允武的藝術大師》爲題舉辦了學術講座。在津門學術同人的切實努力下，我祖父在書畫、武學、教育、慈善等方面的貢獻開始爲人知曉。

二〇一三年夏，問津書院召開選題會，王振良先生安排我撰寫我祖父的傳記，這本書的寫作始列入日程。如同五年前萌生此念時一樣，我對祖父的生平仍然知之甚微，他的子女們僅記得他歸隱後的部分生活，而在津的諸多藝術活動已經無迹可尋。加之采訪上的困難，我父親、叔叔以及二姑三姑雖然健在，卻很難完整地復述他們的經歷。記憶是難以複製的，而歷史又無法用我們庸常人的表述來回答。我們只能無奈地期盼著，演進中的歷史能够給予像我祖父這樣的衆多歷經苦難的民間知識分子以善待。

近兩年，我父親和叔叔開始撰寫回憶録，梳理我祖父晚年的生活，這本書的許多内容來源於此。本書的後半部基本采用了我叔叔的文章，計有《六月十四鬧土匪》《野地梨》《家鄉弟子》《晚景》《古韻悠悠》《吸得人間硯水枯》《梓樹》等章節，形成本書的點睛之筆。叔叔還有數萬字關於我祖父書畫成就的論述，但限於篇幅，無法全部收録。書中一些零星的瑣事，多爲我的父輩們閑談時所講，還有一部分内容來自家鄉人的口傳。祖父在家鄉享有崇高聲望，許多人保留著關於他的記憶。文章中涉及的史料分别來自祖父的日記、書信、手稿和民國時期的報紙、文獻，也有的摘録於今人的學術成果，鑒於我自己對史料的解讀尚處於粗淺階段，其中必然舛誤迭出，望讀者能够在閲讀中爲我糾正。在本書的校訂過程中，尹樹鵬、張元卿、齊珏、黄海聲、賈玉峰、彭鵬諸師友奉獻了心力。校畢全書，彭鵬先生慨然咏懷，擬《梓樹賦》一篇，在表達對先賢仰慕之情的同時，也爲我們三十年的友情留下紀念。在這裏，我還要感謝河北省作家協會，將本書列入二〇一五年度重點扶持作品。

總之，這本書是傳記寫作的一次嘗試，是對我祖父一生的探微，期待更多人超越本書，爲我們的研究提供建議和指導。

二〇一四年四月

——原刊《布衣大師：允文允武的藝術名家閻道生》（天津古籍出版社，二〇一五年出版）

《閬廬日記》前言

閻爾芃

父親的書畫、書籍、手稿經歷了兩次大的浩劫。一次是一九四三年，東淀葦塘土匪入村，父親六十歲以前的藝術積累全部化爲灰燼。另外是『文革』期間，父親晚年留下的最具代表性的繪畫精品被集中焚毀，直接導致了父親這位津沽畫壇巨擘在遁世多年後仍默默無聞的現狀，也長時期地打擊我們家族重新整理父親遺作的信心。

在父親的書畫被焚之後的一九六九年，我們家還曾經歷了若干次的查抄，殘餘的書籍等被以『四舊』的罪名運到大隊。不過幾個月後，一位好心人偷偷告訴我，在大隊『革委會』的牆旮旯，還放著一小堆没有來得及燒毀的書籍，我就千方百計地托關係找到大隊，『革委會』總算網開一面，我趁天黑無人時，用背筐裝了書，書上放了些雜草，背回了家。

父親的這幾本日記就摻雜在其中，被命運之手保留了下來。

然後這幾本日記經歷了漫長的時間塵封，也經歷了慢慢的認識和發現的過程。

在撰寫父親的生平時，我們曾試圖在其中發現有價值的史料，依照我們當時對價值的判斷標準，我們一直在尋找父親轟轟烈烈的事迹以及和偉人名士的交遊，以見證父親的一二，可惜我們没有找到想像中的資料。隨著我們對父親的認識加深，我們發現我們曲解和誤讀了父親，以父親的淡泊和超然，它所經歷的所有的值得炫耀的經歷都不算什麼，都不在它的記憶之中，甚至包括父親身爲慈善家所做過的善事，從不提及，能留在父親心中的是平凡的生活、民間的情愫。

翻譯父親的日記是一項艱巨的工程，工作量異常巨大，但就我們對父親解讀的欣喜而言，則遠遜之。

在日記的整理過程中，除去我們家人自己的努力，尚有多名朋友貢獻了自己的心力，推動了此項工作，讓我們知道，這不僅僅是我們家族自己的事，而是全社會的財富。我們能歷數這些人的名字，于其超、高峰、馬文鸞、徐遜非、司南以及最終把日記推出的王振良先生。所有這些人的努力都將促使我們把其後的工作繼續幹下去。

二〇〇九年十月

——原刊《閱廬日記》（《天津記憶》第二十六期）

《閱廬日記》後記

閻伯群

今天我們見到的這部《閱廬日記》分爲四本手稿，單獨成册。最早一册的寫作時間始於一九二五年，不過我們估計這並非祖父日記的最早時間，還可上溯，但我們能見到的就是這幾本，未聽祖父説過這是否就是全部。

祖父的日記嚴格來説倒像是隨筆，大部分事件是按時間順序記録的，也有一部分事件則是回憶和補記的，穿插其中，還有詩詞和藥方等。前三册日記基本就是這種格局。第四册是祖父一九六〇年和一九六一年的日記，用學生作業本的反面寫就，就像是草稿一樣，大部分内容被謄寫到第三册上。其中没有謄録的部分，我們已經把它全部補入到日記中。從這個本子上淩亂的字迹，可以看出祖父當時的潦倒。這之後，祖父的病情加重，不能寫字，日記中斷。除去這四本完整的本子外，還有二十四頁六十四開的日記散頁，鋼筆字，時間屬於一九五八至一九六〇年段，是另外一個已經佚失的本子的殘頁。其中的部分内容可在第三册中找到影子，有的文字相近，我們斷定是祖父的另一個草本，日記正本中缺失的内容，我們也同樣補入。

這幾本日記的整理工作是從二〇〇四年開始的，最初是把其中的詩詞部分整理出版了一個小册子，由我叔叔發起，和我父親合作完成。二〇〇六年開始，又由我叔叔擔任釋讀任務，他口述，我執筆，集中時間完成初稿。叔叔對祖父的手迹特徵較有研究，所以是這部日記書稿整理的最大貢獻者。然後我和父親分别進行了幾次校對，加上幾位朋友的幫助，辨字斷句，常常因爲一個小小的地方就停頓好長時間，有時一個字要經過幾年的思慮，卻在一瞬間被破譯。目前，尚有一些文字的釋讀可能存在謬誤，期待讀者指正。行文中不通順的地方，我們原樣保留，未作改動。日記原稿中夾有零散的頁片，没有明顯的時間標識，歸類插入。另外原稿中尚有缺頁和斷行，我們以編者的身份注明。因是首次印行，肯定有許多不完備處，希望有熱心人提出寶貴意見，以便下次修訂。

日記中附録部分是我祖父與他的弟子李敦素先生和徐景仁先生的通信，保存於李敦素先生的後人手中。書信保存之完好以及李氏後人對這些書信之稔熟，令我們吃驚和感動。它毫無疑問地爲這些書信延續了它的感情色彩，詮釋了人間的真情。慚愧的是，有關李敦素先生的書信我們卻一封也没有保留下來。

目前尚在整理中的還有祖父的十幾封家書和幾十封朋友來信，多是祖父的好友馬覺非先生、師友王耀成先生的書信，被祖父裝訂成一册，得以留存。目前整理工作正在進行中，雖然難度大大超過日記，但有了前者的成功，相信這本書信集會很快面世。

當我叔叔得知這部日記要印行的喜訊，高興得一夜没有入睡，這是我的父輩們没有想到的，尤其是在天津印行，讓他們感到了一種久違的尊重。

再次對王振良先生所參與的這個樸素真誠、獨具品質的志願者團隊表示感謝！

二〇〇九年十月二十四日

——原刊《閱廬日記》（《天津記憶》第二十六期）

《閬廬往來存劄》前言

閻伯群

長期以來，祖父的書畫和書籍是我們家族關心的重點，而對於祖父的書信，則不在意。祖父一生與朋友通信很多，他在天津教育界、書畫界、武術界以及慈善界活動多年，當有不少書信往來。即使在祖父隱居家鄉以後，也並非與外界完全隔絶。祖父曾把自己的部分書信裝訂成册，輯爲《名劄集存》，但大多數的書信仍隨著時光散失，生活在兵燹戰火中，祖父也没有心思收藏下去。祖父去世後，留下的這本書信集，在特殊的政治年代，没有引起家人的注意，封塵在角落，與老鼠爲伍。它就這麼僥幸存留下來，没有驚心動魄的故事，只是得益於不起眼兒。

祖父留下的是他的摯友馬覺非、師友王耀成的來信，兼有其他朋友的信件。馬覺非先生是二三十年代津門書法巨擘，人稱『馬五爺』。馬五爺參加過辛亥革命，是天津較早的馬克思主義學説的熱衷者，他放浪形骸，吸大煙，喝大酒，半夜用鞋子接小便，後來遁入空門，潦倒而終。我只見過書上有關他的一句記載：『直隸天津宜興埠人，書法沉厚蒼勁，頗有大家氣度。尤擅顛草，性豪放，喜交友，不分爾我。』王耀成先生是一位教育家、詩人，曾在天津中西女校教書，也是一位早期的馬列主義學説傳播者，正直、愛國、才華橫溢，我祖父一直尊他爲師。張蓮溪先生是祖父的朋友中去世最晚的一個，在天津匯文中學教書，精篆刻，祖父病重時曾誠懇邀請祖父到天津，由他守候。當時他已患有半身不遂症，勉強自理，卻不忘老友。張先生娶了兩房太太，死後遺物全部被二太太燒毁，其中還有一本完稿的《閻道生傳》。姜般若先生也是祖父的摯友，赴法勤工儉學期間，曾給祖父寄來西方的裸體畫片，讓中國的老夫子們大開眼界，這麽一個有趣的人現在已經很少有人提及，只是以爲他是一位幫會老大，而忽視其在文化上的建樹。楊明漪先生是山東辛亥革命的學生領袖，辛亥革命失敗後匿於天津中華武士會，與我祖父是師兄弟。祖父的師友，還有馬鐘琇等人。總的來説，這幫人之間以我祖父爲軸心，互相都有關聯，是近百年來一個充滿魅力的朋友圈子。

現在我們把《名剳集存》及後來搜集整理的《閬廬家書》《師友飛鴻》合爲一輯，名爲《閬廬往來存剳》，獻給對鄉邦文化感興趣的讀者。我們的理由：一、這些資料是研究二十世紀二三十年代天津地方文化的寶貴資料；二、作爲一個在天津近現代繪畫史上作出貢獻的人物，祖父閻道生的文獻也是屬於社會的，我們願意把它呈現給世人。

——原刊《閱盧往來存劄》（《天津記憶》第六十一期）

《閬廬往來存劄》後記

閻伯群

這本小册子中最重要的一部分内容是《名劄集存》，由祖父自己裝訂、定名，大概裝訂於一九三六年，因爲我們看到的册中最晚的一封信是一九三六年的。其中，張蓮溪先生寫於二十世紀五十年代的兩封書信、曹爾桓先生寫於一九四六年的一封信，是在其他位置發現的，不屬於祖父手訂《名劄集存》原册，我們歸類時一并收入。隨著年深日久，書册散亂，書信的順序發生了顛倒，有的紙頁丢失，有的被耗子咬噬……因爲思想觀念的變化，一度被認爲是沒價值的東西，如今也具有了其特殊的意義。

這本小册子裏面的内容，是近幾年才被陸續辨識出來的，其中叔叔利用了兩年的時間，完成了最艱巨的任務。之後，保定書法家吴占良先生進行了三百多處的校勘，爲本書的成型貢獻了力量和友情。目前尚有多處文字無法辨識（文中□處），只能留待日後。

《閬廬家書》由姑姑珍藏，是祖父僅存的寫給兒女的信。《師友飛鴻》中祖父寫給親戚的信由高元良先生提供。高先生謝世前，還分别贈與了我父親和叔叔各一封。祖父致弟子李敦素先生的信由其子李茂林先生提供。有一封致茀卿先生的信是祖父的副本。致羅劍秋先生信，夾於祖父書信集中，故一并收入。

我們感覺到，祖父的書信除去自然流失和『文革』毁棄外，自己還曾進行過有意識的過濾，比如與李大釗先生的通信以及與國民黨官員的通信，都因爲祖父在政治上的謹慎，先後處理掉了。

本次結集《閲廬往來存劄》，書信内容保持原貌，均未加任何增删。書信的編年爲整理者所加，只是確定一個基本的時間坐標，供有心人研究。

二〇一〇年七月十八日於霸州

——原刊《閲廬往來存劄》（《天津記憶》第六十一期）

《唐宋詩合選繪圖》序

閻爾芃

記得我六歲的時候，父親就教我讀唐詩。他用元書紙訂成六十四開的小册子，把一頁分成兩份，一份寫上要讀的詩，一份畫上和詩意相關的圖畫。父親畫畫的時候，我總是蹺著腳扒著桌子，聚精會神地看著，倒是津津有味。

讀詩是要拿著調子唱的，像歌唱一樣。父親一字一句地教我，我覺得很神奇，也很有興趣，唱的調子很古老，尾音拖得長長的，也好慢慢咀嚼詩的滋味。咬字很清晰，發音也很準確，吟唱起來，音調抑揚頓挫，好聽極了。

父親說，小的時候，只要把詩背熟就行了，對於詩的理解，不用刻意地去追求，等你長大以後，也就自然明白了。

見我吟唱得很投入，父親就煮一個雞蛋獎勵我，煮熟以後又興致勃勃地在雞蛋上畫上人物頭像，不是頑皮的孩子，就是美貌的少女，好看極了。不過，對我最有誘惑力的還是那熱乎乎的撲鼻的香氣，我輕輕地磕開這件橢圓形的藝術品，貪婪地吞咽著，三口兩口就吃完了，好像還不滿足。有的時候我貪玩，父親也不著急，就給我講大禹惜寸陰的故事，這個故事我不知道聽了多少遍，但還是把青春白白放過了，真是愧對父親的諄諄教誨。

小的時候我有一個黑色的小書桌，桌面不足半平米，兩個小抽屜很精緻，是專門放讀詩的小册子用的。每天晚上，我挑亮煤油燈，打開詩本，就晃著光光的小腦袋，放開充滿稚氣的喉嚨，高聲吟唱起來。婉轉悠揚的吟誦聲，在這間昏暗的小屋子裏回蕩著，屋子裏充滿了和諧美好的氣氛。父親盤腿坐在炕頭上，腰板挺得直直的，微微合著雙眼，似乎完全陶醉在這朗朗的詩聲裏，一切煩惱、愁悶全都煙消雲散了，他喃喃地念著：『天下太平，無憂無慮呀！』

父親先後給我畫了兩本唐宋詩小册子，第一本是隨隨便便即興發揮的，畫面很簡單，在表達詩意的同時，尚有幾分童趣。《新嫁娘》畫了一個時裝摩登女郎，《春閨》是左手戲筆而成，寥寥數筆，無不表現出老人家的詼諧樂天。第二本就頗費思考了，也許是我長大了的緣故吧，童趣没有了，每一張圖都是一幅完美的中國畫。

我在閑暇的時候，總愛翻閱這兩本小册子，童年的回憶是那麼甜蜜、親切，這兩本小册子已伴我六十多年了，它經歷了滄桑陵谷之變，卻没有一絲一毫的損傷，真是值得慶幸的。

——原刊《唐宋詩合選繪圖》(《天津記憶》第六十五期)

祖父的小人書
——《唐宋詩合選繪圖》後記

閻伯群

這兩册開本略有參差的小書，是祖父繪製的課子教材，自己裝訂成册，題名《唐宋詩合選繪圖》，内容選自《三百首》《千家詩》，同時注明『七十二老人閬廬一九五四年訂』『閻爾芃童年吟本』。小本繪於一九四八年，圖六十四頁；大本繪於一九五〇年，圖三十四頁（首兩頁有圖無詩）。祖父的衰老和叔叔的成長交織於此，是這本小書的畫面上所不能看到的一道道年輪。

祖父早年在直隸教育圖書局繪製教科書插圖，爲自己的孩子繪製教材是輕車熟路，一揮而就，所以我們看到的這些圖文很潦草，卻是祖父的心性之作，一幀幀的小品隨祖父的吟唱從筆下涌出，來不及修飾。這時的祖父已經是一個年届七旬的老人，孩子卻年幼，歲月的滄桑在祖父的心底開出一朵朵充滿傳統香火氣息的花。

晚年的祖父經歷了貧困、疾病和政治上的壓抑，但老來得到的兩個兒子卻成爲了他暮年的精神寄托，所以晚年雖然潦倒，但並不淒涼。祖父沿襲了閻氏家族裏的家塾傳統，自編教材教育自己的子女，還傳授了自己所學的拳藝劍術。天資聰慧的我父親和叔叔也由於家教的影響，繼承了他們祖父的衣鉢，一個是教師，一個是醫生，堅守著民間的生活準則，靠勞動吃飯。

由於父輩的珍視，這本書曾作爲家傳的童蒙教材，在家族裏流傳。我小的時候就讀過，稱呼它爲『小人書』，裏面印象最深的是『卧看牽牛織女星』一幅，有一種獨自一人迷失在夜晚的原野裏遠看村莊燈火的感覺；還有端莊的海派仕女，那是我們最初的美育。現在我們則非常慶幸，這兩本書並未由於流傳中的疏忽而丢失。

書中祖父的筆誤，我們依照通行版本做了修正，比如《憫農》的作者被寫成了『李仲』。我們明知錯了，但仍一直沿用祖父的寫法，那個叫『李仲』的人，讓我們覺得是祖父派來的一個喬裝打扮的使者，使我們看到祖父留給我們的鐫在『李仲』身上的暗號。

二〇一〇年五月十六日

——原刊《唐宋詩合選繪圖》（《天津記憶》第六十五期）

發現閻道生

——《閬廬藝文記》代序

杜　魚

作爲一個重要的文化史人物，閻道生（至陽）不應該被遺忘。然而在與其關係至爲密切的天津，閻道生卻真的被遺忘了，一忘就是數十年。在煌煌數百萬言的《天津通志·文學藝術志》中，我們竟完全找不到他的名字。閻道生，不應該歸屬於被遺忘者。僅僅從其保留至今的畫稿和文稿中，我們就足以下這樣一個肯定的結論。

二〇〇七年年底，我到漢沽去看望父母，順便拜訪了武術史學者李瑞林先生。兩人閑談之際，我第一次聽説閻道生及其長孫閻伯群的名字。二〇〇九年春夏之交，在瑞林先生的促成和陪同下，元卿兄和我與伯群先生初次見面，地點在天津社科院文學研究所，那裏有元卿兄的辦公室。幾個人一見如故，談話極爲投機。中午就在社科院附近的晉鄉居吃飯，好像還略微飲了點酒。記得我們粗定了一個籌備『津門論劍——武學與天津地域文化討論會』的計劃，並擬編印《天津記憶》專輯若干，包括《天津形意拳俠小傳》《中華武士會史略》《蘆漢地區武林史考》《浄業國技研究社史略》《天津民國武學書籍提要》以及閻至陽、楊義清、樊瑞峰、李瑞東、霍元甲、韓慕俠等人的專號。這個計劃現在看來可能過於龐大，因此將近三年時間過去了，我們雖然不斷地在推動，但仍只實現了其中很少的一部分，就是先後印行了《閱廬日記》（第二十六期）、《浄業國技研究社》（第二十七期）、《閱廬往來存劄》（第六十一期）和《唐宋詩合選繪圖》（第六十五期）等。至於召開討論會的事，似乎仍舊遥遥無期。

隨著與伯群先生交往的增多，我們也接觸到越來越多有關閻道生的史料。尤其令人興奮的是，因《閱廬日記》的印行和張道粱先生的提醒，伯群先生發現了祖父的二十多幅改良年畫作品，並成功將其申報爲非物質文化遺産。由於資料的不斷累積，閻道生這一幾被遺忘的人物，引起了越來越多學人的關注。

今年是中國近代史上重要的武術團體——天津中華武士會成立一百周年，有關方面正在籌畫大型系列紀念活動。即將於二〇一二年一月十四日舉辦的『閻道生文學藝術討論會』，雖然觸及先生武學的内容相對較少，但作爲中華武士會的重要參與者，我們仍可將這次會議視作系列紀念活動的一個開端。

發現閻道生，對於天津文化史來説，可謂是一件幸事。雖然收集在這本册子裏的文章數量有限，研究的深度和廣度還有待提高，但閻道生對天津藝術史和武術史的諸多貢獻，大體已經粗備於此了。

囉嗦如上，以弁卷端，言不盡意，唐突先賢，誠惶誠恐，道生先生其諒我也！

二〇一二年一月九日

——原刊《閱廬藝文記》（《天津記憶》第一〇三期）

閻子陽與形意劍

——閻子陽《形意林泉劍》序

李茂林

閻道生（一八八四—一九六二），字子陽、至陽，號閱廬，别號北溟劍士，河北省静海縣人，係著名武術家、書畫家和慈善家。

民國時期出版的《近今北方健者傳》記載：『閻道生，字子陽，静海之揚芬港村人。世業儒。父炳萱，善音韻，喜昆弋。子陽即根抵家學，更喜古今體詩，善繪畫。書初師山谷，後摹石門銘及素師狂草，復力追殷周鼎彝金石之學，文器兼重，考據頗勤。遍遊湖南北，民國元年歸津後，襄辦中華武士會，有終焉之志。習形意，十餘年尤篤愛劍，所好頭合劍、二合劍、八卦劍、龍形劍、三十六劍、連環劍、十劍以及十三刀法，皆精妙，有心得。中華武士會矗立十餘年之久，經劫不稍頽者，子陽與有力焉。爲人沉默寡言，不以其能示人。售畫自給。年四十矣，力行不輟，殆褒揚學術無懈心者。明漪曰：『予與子陽友善十餘年，相談拳械書畫事甚衆，見其精治縑素，資酬臂助之人，予曰：「何爲自苦哉，此會非君家物，且平民教育，然爲人群互助之業，責不專在我輩。」子陽曰：「君子哉若言，視世人皆禹稷矣，然國粹湮没，世不之信，且有以多事目我者，以是得不傾覆，區區書畫何珍焉。」津門售畫，子陽門人及他畫家，多冒其名而得善價，子陽手迹少，人重之。又與書畫家辦書畫慈善會，以爲常，嘗奔走冰天雪地中不輟，饑溺之懷，同乎古初，可以愧當時風天下矣。十劍，極飛躍閃變之妙。十三刀法，殆即五公山人受之孫夏峰者。』

從一九〇九年起，閻子陽長期寄居天津河北公園，潛心書畫。一九一二年拜李存義爲師，成爲中華武士會本部的第一班學員。十餘年來，隨師研習形意拳法及諸般器械，對劍術造詣極深。在武士會學習期間，即在會中任職，曾協助李存義整理了很多武學著述，並利用自己在書畫界的名望，不斷爲武士會捐贈畫款，籌集資金。

李存義逝世後，閻子陽又協助『李氏三杰』中的李星階，支撑中華武士會，耗盡心血，功績卓著。此間，與各派武術家廣泛探討，使先生對劍術技擊的研究和對武術理論的修養又上了一個臺階。

一九三一年，閻子陽經十餘年的苦心揣摩，並與諸師友反復切磋，在形意劍基本技法的基礎上，廣收博引，創編了十三劍，即拿、刺、洗、掃、截、鈎、劈、割、誘、撩、謝、雲、提，使形意劍的技擊技法得到了充實、發展和提高。

閻子陽曾爲閻氏十三劍造圖立説，每一個招式除有一段詳細的文字描述外，還繪製了精美、確切的配圖，配圖采用古裝人物造型，有銀須飄灑的老翁，有環佩陸離的少女，有坦胸赤腳的大漢，總之，每幅配圖的人物身份、穿著打扮無一雷同，無論從美學角度還是武學角度衡量，都具有非常高的價值。此劍法，閻子陽曾傳於弟子李敦素，但這部精緻的劍譜，卻毀於『文革』中。如今，我們只能從李敦素收藏的十劍譜中，略窺一斑。

一九三七年七七事變後，閻子陽憂憤於國破家殘，遂毅然告别了武術界和書畫界，在藝術創作的黄金時期遁迹僻鄉，不再出頭露面。

閻子陽雖退避三舍，蝸居鄉里，但在耕田鋤草、吟詩作畫之餘，仍鍾情武術，又創編了形意劍術的表演套路《林泉劍》。

《林泉劍》寄托了先生的林泉之心、退隱之志，其劍法有新法、有創意，獨臻神妙，體現了閻子陽高超的武術修養和深厚的傳統文化底藴。

唐代草聖張旭見公孫大娘舞劍器而悟出草書之奥秘，作爲著名書法家的閻子陽卻把草書的乍徐還疾、倏聚忽散、鈎環盤紆的筆勢，巧妙地結合到劍法的旋轉進退、起伏開合之中，真可謂不同凡響。

另外，先生還大膽地把廣爲流傳的劍指（劍訣）變爲形意拳中的圓扣掌，意求靈活、自然、氣力貫通，全身放鬆，中發内勁。並用包羅萬象的擬無極式取代了各派劍術套路中開勢的傳統架勢，顯得姿態古樸、儒雅、自然、大方。不但在劍術之林獨樹一幟，而且也體現了先生樸實無華的性格和回歸自然的道家哲學理念。

晚年，閻子陽把這套《林泉劍》劍法傳予次子閻爾芃。二〇〇九年，由閻爾芃整理演示，彙集成册。

閻子陽一生爲弘揚中華武術盡心竭力，耄耋之年雖饑寒交迫、窮困潦倒，還執著地堅持習拳練劍，著書立説，他忍著身上的病痛，精心繪製了五行拳和十二形的標準拳勢圖，六路夫長方天畫戟招勢圖，並整理挽救了一批瀕於失傳的武術套路，爲國粹的傳承做出了貢獻，不幸的是這些珍貴的資料，連同他晚年繪製的書畫精品，一起毁於『文革』，成爲永遠的憾事。

二〇〇九年八月於定興張祖莊

——原刊《形意林泉劍》（臺灣逸文武術文化有限公司，二〇〇九年出版）

世上最美的劍譜

——閻子陽《十劍譜》序

李茂林

二十世紀五十年代，我父親李敦素先生和他的老師閻子陽先生，各自生活在偏僻的農村裏，相隔雖然只有二三百里，但音訊難通，彼此十分挂念。有一年，東淀鬧大水，大清河下游遭災，好多農民逃荒到張祖莊謀生，在附近的村子裏鍘草。聽他們的口音，與閻子陽先生相仿，父親就找到他們，打探有誰來自一個叫揚芬港的水村，有誰認識一個叫閻子陽的老人，大家都摇頭。父親仍然一家一家地問，無數次的問詢，感動了天地，真的尋找到一位子陽先生的同鄉，這個人成了小小張祖莊的貴客，被我們待若上賓。他爲我們帶來子陽先生的消息，也帶去了父親對子陽先生的問候……

這是我父親和子陽先生情感交往中的小故事，給我留下了很深的印象。

許多武林人士都知道，李敦素先生是孫禄堂先生的得意門生，但和閻子陽先生的師徒之緣卻鮮有人知。實際上，同爲武林至交的孫、閻兩位先生，一直在共同栽培著中華武士會的這位後起之秀，寄以厚望。不同的是，兩位大師各有側重，一是武，一是文，從兩個方面施教。我的祖父李星階先生曾盛贊兩位先生的恩澤。

李敦素先生是我祖父的獨子，很小就隨祖父生活在中華武士會，天性樸實純真，頗得閻子陽先生的喜愛。閻先生早年無子，在感情上，可以説把李敦素先生當成了自己的孩子，他爲我父親畫過一幅《趣兒圖》，流露出他的愛子之心。閻先生居家期間，在津購買書籍之類的瑣事都是由我父親代勞，同時張羅閻先生的賣畫事宜。閻先生傾其所學，傳與我父親。除去武學、書法技藝外，影響最深的當屬人品。李敦素先生一生具有强烈的民族正義感，生活中淳樸低調、淡泊名利，與閻子陽先生高尚的人格薰陶有極大的關係。

閻子陽先生和我祖父李星階先生同爲李存義先生的弟子。兩個人更是摯友，風雨同舟，和衆多的武林俠士們一起，嘔心瀝血，共同支撐著天津中華武士會。從一九一七年至一九二八年，在我祖父掌門期間，中華武士會秉承了李存義先生的武學理念，爲光大河北形意拳以及内家拳的影響，做出貢獻，在近代中國武術史留下濃墨重彩的一筆。這期間，中華武士會歷經坎坷，發展達到了頂峰，楊明漪先生所説的『經劫而不稍退』就是這段歷史的真實寫照。其時，他們遇到的最常見的困難就是資金匱乏，閻先生常捐贈畫款。據我父親講，他曾見過閻先生的畫作賣到六十大洋一尺，但都捐給了會裏，而自己卻過著並不富裕的生活。楊明漪先生曾這樣説過：『何爲自苦哉，此會非君家物，且平民教育，爲人群互助之業，責不專在我輩。』子陽曰：『君子哉若言，視世人皆禹稷矣，然國粹湮没，世不之信，且有以多事目我者，以是得不傾覆，區區書畫何珍焉。』閻先生對中華武士會的付出可見一斑。正是有了像閻先生這樣一批人，大家都不計名利，不計得失，以弘揚國粹爲己任，才使中華武士會大旗不倒，在民國改制時期順利地過渡爲河北省國術館。

閻先生歸隱鄉里後，一直和我祖父以及我父親保持著感情聯繫，但這聯繫多半由於戰亂而只能限於『神交』（閻子陽語），彼此遥望，互相惦念。在動亂的間歇，才有暇傳書，一封信要輾轉多處。從現存的一封信的套封看，地址是定興縣車站慶豐貨棧，然後再請人轉到張祖莊村，可見十分不便。這時的閻先生把我父親引爲知己，在他們的叔侄情、師徒情之外，又增添了一種朋友之情。這些亂世中的飛鴻，給我們後人留下閻先生和我們李氏家族交往的寶貴的見證。其真摯的情感，至今仍感動著兩個家族的後人們。

這本《十劍譜》也是閻先生之衣鉢，由我父親繼承。閻子陽先生號『北溟劍士』，擅劍術，尤其擅十劍，楊明漪先生稱其『極飛躍閃變之妙』。二十年代前後，閻先生根據乾隆時期的手抄本整理、繪製，保留下來，全部傳授給了我父親。一九四三年，閻先生家遇匪火，平生所藏字畫書籍均毀。閻先生來信，命我父親把劍譜上的文字謄寫了一遍，寄去，重新製作了一部，可惜後來毀於『文革』中。我父親所保留下來的這一册便成爲絕本。

我以爲，這部劍譜之所以稱得上珍稀，主要是除了它本身的武學價值外，還具有特殊的美學價值。可以説，這是一本世上最美的劍譜，閻先生以神來之筆，傳達出中國傳統武術古譜中的繪畫之美和武技之美，兩者珠聯璧合，宛若天成。

多年來，這本劍譜上的人物，也是我最爲熟悉的形象。他們超凡脱俗，藐然高遠，儼然就是逝去的年代的一位位武林前輩們的化身。他們常常神奇地浮現在我眼前，鮮活起來，與我們同在。

——原刊《十劍譜》（臺灣逸文武術文化有限公司，二〇〇九年出版）

《太極拳譜十三勢形勢與應用》序

吴占良

霸州閻子陽（道生，一八八四—一九六二）前輩有王恭甫本《太極拳譜》和《十三勢應用》傳世，係子陽先生民國初年鈔本。今由其嫡孫伯群學長化私爲公，公諸於世，真太極拳界之幸事。臺灣武學書館依原件影印出版，既保存了舊有版式、筆迹，又爲讀者提供了一可借鑒、校勘的好書，亦嘉惠武林之善舉。

子陽先生是學養深醇、精於書畫金石的學問家，又是一位學而有成的武術家。子陽勤學，於武學，每見前人、友人文稿，必恭而録之。雖經戰亂焚失、『文革』損毁，留存尚多。去歲，因我發現楊明漪著《近今北方健者傳》於保定市定興縣張祖莊李星階家，有緣與伯群兄訂交，得以拜觀其先祖舊存資料。知民國三十二年六月十四夜，子陽家中因匪失火，自用印七十餘方俱焚，復請張蓮溪刊陰文『閻道生印』、陽文『至陽』二方印，我家藏先生晚年《洗桐圖》即鈐此二印。伯群以爲所見《洗桐圖》無過我藏者，而我則更感歎諸多文獻劫後餘存之不易，包括此册書稿。此非冥冥中有先哲護持乎？我輩之責重矣。

《太極拳譜十三勢形勢與應用》是以前從未面世的本子，有很高的版本價值。從其中有『此系武當山張三豐先師遺論，欲天下豪杰得延年養生之道，非徒作技藝之謂也』，可知此鈔本源於楊禄禪氏，係早年自武禹襄處傳出者。因其中未見李亦畬之《太極拳小序》《五字訣》《撒放秘訣》《走架打手行功要言》《太極拳譜跋》；武禹襄之《四字密訣》《身法八要》等也不在其中。其所録《十勢拳論》包括了王宗岳《太極拳論》《十三勢》和武禹襄先師《打手要言》之一部分，爲何稱十勢，頗爲費解。《十三勢歌》與今傳武派拳譜大致無異；《十三勢行心解》與《十三勢行功歌訣》言語近，只是文字稍異，順序有别；《打手歌》與傳譜無異，只是歌訣後，加上了《打手要言》中的『又曰：彼不動，己不動，彼微動，己先動。似松非松，將展未展，勁斷意不斷。』其重要者是王宗岳《太極拳論》『左重則左虚，右重則右杳』句，此本作『左動則右虚，右動則左虚』，亦有理法。内容雖略爲繁雜，但可反映早期拳譜之面貌，對界定武禹襄早期拳譜意義猶大。讀者可參閲陳微明《太極拳術》、徐震《太極拳譜理董辨僞全編》《太極拳譜》（人民體育出版社，一九九一年版）。

書中後部爲王恭甫本《十三勢名目》，不計文字諧音、白字，與徐震著録之龔潤田本楊氏譜大致相同，只是在第三十九勢後多一『高探馬』。

其最可貴處是最後之《十三勢形勢（應用）》，對每一勢之技擊功用都作了文字表述。雖無圖，足可見清末民初人對技擊之理解，揭示了太極拳不只爲修心健體，實有應敵實用之效。今太極拳之習練者甚衆，因無明師口授，已不重技擊之用，尤其是競技太極，其固有之初始功能大失，此真普及之弊。如今海底針，歷數國内外，有幾人在教學中，講其功用。《十三勢形勢（應用）》解爲：『海底針：敵以右手來，以左手向外撥之，以右手傷其目，敵以右手抓己之右手腕，以左拳攻己之右肋，己松腰退右步，以右肘向外擠去，兼退左步，與右足齊足尖著地，右手向下插於左足前，左手攏其右肘，進左步於其右腿後，兼使右足與左足齊，松腰坐腿，右手向下，左手向上，以折其右臂，兼推倒之。』真是體用相合之謂，前輩之體悟、苦心可想見矣。

關於王恭甫的生平，只見諸楊明漪先生《近今北方健者傳》的記述：

王恭甫，山東東阿人也，自其父母奉耶穌教。恭甫幼，即好拳術，習醉八仙長拳等。十五入京都米市胡同某教會學校，因得從李彬浦授太極，沉潛致志者八年。辛亥武昌事起，十月間回山東，從友人走兗徐豐沛，説匪首蔡武貴李扒子等，投戈受降，墜匪中者三月。遁歸北京，赴南洋爪哇之比盧，值有英力士以重金招能打之者，藉自矜詡。華僑憤，請恭甫與角。恭甫謁力士曰：『予力薄，欲與力士試較，幸勿相害。』力士以右手握恭甫腰帶（皮爲之者），擎之起，離地尺餘，謂之曰：『爾太不量力，予右手持子，左手打之，不幾壞乎？退休，宜安分也。』恭甫曰：『且放下，姑試之。請輕用力，可乎？』力士不悦，奮力進，恭甫以玉女穿梭擊之，力士十步外僕，聲如巨大之棉包，由高處落地者然。力士疑恭甫力不至此，復進，又蹶，始慚予金。恭甫不受曰：『予豈爲金來也者。』恭甫於民國六年攜巨金回國，值東阿縣令宋世男貪婪，又以醫見寵於某要人也，詭計魚肉之，乃構匪類，攫恭甫金去，反不直恭甫，且誣之，恭甫於是赴歐充華工，在法與運輸攻戰之役。歐戰平，自西比利亞歸，近在東阿辦賑務及築壩等事，得人民歡。群擬樹碑頌恭甫，縣令弗之許，植没字碑焉。是於徜徉於遊獵，不復與人間事矣。年未四十也。其弟某精八卦掌。

明漪曰：『予初遇之拳術家，即恭甫也。與之遊，盛稱李瑞東，輒以攬雀尾戲擊予，予僕，每覺體重逾二倍焉。恭甫不知法律，不知人情，並不知世事之艱阻，視中外人士皆父兄子弟之親也。其信仰之心一如主，其拳術精，其言行直，其心性坦率，而所受之顛僕險戲，遂層出不窮，於是熱心浸冷，厭世習成，於齷齪政治之下，葆純正之人品學術以自放，而得之負才尚氣之士，不誠難乎！觀力士手擎恭甫不蓊狗若，而恭甫僕之如土木偶然，吾華武術之不以力勝，先民之言益信。』

從文中，可知王恭甫之人品、義行，其拳技之精，可謂瞠後。其太極拳受自李斌浦，李之人及其師承，不得知。餘寡聞，只於乙丑（一九二五年）陳微明《太極拳術》武進徐思允序中見到其名字。『思允於己酉歲（一九〇九年），因張君立識李斌浦，始聞太極拳之名。』李彬甫與李斌浦當爲一人。王恭甫是楊明漪最早結識的拳術家，彼此肝膽相交，最後均淡出江湖，不復與人間事，以至今人都不能較完整地寫出他們的行狀。武術史料之挖掘，任重道遠，悲夫，附記於此。

《太極拳譜十三勢形勢與應用》出版之際，蒙伯群兄囑爲序言，殊感榮幸。後學雖有幸得傳振倫、楊芳田諸師傳授拳術，奈資質駑駘，不能盡會古人本意，略識於右，尚望方家教我。

二〇〇九年十月

——原刊《太極拳譜十三勢形勢與應用》（臺灣逸文武術文化有限公司，二〇〇九年出版）

閱廬瑣記

閻道生，家鄉人的驕傲

司南

我的家鄉揚芬港，在民國時期是一個只有三千多口人的水鄉，一千餘所房子擠在一條狹小的土堤上。就是這樣一個水鄉，卻出了一個民國時紅極一時的海派國畫大師，他就是聲名遠播的閻道生先生。

我的祖籍雖然是揚芬港，但我的爺爺和父親民國期間因家鄉饑荒遷至天津，後來父親又遷至天津西邊的王慶坨村。我於王慶坨出生，直到一九六八年才又遷回揚芬港村，並於一九六九年初參軍，直到一九七三年復員，此時，距閻道生先生辭世已經十一年了。

十一年的時間不算太長，但對於一個普通人來説，他們没有太多的事留在人們記憶裏，人一去世，也就被遺忘了。而閻道生先生卻没有被人們遺忘，他的名字就像活著時一樣響，一提到子陽（閻道生的字）先生，人們就精神振奮，就有滔滔不絶的話語，閻道生一直活在人們的心裏。

一九七五年我到揚芬港中學教書，我的教書工作就得益於閻道生先生的兒子閻叢的推薦。此時的閻叢，已經從教十幾年了，他是學校的教務主任，是揚芬港最早從事教育工作的先輩，我有幸和他成了同事。儘管如此，閻叢的名聲在村子裏還是没有閻道生先生的響亮，人們提到他時，總是不忘説上一句：『子陽先生的兒子。』好像説上這樣一句，就更能顯現出對他的敬重，也好像是爲了提示别人：此人乃閻道生之子，絶非等閑之輩。

我和閻叢的關係非同一般，我們常常在一起長時間交談，一起到市里購買圖書。在他的宣導下我們在語文教研組開展學《詩經》《楚辭》的活動。我們都喜好文學，經常聯名寫一些文章拿到報社去發表。

有一次，閻叢把我領到他們家，讓我看一些他父親的畫和其他遺物，這是我第一次看到閻道生先生的畫作。這次看畫，雖然不多，但讓我大爲震驚，没想到中國人竟能用毛筆把人物形象刻畫到如此出神入化的地步，清淡素雅、精妙傳神，真是中國文化中之精品。直到以後好多年，我仍能較爲清楚地想起他畫中的人物形象，以至於揮之不去。

當時印象最深的是一幅《竹林七賢》和一幅民族英雄鄭成功的畫。鄭成功的畫畫於一九五七年，放下畫的政治含意不説，僅就人物形象繪畫技藝來説，已經達到了一個極高的成就。《竹林七賢》看來畫得較早，其表現的思想意境極爲開放，所畫七人形態各異，灑脱飄逸，放蕩形骸，筆法略具誇張，更爲形象地表現了人物的內心世界。

竹林七賢是畫家常畫的一個題材，閻道生也多次以此題材作畫。但我想，每個繪畫高手在表現這個題材時，都會融入自己對畫中人物的理解，並通過畫中人物寄托自己的思想和情懷。閻道生淡泊名利，樸實寬厚，晚年崇尚老莊，自比陶潛。他的畫作《竹林七賢》，其實也正是他視名利爲浮雲，寄情東籬，樂於過恬淡超脱的田園生活的理想追求。

近些年來，我又連續看到了閻道生的一些畫，更加深了對他的理解。

閻道生先生的畫作，主畫人物，兼工山水、花卉。設色清淡典雅，用筆簡括精道，綫條疏朗明麗，意境深遠飄逸。其所繪山水，多用綫條勾勒輪廓，再用淡色以增潤肥瘦。由於多用綫條，少用焦墨作各種皴法，更突出了其畫作明快溫馨、柔和飄逸的品味。

閻道生先生所繪人物，善於表現人物的內心世界，給人以無比廣闊的想像空間。人物畫中所用背景常常非常簡略，一兩棵樹、一兩塊山石、三兩棵翠竹，就是其展現人物的背景空間。以其所作《鍾馗嫁妹》爲例，畫中連人帶鬼共有八個形象。如此轟轟烈烈的婚嫁場面，所用背景僅幾條簡單綫條勾勒出的一點雲霧。而人物的表情，卻極爲複雜生動，耐人尋味。仔細品味此畫，你能從畫作中感受到其中每人百感交集的内心世界。

海派畫家閻道生在畫技上師法任伯年，但又在任伯年基礎上有更多的創新和發揮，其構圖緊湊而簡約，其人物内心的描繪精確而傳神，有過任伯年之處。以其所達到的境界，不輸於任何一個同時代有成就的畫家，衆多同時代文人畫作者難以望其項背。

二十世紀八十年代，我到天津武清區教書，並在那裹結婚，讓我没想到的是：閻道生先生的姐姐居然是我妻子的曾祖母，我和閻家從此也成了親屬關係。

近讀閻道生日記，閻道生之子閻爾芃所寫序言讓我百感交集，序言中説：『父親的書畫、書籍、手稿經歷了兩次大的浩劫。一次是一九四三年，東淀葦塘土匪入村，父親六十歲以前的藝術積累全部化爲灰燼。另外是『文革』期間，父親晚年留下的最具代表性的繪畫精品被集中焚毁，直接導致了父親這位津沽畫壇巨擘在遁世多年後仍默默無聞的現狀，也長時期地打擊我們家族重新整理父親遺作的信心。』

如果没有這兩次浩劫，閻道生所留給我們的文化遺産將是豐富多彩的，閻道生在中國文化中的地位將更爲顯著，我們對閻道生認識將更爲生動和具體，閻道生在文化史中的地位將是無以取代的。

由閻道生日記和他往來的信件中我們更瞭解到，閻道生不僅在繪畫上取得了卓越成就，同時他還是一位在武術上取得了卓越成就的武術大師，著有多種武術著作。可喜的是，天津中華武士會正在會同有關人士挖掘他的武術遺産。相信用不了多久，一個更爲生動豐富的閻道生將出現在世人面前。

閻道生的遺産是中華民族的遺産，閻道生是家鄉人的驕傲。

——原刊《閬廬藝文記》（《天津記憶》第一〇三期）

畫壇隱士閻道生

董培升

居一方親和自然芬芳的鄉村，做一個閑適的隱者，是多少現代人夢寐以求的生活，卻又不是誰都能够做到的。閻道生偏居津門，習武練劍，學詩作畫，不僅成爲精通理法的内家拳高手，還成爲了譽滿津門的書畫大家、津派國畫的開拓者。盛名日隆之時，他回鄉隱居，自甘寂寞，酌一碗清茶，蘸一管青墨，沉浮於兵燹亂世間，在草木中静走，忘世於塵埃，而結緣那些憨厚樸實的農家人。雖然聲名逐漸湮没無聞，他心藏大愛，善澤鄉里，用畫筆構建起理想中的桃源。

閻道生（一八八四—一九六二），字子陽，四十歲易字至陽，號閬廬，别號閻仲子、北溟劍士。河北霸州市揚芬港村（原屬河北静海縣）人。自幼隨父讀書習字，頗喜書畫，後就讀於湖北武備學堂，肄業後遍遊山水，寫生畫畫，臨摹山川風景。後寓居鄉里習畫。一九一二年中華武士會在天津河北公園成立，閻道生就成爲本部第一班的學員。一九一三年，參辦天津書畫慈善會，致力於濟貧與賑災。曾創立閬廬教育基金，在家鄉捐資辦校，培養了衆多的平民學子。從民國成立至七七事變前，是在天津的閻道生的藝術生涯的黄金時期，創造了天津城市文化坐標上寶貴的亮點。晚年，閻道生以書畫詩劍爲伴，崇尚老莊，自比陶潛，寄興東籬，以恬淡超脱的田園生活爲伴，也就慢慢淡出了畫壇的視野。

時光又過了半個多世紀之後，閻道生又一次進入了當下中國傳統文化復興的大視野。綜合來看，閻道生先生詩書畫俱佳，繪畫方面的藝術貢獻尤爲巨大，主要在改良年畫、武學插畫和文人繪畫三個方面，也是畫家多方面文化素養的集中體現。

他雖以畫安身立命，但從不固步自封。當時文壇視年畫爲俗畫而不屑一顧，而閻道生先生的改良年畫繼承和發展了古代的現實主義的優良傳統，在强化年畫的民俗風格和民族文化風格的同時，以現實日常生活爲藍本，大幅度更新内容，如現代教育、團結互助、立志愛國、破除迷信、誠實守信、文明娶親、世界大同、恤孤、信實等新思想、新觀念，不僅拓展了傳統年畫創作題材，令人面目一新，而且具有濃烈的時代風貌和人文色彩。尤其是，辛亥革命後他敏鋭地感受到時代新風，最先親繪了天津美術界第一幅歡呼民主慶祝共和的作品。一九〇九年，閻道生在直隸圖書局工作，繪製教科書插圖。一九一二年在天津《民約報》任畫刊編輯，同時還在直隸提學使司學務公所社會科從事年畫改良工作，任主筆，出版了大量年畫作品，如《戒纏足》《戒早婚》《幼稚園》《完璧歸趙》《破除迷信》《家禽守信》《孟母擇鄰》等，他用文人良知把真善美的藝術内容用於社會教育，很好解決了藝術風格上古與今、雅與俗、中與西的相互融合，成就了中國年畫史上的精品。

自古文人雅士講究文武雙修，如有武者的豪俠風度的李白、辛棄疾、陸遊；如有腹有詩書的岳飛、戚繼光等名將，而今天此種景象已經難見。閻道生深諳國人一張一弛的文武道統，其武學修爲尤以形意拳和劍術技藝最是精湛。他的武學插畫動静結合，綫條優美，動作準確，生動輕盈活潑，瀟脱的風度，謹嚴與輕鬆融合無間，樸實與靈秀相得益彰，形成他自已獨到的風格。中華武士會同人出版的許多著作，如楊明漪的《近今北方健者傳》、孫禄堂的《拳意述真》等，也由閻道生幫助定稿或推出。閻道生還留下了《十劍譜》《形意林泉劍》《太極十三勢形勢與應用》等手稿，他繪製的《五行連環拳譜合璧》，是最早的形意拳教材。《十劍譜》這部劍譜除去它本身的武學價值外，還具有特殊的美學價值。閻道生以神來之筆，傳達出中國傳統武術古譜中的繪畫之美和武技之美，兩者珠聯璧合，宛若天成，被譽爲『世上最美的劍譜』。在作《形意林泉劍》畫譜時，作爲書法家的閻道生把草書的乍徐還疾、倏聚忽散、鈎環盤紆的筆勢，巧妙地結合到劍法的旋轉進退、起伏開合之中，還大膽地把廣爲流傳的劍指（劍訣）變爲形意拳中的圓扣掌，意求靈活，自然、氣力貫通，全身放鬆，中發内勁。並用包羅萬象的擬無極式取代了各派劍術套路中開勢的傳統架勢，顯得姿態古樸、儒雅、自然、大方，不但在劍術之林獨樹一幟，而且也體現了他樸實無華的性格和回歸自然的道家哲學理念。

閻道生作爲近現代中國傳統人物繪畫的代表畫家之一，其畫以寫意爲主，兼用工筆；精工人物，亦善山水、花卉，各種題材都涉獵。在人物畫中，有名人軼事、歷史典故、文學故事、神話故事，還有劍俠故事、淑秀才女、孩童嬉戲、漁樵庶人以及現實人物肖像等，每一幅畫都情趣盎然如詩如歌，啟人以諸多遐想，或回味，或深思、或感歎、或憧憬……閻道生的文人繪畫講究綫條、色彩、構圖、意境之美，特點以舒緩婉轉、亦工亦寫的畫法，善於在寫實畫法中滲透著寫意情趣，婉約筆調中摻和了陽剛氣息，樸實畫風中能以幽婉之造型刻畫，構圖工整細緻、筆墨疏淡邈遠、人物描繪精到，風格簡潔、意境清雅優美，著色不濃而情趣盎然，表現了畫家的老莊意象的曠達心境。他的山水畫既有山川秀美和峭峰險奇的境，又有嫻静、飄逸、空靈的高士們的意，使意境互襯，以其疏淡有致的筆墨，表達了内心邈遠綿長的情韻。

其畫《潭島遊船》《雲山松韻》《秋水泛舟》《雪樹尋詩》《楓橋清話》《秋林歸鳥》《竹林溪晚》等，讓我仿佛看見，山石瀑布之下，一葉孤舟，摇摇曳曳，撩開薄霧織成的紗簾，品賞那一闋古詞中描繪的微雨、燕雀、斷橋、河流，用清雅的色彩，描繪出如夢如煙水墨丹青的畫卷的，如莊周夢蝶，怡静幽遠，洋溢著雍錦大氣，隱隱約約流淌在唐詩宋詞般的韻律裏，種下一點神秘一片情思，令人回味無窮；《風塵三俠》《竹林七賢》《香山圖》《羲之寫扇》《李嵩賞花》《王質爛柯》《范蠡五湖》等畫的都是高雅名士，寫實與寫意相結合，文人墨客參禪悟道相談甚歡，人物情態畢肖，如同飛越那無限空曠的滄浪，在巷陌裏、青石階上、竹林之下，在品茗飲酒、論詩填詞、操琴對弈，紫陌紅塵，苔痕深深，成就出了那些萬古不朽的典故佳話；《鬥蛐蛐》《戲荷塘》《捉迷藏》《攀木杠》等『趣兒』系列，抓住純真的『童趣』，孩子充滿稚氣的動作，再加上大大的眼睛，略現誇張的表情，萌態可掬乖巧可愛，表現了孩子們有幾分天真，也有幾分淘氣，讓人感受到畫家觀察之細膩，從細微中尋情趣創作思想；其仕女系列曲欄回廊，亭臺樓閣，流煙吹雲，遠去的伊人，如唐婉，如蘇小小，如薛濤，在一支清遠的玉笛裏，吟唱成一首古老的歌謠，於碧水波光中蜿蜒，仿佛穿越了千百年的蒼茫，美人依舊長袖輕舞，笑語盈盈。值得一提的是《洗桐圖》《桐下吹簫》將北方常見的梧桐樹入畫，在汲取前人傳統基礎上，使畫面的背景的變化與出新，恰當地處理了傳統與現代的關係。《打井圖》則師法造化對景寫生，通過尋常生活發現自然的美，看似平淡無華，但厚重渾樸，含蓄有力，雅俗共賞之中感覺十分親切。

布衣大師閻道生在隱没半個多世紀後，天津、河北相繼將閻道生所遺日記、書信、書畫等整理出版，舉辦其畫展，舉行藝術研討，對其人生不同時期的歷史事件、精神氣象、文化貢獻鈎沉探微，使其再一次進入了當下中國文化復興的大視野，得到了衆多藝術界的肯定。通過閻道生的藝術人生，讓我們讀到傳統文士的良知和武士的俠義，理解了那種『動以致强』『文武兼修』思想，認識了樂觀知足、樂善好施的名士風範。也因此，接續『文武之道』的斷層，是一個值得關注的問題。

『吸得人間硯水枯，腹中含氣口含酥。莫嫌形狀無人賞，寫向端陽作畫圖。』閻道生先生推崇顏李學派强調和提倡的『動以致强』『文武兼修』思想，並成爲一生矢志不渝的追求，晚年生活困頓以端午蟾蜍自比，凄涼中透著樂觀知足。有人認爲，傳統的中國畫講求的是筆墨、構圖、意趣，若畫者能將這三者達到和諧統一的效果，那麼這位畫者就是爲名副其實的大師，閻道生做到了這三點，被人稱爲『布衣大師』當不爲過。

——原刊《今晚報》二〇一五年十月四日，署名阿聲。有增删

桃花堤上的書畫緣

甄　明

西沽桃花堤風景優美，書畫家也曾在此結緣。一九四〇年《新天津畫報》刊載一篇《西沽小志》，其中談到『桃林』：『西沽大堤，有桃千株。春朝夭秾競艷，玉樹交枝。甲子之秋，閻子陽畫伯避兵來津，築屋而居。奇士馬覺非下榻其家，唱和之雅，冠絶一時。』講述了畫家閻道生與書法家馬阜在桃花堤交往的故事。

閻道生，字子陽，静海揚芬港人。擅長繪畫，書法初習黄山谷，後臨摹石門銘及懷素狂草，復力追殷周鼎彝金石之學。早年遍遊湖南、湖北。回到天津後，在民約報館和直隸學務公所任職，同時襄辦中華武士會。此間，與武士會骨幹馬阜交往密切。馬阜，字覺非，天津宜興埠人。擅長書法，工草書，有墨聖之號。其書法沉厚蒼勁，有大家氣度。馬阜襟懷疏朗，不趨炎附勢，被稱爲奇人，『貧至死，不肯阿世所好』。

一九二四年，閻道生爲避兵燹，在桃花堤築屋而居。馬阜時常下榻其家，『唱和之雅，冠絶一時』。閻道生族叔閻鶴林曾在西沽辦閻氏小學堂。一九二九年閻鶴林去世，閻道生又捐款擴充爲私立桃林小學校。學校開課後，閻道生又爲桃林小學校建設操場，開設體育課。桃林小學校是西沽地區早期基礎教育的縮影。而馬阜也是一位教育家，曾任天津縣民立第五小學校長、天津扶輪中學國文教員。可以想見，二人在桃花堤交流書畫、談論武術的同時，也曾探討教育。

——原刊《今晚報》二〇二二年四月四日

《答謝獨流與閻家祠堂送匾書》的由來

閻　叢

一九三七年秋，獨流鎮各界派出代表打著旗幟和羅傘乘船專程到揚芬港，送來大匾兩塊，一塊書『樂善好施』，挂在閻氏家祠；一塊書『爲善最樂』，挂在富春號（安，士紳張鳳墀家堂號）。

事情是這樣的：一九三七年七月二十九日，日寇攻陷天津市，隨即侵華日軍第二軍磯谷師團、中島師團沿津浦路南犯。一九三七年八月三日，日軍赤柴部攻打獨流和静海。時中國軍隊第二十九軍第三十七師鎮守獨流。八月二十三日，獨流陷落。日軍在獨流、静海一帶殺戮二十天，慘案連連。在此期間，獨流鎮近三千難民到较为安定的揚芬港村避難，凡二十餘天，難民在揚芬港的吃、住都由村民捐款捐物安置，幫助所有難民平安躲過一場大劫難。

一九三七年夏末，東淀已是汪洋一片，被日軍包圍的獨流鎮伏雨連綿。八月三日，獨流難民冒雨充水乘船向揚芬港逃命。到達後，在村東中亭堤碼頭聚集。距中亭堤最近的富春號開始接納難民，時間不長就收容了二百多人，人滿爲患。

難民沿街西行，大樓小學和對面的天主教堂收容了三四百人。難民們繼續西行，閻家祠堂又收容了五六百人，連大門洞裏都住滿了。以上三處難民都是一些在揚芬港無親可投的人，只好擠到揚芬港臨時組織的難民營裏。當時，鄉政府出面組織安置和捐款等事。閻家祠堂由閻子陽、閻少耕等人操辦，小學校由史義熙、劉印譚、王慕如等人操辦，天主教堂由宋子衡操辦，富春號由張鳳墀家操辦。此外，在揚芬港有親可投的難民自然投奔到親戚家，好多人家都接待了不少客人，這些散住在親友家的難民不下千人。揚芬港接待的獨流難民總數接近三千人。

閻家祠堂、天主教堂的難民分别由閻姓人家和教徒捐款幫助，學校動用校田收的穀物做飯讓難民充饑。全村百姓行動起來，紛紛捐款捐物，場面十分感人。爲此，當難民返鄉，局勢穩定後，獨流鎮會集各界人士，帶著旌旗羅傘和匾額到揚芬港村隆重致謝。閻家祠堂由閻子陽親筆起草《答謝獨流與閻家祠堂送匾書》，作爲回謝。書文如下：

竟蒙貴鎮各界諸巨公賞賜匾額及旗傘，已擇吉高懸。拜瞻之下，茅茨生輝。若敝族疇昔之事，待遇諸親友甚陋，來此者不過避風雨而已，此事有何可稱？今乃過蒙抬舉，使人萬端感愧，難形於言，敝族蚩蚩之衆，不知何以爲報也。習齋有云：

規人十過不如獎人一善。今敝執事或由此改過從新，循於正路。他日若整理有當，能回復舊觀，步吾先世者，皆我諸巨公褒獎之力也。高德厚義，百世紉佩！揚芬港詒燕堂（安，閻家祠堂堂名）族事整理會。

《香山圖》的故事

任偉口述

采訪時間：二〇〇七年七月十五日
采訪地點：烏魯木齊，任偉先生在家中接受閻伯群電話訪談
記 録 人：閻伯群

這幅畫是一九四四年在静海畫的。當時閻子陽很有名，天津的大資本家高渤海和高官張作相都重金求畫。這幅畫拿到天津裱的時候，裝裱店的師傅打開一半就知道是閻子陽畫的。我父親王蔭堂和閻子陽是朋友。我母親霍樹昆也和閻先生很熟，知道閻先生的好多故事，晚年念叨過許多，可惜我們都没當回事，只記著一鱗半爪。母親説過一件事，就是給當時的僞縣長畫畫，這人叫王德春，很霸道，横行鄉里。他來求畫，得罪不起，閻先生就畫了一幅《螃蟹圖》諷刺他，上面是一隻横行霸道的大螃蟹。這幅畫母親見過，從此對閻先生十分佩服。

我父親是哈爾濱人，母親是營口人。日僞時期（父親）從東北調到天津，在天

津市警察局工作，後來調到静海，在静海和閻先生結識，關係很好，我父母都很敬佩閻先生。我父親在静海警備隊當大隊長，同情抗日，八路軍從天津運藥品糧食都要從静海過封鎖綫，由父親作掩護，秘密運輸，給共産黨辦過許多事。但這些都是非常秘密的，讓日僞知道了就會掉腦袋。新中國成立後，我父親因是國民黨員入獄（和高渤海在一起），當時有兩個知情的共産黨幹部，一個已經犧牲，一個在一九五九年找到，爲我父親打了證明，我父親得以出獄。一九八四年去世，六十九歲。

我母親早年在日本讀書，幹過僞職，新中國成立後被定爲『歷史反革命』。『三反』『五反』中，家裏許多東西被抄，這張畫被母親藏在頂棚裏，躲過一劫。之後母親擔心家裏的畫不保，偷偷去了撫順我大娘家，把幾幅閻先生的畫寄放在那兒，説好以後來取。一九五五年，我們生活的天津階級鬥争形勢緊張，我母親決定帶我遠赴新疆，就又潛回了撫順，準備把畫取回來，但大娘説賣了，只剩了一張，就是現在這張《香山圖》。母親帶著我遠走新疆，這張畫就是唯一的家當，從烏魯木齊到庫爾勒南疆，輾轉了好幾個地方，受了好多苦，但這幅畫始終没有離身。到新疆後，怕暴露自己的身世，我就改姓『任』，從此隱姓埋名。當時我八歲。

『文革』中，有幾次這張畫都面臨燒毀，母親也猶豫過，是否繼續保存下去，但關鍵時刻還是被母親保護下來。至今這張畫仍保存得十分完好。母親於二〇〇二年去世，享年八十四歲。這幅畫就是我們一家人顛沛流離的見證，也是逝去的歲月親情友情的紀念。

——原刊《閱廬藝文記》（《天津記憶》第一〇三期）

我與《賞梅圖》的緣分

于經元

二〇一八年七月間，好友閻伯群先生微信聯繫我，發來一幅其祖父畫作《賞梅圖》，該作品是香港富得拍賣有限公司二〇一八年八月四日拍賣的第二一九六號拍品。因伯群兄在忙於女兒婚事，加之該拍品是在香港拍賣，參拍多有不便，便問我是否有意收藏。伯群和我是十多年的好友，因其祖父閻道生先生和我的太師爺蔣馨山先生是好友，因而結識、相交。十餘年間見證了伯群兄不遺餘力地搜集整理其祖父閻道生先生的生平、文獻資料及畫作。心裏一直希望能擁有一幅閻道生先生的作品收藏，當然更不想該作品繼續流落海外。想到，剛好我有一位高中同學李桂霞女士，定居香港，如能幫忙，便能解決參拍問題。當晚，我就和桂霞取得了聯繫，當時桂霞正陪自己的孩子在深圳進行游泳訓練，但答應先讓自己的秘書瞭解一下具體參拍的細節。第二天，桂霞回復，秘書已經幫忙和拍賣公司聯繫，了解了具體的參拍事宜，可以當場繳保證金參拍，答應到時儘量安排時間去參拍。未過兩天，伯群兄有另外一個朋友，也非常希望收藏該作品，並且也找好了朋友，屆時去香港參拍。因怕兩撥人撞車，伯群和我商量，這次先讓他的另外一位朋友參拍。不想，到八月一日，伯群突然聯繫我，説另外一位朋友委托去香港參拍的人，臨時有事，無法成行，問我是否能讓同學繼續去參拍，買下此畫。我馬上聯繫了桂霞，桂霞同學爽快地答應了。並於八月四日下午成功拍下此作品。桂霞同學，説我和此畫有緣，因其本已訂於七月三十一日返津探親，因爲工作的事需要跟進，才在香港多待一周，訂於八月七日返津，機票早已訂好。正因爲這一周工作的延遲，才使得有機會去參拍。

我得知同學成功拍下該作品後，第一時間通知了伯群，免其挂懷！桂霞同學在八月七日順利返津，八月八日上午，就把這幅盼望已久的作品送到我的書館裏，真是非常感謝老同學的支持和效率！我拿到作品後，第一時間通知了伯群。伯群剛好訂於八月十一日，到天津參加問津書院的講座，便提前一天來到我的書館，對該作品進行鑒賞。

據伯群講，該作品作於一九一五年，當時閻道生先生三十一歲。作品爲設色絹本，工寫結合，是存世早期作品中難得的精品，畫芯長五十釐米，寬三十三釐米，畫中一位紅衣侍女倚窗而望，窗外一樹雪梅盛開。右側題詩：連宵風雪怯憑欄，忽報朝暾破曉寒。一片冷香清徹骨，萬花如玉卷幃看。落款日期是『乙卯秋日閻道生作於津上』，鈐印兩方，一方白文『閻道生印』，一方朱文『子陽』。

題詩，落款爲行楷，不同於作者晚年多以行草落款。據伯群介紹，其祖父存世作品中，這種帶有工筆的絹畫，大部分作於閻道生四十歲之前，且所見非常少，此幅作品爲現今發現的最早的一幅作品，並且是絹畫，屬於難得的精品，非常有收藏、研究價值。

仔細觀察該幅作品，有曾經折損的痕迹，至於是揭裱過，還是原作後裱，擬後續諮詢好友劉世科老師。劉老師是家傳的裝裱手藝，其父曾經是在裝裱大師範殿元『藝蘭閣』裝裱店裏學徒出身，劉世科老師有多年的專業裝裱經驗，前年剛剛結束裝裱工作室。

在作品的角落裏，還發現了一個殘損的標籤，標明是某文物商店賣出的作品。作品在一百多年中，不知經過了怎樣的流轉，歷經了多少故事，一百多年後，我們還能有幸見到閻道生先生的這幅作品！

學書瑣憶

閻爾芃

十一歲的時候，父親就教我寫字畫畫，他對我抱著很大期望，給我講的東西很多。雖然幾十年過去了，但是大部分還能記憶得清清楚楚。

我學寫字是從漢碑入手的，最先學的是《張遷碑》。他説這碑裏的字多是方筆，字體很工整，紮好這個根基，對學魏碑也有益處。其後就寫《婁壽碑》，他説此碑很講變化，筆意太豐厚了，慢慢體會吧。他曾結合具體字對我講，寫字不要固守死板的法，落筆的順序，行筆的方向，在必要時都可以改變，比如字的點，可以從上向下寫，也可以從下向上寫，逆筆向上的點顯得更雄厚、融渾，效果就和常規寫法不一樣了。

我初學魏碑的時候，父親只讓我寫《龍門二十品》中的《楊大眼》和《孫秋生》，他説這兩個碑的方筆乾净利落，明明白白，筆意規整，勁拔峻峭，最適合初學。

他經常告誡我，顔柳太醜陋、太低俗，千萬不可沾邊，沾上就會中病。唐宋字都不可學。説他自己少年時學過黄字，下的功夫不小，後來和書畫界寫魏碑的朋友接觸多了，相比之下，自己的字太輕浮太俗鄙，才毅然改學。黃字寫慣了，再改一種字體，非常不容易，比戒毒還難。幾十年堅持不懈地寫碑，一摸筆就提醒自已，還是不知不覺地帶出黃字的迹象來，真覺得晦氣，一天都高興不起來。

《龍門二十品》寫得有點基礎了，就叫我寫《爨龍顔》。他説，《爨龍顔》是南碑，比北碑有韻味，含蓄有變化，又深了一個層次。《慈香》《鄭長猷》也可以結合著寫。《石門銘》不可以寫，它是圓筆，圓筆不好學，格調太高，學不好就走偏了，很容易走到浮滑路上去。你現在不能嘗試，等身份高了再學吧。

寫魏碑的時候，他非常注重字中的點。他一遍一遍地教我寫，我總是寫不好，他要求把點寫成三角形，既不可肥胖，也不可枯瘦，要像斷石截鐵一樣。他説一個字的精神全在點上。

他非常注重字的變化，一幅字内絶不能出現相似的字形。我寫的字或者别人寫的字，他總是指指點點地講，這個字這兩筆雷同了，這幅字這兩個字雷同了，什麼是雷同，一個字内不能有相同的筆觸，一幅字裏不能有相同形態的字。他説，寫字和畫畫一樣，千人一面還叫畫嗎？

跟他學了幾年寫字，没有講過寫字的具體的『法』。『永字八法』這麼重要的基礎知識，他從來没有提起過。他只講字迹的堅實、凝重、變化、神氣，講什麼是金石氣，講怎樣寫出金石氣。

『計白當黑』四個字是父親挂在嘴頭上的。他説寫字不要太匀稱，一個字裏留出的空地就是『白』。他指著字帖上的字講，這個筆劃稀疏的地方是有意留的白，留白也要當字寫。初學寫字要斟酌留出空白的地方，要留得自然合理，不可勉强生硬。字寫得有成了，自然字内就有白了。

他主張學寫字的初級階段一定要把字寫得敦實穩健，寧拙毋巧，寧醜毋俊。巧和俊容易接近俗態，一沾上俗氣，字就要不得了。鄭板橋的字就偏於俊氣，可是雅而不俗。趙孟頫的字也偏俊氣，可是他就不具備鄭的高雅了。

還有『筆無寸直』，這也是父親最强調的。寫字晝晝都不可有直筆，這是父親經常對我説的話。我看字帖上的字，乍看是直的，細看都不直。我寫字力求不直，寫完一看還是直的。父親説，這是滯筆，滯則死，死則直，用筆靈活一點就不直了。他寫字給我做示範，我看著他持筆不直，落筆不直，行筆也不直，駐筆更不直。再看看他寫的字，奇姿異態，靈動含蓄，真像飯後一杯碧螺春，越品越有滋味。

我上小學四年級的時侯，老師要求我們用小楷寫作文。晚上分小組在我們家寫，寫完全放在我們家裏，父親逐個翻閱。突然，一個同學的作文本吸引住了他，他叫我過去看，我的第一印象是，這個同學寫字很潦草，筆劃粗細懸殊，字體大小不等，墨色不是濕就是幹，結體不是疏就是密，而且字迹東倒西歪，實在不成樣子，老師看了一定會狠狠批評他的。可是父親卻看得津津有味，愛不釋手。他頻頻點頭説，好，好，簡直可以做字帖，可是你們初學小楷不提倡這麼寫。他知道我不明白，就給我解釋，這字天真爛漫，無拘無束，參差錯落，變幻無常，不出於稚真之心我們寫得出來嗎？我聽了父親的話，帶著不服氣的心情臨摹了一遍。父親看了看笑著説，太做作了，太做作了。

學小楷父親讓我寫鄭板橋的《道情十首》和《板橋題畫》，他説鄭板橋的字寫得很好，但要克制它的俊和巧就行了。學草書讓我寫《十七帖》，他説十七帖没有弊病，而且方筆較多。懷素的草書不要學，一學就野了。

自然界裏的尋常物象，父親卻把它看成不尋常的字。有一次，母親做完飯把幾根長短不齊的柴棒往旁邊隨便一扔，父親就叫我看，他説很像某某字，而且章法奇絶。晚上，窗户上有接二連三出來覓食的壁虎，在月光下映現各種形態，他問我這像不像左右擺動狂草。牆壁上的泥片脱落，露出磚坯縱横交錯的縫隙，他説，這塊牆壁可以當做風侵雨飾遠古摩崖來讀。看它多麼古樸，多麼雄渾。當時我們屋内牆上正挂著一張《大開通》的拓片，看上去好像比這張摩崖石刻更古樸了點，更莊嚴了點。屋裏因反復漏雨，牆上有斑斑駁駁的模糊不清的流水痕迹，父親説，這就是久經滄桑的飾泐文字，這裏像個某某字，那裏像個某某字，怎麽落的筆，怎麽駐的筆，筆鋒的痕迹，你看得出來嗎？這叫無筆。我們初學時字裏無筆，學而有成就有筆了，再進一步修養高深了，就又從有筆到無筆了，這就入化境了。父親借物講字的例子很多，就不一一舉例了。

父親常教導我，作畫不可以巨石大樹堵塞畫面，布局要深遠空朗，看了叫人心曠神怡。他的山水畫章法都虚靈開闊。他找出一張舊存的小報，報上印著一張八大山人的畫，畫面下方水中立著一隻白鷺，上方横空是一座山石，這塊山石轉到右側又垂下來。父親説，八大用筆這麽生動，只可惜章法太堵塞了。他展開一張小紙，提筆複製這幅畫，把横空的山石去掉了。父親問我，你再看看，是不是豁然開朗了？

父親還説，整天埋頭寫字畫畫也是不行的，還要多讀書。中國古典文學是大海，取之不盡，用之不竭。讀書多了，學識廣了，身份高了，腦子裏裝滿了詩文，書畫裏才會有詩意，俗媚之氣自然也就没有了。書畫的高逸氣質，全在於畫外的修養。

父親經常講，作畫要筆筆寫，處處寫，一筆不苟。要用魏碑的金石筆法入畫，畫裏才能金石風味。如果用顔柳的筆法入畫，那就不同了，形迹不同了，氣質也不同了。

父親在寫字畫畫之前，都要把窗臺、桌案收拾乾净，還要用抹布反復擦拭。他説，書畫界有一句名言，就是『明窗净几』。寫字作畫前，必要涮碟洗硯，除去污垢，隔天的色墨就不能用了。筆潔、墨净、色新，你的作品才能明清剔透，不濁不滯。

父親是一位名不見經傳的小人物，但是在書畫領域裏他卻一反平素謙虚謹慎的性格，目空古今，歷代書畫家，很少有他看得上的。古代的不説，就是對齊白石、張大千這些大腕的名作也要評頭論足挑剔一番。我存著一本《齊白石畫册》，在封三的空白頁上，他用指墨寫了一首自作七絶：『蛤蟆倒比蓮花大，泥雞腐蝌死梅花。若言名下無虚士，只有活潑兩個蝦。』還有一册《北魏張猛龍碑》字帖，由懿榮題簽，就在題字的背面，父親題著這麽兩句話，『懿榮筆無骨氣，且凡俗，平生未走過漢魏，是顔蘇之徒，南海先生謂入阿鼻地獄也。何必題眉』。他看不上懿榮，連顔真卿、蘇東坡這兩位超級大師也牽連進去，何等的胸衿，何等懷抱。太傲慢了吧！

要説父親敬佩的畫家，我知道有任伯年。他在日記裏寫了一首詩，『前無來者後無今，畫家誰比任山陰。談起家事本深遠，數世文華萃一身。先生用筆似用斧，橫砍豎劈興無阻。重巒疊嶂奇境開，打破晉唐舊規矩。老夫研畫六十秋，閑蹤六法數風流。苦瓜八大無緣分，獨喚頤公上藝舟』。再有，我知道的就是黄公壽了。父親寫過一幅條屏，『青鸞有尾割不得，飛過猶餘五尺强。公壽之畫，缶老所不及。寫其題詞，以志佩服』。

我一向把父親的書法和繪畫視爲神品，可爲什麼他榜上無名呢？我想不明白。我常捫心自問，是不是因父子私情而有觀點的偏極？我極力排除這個影響，設我爲陌生人，好像我也不會改變這個觀點。在六七十年代，社會上『觸及靈魂』的政治運動頻頻衝擊著我，我用時髦的觀點解釋自我，這是没落階級的孤芳自賞吧！後來隨著極左思潮的降温，我又退一步想，這應該是脱離群衆的東西，所以曲高和寡。現在想起來，國畫是中國文化的精粹，也是應該有個性的，它和年畫不一樣，『脱離群衆』這個説法，好像是不太合適的。

閻子陽與揚芬港完小

閻 叢

一九三六年，揚芬港完全小學教學樓建成，全村百姓無不歡欣鼓舞，大家不約而同地稱其爲『大樓』。

一九三五年，正在擔任校董的閻子陽籌畫將破舊的學校建設成新式學校。多年來，先生在津從事教育工作，對全市的教育情況比較熟悉，在天津走訪了多所學校，最後選中侯家後三十八校，取其教學樓爲樣本，繪圖設計。

一九三六年，由閻子陽主辦，史義熙、張鳳墀、劉印譚、王慕如爲協作，動工蓋樓。當時，學校只有底款三四百元大洋，資金面臨困難。歷史上，這所學校得益於一位叫梁郎氏的女性，長期得到她的贊助。梁郎氏，鄉人稱爲『梁老太太』，生活在清代晚期。自幼失去父母，給一個梁姓人家做童養媳。丈夫敗光家產，將她賣掉。梁郎氏逃出後，隱姓埋名在天津做女傭。中年後，丈夫悔改，她回鄉，用辛苦掙得的錢贖回家產，又艱苦經營，置買農田九十多畝。丈夫病逝後，無子侄，她將土地贈與廣仁堂，專門用於救助無依無靠的寡婦。後廣仁堂解散，她又將土地轉贈學校，用於培養家鄉的後代子孫。幾十年來，這些錢所剩無幾，校舍失修，閻子陽敬慕梁老太太，決心接續她身後的事業。

建樓工程已經在白衣廟舊址掘槽打夯，可計畫中的兩千現洋並未到位。史義熙四處奔走賒借，所獲不多。閻子陽一邊忙於建設施工，一邊創作作品組織義賣，終於爲建樓籌措了寶貴的資金。經過四個半月的操勞，大樓終於落成。

據閻先生生前講，此樓雖取樣侯家後三十八校，但比三十八校的樓房更堅固，因其夯土層層加雜石灰，並將密集的柏木釺子打入地下，後來經水淹、炮轟，此樓巋然不動。幾年後，又經史義熙主辦，從本村募集資金，續建了教學樓十六間。後建的這棟大樓臨街，稱爲『前樓』，先建的大樓相應的被稱爲『後樓』。前樓拱形大門之上鑲嵌有閻子陽書寫的『静海縣揚芬港鄉立完全小學校』的校名，下方還嵌有校訓『智仁忠勇』幾個大字。到五十年代，前樓經水患後略有變形，後樓無妨。

村民們之所以把這所學校的教學樓稱作大樓，是因爲在當時的農村裏此建築已是宏偉巨製。可以説，在那個年代，在河北省和天津市的農村是絶無僅有的高等級校舍。它成了揚芬港村的標志性建築。楊柳青距揚芬港二十餘華里，從楊柳青到揚芬港的路人，過了西河橋，從官廳或白灘寺一登上中亭堤，遠眺揚芬港，便可望見村中有兩棟大樓矗立在天宇之下，甚爲壯觀。

二十世紀四十年代，《揚芬港小學校歌》唱出了大樓的風采：『校徽揚梅花灼灼放，紅樓起揚芬之光。倚太行建禮儀之鄉，濱渤海開闢文化港。煉鐵成鋼植木成梁，碾平崎嶇成康莊。智仁忠勇以正紀綱，以復風尚。引領二代遠航，征服潮和浪。』

揚芬港完小從校容校貌到教學品質都受到社會的褒獎。一九四七年，静海縣縣長王錫侯到揚芬港小學視察之後，記者在《天津民國日報》發表文章，稱王錫侯縣長説，揚芬港小學從外表到内在都比侯家後小學勝强百倍。王錫侯發表此談話，一是因爲他熟悉侯家後小學，他曾任過那裏的教員；二是因爲揚芬港小學大樓很像是天津侯家後小學的克隆，才特意作此比較的。

一九四七年，國民黨統治期間，四聯鄉指揮部占用了後樓，學校師生被壓縮到前樓和平房上課，校方自然不滿。有一天，四聯鄉指揮部的于某從樓上的窗户裏往樓下傾倒痰盂，校方忍無可忍，王慕如先生帶了幾個身高力大的高年級學生找到于某，打了于某，然後立即集合師生，王慕如宣布罷課。罷課幾小時之後，四聯鄉指揮部便向學校道歉，罷課當日停止。不久，四聯鄉指揮部也搬離了學校。

一九六一年，揚芬港小學被迫搬遷，被公社占用。一九七三年被拆除。

揚芬港小學大樓從落成到搬遷，歷經二十五年，爲揚芬港村培養了大量人才。閻子陽先生功不可没，善莫大焉。

我的啟蒙先生

張志仲

我們家和閻至陽先生家是鄰居。我和老人家的兒子閻爾芃是同學，我的名字是他老人家起的。

從六七歲就一直在先生足下，可以説是形影不離。由『鋤禾日當午，汗滴禾下土』到『凱如山上雪，皎若雲間月』，都是教我們如何做人。我們幾個同學在他家晚上自習，每日功課完畢，老人必給我們講一段古文，然後講一段《聊齋》或《水滸》《三國》之類的書，在今後的學習中對我們幫助甚大，所以成績都很優良。

上中學了，我離開家到楊柳青中學學習並住宿，但星期日回家仍是翻書翻畫，雖然將書翻得到處都是，可老人從不説我們，而總是樂哈哈的：『別把書畫弄破就行。』完事老人總是自己整理好放回原處，這給我們愛書做了表率。

一九五九年，我輟學後一直在老人家身旁，研墨、裁紙寫春聯。墨是用鍋底煙灰摻些水膠研成。我雖不會畫畫，對技巧及工藝流程我記得很熟，要不是老人去世，我興許能成個業餘小畫家。

一九五九年秋天，由定興縣來了兩個年輕人，我記得一個叫徐景仁，一個姓李。他們是徒步由定興走到揚芬港村，在此住二十餘天。當時正生活艱苦的年代，先生給他們做净米麵的飯，還給他們買從來没吃過的螃蟹（因爲揚芬港水鄉螃蟹是很便宜的）。他們得先生指教畫技大進，臨走先生用手指給他們畫了扇面，並送書送畫，二人備受感動，臨行給先生留下二百元錢，但先生豈能留。

他們走後，先生寫了信，並錢一起讓我去郵局郵匯回去了。我當時不解：『錢可以留下，二十多天吃飯也得花不少錢，並且玉米麵得三元一斤。』先生説：『他們遠道而來，並且是我學生的學生，咱不能要人家錢。他們家鄉一定也是困難的。』這給我們很大的教育，先生的高尚可見一斑。

老先生廣交朋友，但遠離政治，追求純藝術和樂觀主義。

新中國成立後，先生加入天津國畫研究會，每星期去天津一趟，不拿工資，路費飯費都得自己出，當時閨女們給的錢都花在了這上面。

先生在天津朋友甚多，我只記得當年總提起張蓮溪。張蓮溪在天津某中學教書，擅長書畫篆刻，先生的印章大部分出自張老師的手筆，先生去津必去他處吃住，後來以書信往來討論些詩詞。

還得提起一人，爲天津宜興埠人馬阜（字覺非），此人善書法。我看過他給先生的信，他是個馬列主義者，信中提過世界變化趨勢、西歐的政治風雲等。我聽先生説過一個馬先生的趣事：

有一店鋪老闆求其寫一門匾。一星期未動筆，夥計去催，馬先生曰：『没有飯吃如何有勁寫好？』隨後老闆差人送去米麵。一星期又去催，馬先生曰：『現疾病染身得去就醫。』老闆又差人送去大洋。一星期後，夥計又去催，馬先生曰：『親人有病須照料，無時間寫字。』眼看開張期近，老闆親自送去水果、糕點等物，並未催促門匾之事。臨行馬先生曰：『三天後來取。』老闆三天後帶夥計去取，馬先生拿出筆墨紙硯，不消半個時辰，寫好。老闆很感謝，夥計説：『此人一會工夫，費了咱多少錢財工夫，值嗎？』老闆説：『他的字價值連城，給咱寫了就好。』事後馬先生説，不管錢財多少，心氣要到才行，老闆親自上門求字，説明了誠意，勝過錢財。

我想這和當年鄭板橋的題畫詩真是吻合，詩曰：『畫竹多餘買竹錢，六尺宣紙價三千，親朋戚友論交結，只當秋風過耳邊。』

還有一個朋友是王慶坨人，叫王星酋，此人善書畫，工詩詞，通古玩，講現實。

他在有生之年親手編好一個長柳條筐，兩面用泥抹好，囑其子女，死後用它安葬，豈不比棺材好！王星酋先生的長子王湖跟閻至陽先生學畫多年。

一九八五年我去静海，在梁頭鄉穀莊子村認識一個八十多歲的老人，叫曹振剛。他十七歲在獨流教書，並精楷書，練武術，大刀、花槍、拳劍都很精通。老人學生很多，静海文化館書法家胡毓中、顧農等都是老人的得意門生。他與我提及揚芬港的曹姓，年輕時每年都去曹祠吃清明會，去揚芬港村必去拜訪閻老先生。曹振剛小先生二十歲，對閻老先生的武術、書畫十分欽佩，稱閻先生是静海縣歷史上的一個文武奇才。

王慶坨張家地有一張萬象先生，是先生的老朋友（比先生年齡小許多），一生爲先生照相。他存有先生所贈之畫，後來先生的遺像都是他放大的。他叫我給寫些字，篆刻了幾枚圖章。有一副題畫詩記憶猶新。我將其記下來，詩曰：『翠襟縞袂玉娉婷，一笑相看老眼明。香瀉金秋朝露重，藻生羅襪晚波輕。漢皋初解盈盈珮，洛浦漸通脉脉情。剛恨陳思才力減，臨風欲賦不能成。』

新中國成立後，由上海來過一封信，先生説這信上只寫了『楊柳青西揚芬港』即可收到，咱村真有名氣。寫信的是上海的一位名畫家，南下時交的朋友。

一九五七年，先生不去天津國畫研究會了，我問及此事，先生説：『咱不參與政治，國家興許有運動，咱不參與，以免以後有麻煩。』

之後，我每天在先生身旁看畫畫，翻書稿，有一首詩是寫一九五四年揚芬港中亭堤護險的記録：『東淀之水來天上，一日大雨水二丈。揚芬港響了一夜鑼，堂二裏敲了一宿鐘。千軍萬馬上堤岸，草包炕席擋波濤。不想武家堤決口，村裏小船撐著走。莊稼全部没了頂，屋内存水尺有餘。』我至今只有記得意思，詞句已忘了。

一九五七年，先生寫生，畫了生産隊打機井、拖拉機耕地、栽山芋（原來我村不種山芋）、蘆葦地裏叉魚、東淀窪裏下網等，都記録了當時情景。

每日在吃不飽瓜菜代的年代，天天作畫，從不間歇，也許是『老牛自知黄昏晚，不用揚鞭自奮蹄』的緣故，每天除做畫還要整理圖書筆記，將字典裏難查的字在封面標好，錯講的字句改正過來，並注明《書譜》《草字滙》《篆字帖》，難認字都注上正楷字。《故宫週刊》有篆印，説我眼好，讓我一一描下來，定成册當印譜，不想丢失了。

這一期間，先生經常囑咐我們：寫字必須正，人正，不可做歪事，才能學好字，先生年輕時寫顔體，南行以後改變原來書體，攻魏碑，經幾十年奮力，有時畫中題字，偶一筆有顔體味，便將畫一并撕掉。重畫，可見其決心。並贈我一副對聯：搜羅金石皋顔趙，管領風騷辟杜韓。意思是：石鼓文、鐘鼎文、篆文都是金石類，顔體趙體和金石比不行，念唐詩，杜甫、韓愈詩雖好，但比不上屈原之《離騷》，如同玉米麵和大米面相比味不一樣。

所以我們寫字，都是從新石鼓鐘鼎篆字開始的。

春天，先生在院内院外種些絲瓜、蓖麻，還種了樹藤、菊花，到了夏秋便開始寫生。我還記得那些黄色的絲瓜花，藍色的紫藤花，金黄的紫紅的菊花、菖蒲花、百合花、美人蕉等多麽奪目喜人，不知現在還存否？

當年農村没有茶喝，先生把千頭菊花曬乾製茶，將紫藤花摻面烙餅，也可充饑，在那種饑餓的年代先生還趣樂説：『將來科學發展會研究一種機器，餓了向嘴裏一噴便飽，就不會挨餓了，再也不會爲吃飯發愁。』

一九三六年揚芬港擬建完小樓，我父親也操辦此事，主要集資天津商家（原來揚芬港人），錢不到位先生便義賣書畫，不知添了多少畫款，爲教育事業做了很大貢獻。

先生不但通文、通武、通畫，音樂也頗有研究，年輕時村裏有十番會，主唱爲崑曲，先生也參加多年古樂的演藝書譜，當時我記得有一古箏，先生也教我撥了幾下。

武術先生會棍、劍、拳，並繪圖並勢，一一畫成書册。我看過太極拳譜、形意拳譜、劍譜，但不知現在存否。

先生精通棋類，並很有造詣，圍棋没教過我們，象棋上我們小哥們著了迷，有時給我們擺棋譜，使我們的棋藝有所進步。幾年過去了，我們和先生下兩盤，因年老眼花讓著我們有時贏一盤，大家一笑，先生因故給我取號爲弈仙。

一九五八年先生率幾個弟子畫牆畫，宣傳人民公社『大躍進』，一九六〇年受鄉政府委托，編寫了揚芬港村志。

一九六二年五月，在疾病中逝世。當時揚芬港鄉長劉義珍率隊爲老人召開了追悼會，没想到這是一次最高的榮譽。

先生的作品在『文革』中大部被劫，書也保存不多了，特别是我喜愛的甲骨文、石鼓文、鐘鼎文、漢碑、《故宫週刊》等也未保存下多少。

——原刊《閲廬藝文記》（《天津記憶》第一〇三期）

回憶閻子陽先生

曹爾萬口述

劉哲：抓緊時間，把曹爾萬先生昨天説半截的那段童年的回憶聽完。好，咱聽。摔跤的那個張樹森，他説啊，我們三七年、三八年，老家揚芬港鬧大水，結果就逃到天津來了，頭一個走的是誰呢？就是張樹森，就是現在咱們摔跤的張大力。他爲嘛從揚芬港上這兒來呢？他跟我講，他跟『富春號』（按，本村士绅張鳳墀家堂号）——『富春號』是怎麼回事，那陣我也不明白。他跟『富春號』鬧了點彆扭，所以就離開了揚芬港。還有一個也屬於比較有名的，要壇子的，佫樹旺，也是不同的年齡，也在三七年離開揚芬港。鬧大水，没法生活。我父親也在三七年左右離開揚芬港。

這老哥仨，我一説您就知道了，佫樹旺是中國雜技團要壇子的，另外他的弟子也很多。張大力搬到天津來以後他賣饸饹，壓饸饹。我父親來到天津以後呢，他們以前都是誰呢，都是揚芬港有名的畫家，叫閻子陽，也叫閻道生。這個情況他一跟我講呢，我就回憶起來了，天津市出版社，咱們廣播裏經常提到的，叫做王振良，他主編了《天津記憶》十二集裏邊，有一集叫做《布衣大師》，就是講的閻子陽。他叫閻道生，號子陽。我父親、張樹森，還有佫樹旺，都在閻子陽（家），他有一個練武的場合，他有畫畫的書房。他説，我那陣經常上閻子陽家去，因爲我們都是在揚芬港的中段，跟閻子陽離著不遠，一個是到那兒練功，跟閻子陽老先生學武。

這個布衣大師閻子陽不但武藝高强，而且畫畫是相當有名的。

劉哲：您父親叫什麼？

我父親叫曹永金。我們是王慶坨的曹，是『永爾作式鑒，乙敬爲定天』，他是『永』字輩的，我是『爾』字輩的。《布衣大師》裏就記録了那麼一段故事。閻子陽他家裏邊有畫室，他説，我那時候上那兒去，那大畫案子很大，老頭畫完了以後出去溜達溜達，回來提筆就畫畫。他説，我們都在那兒練過武功。這個張樹森張大力，他是練氣功，跟『富春號』——『富春號』是誰呢？他是張鳳墀，揚芬港的鄉紳，跟他有點不對付，那麼著一氣，他到天津來了。我父親呢，後來帶著我的姐姐、倆哥哥也到了天津了。佫樹旺要壇子，也先後到了天津。到天津以後他們住在哪兒呢？南運河的南岸和北岸，我們住在北岸，張樹森住在南岸。有時候，這仨人，那時候都年輕啊，就在佟樓空場子的地界，仨人在那扔沙袋。揚芬港到佟樓安家落户的，像馬春喜、于得江啊，這都是他們這一撥兒，就天天練沙袋，還有，他就是吃河壩這一塊。剛説的賣西瓜是怎麼回事呢？因爲他這個瓜店，卸瓜的時候，他有河壩的霸主，人家喜歡叫我父親、佫樹旺、張大力去卸瓜去。他説，爲嘛樂意叫我們卸瓜呢？他就舉了個例子，張大力練氣功，他有勁兒，我父親在揚芬港跟著閻先生學的是頂幡，佫樹旺學的耍壇子，結果這仨人去了以後，整個老店就看這三位耍啦，這三位不拿手，都拿頭接、脖子接、手腕子接，卸這瓜的時候，這個老店的店主，也都熟了，所以我父親賣瓜的時候，人家説，您吶，這車瓜您就拉走，完事以後，賣完了以後咱再算賬，説這瓜肯定好。這個瓜都是嘛瓜呢？不是現在這瓜，原先包括黑輪兒，三白，都是這瓜，他説，你賣瓜呢，藝不壓身，九河下梢的錢非常得好掙，就看你去不去了。

劉哲：先聽到這兒，講的挺有意思，關鍵是他的父親曹永金和張大力、佫樹旺，這都是布衣大師閻道生先生的徒弟，各學的門路還都不一樣，都是揚芬港的老鄉。好，時間關係，今天節目先聽到這兒吧。

——轉録自天津人民廣播電臺『話説天津衛』節目，二〇一七年四月十八日播出（主持人劉哲）

憶閻子陽先生

陳惠民口述

采訪時間：二〇〇七年七月二十五日
采訪地點：霸州市氣象局
參加人員：閻伯群、于其超
記録整理：閻伯群

一九六二年我去的揚芬港。你爺爺病著。我帶吴寳尚去看一看。寳尚上初中，我是他的班主任。寳尚好畫，我對他加班加點，特喜歡他。我説帶你去看看名人。那陣我一月掙三十八元，三四下就花完了。我花兩元買的桃。記得那時桃剛下來，時間比現在早。

你們家生活困難，你叔在楊柳青上學，你爸剛工作，有時還上上海，家裏還養著兩個閑人：一個是你表姑，一個是你表叔，是孤兒。我老去（你爺爺那），你表姑和表叔對我都有印象。那時我已離開揚芬港小學，大家都叫我陳老師。我常過你家門口，一是你爺爺給我的印象，二是與你父親是知心朋友，什麼話都說。我與陳燕尼訂婚，陳第一封信給我，信裏捎了兩塊口香糖，知道我和你爸爸十分要好。你爸爸在天津四中畢業那年，五八年回揚芬港。你爸爸沒考大學。當時你們家裏十分困難，没錢繼續上學，就回家了。你爸爸是共青團員，因爲他學習特別好不考大學，團裏處分了他。學校裏拿他當一個指標，考名牌的。當時你爺爺上天津求人，劉子久是你爺的學生（伯群按：此事係誤傳），求他幫忙，找的畫書簽的活兒，一張書簽三分五分，帶著老花鏡畫，書簽交天津外貿，出口。那時你叔一周回來一趟，拿餑餑，帶飯走，吃一周。（吴寶尚回憶：你叔叔畫得很好，家裏牆上挂著一塊小黑板，放學回家就用粉筆畫上幾筆。我那次去想拜閻先生爲師，但閻先生病著，我們没提這事。）

我給你爺留的印象比較不錯。他和我叫先生，那天告訴我說：先生，我做了一個好夢，夢見一個特別美的景色，等我好了以後，我把這夢給你畫下來。可惜的是，不久你爺爺就去世了。

你爺爺給我留的印象，不是因爲認識你爸爸，早就聽説過，我們這個家願訪這些名人。我小的時候，我上你們西邊的塞上村，我有個姨夫爺，姓曠，他拿著一把扇子，讓我看，説這是子陽先生畫的，説扇面怎麽怎麽值錢，不容易得。介紹了好多子陽先生的事。打那以後，對子陽先生有很好的印象。那時我十幾歲。這個人的孫子叫曠有信，在塞上村。

我五七年夏天到的揚芬港，一進村，是一趟大街，見一個老頭兒，個兒不高，拄拐，戴鏡子，在街上走。他一出現，街道兩旁的人們，不論是大人小孩，不管是乘凉的還是幹活兒的，全站起來，行人也慢下來，一起和他打招呼，都叫他『子陽先生』。他沖大夥點頭，邁小步，快，没站下。我這才知道這是子陽先生。這一年你爸爸正上高二高三，放假迴家去。揚芬港小學又聘他代課，代了一個多月，掙二十多元。因爲你爺爺是畫家，大家都以爲你爸爸也一定會畫，學校開始讓你爸教美術，可你爸會樂器，能拉會唱，什麽都會，就是不會畫畫，就改行教别的。我們打這以後，關係不錯，常常在一起説心裏話。你爸爸很快又走了。這是初次見面。五八年又去，學校裏他只認得我，校長不在，我管事，我們的聯繫多。五八年我們交往很深。我在揚芬港任教，學校没宿舍，有時在你家睡，這時與你爺爺有些接觸。但五八年没有時間説閑話，不等天亮就走，半夜才讓睡覺，没時間聊一聊。

我平時願聽你爺爺的事，好多人一提子陽先生的事我就打聽，問是誰呀。有個叫郝樹什麼的，這人死了，也代過兩天課。他跟我介紹，説這學校是子陽先生賣畫建的，賣了十二張畫。然後，這個也説那個也説，説你爺爺是『華北藝術三杰』，給高級領導必須有閻子陽的畫。具體的，你爺爺從來没説過，非常謙虛。

我所見的你爺爺，在村裏人們從老到小都尊重他。你們家算輩小的，但大家始終把子陽先生當做一個尊敬的老人。因爲這個人道德高尚，給村子裏辦了許多有益的事。

五八至六〇年多困難吶，你們家裏添了兩個孤兒。你表叔給我印象十二三歲，没父母了，大的（表姑）十四五歲，到大姑家來了，寄養著。那時一分錢比現在的十塊還難掙，這時養著兩個人，兒子上學都停了，供不起，老的没有勞動能力，但養著兩個閑人。當大姑的，説侄子、侄女兩句不好聽的，子陽先生不讓。説到咱這住，吃不上喝不上，你怎麼還嚇唬孩子呀。

六二年你爺爺去世，鄉里全去了，吊唁，這在那時代是不可能的。書記、鄉長都去了，很隆重。爲什麼呀，你爺爺的貢獻感動了領導。那陣對文人並不是重視的，也不許大操大辦，在這種情況下悼唁。縣裏去領導没有不知道的。

先生給我單獨畫了一張畫，我那次看他去，給了我四張。那時我没家，放床底下了，是整個家業。一個小包袱就是全部家當。『文革』翻東西，一翻這是國畫，拿走了，是燒了。那學生名我忘了，這是我一生中丢失東西最珍貴的。吴寶尚拿了一張，在『文革』中丢了。看畫集幫我回憶，我没事就翻這本畫册。新中國成立十周年你爺爺爲國慶畫了兩張畫。一個是蘇東坡，再一個是棵老松，有月亮，畫幅很大，我全看了。《夜遊赤壁》畫的四個人，一個船公，印象最深的老船公撑竹篙，那神氣、眼睛，跟活了一樣；蘇東坡帶黑帽子，藍衣；佛印光頭，紫衣。過去人們誰家有閻子陽畫，覺得是無價寶。

你們家古東西有兩件，一是牆上挂的劍，還有桌上放的一個十三根弦的筝，你爺爺給介紹的，原來二十五根，叫琴，後來哥倆分家，争著要，拉開了，一個十二根，一個十三根，叫筝。

你家那陣没立櫃，在屋裏牆上有一塊牆櫥，有一布簾，擋著，裏面放畫，許多，大的小的都有，説你拿吧，隨便。我挑了四個挑，叫琴挑，好的大的不敢拿。吴寶尚没拿大的，也是一個挑（注：此畫爲《桃花源記》，『文革』中燒毁），你爺爺的畫主要是仕女。我記得閻先生送我的畫，有一幅上面有一圓窗，一個仕女探出頭來看菊花。畫的仕女没大眼的，全是半眯，我問過爲什麽，他説古時仕女不能睁大眼，有規矩，東看西看不行，似看似不看的樣子才行。花木蘭應該有英雄氣概吧，在他的筆下都不是瞪大眼。他的主流以仕女爲主，占一定的比例。

我求過你爺爺，五八年過六一兒童節，求他寫字。揚芬港是大鄉，與褚河港在一起，『慶祝六一兒童節大會』幾個字，會標是他寫的。他的書法有很深厚的功夫，是按小孩的筆體寫的。我瞎張羅，有好多難忘的片段。南汝什麼，知道好多事，他妹妹南汝蘭。問問他，净説揚芬港的古事，揚芬港是蘇武牧羊的地方，北海屬静海北邊，叫北海邊，是一堆羊糞。有根據，查史書，有一塊碑，寫『羊糞崗』幾個字。另外找找張汝成，去年我找他，説了幾句，他是勝芳人，在揚芬港的時間長，知道的揚芬港事很多，會説。

你爺爺是學校的董事，當時張耀增是校長。我呆了一年，調到堂二里中學。我和張俊月都是從下邊調上來的。

人們説我在揚芬港呆了四五年，其實才一年。我老去，一是招生，另外是當班主任，進行學生家訪。

（采訪附記：陳惠民，一九三三年生，曾任揚芬港小學教師，後在氣象局工作，從事花卉栽培，建有『老陳花圃』，多次組織詩書畫『菊花筆會』。晚年以讀書爲樂，每天背誦《古文觀止》，但不久又遺忘，再背誦。陳老耳朵已聾，除愛護養花外，還喜歡養鳥，放在自己的枕邊，朋友們很奇怪他聽不見人言卻能聽到鳥語。采訪中，我們以筆提問，他思路敏捷，記憶力驚人，我曾在跨度幾年的時間裏問過他同樣的問題，回答都是一致的。一位受當地人尊重的老派知識分子。）

——原刊《閱廬藝文記》（《天津記憶》第一〇三期）

回憶在揚芬港的日子

李福年口述

采訪時間：二〇一一年六月四日
采訪地點：河北定興張祖莊村
參加人員：謝玉和、李洪鐘、張海濱、王向東、高玉國等
記録整理：閻伯群

我記得十分清楚，是一九五九年的九月一日，我和徐景仁到的揚芬港村。我們是帶著李敦素先生的信去的。之前我們去過信，師爺回信讓去，説家裏正好清净。那時徐景仁是大隊會計，我是出納。我們都愛好繪畫，經閻先生的弟子李敦素介紹，去霸縣投師。

去的時候從北京上車到天津，再坐車到獨流，獨流有擺子，但水大，過不去，有人指引我們，返回楊柳青，順著中亭河大堤走到揚芬港，是一條土道，堤南大窪裏全是水，望不到邊兒。

去的時候正是高粱曬米的時候。你奶奶去了天津你姑家，只剩你爺爺、你父親，還有你父親的女朋友，是個華僑，當時還沒結婚。你家是一明兩暗式屋子，我們談畫，他們兩個在屋子里拉手風琴。

我們和閻先生叫師爺，師爺和我們叫先生。徐景仁的畫好，我負責做飯，師爺和徐景仁老嘮叨畫畫的事，我在一旁聽著。師爺告訴我們，不是拿起來就畫，要是個絹的，拿起來就畫，畫壞了賠不起。底稿貼在牆上，照著畫，畫得不好的地方用紙沾上，再畫，多看看哪兒没毛病了才定稿，算底稿。翻過來，把底稿用炭描，把紙覆在上面，用手摸摸，就成了，炭印印在了上面，不清楚的再補補。根據炭稿畫畫，畫完畫炭就看不見了。

做飯的時候，是一個破瓷盆，上頭放三塊磚，磚上放鍋，燒棒子芯。我燒火，有一次蒸棒子麵窩頭，跑氣了，欠點火，我說：『欠點火。』師爺說：『甜的絲兒的，倒可以。』

師爺用尼龍袋子買了半袋子螃蟹。我們是第一次吃螃蟹。師爺説不貴。用鼓子煮，鼓子是三條腿的鍋，不放鹽，放醬油蘸著吃，還有黄，公的没黄。師爺脾氣很好，給我們講逮螃蟹的過程，説都是黑了逮的，把玉米粒煮熟，串在網綫上，每隔一段放幾個粒，下到河裏，起螃蟹時，撐船慢慢搊綫，不驚動它們，螃蟹就釣上來了。

師爺説過去有幾個徒弟，新中國一成立，他們思想革新，畫汽車、樓啦，都革新了，離我遠了。

師爺新中國成立前在天津周圍名氣很大，説新中國成立後不吃香了，他在日本有畫，在日本被崇拜，新中國成立後受到打擊。

大約住了一個來星期。臨走，師爺拿出了兩張畫稿給我們，讓我們一人畫一個，這張畫稿我帶回來了，是達摩踩葦子，拄著拐杖，鬍子像張飛。『文革』時大隊翻東西，被燒了。

我們帶來了兩包袱畫稿，先生囑咐我們『還給我寄回來』，我保存的有六條屏，其中一張寄回去了。帶來了《詩中畫》一本，也讓我們給寄回去。還有仕女、菩薩、百子圖等。

有一部分畫給師爺寄過去了，留下的畫稿還繼續用。師爺的這幾幅畫稿我畫了一輩子，牆上挂的就是，凡有晚輩結婚布置新房，都求我畫兩幅，我有求必應。

我們和師爺要扇面，没捨得給，師爺説要畫一百個扇面，湊一百張，所以没給我們。給我們帶回來了幾張殘稿，回來後，很喜歡，老用摁釘釘在牆上，時間一長就糟踐了，真可惜。

我們回家的路上，看見拉縴的了。

爲了感謝師爺對我們的照顧，我們給師爺寄去了錢和糧票，師爺又原封退還。

回家後，徐景仁去了哈爾濱畫瓷磚，以此謀生。他墨竹好，因書法好，竹子裏有書法的功力。徐景仁的爺爺是個武秀才，門口有兩個石墩，練武用的。大隊有個舞臺，『精通武藝，强健身體』幾個大字，是徐寫的，用水泥鑄的，現在還有，因爲年頭多了，再次補修過，失了原樣。

徐景仁没了六七年了，是癌症去世的，喉癌，開刀又活了十年八年。

我六個孩子，五個閨女一個小子，如今當了太爺了。

采訪附記：二〇一〇年我們曾去張祖莊村訪問李氏三杰後人，但未及訪問李福年先生，當聽説我們去的消息後，李先生曾托人捎話，希望有機會見面。二〇一一年六月份，我再次去張祖莊村，得見李先生，李先生七十八歲高齡，但身體硬朗，精神矍鑠，記憶力驚人，對在揚芬港村的幾天的細節記憶猶新，可見祖父在他們心中的分量，當聽説我在搜集整理祖父的資料時，李先生拿出了保存了幾十年的畫稿，願意無償捐贈給我，我也以我祖父的畫作相贈。李福年先生從年輕時跛腳，走路不便，五十二年前，當祖父看到李福年輾轉乘車，最後順著十幾里長的河堤一瘸一拐地走到揚芬港村，前來求學時，被感動了。

——原刊《閱盧藝文記》（《天津記憶》第一〇三期）

紅泥小火爐

閻爾芃

父親七十多歲的時候，正是最艱苦的年代，爲了取暖，他每年冬天都自己用泥掇爐子。一是爲了省錢，二是爲了省煤。

爐子的作法很簡單，在河邊弄些紅膠泥，多放些麻刀，再倒上點鹽水，在石板上反復捶打，打得越熟越好。我們家有一個廢棄的燈爐子底座，正好派上了用場。燈爐子底座好像古鼎的三足，從『鼎足』往上掇泥，不可以一氣呵成，只能每天掇製一圈，幾天後才可以掇成。

爐子做得小巧精緻，腔口有十釐米左右，腔底有十五釐米左右，父親在爐子的正面飾成一個人臉，兩只眼睛瞪得圓圓的，是兩個凸出的塗上墨汁的大泥球。鼻子不顯眼，倒是個通鼻梁。鼻頭微向上翻，就在鼻頭處捅一個窟窿，這大大的鼻孔就是爐子當中的氣眼。嘴可太大了，張著血盆大口，我管它叫『老虎大張嘴』。小小泥爐讓父親裝飾得靈氣活現，栩栩如生。再用三根粗鉛絲作爐條，在泥爐子和底座之間穿過去，這個別致完美的泥爐子就大功告成了。

當時，農村買不到煤，全仗著城市裏的姐姐們千方百計省下一點煤來支撑家裏人取暖。儘管如此，煤還是不充裕的。父親白天總是要寫字畫畫，晚上還要在燈下讀書，睡得很晚，屋子裏哪能没有一點火。在這種情況下，父親的小火爐應運而生，可謂取暖、省煤、美觀、好用。生上火，爐口吐著火舌，總是上中下三明。父親盤腿坐在爐邊的炕沿上，兩手在爐口上烤著火，欣賞著自己的『杰作』，心裏美滋滋的。

晚上，用小砂鍋燉水，在砂鍋與泥爐的縫隙間再放上兩個紅棗。一會兒，棗子烤得似焦非焦，體積迅速膨脹起來，一股濃香隨著砂鍋裏沸水的蒸汽在屋子裏迴旋著，讓屋裏的人都享用這人間美味。茶泡好了，父親從容地呷著，又把壺底下泡開了花的棗子吞進嘴裏，慢慢地咀嚼，他眯著雙眼，那布滿褶皺的臉上，微微泛著潮紅。

對著自己做的泥爐子，父親總愛低聲吟誦白居易的詩：『緑螘新醅酒，紅泥小火爐。晚來天欲雪，能飲一杯無。』當時我們雖然很窮，酒還是有的。不過遠不如劉十九，因爲只有過年時，父親才捨得喝上一杯。至於屋子裏的温暖，倒不全在於泥爐子内的煤火，而是這五言絶句詩韻裏散發著的融融春意。

别小看這個泥爐子，它可給父親立下了汗馬功勞，他常對我們説：『生上這小爐子，不管外面是陰是晴，是風是雪，心裏總是熱乎乎的。』父親説得很對，就是這個泥爐子，陪伴父親戰勝了無數個風雪交加的夜晚，度過了幾度食不果腹的嚴冬，也見證了父親在艱苦的日子，創作出的很多鮮爲人知的美妙畫卷。

——原刊《閲廬藝文記》（《天津記憶》第一〇三期）

津門的牽牛花

閻伯群

一九五四年重陽日，閻道生於《美術叢書》眉批中，回憶天津公園圖書館、天津怡和洋行、緑蕖畫會三處的牽牛花，以畫家所特有的對顔色的敏感，敘及昔年花事。『牽牛花，畫中多是藍色，高手能用石青襯以粉，點綴秋景，極爲醒目。餘幼時所見只藍、白二色，筒高花小，及午則萎。民初，天津公園圖書館有一壁牽牛，凡六色，是紅、藍、紫、雪青、月白、淺緑、藍質白邊，其花大於上産二倍，且曉開至晚，一日長殷。據雲，是日本種子。又隔數年，接交曹君振升，伊掌怡和洋行，庭院闊大，種兩壁牽牛花，有十五色。我喜得其種，植於庭院及北園。民二十六七年兩遭洪水，竟失此種。及組成南園，又覓此子來，三十二年，植之滿庭。誰料可愛的花將蓓蕾，竟遭六月十四夜之匪火，從此滄桑幾變，不復有昔年之佳興也。當時天津緑蕖畫社展覽有盆景七十二色的牽牛，盆景摘蔓不使伸長也。此會曹振升曾往，餘未之見。前言十五色者，是深藍、淺藍、月白、深紫、淺紫、雪青、絳色、灰色、純白、白質藍章、藍質白章、大紅、肉色、淡紅、白花藍邊、白花紫邊。』

——原刊《今晚報》二〇一六年八月二十九日

附录

一、閻道生年譜簡編

閻伯群整理

一八八四年（光緒十年 甲申）一歲

農曆癸未年臘月二十九日（一八八四年一月二十四日），生於河北安次縣褚河港村姥姥家，兩天之后即進入農曆甲申年。閻家祖居静海縣揚芬港村（今屬河北省霸州市），清初遷居獨流鎮，光緒年間父親閻炳萱遷返原籍。父親閻恩焕，字炳萱。閻炳萱早年行醫，後以教書爲業，時在江西教專館。

一八九二年（光緒十八年 壬辰）九歲

從父讀書，學習《詩經》。

一八九五年（光緒二十一年 乙未）十二歲

水鄉常見的螃蟹成爲閻道生最初的繪畫素材。

拜一鄉村畫師學畫花卉，後在楊柳青炒米店隨師賣畫。

一八九六年（光緒二十二年 丙申）十三歲

在天津石竹齋以三角錢購得『明月爲賓』油暇石一方，經友人改刊爲『子陽』。

書法初師黄山谷，繪畫私淑任伯年。

一九〇一年（光緒二十七年 辛丑）十八歲

與一同鄉朋友投考湖北武備學堂。

一九〇二年（光緒二十八年 壬寅）十九歲

棄學北歸，遊歷湖南、湖北名山大川，臨摹寫生。

一九〇九年（宣統元年 己酉）二十六歲

受聘於直隸教育圖書局，在畫學部繪製教科書插圖，同時受聘於商務印書館天津分館。

一九一二年（民國元年 壬子）二十九歲

在直隸提學使司學務公所社會科從事年畫改良工作，任主筆。兼任天津《民約報》畫刊編輯。出版石印改良年畫《幼稚園》《家庭教育》《戒早婚》《戒纏足》《打球圖》《新小學與舊私塾比較圖》《孟母擇鄰》等。同時爲戴廉增畫店出稿，出版木版年畫。

九月，入天津中華武士會本部第一班學習，拜師李存義。

一九一三年（民國二年 癸丑）三十歲

加入天津書畫慈善會。

出版改良年畫《班超投筆》《破除迷信》《遊楊立雪》《家禽守信》《阿財教子》《戒遊惰》等。

一九一五年（民國四年 乙卯）三十二歲

出版改良年畫《樓護重義》。

作工筆人物畫《賞梅圖》。

一九一六年（民國五年　丙辰）三十三歲

五月，中華武士會本部第一班學員畢業，在中山公園舉行畢業典禮。執教於天津中華武士會，專事繪畫、武術。

與杜之堂合作，爲李存義著作《形意五行連環拳譜合璧》《五行劍譜》《八字功譜》《連環劍譜》《三十六劍譜》《飛躍劍譜》《梅花劍譜》等绘圖。

一九一七年（民國六年　丁巳）三十四歲

作工筆人物畫《遊春仕女圖》《楊妃賞花圖》。

一九一八年（民國七年　戊午）三十五歲

師友王耀成（字德修）爲其批改詩歌多首。

作工筆人物畫《升仙記》。

隨中華武士會參加北京萬國賽武大會。

保定陸軍學校成立武術研究社，由張蔭梧編輯，印行《武術研究社成績録》，内容係中華武士會教材。後由張蔭梧等人傳播到山西、雲南等地師範學校。

一九一九年（民國八年 己未）三十六歲

重訂潤格。

一九二一年（民國十年 辛酉）三十八歲

改字至陽。

繪製古譜《十劍譜》，贈弟子李敦素。

作工筆人物畫《東坡趣事》。

重訂潤格。

一九二三年（民國十二年 癸亥）四十歲

校閲友人楊明漪《近今北方健者傳》，由直隸教育圖書局印行。

一九二四年（民國十三年 甲子）四十一歲

民國廿九年三月二十六日《新天津畫報》報導：『桃林西沽大堤，有桃千株，春朝夭秾競艷，玉樹交枝。甲子秋日，閻子陽畫伯避兵來津，築屋而居，奇士馬覺非（阜）下榻其家，唱和之雅，冠絶一時。』

在家鄉開辦『甲子閱報社』。

一九二五年（民國十四年 乙丑）四十二歲

珂羅版《閻道生畫册》完成製版，收入《趙飛燕》《魯公寫經》《翠石仙鶴》《柳蔭清溪》等作品，後因故未印行。

重訂潤格。

一九二六年（民國十五年 丙寅）四十三歲

民國十四年十月，直隸督辦李芳宸敗走天津，武術會變爲駐軍之區，朝夕支應，不堪其勞，遂於丙寅清明前解脱會務歸家，移案幾於家祠，專以畫爲事。六月間赴津，張羅畫件藉籌武士會之事，小住六七日。

一九二七年（民國十六年 丁卯）四十四歲

七月，復履津作畫。

一九二八年（民國十七年 戊辰）四十五歲

天津中華武士會解體。本會自一九一二年成立，歷經十六年，閻道生自始至終鼎力襄辦。

入程海亭、蔣馨山主持的天津净業國技研究社。

一九三〇年（民國十九年 庚午）四十七歲

作品參加中日現代名家繪畫聯展。天津市立美術館爲其攝像立傳，舉辦個人畫展。

一九三一年（民國二十年 辛未）四十八歲

六月，夫人傅柳青去世。

十一月，天津便衣隊暴動。將所有應用之物由浄業庵移至西沽桃林學校，步行歸家。

一九三二年（民國二十一年 壬申）四十九歲

繼婚侯氏。

一九三三年（民國二十二年 癸酉）五十歲

七月，住西沽桃林學校，爲吴華稌作扇，馬覺非題五絕四首。

十月，《十三劍》成。

一九三四年（民國二十三年 甲戌）五十一歲

創辦揚芬港女子學校。學制四年，教室在閻家祠堂大廳内。

一九三六年（民國二十五年 丙子）五十三歲

捐建揚芬港完小。該樓取樣於天津侯家後民三十八校，上下十六間，費資二千四五百元。

一九三七年（民國二十六年 丁丑）五十四歲

脱離天津武術界、書畫界，隱居家鄉。

一九三八年（民國二十七年 戊寅）五十五歲

作人物畫《李嵩賞花》。

一九四〇年（民國二十九年 庚辰）五十七歲

住静海縣城，鬻畫爲生。

一九四三年（民國三十二年 癸未）六十歲

六月，匪東挺支隊入村，全村被搶，閻宅被燒搶一空，閻道生被綁架。此劫，被焚古籍珍本數百卷，畫稿五六百種，計十年所作。

冬，續訂《閬廬集印》手册，僅收印章數方，原件七十枚已遭匪火。

一九四四年（民國三十三年 甲申）六十一歲

彙集定稿《閱盧題畫詩》兩册。

一九四六年（民國三十五年 丙戌）六十三歲

是年，創作豐收，畫作頗多。

繪製《蘆塘漁槳》《漁樵問答》《范蠡五湖》等絹本册頁，擬印製畫册。

一九四九年（民國三十八年 己丑）六十六歲

八月，洪災。冬，大饑，幸得爾恒侄救助。

一九五〇年（庚寅）六十七歲

六月，王慶坨扒方公堤泄水，揚芬港附近數十里成澤國。中亭堤決口，全家被困。

一九五一年（辛卯）六十八歲

作人物畫《弄玉吹簫》，參加河北省書畫展。

一九五五年（乙未）七十二歲

作人物畫《荷上觀音》《微雨雙燕》等。

是年，多病。

一九五六年（丙申）七十三歲

作品參加河北省、天津市美術展覽。《赤壁夜遊》等赴日本展出。

一九五七年（丁酉）七十四歲

加入天津國畫研究會。參加天津地區文藝座談會。參加霸縣文化會。

作人物畫《千古雄風》《嫦娥奔月》等。

一九五八年（戊戌）七十五歲

作《花卉寫生》一册。

是年，作大量反映現實題材生活的作品。

一九六〇年（庚子）七十七歲

作山水人物《攜琴訪友》。

一九六一年（辛醜）七十八歲

患淋巴癌卧床。秋冬季節，作絶筆畫《端午蟾蜍》，以蟾蜍自比。

一九六二年（壬寅）七十九歲

七月二十二日淩晨二時，病逝於揚芬港村家中。

二、閻道生著述目録

閻伯群整理

一、出版

《閻道生畫册》（一九二五年），此書未印刷，但已經完成製版。現存柯羅版五塊，分别爲《風舞留仙》《魯公寫經》《翠石仙鶴》《柳蔭清溪》《紅雲樓觀》，其他毀佚。

《形意五行連環拳譜合璧》《五行劍譜》《八字功譜》《連環劍譜》《三十六劍譜》《飛躍劍譜》《梅花劍譜》等圖譜，民初天津中華武士會學員系列教材。其中《形意五行連環拳譜合璧》《三十六劍譜》爲石印本，其他僅見油印本。李存義口述，杜之堂輯録，閻子陽配圖。原書均無版權頁。二〇一七年，北京科技出版社出版《李存義武學輯注》（三册），收入全部内容，閻伯群、李洪鐘校注。二〇一九年，臺灣大展出版社再版。

《十劍譜》（繪圖），繪於二十世紀二十年代初，二〇〇九年八月臺灣逸文武術文化有限公司出版。

術文化有限公司出版。

《太極拳譜十三勢形勢與應用》，閻道生輯録，二〇〇九年十一月臺灣逸文武術文化有限公司出版。

《形意林泉劍》，閻道生晚年編，閻爾芃整理，二〇一〇年三月臺灣逸文武術文化有限公司出版。

《閲廬日記》，閻道生一九二五年至一九六一年日記。據《天津記憶》第二十六期版本，二〇一〇年十月臺灣逸文武術文化有限公司出版。

《閲廬信札》，據《天津記憶》第六十一期版本，二〇一〇年十月臺灣逸文武術文化有限公司出版。

《閻至陽畫集》，二〇〇一年天津人民美術出版社出版。收録閻道生作品五十幅。八開，彩色印刷。

二、内部印行

《閲廬詩集》，閻叢、閻爾芃編輯。選録閻道生詩詞一一五首。二〇〇四年印行。大十六開本。

《閲廬書畫》，閻爾芃編輯。選録閻道生書畫作品五十幅。二〇一一年印行。

八開，彩印。

《閱廬日記》（《天津記憶》第二十六期），二〇〇九年十一月印行。收録閻道生一九二五至一九六一年日記。附録閻道生書信十通。

《閱廬往來存劄》（《天津記憶》第六十一期），二〇一〇年十月印行。閻道生、馬覺非等撰。分爲《名劄集存》《閱廬家書》《師友飛鴻》三部分，九十六通。

《唐宋詩合選繪圖》（《天津記憶》第六十五期），二〇一〇年十月印行。閻道生課子讀本，收録閻道生繪圖九十八幅。

三、稿抄本

《閱廬集印》，手稿。一九四三年閻道生自製。三十二開本。

《閱廬題畫詩》兩册，手稿。一九四三年閻道生自製。十六開本。

《形意六合拳譜》兩册，手稿。上册爲形意古拳譜，録於民初。三十二開本。下册爲器械套路，録於二十世紀三十年代。十六開本，用直隸教育會稿紙書寫。

《閱廬早期詩歌》，閻道生自製詩歌剪貼本。原本爲形意拳譜手迹，内頁剪貼詩歌手迹，詩歌三十一首，同時附有王耀成評點。三十二開本。一九一八年制。

《閲廬花卉册》（寫生），一九五八年繪製。收録閻道生繪製的花卉寫生作品三十餘幅。大三十二開本。

《高士傳》摹本，《於越先賢傳》摹本，《劍俠傳》摹本，均二十世紀二十年代摹繪。

《閲廬本草》一册，手稿。閻道生輯録中醫藥方。

《閲廬手札》兩册，手稿。閻道生抄録前人詩歌作品。

三、閻道生傳記資料

閻道生小傳

閻道生，字子陽，静海之揚芬港村人。世業儒。父炳萱，善音韻，喜昆弋。子陽即根抵家學，更喜古今體詩，善繪畫。書初師山谷，後摹石門銘及素師狂草，復力追殷周鼎彝金石之學，文器兼重，考據頗勤。遍遊湖南北，民國元年歸津後，襄辦中華武士會，有終焉之志。習形意，十餘年尤篤愛劍，所好頭合劍、二合劍、八卦劍、龍形劍、三十六劍、連環劍、十劍以及十三刀法，皆精妙，有心得。中華武士會矗立十餘年之久，經劫不稍頹者，子陽與有力焉。爲人沉默寡言，不以其能示人。售畫自給。年四十矣，力行不輟，殆褒揚學術無懈心者。

明漪曰：予與子陽友善十餘年，相談拳械書畫事甚衆，見其精治縑素，資酬臂助之人，予曰：何爲自苦哉，此會非君家物，且平民教育，爲人群互助之業，責不專在我輩。子陽曰：君子哉若言，視世人皆禹稷矣，然國粹湮没，世不之信，且有以多事目我者，以是得不傾覆，區區書畫何珍焉。津門售畫，子陽門人及他畫家，多冒其名而得善價，子陽手迹少，人重之。又與書畫家辦書畫慈善會，以爲常，嘗奔走冰天雪地中不輟，饑溺之懷，同乎古初，可以愧當時風天下矣。十劍，極飛躍閃變之妙。十三刀法，殆即五公山人受之孫夏峰者。

——楊明漪著《近今北方健者傳》（一九二三年直隸教育印書處印行）

閻子揚小傳

閻子揚，字泰生（按，道生字子陽），扬芬港人，擅長人物，雖寥寥數筆，而神態生動，近則兼繪山水，渲染特妙，頗有山林之氣，指頭草畫，亦豪邁超卓，惟惜墨如珍，倘非其人，雖豪勢巨金，亦不輕作，其賦性古傲，頗有八大山人之風，爲近今不可多得之作家。曾憶民初有師範學生夥其作畫，慨然命筆，繪一妙齡婦手提溺器（尿壺），素服麻冠，類似新寡，悲慘之狀，活躍紙端，題曰《孝婦哭壺》，寓意滑稽，見者絶倒，並於繪事之暇，兼習武術，亦頗有深造，現居天津中山公園武士會。

——《益世報》一九三〇年二月七日

閻道生像題記

閻道生，字至陽，號閬廬，河北人，能書擅畫，好劍術，喜歌咏，性恬默，不以其所能示人。家貧以畫自給，故以畫名。人物山水筆法偉岸，欲學陳章侯而復參己意，邈然高遠，極斥脂粉蹊徑，故白描畫尤重於世。復追殷周鼎彝之學，文器兼重，考據頗勤，今年四十又六矣，尚力行不輟，殆保揚國學，無懈心者。

——一九三〇年天津特別市市立美術館籌備處印

閻道生小傳

武術科目：閻道生，字至陽，静之扬芬港人。父炳萱，善音韻，喜昆弋。至陽即根柢家學，更喜古今體詩，兼攻繪畫。建元前曾遍遊湖南北。歸津後，襄辦中華武士會，有終焉之志。習形意十餘年來，尤篤愛劍，所愛頭合劍、二合劍、八卦劍、龍形劍、三十六劍、連環劍、十劍以及十三劍法，皆精妙，有心得。中華武士會矗立十餘年之久，經劫不稍頹者，至陽與有力焉。爲人沉默寡言，不以其能示人。售畫自給。年四十矣，力行不輟，殆發揚學術無懈心者。

書畫科目：閻道生，字至陽，以老人著名。

——元殿元纂《静海縣志》（一九三四年刊本）

閻道生小傳

閻子揚，字道生。武清扬芬港人，居津甚久。善書畫。人物、仕女宗改七薌、費小樓。鬱友李貫三藏有道生所畫梅花仕女横幅。設色淡雅，極静逸之致。

——陸辛農撰《天津書畫家小記》（刊於一九八九年《天津文史叢刊》第十期）

四、閻道生書畫作品存目

《賞梅圖》（横幅鏡心　設色絹本）横五十釐米　縱三十三釐米（一九一五年作）

題識：連宵風雪怯憑欄，忽報朝暾破曉寒。一片泠香清徹骨，萬花如玉卷帷看。乙卯秋日閻道生作於津上。

鈐印：道生私印（白文）　子陽（朱文）

《麻姑獻壽》（立軸人物　設色絹本）横六十六釐米　縱九十九釐米（一九一六年作）

題識：丙辰之冬，子陽寫於津上。

鈐印：閻道生印（白文）　子陽（朱文）

《踏青圖》（人物立軸　設色絹本）横五十二釐米　縱九十四釐米　（一九一七年作）

題識：繡鞋徐步踏青時，流水橋西弄柳絲。猶見梅梢鎖殘雪，杏花幾日放胭脂。星垣先生大雅之政。丁巳孟冬道生作於津上。道生。

鈐印：閻道生印（白文）　子陽（朱文）

《楊妃賞花圖》（立軸人物　設色絹本）横四十九釐米　縱九十七釐米（一九一七年作）

題識：天寶遺事，禁中初有木芍藥植於沉香亭北。時花盛開，上召太真以步輦從。李龜年手捧檀板，押衆樂工將歌。上曰：『賞名花，對妃子，焉用舊樂詞？』命龜年持金花箋賜李白，詔進《清平調》詞三章。少溪五兄雅屬。閻道生作，時丁巳之冬。

鈐印：閻道生印（白文）　子陽（朱文）

《升仙記》（立軸人物　設色絹本）横六十七釐米　縱一三六釐米（一九一八年作）

題識：戊午孟春閻道生作。

鈐印：子陽（朱文）

《黄泥霜月》（立軸人物　設色紙本）横三十五釐米　縱一三二釐米（約一九一八年作）

題識：人影在地，仰見明月。子陽寫於津上。

鈐印：子陽翰墨（朱文）

《東坡題壁圖》（立軸人物　設色紙本）横三十五釐米　縱一三二釐米（約一九一八年作）

題識：看山詩就旋題壁。李伯時有此畫册，不爲凡筆也。偶臨之，未知有林下風味否？子陽。

鈐印：閻道生印（白文）

《雨餘山色》（横幅山水　水墨紙本）横七十二釐米　縱四十釐米（一九一九年作）

題識：雨餘山色暖凝春，策杖尋幽對夕曛。江上畫圖和月載，山中雞犬隔煙聞。

東風瑶草香初滿，流水林花路不分。此處仙源知不遠，底須騎鶴訪茅君。已未春初爲樹峰兄正。子陽畫。

鈐印：閻氏道生（朱文）

《高山流水》（立軸山水　設色絹本）横四十五釐米　縱六十六釐米（一九二〇年作）

題識：庚申冬日。道生寫意。

鈐印：子陽（朱文）

《捉蒙蒙》（横幅鏡心　設色紙片）横一二七釐米　縱六十七釐米（一九二〇年作）

題識：蒙面不見人，暗中自摸索。莫笑兒童愚，世事如漆黑。庚申秋。子陽寫。

鈐印：閻氏道生（白文）

《課子讀書圖》（立軸人物　設色紙本）橫三十三釐米　縱一三二釐米（約一九二〇年作）

題識：稻粱冬月足，閑自課兒孫。子陽閻道生作於津上。

鈐印：閻道生印（白文）　子陽（朱文）

《東坡趣事》（立軸人物　白描絹本）橫五十五釐米　縱一四〇釐米（一九二一年作）

題識：東坡退朝，食罷，捫腹徐行，顧謂侍兒曰：『且道是中何物？』一婢遽然曰：『多是文章。』坡不以爲然。又一婢曰：『無非機械。』坡不以爲當。至朝雲乃曰：『學士一肚皮不合時宜。』坡乃捧腹大笑。民國十年春日閻道生畫於津上。

鈐印：閻仲子（白文）　至陽（朱文）　梅華夢香（朱文）

《魯公寫經》（橫幅人物　絹本）規格不詳（一九二二年作）

題識：德修仁兄先生教正。壬戌秋日道生謹畫。

鈐印：道生（白文）　子陽（朱文）

《淵明撫松圖》（立軸人物　設色紙本）横四十六釐米　縱一六七釐米（約一九二二年作）

題識：杖笻來東皋，青松孤陰近衡宇，薄日映層標。念此有貞操，與之一逍遥。道生。

鈐印：子陽（朱文）子陽（朱文）

《元章拜石》（立幅人物　設色紙本）横四十一釐米　縱一六五釐米（一九二三年作）

題識：元章愛硯復愛石，探瑰抉奇久爲癖。石兄足拜自寫圖，可識顛名不虚得。子陽作。

鈐印：閻氏道生（白文）

《挂角讀書》（立幅人物　設色紙本）横四十一釐米　縱一六五釐米（一九二三年作）

題識：烏犍耳濕濕，乘之穩如舟。角帶漢家書，展誦行夷猶。意懷斷蛇翁，亦起匡時謀。桓桓諸將士，一見應低頭。

鈐印：子陽（朱文）

《山陰訪戴》（立幅人物　設色紙本）横四十一釐米　縱一六五釐米（一九二二年作）

題識：山陰訪戴。道生寫時壬戌之歲。

鈐印：閻道生印（白文）

《終南進士》（立軸人物　設色紙本）横四十一釐米　縱一六五釐米（一九二二年作）

題識：五午家家蒲酒香，終南進士亦壺觴。太平時節無妖厲，任爾遨遊到醉鄉。子陽寫。

鈐印：子陽（朱文）

《紅雲樓觀》（橫幅山水　絹本）規格不詳（約一九二二年作）

題識：海上群峰映紫霞，紅雲樓觀是仙家。誰吹玉笛春風起，千樹碧桃都作花。閬盧。

鈐印：閻仲子（朱文）

《竹林溪水》（橫幅山水　絹本）規格不詳（約一九二二年）

題識：閬盧繪事。

鈐印：閻道生印（白文）

《促織兒戲》（橫幅鏡心　設色紙本）橫八十六釐米　縱四十五釐米（約一九二二年作）

題識：子陽題。

鈐印：子陽（朱文）

《南極獻壽》（立幅人物　設色紙本）横三十六釐米　縱一三七釐米（約一九二二年作）

題識：西池蟠桃大如斗，色是濃艷味如酒。開花結實三千年，食之共天地長久。子陽畫。

鈐印：閻道生印（白文）

《翠石仙鶴》（横幅花卉　絹本）規格不詳（約一九二三年作）

題識：引員吭之纖婉，頓修趾之洪姱。疊霜毛而弄影，振玉宇而臨霞。鐘浮曠之藻質，抱清迥之明心。指蓬壺而翻翰，望昆閬而揚音。帀日域以回鶩，窮天步而高尋。至陽節鶴賦。

鈐印：至陽（白文）

《秋江漁釣圖》（立幅山水　水墨紙本）横五十五釐米　縱一一五釐米（約一九二三年作）

題識：移舟向潭石，投釣臨溪流。餘性本澹蕩，況此蒼江秋？白日既濯濯，清飆何瀏瀏。適意非在魚，所希與神遊。悠哉共恬淡，惟應沙際鷗。子陽寫。

鈐印：閻道生印（白文）子陽（朱文）

《趣兒圖》（立軸人物　設色紙本）橫六十釐米　縱一三二釐米（一九二三年作）

題識：敦素賢世講補罅。子陽作時癸亥秋日。

鈐印：閻道生印（白文）子陽（朱文）

《飛燕圖》（扇面人物　紙本）（一九二三年作）

題識：雉扇霓旌錦作圍，避風臺上不勝衣。身輕每欲隨風去，追逐花間赤鳳飛。甲子秋日道生作飛燕圖，題翟佑句。

鈐印：閻道生印（朱文）

《柳蔭漁父》（立幅人物　設色紙片）橫五十二釐米　縱一三四釐米（約一九二四年作）

題識：子陽寫意。

鈐印：閻道生印（白文）子陽（朱文）

《柳蔭漁隱》（立幅人物　設色紙本）横五十六釐米　縱一三二釐米（一九二四年作）

題識：得魚换酒笑向天，月落空江自歌曲。甲子新冬子陽寫意。

鈐印：閻道生印（朱文）子陽（白文）

《松陰論古》（横幅紙本　水墨山水）横一二五釐米　縱七十釐米（一九二五年作）

題識：偶然值鄰叟，談笑無還期。乙丑暑天畫。爲子瑞小族祖補壁。道生。

鈐印：閻道生印（白文）

《梅林群艷》（立軸人物　設色絹本）横八十三釐米　縱一五四釐米（一九二六年作）

題識：丙寅春日道生繪。

鈐印：道生世鉢（白文）至陽閻氏（朱文）

《映雪圖》（立幅山水　設色紙本）横四十六釐米　縱一六四釐米（一九二六年作）

題識：檐雪不能掃，留映寒窗白。書字細如蠅，坐看還歷歷。華燈照歌帳，誰似南鄰客？至陽丙寅秋日作。

鈐印：閻道生印（白文）至陽（朱文）

《儒生滋味》（立軸花卉　水墨紙本）横三十六釐米　縱一三〇釐米（水墨花卉四屏之一）（一九二八年作）

題識：咬得菜根，百事可爲。老蓮有此畫本。道生畫於閱廬。

鈐印：道生世鉢（白文）

《茅檐風色》（立幅花卉　水墨紙本）横三十六釐米　縱一三〇釐米（水墨花卉四屏之二）（一九二八年作）

題識：茅檐風色。道生寫意。

鈐印：至陽閻氏（朱文）

《臨風帶雨》（立幅花卉　水墨紙本）横三十六釐米　縱一三〇釐米（水墨花卉四屏之三）（一九二八年作）

題識：剪取一枝風帶雨，不教私淑宋東坡。至陽寫竹。

鈐印：道生世鉢（白文）

《羅浮仙子》（立幅花卉　水墨紙本）横三十六釐米　縱一三〇釐米（水墨花卉四屏之四）（一九二八年作）

題識：羅浮仙子飲流霞，醉倒孤山處士家。幾度春風吹不醒，至今顔色似桃花。一枝春寄小江南，獨立迎風獨自寒。淡月細香清絶處，玉人和淚倚闌幹。戊辰春閬盧寫意。

鈐印：閬盧長宜（朱文）

《緑天庵學書》（設色人物　紙本）横四十六釐米　縱一七七釐米（約一九二八年作）

題識：能翻梵王字，妙絶伯英書。遠鶴無前侣，孤雲寄太虚。道生寫懷素。

鈐印：閻家書畫（白文）。

《圯上受書》（立軸人物　設色紙本）横四十六釐米　縱一七七釐米（約一九二八年作）

題識：皇極誰銷秦火餘，勳華消息竟何如。漢家事業空無補，每恨龍鍾一卷書。至陽。

鈐印：閻道生印（白文）

《南宮拜石》（立軸人物　設色紙本）横四十五釐米　縱一五二釐米（人物六扇屏之一）（一九二九年作）

題識：元章愛硯復愛石，探瑰抉奇久爲癖。石兄足拜自寫圖，可知顛名不虚得。至陽畫。

鈐印：道生年四十而稱至陽（白文）

《雲林洗桐》（立軸人物　設色紙本）橫四十五釐米　縱一五二釐米（人物六扇屏之二）（一九二九年作）

題識：雲林洗桐圖。至陽參老蓮畫法。

鈐印：閬廬繪事（朱文）

《巢父樹居》（立軸人物　設色紙本）橫四十五釐米　縱一五二釐米（人物六扇屏之三）（一九二九年作）

題識：耕田鑿井不知勞，長恐逃名未得逃。最喜帝堯平治事，一犁春雨滿東皋。道生畫巢父。直華先生屬。至陽己巳年寫。

鈐印：閻氏道生（白文）閬廬書畫（白文）

《東山絲竹》（立軸人物　設色紙本）横四十五釐米　縱一五二釐米（人物六扇屏之四）（一九二九年作）

題識：家山花柳春，侍女髻鬟緑。出處亦何心，晴雲在空谷。閬廬寫東山。

鈐印：至陽（白文）

《葛洪移居》（立軸人物　設色紙本）横四十五釐米　縱一五二釐米（人物六扇屏之五）（一九二九年作）

題識：葛仙移居。閬廬寫意。

鈐印：至陽世鉢（朱文）

《東坡赤壁圖》（立軸人物　設色紙本）横四十五釐米　縱一五二釐米（人物六扇屏之六）（一九二九年作）

題識：老瞞雄視欲吞吴，百萬樓船一炬枯。留得清風明月在，網魚謀酒付髯蘇。道生作。

鈐印：至陽（朱文）

《秋水泛舟》（立幅山水　設色絹本）橫四十八釐米　縱八十四釐米（一九二九年作）

題識：庚午孟冬閻道生作於津上。

鈐印：道生世鉢（白文）

《雪村暮歸》（立幅山水　設色絹本）橫四十四釐米　縱八十三釐米（一九二九年作）

題識：至陽畫。

鈐印：閻仲子（白文）

《竹林溪徑》（山水扇面　水墨絹本）（一九二九年作）

題識：庚辰春日至陽寫。

鈐印：至陽（朱文）

《折梅仕女》（立軸人物 設色絹本）横三十三釐米 縱一二八釐米（一九三〇年作）

題識：閲廬庚午冬日繪。

鈐印：至陽（朱文）

《猿猴梅樹》（立軸花卉 設色紙本）横三十一釐米 縱一三二釐米（走獸花卉四屏之一）（一九三一年作）

題識：漏板敲愁夜驚冷，露井梧桐濕無影。海風吹星消碧煙，青天不見纖月懸。嫦娥淚泣桂花老，誰知兔魂沉水底。巫猿激烈心欲飛，便伸長手撈摸去。夷神叱吒蛟龍怒，翻倒滄海上天去。歲辛未冬道生畫。

鈐印：至陽（朱文） 閻道生印（白文）

《雙兔芙蓉》（立軸花卉 設色紙本）横三十一釐米 縱一三二釐米（走獸花卉四屏之二）（一九三一年作）

題識：霜寒玉綫亂秋衣，葉重花深草氣肥。靈藥更無人肯餌，素娥應道不如歸。

至陽。

鈐印：道生世缽（朱文）　北溟劍士（白文）

《狸奴蘭蕙》（立軸花卉　設色紙本）横三十一釐米　縱一三二釐米（走獸花卉四屏之三）（一九三一年作）

題識：風和日麗，沙軟草香。狸奴蹲視，鳳子飛翔。曰耄曰耋，爾壽爾康。至陽。

鈐印：道生（朱文）　求慧無上（白文）

《獅巴黄菊》（立軸花卉　設色紙本）横三十一釐米　縱一三二釐米（走獸花卉四屏之四）（一九三一年作）

題識：深宫飽食姿猙獰，卧毯眠氈慣不驚。卻被卷簾人放出，竹籬花下吠新晴。閱廬題貢性之句。

鈐印：閱廬書畫之章（白文）　鏡珊（朱文）

《柳溪牧笛》（立軸人物　設色紙本）橫三十一釐米　縱一三八釐米（柳溪人物四扇屏之一）（約一九三一年作）

題識：笛弄晚風三四聲。閬廬寫意。

鈐印：道生世鉢（白文）

《王質爛柯》（立軸人物　設色紙本）橫三十一釐米　縱一三八釐米（柳溪人物四扇屏之二）（約一九三一年作）

題識：閑看數著爛樵柯，澗草山花一刹那，五百年來棋一局，仙家歲月已無多。閬廬。

鈐印：至陽（朱文）

《孫康映雪》（立軸人物　設色紙本）橫三十一釐米　縱一三八釐米（柳溪人物四扇屏之三）（約一九三一年作）

題識：孫康苦志惜居諸，雪夜無燈興有餘。冷地白光生破屋，自然開眼見詩書。道生作。

鈐印：道生（朱文）

《竹下清音》（立軸人物　設色紙本）横三十一釐米　縱一三八釐米（柳溪人物四扇屏之四）（約一九三一年作）

題識：素軫披揚風正淡，朱弦清爽月初明。至陽作。

鈐印：閻道生印（白文）

《坐看雲起》（立軸山水　絹本）横五十釐米　縱九十九釐米（約一九三一年作）

題識：坐看雲起時之樂。厚庵法家仁兄雅正。至陽道生。

鈐印：閻道生印（白文）　紫暘（朱文）

《鍾馗嫁妹》（立軸人物　設色紙本）横五十三釐米　縱一二八釐米（約一九三二年作）

題識：華秾仁兄先生雅屬。閻道生畫於津上。

鈐印：閻道生印（白文）　至陽（朱文）

《范蠡五湖》（立軸人物　設色紙本）横三十三釐米　縱一三二釐米（人物四屏之一）（一九三三年作）

題識：報吴小試計然謀，不覺功成已白頭。只與西施同載去，煙波隨地著扁舟。閬廬作。

鈐印：至陽（朱文）

《漢陰抱甕圖》（立軸人物　設色紙本）横三十三釐米　縱一三二釐米（人物四屏之二）（一九三三年作）

題識：鑿井爲畦並漢皋，區區抱甕不辭勞。古人伎倆今人笑，舉世師師尚桔槔。道生作。

鈐印：閬廬書畫之章（白文）

《孫康映雪》（立軸人物　設色紙本）横三十三釐米　縱一三二釐米（人物四屏之三）（一九三三年作）

題識：孫康苦志惜居諸，雪夜無燈興有餘。冷地白光生破屋，自然開眼見詩書。

道生繪時癸酉冬日。

鈐印：閻道生印（白文）

《煙波釣徒》（立軸人物　設色紙本）橫三十三釐米　縱一三二釐米（人物四屏之四）（一九三三年作）

題識：寫張志和故事。道生。

鈐印：至陽（朱文）

《竹陰憩女》（立幅人物　白描絹本）橫三十三釐米　縱一三三釐米（一九三五年作）

題識：瑶臺無信托青鸞，一寸芳心思萬端。莫向東風倚修竹，輕衫禁得幾多寒。開盡閑花草漫坡，青春零落奈愁何。詩人自惜鉛華冷，翻出天寒翠袖歌。乙亥至陽繪。

鈐印：至陽（朱文）

《武松打虎》（人物册頁　設色絹本）横三十三釐米　縱三十釐米（一九三五年作）

題識：乙亥至陽戲筆。

鈐印：至陽（白文）

《荻渚泊舟》（山水扇面，水墨紙本）（一九三五年作）

題識：寒聲兩岸蟲，秋懷千頃荻。雨斷月初明，孤蓬還淅瀝。捷庵先生雅屬。至陽畫。

鈐印：至陽（白文）

背面：閻道生書法（乙亥年作）（一九三五）

書法：自信張芝雁陳齊，揭來野鶩與家雞。續得過江書十紙，神明先伏庾征西。裴業貞觀入貢初，煙霏露潔狀何如。外人千載猶珍重，不數嚴家餓隸書。捷庵仁兄雅屬。道生。

《秋江載菊》（人物扇面，設色絹本）（約一九三五年作）

題識：道生寫意。

鈐印：至陽（白文）

《富貴壽考》（立軸人物　設色紙本）横三十九釐米　縱一四一釐米（約一九三五年作）

題識：大富貴亦壽考。至陽

鈐印：閻道生印（白文）

《鍾馗》（人物扇面　設色紙本）（約一九三五年作）

題識：至陽寫意。

鈐印：閻仲子（白文）

《雪梅高士圖》（立軸人物　設色紙本）横五十釐米　縱九十九釐米（約一九三五年作）

題識：抱膝鋪箋石室深，紅梅白雪稱幽吟。誰知高士暢懷際，擁帚蠻僮冷不禁。至陽寫。

鈐印：閻道生印（白文） 至陽（朱文）

《范蠡五湖》（立軸人物 設色山水）橫三十一釐米 縱一五十釐米（約一九三五年作）

題識：報吴小試計然謀，不覺功成已白頭。只與西施同載去，煙波隨地著扁舟。閬廬作。

鈐印：至陽（朱文） 求慧無上（白文）

《童鶴西湖》（立軸人物 設色紙本）橫四十釐米 縱一四二釐米（約一九三五年作）

題識：一童一鶴住西湖，千古風流識畫圖。水影月香成絶唱，苦吟猶自擬寒爐。至陽畫於津沽。

鈐印：閻道生印（白文） 至陽（朱文）

《美人蕉寫生》（花卉册頁　設色紙本）横二十二釐米　縱四十一釐米（一九三六年作）

題識：民廿五年中庭之紅蕉留影。

鈐印：至陽（朱文）

《翠石仙鶴》（花卉扇面　設色絹本）（約一九三六年作）

題識：（無）

鈐印：至陽（白文）

《神駿圖》（人物扇面　設色紙本）（一九三六年作）

題識：滿身雲濕出滇河，九折羊腸抹電過。天廄飛龍今百萬，任渠飽飲夕陽坡。至陽丙子春初稿。

鈐印：至陽（朱文）

《范蠡五湖》（人物册頁　設色絹本）横三十釐米　縱三十釐米（約一九三六年作）

題識：閻道生畫。

鈐印：至陽（朱文）

《秋夜情思》（人物扇面　白描紙本）（約一九三八年作）

題識：閻道生畫。

鈐印：至陽（白文）

《李嵩賞花》（立軸人物　白描絹本）横五十二釐米　縱二〇二釐米（一九三八年作）

題識：如皋志：淳熙中，東孝裏莊，有紫牡丹。有觀察欲移一株，掘土見一石，題曰：此花瓊島飛來種，只許人間老眼看。遂不敢移。自後卿老誕日，花開時必宴其下，有李嵩者自八十看花，至一百九歲。戊寅秋至陽作。

鈐印：至陽（朱文）　閻道生印（白文）

《秋江載菊》（立幅人物　設色紙本）橫五十釐米　縱一二〇釐米（一九三九年作）

題識：秋江載菊。至陽己卯秋日作。

鈐印：閻道生印（白文）　至陽（朱文）

《秋林歸鳥》（立軸山水　設色紙本）橫三十釐米　縱一三〇釐米（約一九四〇年作）

題識：寒日下峰巔，西風動林杪。野亭時一來，長空數歸鳥。閬廬畫於梓花館。

鈐印：至陽（朱文）

《書法》（立幅行書，紙片）橫三十二釐米　縱八十七釐米（約一九四〇年作）

瓦壺天水菊花茶。余字病於布白，且多浮滑，後當著重分量。閬廬。

鈐印：至陽（白文）

《童鶴西湖》（立軸人物　設色紙本）橫三十五釐米　縱一五五釐米（約一九四〇年作）

題識：一童一鶴住西湖，千古高風識畫圖。水影月香成絶唱，苦吟猶自擬寒爐。至陽畫林和靖。

鈐印：至陽（朱文）　閻道生印（白文）

《竹林七賢》（人物扇面，設色紙本）（約一九四〇年作）

題識：魏晉清談倡徒，永嘉東播洛爲墟。大書不削陽秋筆，更著丹青託隱居。至陽。

鈐印：至陽（朱文）

《航牛圖》（立軸人物　設色紙片）橫四十六釐米　縱一三三釐米（約一九四〇年）

題識：春光寂寂煙暈晴，春風澹澹波痕明。溪南溪北小坡平，我卻航牛向溪曲。溪曲嫩草嫩如玉，記得當年農事足。至陽參老蓮畫法，題明僧清濋句。

鈐印：閻道生印（白文）　至陽（朱文）

《桃花雙燕》（設色人物　紙本）横四十釐米　縱一二〇釐米（一九四一年）

題識：東風剪剪入妝臺，眉蹙春愁掃不開。非是薄羅能耐冷，卷簾貪看燕飛來。風送楊花滿繡床，飛來紫燕亦雙雙。閑情正在停針處，笑嚼殘絨唾碧窗。道生辛巳年春日作。

鈐印：閻道生印（白文）　至陽（朱文）

《趣兒攀木杠》（鏡心人物　設色紙本）横三十釐米　縱一一一釐米（趣兒四屏之一）（一九四一年作）

題識：至陽作趣兒圖。

鈐印：閻道生印（白文）

《趣兒捉迷藏》（鏡心人物　設色紙本）横三十釐米　縱一一一釐米（趣兒四屏之二）（一九四一年作）

題識：辛巳春日。閻道生畫。

鈐印：閬廬（白文）

《趣兒鬥蟋蟀》（鏡心人物　設色紙本）橫三十釐米　縱一一一釐米（趣兒四屏之三）（一九四一年作）

題識：閬廬寫意。

鈐印：至陽（朱文）

《趣兒戲荷塘》（鏡心人物　設色紙本）橫三十釐米　縱一一一釐米）（趣兒四屏之四）（一九四一年作）

題識：參宋人筆法。道生。

鈐印：道生世鉢

《蘆荻啼鴨》（立軸人物　設色紙本）橫四十七釐米 縱一一二釐米（約一九四一年作）

題識：西風吹滿荻蘆花，釀作霜寒啼亂鴨。買得釣船如屋裏，只將秋水老南華。

至陽。

鈐印：閻道生印（白文） 至陽（朱文）

《孟浩然詩意圖》（立軸人物　水墨紙本）橫二十九釐米　縱一一三釐米（約一九四一年作）

題識：直語無因住禁垣，清遊隨意踢寒原。風流鄭五雖相似，應愧詩庸位轉尊。閻道生寫孟浩然。

鈐印：至陽（白文）

《書法》（立幅行書　紙本）橫四十二釐米　縱一〇三釐米（約一九四二年作）

題識：青鸞有尾割不得，飛過猶餘五尺强。公壽先生之畫，缶老所不及。寫其題句，以志佩服。至陽。

鈐印：閻道生印（白文）

《柳溪歸雁》（山水扇面　設色紙本）（約一九四二年作）

題識：（無）

鈐印：至陽（朱文）

（閻叢收藏）

《潭島遊船》（立軸山水　設色紙本）橫三十三釐米　縱一三六釐米（約一九四二年作）

題識：夤緣潭島間，山竹深青倉。身閑心無事，白日爲我長。至陽畫。

鈐印：至陽（朱文）

《琴高赤鯉》（立軸人物　設色紙本）橫三十三釐米　縱一三二釐米（人物四條屏之一）（約一九四二年作）

題識：琴高趙人也，以鼓琴爲宋康王舍人。行涓彭之術，混迹冀州涿郡之間二百餘年，後入水中，取龍子與諸弟子，期日當潔，當待我於水傍，果乘赤鯉來，出潭一月復入水去。道生書於四習草堂。

鈐印：至陽（朱文）

《伯樂相馬》（立軸人物　設色紙本）橫三十釐米　縱一一一釐米（人物四條屏之二）（約一九四二年作）

題識：至陽寫相馬圖。

鈐印：閬廬書畫之章（白文）

《畫龍升天》（立軸人物　設色紙本）橫三十釐米　縱一一一釐米（人物四條屏之三）（約一九四二年作）

題識：點睛飛去。道生參渭長筆法。

鈐印：至陽（朱文）

《叱石成羊》（立軸人物　設色紙本）橫三十釐米　縱一一一釐米（人物四條屏之四）（約一九四二年作）

題識：晉黄初平，丹溪人，十五歲牧羊，遇道士引至金華山石室中，四十餘年，其兄初起尋之不獲，後遇道士善蔔，起問之，曰金華山有牧羊兒，初起即往見初平，問羊安在，曰在山東，往視之，但見白石磊磊，初平叱之，皆成羊。至陽寫。

鈐印：閻道生印（白文）

《翠雨幽情》（立幅山水 設色紙本）橫三十三釐米 縱一二〇釐米（約一九四二年作）

題識：空濛翠雨濕琅玕，繞屋清陰六月寒。自是幽情看不厭，聽君日日報平安。至陽寫意。

鈐印：北溟劍士（白文）

《伏生授書》（立幅人物 設色紙本）橫三十三釐米 縱一二〇釐米（約一九四二年作）

題識：老無牙齒語音訛，斷簡殘編缺字多。不賴閨中賢弱息，帝王典則竟消磨。閻道生畫。

鈐印：至陽（朱文）

《木蘭從軍》（立軸人物　設色紙本）橫三十五釐米　縱一三四釐米（約一九四三年作）

題識：玉關一去别爺娘，十二年來返故鄉。奇事奇人傳誦久，休論元魏與蕭梁。至陽。

鈐印：閻道生印（白文）

《寫經易鵝》（立幅人物　設色紙本）横四十四釐米　縱一二三釐米（約一九四三年作）

題識：右軍本清真，瀟灑出風塵。山陰過羽客，愛此好鵝賓。掃素寫道經，筆精妙入神。書罷籠鵝去，何曾别主人。至陽作。

鈐印：閻道生印（白文）　至陽（朱文）

《湘水遊舟》（立幅山水　水墨紙本）横三十四釐米　縱一三五釐米（約一九四三年作）

題識：與客浮湘水，琴書共一舟。雲間群樹曉，天外數峰秋。指顧消塵慮，棲遲發棹謳。未知身是畫，明月滿滄州。閬廬。

鈐印：（無）

《雪溪尋梅》（立幅人物　設色紙本）横三十三釐米　縱一二二釐米（約一九四三年作）

題識：弼臣仁兄先生法家之正。雪後輕橈入翠微，寒溪花氣上春衣。過橋南岸尋花去，踏遍梅花帶月歸。至陽畫。

鈐印：道生世鉥（白文）

《桃源問津》（立幅人物，設色紙片）横三十三釐米　縱一一六釐米（約一九四三年作）

題識：偶然僻世住青山，不到移家便不還。卻笑漁人太多事，又傳圖畫到人間。至陽。

鈐印：閻道生印（白文）

《竹陰待茶》（人物扇面　設色紙本）（約一九四三年作）

題識：至陽戲筆。

鈐印：閻仲子（白文）

《風塵三俠》（立軸人物　設色紙本）橫四十三釐米　縱一四五釐米（約一九四四年作）

題識：紅妝佇立卷輕羅，具眼英雄智若何。籠絡虯髯偏有術，相公才少妾才多。道生寫意。

鈐印：閻道生印（白文）　至陽（白文）

《竹林七賢》（立軸人物　設色紙本）橫四十釐米　縱一五二釐米（約一九四四年作）

題識：魏晉清談倡若徒，永嘉東播洛爲墟。大書不削陽秋筆，更著丹青託隱居。

閑廬。

鈐印：至陽（朱文）閻道生印（朱文）

《荷塘閑趣》（立軸人物　設色紙本）橫四十一釐米　縱一三四釐米（約一九四四年作）

題識：小娃亂折紅蕖落，染得一池秋水香。至陽詩畫。

鈐印：閻道生印（白文）　至陽（朱文）

《竹溪閑步》（立幅山水　水墨紙本）橫二十二釐米　縱四十一釐米（約一九四四年作）

題識：掃天萬竹似雲棲，水色空明兩道溪。飯後山人無個事，停舟來聽鷓鴣啼。至陽。

鈐印：至陽（朱文）　閻道生印（白文）

《香山圖》（立軸人物　設色紙本）横四十五釐米　縱一三二釐米（一九四四年作）

題識：蔭棠仁兄先生正，甲申春至陽寫香山圖。

鈐印：閻道生印（白文）　至陽（朱文）

《春庭兒戲》（人物扇面，設色紙本）（一九四四年作）

題識：兒童捉濛濛，相歡自顛倒。世間出世閑，覺王指亦好。甲申清和十五日，牙疾稍痊，寫趣兒以釋悶。至陽。

鈐印：閻仲子（白文）

《盧塘漁槳》（人物扇面，設色紙本）（一九四四年作）

題識：博施道兄先生教正。甲申春至陽作。年六十二歲。

鈐印：至陽（朱文）

《書法》横五十三釐米　縱一〇六釐米（約一九二九年作）

題識：劍匣之中有龍氣，酒杯以外如鴻毛。閻至陽學書。

鈐印：道生世鉢（朱文）閬廬繪事（朱文）

《秋江載菊》（人物扇面　設色紙本）（一九四四年作）

題識：買得扁舟如屋裏，只將秋水老南華。甲申清和。至陽寫於梓花書屋。

鈐印：至陽（朱文）

《松風琴韻》（立幅山水　設色紙本）橫三十三釐米 縱一二〇釐米（約一九四四年作）

題識：稷稷松風雜水聲，抱琴人坐石床平。移情只在高寒處，一道飛流素練明。道生。

鈐印：閬廬書畫之章（白文）

《秋水泛舟》（立幅山水　設色紙本）橫三十三釐米 縱一三〇釐米（約一九四四年作）

題識：西風吹滿荻蘆花，釀作霜寒啼亂鴨。買得扁舟小於葉，只將秋水老南華。

至陽。

鈐印：至陽（朱文）

《林泉清興》（立幅山水　水墨紙本）橫三十三釐米　縱一二〇釐米（約一九四四年作）

題識：結屋山之陽，林泉足清興。中有尋詩人，踏破白雲徑。道生口占。

鈐印：閻道生印（白文）

《葛仙煉丹》（立幅人物　設色紙本）橫三十三釐米　縱一二〇釐米（約一九四四年作）

題識：平地飛升事最奇，真人遐舉好風吹。一朝雞犬俱隨去，正在燒丹煉汞時。道生。

鈐印：至陽（朱文）

《幽谷鳴琴》（山水扇面，水墨絹本）（約一九四五年作）

題識：惠民仁仲先生，小兒至陽謹畫。

鈐印：至陽（朱文）

《楓湖蕩舟》（山水扇面，設色紙本）（約一九四五年作）

題識：舟隨夕照移沙磧，雁帶新霜下荻州。至陽題隨園句。

鈐印：閻仲子（白文）

《蓮池兒戲》（立軸人物　設色紙本）橫三十七釐米　縱七十九釐米（約一九四五年作）

題識：閔廬。

鈐印：閻道生印（白文）

《抱琴觀瀑》（立幅山水　設色紙本）橫三十四釐米　縱一三六釐米（約一九四五年作）

題識：翠巖喬木晝陰陰，獨坐臨攜綠綺琴。理罷冰弦不成曲，由來山水在知音。道生作。

鈐印：至陽（朱文）

《竹窗論道》（橫幅山水　設色紙本）橫六十釐米　縱四十七釐米（約一九四五年作）

題識：讀易山齋夏日長，琅玕繞屋擬瀟湘。山風一夜吹疏雨，共愛西窗五月涼。至陽寫於四習草堂。

鈐印：閻道生印（白文）

《風篁泉涌》（立幅山水　設色紙本）橫三十二釐米　縱一二九釐米（約一九四五年作）

題識：雲外流泉才一綫，落來千丈遂成川。風篁之下品其韻，時或相然時不然。

至陽。

鈐印：至陽（朱文）

《蘆塘漁槳》（人物扇面 設色紙本）（約一九四五年作）

題識：至陽畫。

鈐印：閻仲子（白文）

《修竹臨流》（立幅山水 設色紙本）橫三十四釐米縱一三六釐米（約一九四五年作）

題識：掃天拂水竹萬竿，有客臨流自不俗。至陽題。

鈐印：至陽（朱文）

《兒童遊戲》（人物册頁 設色絹本）橫三十釐米 縱三十釐米（一九四五年作）

題識：至陽畫

鈐印：閻仲子（白文）

《抱琴觀瀑》（立軸山水　設色紙本）横三十二釐米　縱一二八釐米（約一九四五年作）

題識：翠巖喬木盡陰陰，獨坐臨攜緑綺琴。理罷琴弦不成曲，由來山水在知音。至陽寫。

鈐印：至陽（朱文）

《柴門犬吠》（立軸山水　設色紙本）横三十二釐米　縱一二八釐米（一九四五年作）

題識：柴門聞犬吠，風雪夜歸人。道生。

鈐印：閻道生印（白文）

《桐下吹蕭》（立軸人物　設色紙本）横三十一釐米　縱一三五釐米（約一九四五年作）

題識：至陽作於四習草堂。

鈐印：閻道生印（白文）

《漁樵問答》（設色人物 紙本册頁）橫三十三釐米 縱三十三釐米（約一九四五年作）

題識：漁翁舟泊東海邊，樵夫家住西山裏，兩人活計山水中，東西路隔萬千里。忽然一日來相逢，滿頭短髮皆蓬鬆，盤桓坐到日卓午，互相話説情何濃。一云深山有大木，中有猛獸吃人肉，不如平原采短薪，無憂無慮更無辱。一云江水有巨鱗，滔天波浪驚煞人，不如蘆花水清淺，波濤不作無懼（怨）心。吾今與汝要知止，凡事中間要謹始，生意但（宜）從穩處求，莫入高山與深水。閻道生寫於梓花館。

鈐印：至陽（朱文）

《秋林歸鳥》（立幅山水 設色紙本）橫三十三釐米 縱一一〇釐米（約一九四五年作）

題識：野水荒亭氣象幽，山深因少客來遊。啼禽欲歇煙霞暝，一對西風落葉秋。

至陽。

鈐印：至陽（朱文）

《童鶴西湖》（立幅人物　設色紙本）横三十三釐米 縱一三〇釐米（約一九四五年作）

題識：一童一鶴住西湖，千古高風識畫圖。水影月香成絶唱，苦吟猶自擬寒爐。至陽寫林和靖。

鈐印：閣道生印（白文）

《雪樹尋詩》（立軸山水　設色紙本）横三十二釐米　縱一三五釐米（一九四六年作）

題識：寒空黯淡飛鳥没，某丘某壑同一色。絶憐驢背苦吟人，風雪打頭烏帽側。丙戌冬日閱廬。

鈐印：閣道生印（白文）

《壽鹿圖》（立軸花卉　設色紙本）橫三十四釐米　縱九十一釐米（一九四六年作）

題識：丙戌新秋，至陽寫壽鹿圖。

鈐印：至陽（朱文）

《竹林溪晚》（立軸山水　設色紙本）橫四十八釐米　縱一六〇釐米（一九四六年作）

題識：丙戌新秋至陽寫。

鈐印：閻道生印（白文）

《魯公書經》（人物扇面　白描絹本）（一九四六年作）

題識：丙戌秋日閻道生寫。

鈐印：至陽（朱文）

《風雪歸人》（立軸山水　設色紙本）橫三十釐米　縱一三〇釐米（一九四六年作）

題識：柴門聞犬吠，風雪夜歸人。丙戌冬日至陽畫。

鈐印：閻道生印（白文）

《茅屋僧話》（立幅山水　設色絹本）横四十釐米　縱一三四釐米（約一九四六年作）

題識：古木雜新篁，高人結茅屋。渾忘塵世心，而有清幽福。客去何須留，僧來亦不速。呼童啟南窗，共展楞嚴讀。至陽。

鈐印：至陽（朱文）　閻道生印（白文）

《美人蕉寫生》（花卉册頁　設色絹本）横三十三釐米　縱四十六釐米（一九四六年作）

題識：民卅五年梓花館庭西之紅蕉。

鈐印：至陽（朱文）　閻道生印（白文）

《菊花寫生》（立幅花卉　設色紙本）横三十六釐米　縱八十二釐米（一九四六年作）
題識：丙戌九秋，至陽作於四習草堂。
鈐印：至陽（朱文）　閻道生印（朱文）

《踏雪尋梅》（立軸山水　設色紙本）横三十一釐米　縱一三〇釐米（一九四六年作）
題識：雪中何處尋高士，千樹梅花一草亭。閱廬。
鈐印：閻道生印（白文）

《竹樓高士》（立軸山水　設色絹本）横四十二釐米　縱一三五釐米（一九四六年作）
題識：民丙戌年四月。
鈐印：至陽（朱文）　閻道生印（白文）

《麻姑晉壽》（立軸人物　設色紙本）橫四十釐米　縱一四二釐米（約一九四六年作）

題識：至陽謹畫。

鈐印：閻道生印（白文）

《夏山雨霽》（立幅山水　水墨紙本）橫三十一釐米　縱六十二釐米（一九四六年作）

題識：民丙戌四月至陽撫墨井畫意。

鈐印：至陽（朱文）　閻道生印（白文）

《潭島遊船》（立軸山水　設色紙本）橫三十五釐米　縱九十五釐米（一九四六年作）

題識：丙戌新秋至陽畫。

鈐印：至陽（朱文）　閻道生印（白文）

《潭島遊船》（立軸山水　設色紙本）橫二十七釐米 縱九十一釐米（約一九四六年作）

題識：閱廬參停雲小帽大意。

鈐印：至陽（朱文）

《仿大滌子山水長卷》（手卷　水墨山水　紙本）橫二六二釐米 縱二十一釐米（一九四六年作）

題識：民丙戌四月，閱廬臨大滌子，腕底遲滯，那能得其瀟灑。

鈐印：至陽（朱文）　閻道生印（白文）

《梅花詩思》（立幅人物　設色紙本）橫三十三釐米 縱一二〇釐米（約一九四六年作）

題識：梅花隨處生詩思，參老蓮畫法。閻道生。

鈐印：至陽（朱文）

《倪高士洗桐圖》（立軸人物　設色紙本）横三十三釐米　縱一三二釐米（約一九四六年）

題識：至陽寫倪高士洗桐，參老蓮畫法。

鈐印：闇道生印（白文）　至陽（朱文）

《濂溪愛蓮》（立幅人物　設色紙本）横三十三釐米　縱一二〇釐米（約一九四六年作）

題識：菡萏花中劃小舟，光風霽月獨風流。愛蓮記乃真名世，千古人間識道州。至陽詩畫。

鈐印：至陽（朱文）

《雪夜歸人》（立幅山水　設色紙本）横三十三釐米　縱一三〇釐米（一九四六年作）

題識：柴門聞犬吠，風雪夜歸人。丙戌六月道生。

鈐印：闇道生印（白文）

《栽梅圖》（立軸人物　設色紙本）横三十三釐米　縱一三〇釐米（約一九四六年作）

題識：自鋤明月種梅花。閲廬畫。

鈐印：至陽（朱文）

《花木蘭》（立軸人物　設色紙本）横三十三釐米　縱一三五釐米（約一九四六年作）

題識：玉關一去别爺娘，十二年來返故鄉。奇事奇人傳誦久，休論元魏與蕭梁。至陽寫。

鈐印：至陽（朱文）

《羲之寫扇》（立軸人物　設色紙本）横三十三釐米縱一三五釐米（約一九四六年作）

題識：遊戲揮毫迴絶倫，尋常一扇競稱珍。蘭亭墨妙傳千古，老姥難逢有解人。至陽。

鈐印：至陽（朱文）

《花筐春早》（立軸人物　設色紙本）橫四十釐米　縱九十釐米（約一九四六年作）

題識：春在買花聲裏過。至陽寫意。

鈐印：至陽（朱文）　閻道生印（白文）

《蘆塘漁槳》（設色人物　絹本册頁）橫三十三釐米　縱三十三釐米（約一九四六年作）

題識：至陽寫。

鈐印：至陽（朱文）

《鍾馗圖》（鏡心　設色紙本）橫三十釐米　縱一三〇釐米（約一九四六年作）

題識：五午家家蒲酒香，終南進士亦壺觴。太平時節無妖厲，任爾逍遥入醉鄉。閲廬畫終南進士。

鈐印：閻道生印（白文）　至陽（朱文）

《煙波釣徒》（山水扇面　設色絹本）（約一九四七年作）

題識：棹遣禿頭奴子撥，茶教纖手侍兒煎。水色空蒙，煙波無際，寫畢覺意象豁然。至陽。

鈐印：至陽（朱文）

《春到梅塢》（立軸山水　設色紙本）橫三十一釐米　縱一三〇釐米（約一九四八年作）

題識：春光先到梅花塢，擁爐情話有村翁。予心喜與兒童異，聞道占年穀麥豐。道生畫。

鈐印：至陽（朱文）

《羲之寫扇》（立軸人物　設色紙本）橫三十五釐米　縱一三三釐米（約一九四八年作）

題識：遊戲揮毫迴絶倫，尋常一扇競稱珍。蘭亭墨妙傳千古，老姥難逢有解人。

道生作。

鈐印：至陽（朱文）

《雲山松韻》（立軸山水　水墨紙本）橫四十八釐米　縱一九四釐米（約一九四八年作）

題識：至陽。

鈐印：閣道生印（白文）

《煙波釣徒》（立軸人物　設色紙本）橫三十六釐米　縱一三三釐米（約一九四八年作）

題識：棹遣禿頭奴子撥，茶教纖手侍兒煎。閲廬參雙管樓。

鈐印：至陽（朱文）

《潯浦琵琶》（人物扇面　水墨紙本）（約一九四八年作）

題識：白浪連潯浦，輕衫佐小舟。琵琶千古怨，蘆荻一江秋。至陽寫於梓花館緑窗静兒。

鈐印：至陽（朱文）

《雪溪訪戴》（立幅人物 設色紙本）横三十三釐米 縱一三三釐米（一九四八年作）

題識：戊子至陽寫訪戴。

鈐印：至陽（朱文） 閻道生印（白文）

《春到梅塢》（立軸山水 水墨紙本）横三十三釐米 縱一三二釐米（約一九四九年作）

題識：春光先到梅花塢，擁爐情話有村翁。余心喜與兒童異，聞道占年穀麥豐。閱廬詩畫。

鈐印：至陽（朱文） 閻道生印（白文）

《王質爛柯》（設色人物　紙本）横三十三釐米　縱一二〇釐米（約一九四九年作）
題識：閑看數著爛樵柯，澗草山花一刹那。五百年來棋一局，仙家歲月已無多。至陽。
鈐印：闍道生印（白文）
《童戲圖鬥蟋蟀》（立幅人物　設色紙本）横三十三釐米　縱一二〇釐米（童戲四屏之一）（約一九四九年作）
題識：惟彼金蟲，乘時角勝，童子何知，亦多秋興。道生寫。
鈐印：至陽（朱文）
《童戲圖攀杠子》（立幅人物　設色紙本）横三十三釐米　縱一二〇釐米（童戲四屏之二）（約一九四九年作）
題識：蹲虎盤龍，以杠爲戲，不管下方，雙肩腫赤。至陽。
鈐印：至陽（朱文）

《童戲圖采蓮花》（立幅人物　設色紙本）橫三十三釐米　縱一二〇釐米（童戲四屏之三）（約一九四九年作）

題識：小娃亂折紅蕖落，染得一池秋水香。至陽詩畫。

鈐印：至陽（朱文）

《童戲圖捉濛濛》（立幅人物　設色紙本）橫三十三釐米　縱一二〇釐米（童戲四屏之四）（約一九四九年作）

題識：兒童捉濛濛，相歡自顛倒，世間出世間，覺王指亦好。閲廬作。

鈐印：閻道生印（白文）

《新篁雛鹿》（立軸人物　設色紙本）橫三十一釐米縱一二八釐米（約一九五〇年作）

題識：高材逐汝滿天涯，自洗金錢學亂華。今日生雛知愛種，就人乞米不銜花。道生寫。

鈐印：至陽（朱文）

《松江垂釣》（立軸山水　設色紙本）橫二十五釐米　縱九十五釐米（約一九五〇年作）

題識：群山積翠翠如流，據澤摩天幾萬秋。峭壁倒懸松萬丈，長藤牽住釣魚舟。至陽詩畫。

鈐印：至陽（朱文）

《群童鬧學》（橫幅人物　設色紙本）橫八十五釐米　縱三十七釐米（約一九五〇年作）

題識：夫童子之相戲也，設塗城，陳俎豆，未有如村學圖之幻也。中一人皤鬢深衣，伏几而扣者，姬公也。左一小子，掛一蛛於其頂，右一竊其冠者，先生睡也，有碧紗籠目，而促迷藏者，有據騾哦吟塗抹眉目者。獨一童子，安坐不伍，執筆臨書，儼若師之範乎。上者伊爲誰？曰：此文正公也。野鶴雞群，生子當如之，諸嬰豚犬耳。至陽戲筆。

鈐印：至陽（朱文）　閻道生印（白文）。

《寫經易鵝》（立幅人物　設色紙本）橫三十三釐米　縱一二〇釐米（約一九五〇年作）

題識：右軍本清真，瀟灑出風塵。山陰過羽客，愛此好鵝賓。掃素寫道經，筆精妙入神。書罷籠鵝去，何曾別主人。至陽。

鈐印：至陽（朱文）

《弄玉吹蕭》（立軸人物　設色絹本）橫五十九釐米　縱二一九釐米（一九五一年作）

題識：閬廬一九五一年畫。

鈐印：至陽（朱文）　閻道生印（白文）

《雨昏夕渡》（立軸山水　設色紙本）橫三十六釐米　縱九十五釐米（約一九五一年作）

題識：雨昏山店望難見，風緊傘檐張不開。至陽。

鈐印：至陽（朱文）　閻道生印（白文）

《仿宋人長江萬裏圖》（設色山水　紙本長卷）橫六十釐米　縱二十釐米（一九五一年作）

題識：至陽撫元人筆。

鈐印：至陽（朱文）

《雨昏夕渡》（立幅山水　設色紙本）橫二十二釐米　縱九十釐米（山水四屏之一）（約一九五一年作）

題識：道生欲學米老，而走房山路徑。

鈐印：閻道生印（白文）

《踏雪尋梅》（立幅山水　設色紙本）橫二十二釐米　縱九十釐米（山水四屏之二）（約一九五一年作）

題識：雪中何處尋高士，千樹梅花一草亭。道生。

鈐印：至陽（朱文）

《松江垂釣》（立幅山水　設色紙本）横二十二釐米　縱九十釐米（山水四屏之三）（約一九五一年作）

題識：群山積翠翠如流，據澤摩天幾萬秋。峭壁倒懸松百丈，長藤牽住釣魚舟。至陽詩畫。

鈐印：至陽（朱文）

《柳岸春晴》（立幅山水　設色紙本）横二十二釐米　縱九十釐米（山水四屏之四）（約一九五一年作）

題識：閬廬寫花藏子新柳法。

鈐印：至陽（朱文）

《秋水泛舟》（立幅山水　水墨紙本）横三十四釐米　縱一三六釐米（約一九五二年作）

題識：西風吹滿荻蘆花，釀作霜寒啼亂鴨。買得扁舟如屋裏，只將秋水老南華。至陽題畫。

鈐印：至陽（朱文）　閣道生印（白文）

《菊花寫生》（立幅花卉　設色絹本）横三十二釐米　縱六十八釐米（一九五三年作）

題識：一九五三年新得此種，因圖之。至陽。

鈐印：至陽（朱文）

《微雨雙燕》（設色人物　横幅絹本）横六十四釐米　縱三十九釐米（約一九五四年作）

題識：落花人獨立，微雨燕雙飛。至陽。

鈐印：閣道生印（白文）

《荷塘清韻》（設色人物 橫幅絹本）橫六十四釐米 縱三十九釐米（約一九五四年作）

題識：小娃亂折紅蕖落，染得一池秋水香。七十四老人尚欲作盛年畫，筆下哪有精彩。

鈐印：至陽（朱文）

《荷上觀音》（立幅人物 水墨紙本）橫三十五釐米 縱一二〇釐米（一九五五年作）

題識：觀自在菩薩，行深般若波羅蜜多時，照見五藴皆空，度一切苦厄，舍利子，色不異空，空不異色，色即是空，空即是色，受想行識，亦復如是，舍利子，是諸法空相，不生不滅，不垢不净，不增不減，是故空中無色，無受想行識，無眼耳鼻舌身意，無色聲香味觸法，無眼界，乃至無意識界，無無明，亦無無明盡，乃至無老死，亦無老死盡，無苦集滅道，無智亦無得，以無所得故，菩提薩埵，依般若波羅蜜多故，心無罣礙，無罣礙故，無有恐怖，遠離顛倒夢想，究竟涅磐。三世諸佛，依般若波羅蜜多故，得阿褥多羅三藐三菩提。故知般若波羅蜜多，是大神咒，是大明咒，是無上咒，是無等等咒，能除一切苦，真實不虛，故説般若波羅蜜多咒，即説咒曰：揭諦，揭諦，波羅揭諦，波羅僧揭諦，菩提薩婆訶。一九五五年閻至陽謹畫。

鈐印：閻道生印（白文）

《蓮池閑趣》（横幅人物　設色絹本）横八十九釐米　縱二十九釐米（一九五五年作）

題識：一九五五年春日至陽作。

鈐印：閻道生印（白文）

《微雨雙燕》（横幅人物　設色絹本）横七十釐米　縱三十五釐米（一九五五年作）

題識：七十四老人畫仕女，尚欲寫當年之娟秀而目光指意多不相及。

鈐印：至陽（朱文）

《荷塘情韻》（立軸人物　設色紙本）橫四十一釐米　縱六十七釐米（一九五五年作）

題識：至陽七十三歲，一九五五年春日畫。

鈐印：閻道生印（白文）

《讀書老樹根》（立軸人物　設色紙本）橫二十九釐米　縱一二九釐米（約一九五六年作）

題識：讀書老樹根。畫松常惡謹細，余乃施以頓放勾點之筆，礌礌然，戚縮然，駢枝鐵幹，欲盡其龍攣虎跛之勢。寫畢欲尋金老農而質之。至陽畫。

鈐印：至陽（朱文）　閻道生印（白文）

《荷鶴仙姑》（立軸人物　設色紙本）橫二十七釐米　縱一一九釐米（四屏之一）一九五六年作）

題識：何仙姑廣州何太女，初生而頂有六豪，年十四歲夢神人教食雲母粉，乃服之，遂辟穀，且知禍福，武后召赴闕，中路失去，景龍山白日升仙。四習老人。

鈐印：閻道生印（白文）

《道韞咏雪》（立軸人物　設色紙本）橫二十七釐米　縱一一九釐米（四屏之二）

（一九五六年作）

題識：晉謝安，嘗冬日集男女列次，俄爾雪下，安曰：白雪紛紛何所似？兄子朗曰：撒鹽空中差可擬。兄女道韞曰：未若柳絮因風起。公大奇之。至陽。

鈐印：至陽（朱文）

《紅綫盜盒》（立軸人物　設色紙本）橫二十七釐米　縱一一九釐米（四屏之三）

（一九五六年作）

題識：唐潞州節度使薛嵩家青衣紅綫者，善琴阮，又通經史。嵩召掌箋表，號內記室。至德後，朝廷命嵩女嫁魏博節度使田承嗣男，承嗣患肺氣，欲移鎮山東，募軍中武勇十倍者得三千人，號外宅男，令三百夜直州宅，蔔良日待並潞州。嵩聞之，憂悶無計，紅綫願解主憂，乃飾行具，梳烏蠻髻，插金鳳釵，衣紫繡短袍，繫青絲履，持龍紋匕首，額上書太乙神名。再拜而行，倏忽不見。一更首途，二更復命，嵩慰而問之，紅綫取承嗣床頭金盒爲信，自云：子夜前三刻，達魏城，歷數門，及寢所外宅兒止房，廊中軍卒步庭下，乃發左扉，抵寢帳，田於帳内鼓趺酣睡，枕前露七星劍，劍前仰開一金盒，遂持以歸。嵩遣使遺承嗣書，還金盒。承嗣驚絶，厚賚使者，並齎帛三萬匹，名馬二百匹及珍異結歡於嵩。忽一日，紅綫辭去。嵩餞別之，紅綫僞醉離席，遂亡所在。閲廬寫俠女，年七十又四了。

鈐印：至陽（朱文）

《木蘭從軍》（立軸人物　設色紙本）横二十七釐米　縱一一九釐米（四屏之四）（一九五六年作）

題識：唧唧復唧唧，木蘭當户織。不聞機杼聲，唯聞女歎息。問女何所思，問女何所憶。女亦無所思，女亦無所憶。昨夜見軍帖，可汗大點兵。軍書十二卷，卷卷有爺名。阿爺無大兒，木蘭無長兄。願爲市鞍馬，從此替爺征。東市買駿馬，西市買鞍韉，南市買轡頭，北市買長鞭。朝辭爺娘去，暮宿黄河邊。不聞爺娘喚女聲，但聞黄河流水鳴濺濺。旦辭黄河去，暮至黑山頭。不聞爺娘喚女聲，但聞燕山胡騎鳴啾啾。萬里赴戎機，關山度若飛。朔氣傳金柝，寒光照鐵衣。將軍百戰死，壯士十年歸。歸來見天子，天子坐明堂。策勳十二轉，賞賜百千强。可汗問所欲，木蘭不用尚書郎，願賜明駝千里足，送兒還故鄉。爺娘聞女來，出郭相扶將；阿姊聞妹來，當户理紅妝；小弟聞姊來，磨刀霍霍向豬羊。開我東閣門，坐我西間床。脱我戰時袍，著我舊時裳。當窗理雲鬢，對鏡貼花黄。出門看火伴，火伴皆驚忙。同行十二年，不知木蘭是女郎。雄兔腳撲朔，雌兔眼迷離；雙兔傍地走，安能辨我是雄雌？

鈐印：至陽（朱文）

《雛雞群戲》（設色花卉册頁　絹本）横三十釐米　縱三十釐米（一九五六年作）

題識：閬廬七十四歲畫。

鈐印：至陽（朱文）

《千古雄風》（立軸人物　設色紙本）横六十釐米　縱一四六釐米（一九五七年作）

題識：不使强鄰移國祚，力恢明社有成功。父降虜敵尤持節，依様千秋烈士風。至陽。一九五七年。閬廬。七十五歲。

鈐印：閻氏道生（白文）至陽（白文）

《仿巨然煙江疊障長卷》（山水手卷　水墨紙本）橫五五〇釐米　縱二十五釐米（一九五七年作）

題識：一九五七年。至陽七十五歲畫。

鈐印：至陽（白文）　閻道生印（白文）

《嫦娥奔月》（立幅人物　白描紙本）橫三十釐米　縱一二〇釐米（一九五七年作）

題識：至陽七十四歲。

鈐印：至陽（朱文）　閻道生印（白文）

《桐下吹簫》（立幅人物　水墨紙本）橫三十四釐米　縱一三六釐米（一九五八年作）

題識：至陽五八年畫。

鈐印：閻道生印（白文）

《田間送飯》（立幅人物　設色紙本）横三十五釐米　縱一一〇釐米（一九五八年作）

題識：昨天新黍初成粟，先向田疇餉社員。五八年至陽七十六。

鈐印：閻道生印（白文）　至陽（朱文）

《打井圖》（立幅人物　設色　圖畫紙）横三十九釐米　縱一〇八釐米（一九五八年作）

題識：打機井爲農村婦女之能事。七十六老人閻至陽寫實。

鈐印：至陽（朱文）

《栽山芋》（立軸人物　設色　圖畫紙寫生）横四十二釐米　縱六十三釐米（一九五八年作）

題識：五八年至陽七十六歲。

鈐印：至陽（朱文）

《采菱圖》（立幅人物　水墨紙片）横四十二釐米　縱一〇四釐米（一九五八年作）

題識：我津西二十里外之三角淀在昔爲産菱之區，水清冽而菱甘美，當年稱爲名産，藕時有淹没，菱隨水之深淺而屈伸，只要水不竭底，能永延其生命，菱在夏秋間可有兩月的豐收，采菱者多是幼女，能摘四五十斤至百斤，若以五十斤計之，在菱老時可曬米一半，煮鮮一半，這兩三旬之豐收，老菱除皮之數可剁米二三百斤。當年雖常遭水患之鄉，冬日多有藉菱米爲温飽者，三角淀形成儲水之區，凡不植藕葦之深水，可撒以菱種。水曠魚難定，菱密可潛鱗，三角淀實爲津西之寶藏。入菱地，舟即横行，采菱的蹲於前舷，前舷載重而低浸於水面，菱牌與赤足相接，手指一轉即翻起而摘角，無探臂尋視之勞，後舷高翹，舟人立於後舷之中間以篙横軋，絲絲而進，且必視菱之老嫩疏密而移舟。若畫中所畫采菱，乘以木盆，蓋是江南池沼遊弄，非淀泊之事。至陽思在昔淀中之生産，追寫其事，以美之也。五八年至陽七十六歲。

鈐印：至陽（白文）

《嫦娥奔月》（立軸人物　設色紙本）横四十釐米　縱八十八釐米（一九五八年作）

題識：竊藥之占吉且昌，情天割斷任翱翔。稿砧射日弓猶在，何竟容伊月裏藏。畫取當年奔月時，姮娥感我費才思。從兹天上情相接，金桌之貽人不知。至陽七十六歲。五八年春畫並題。

鈐印：至陽（朱文）

《美人紅蕉》（立軸人物　白描紙本）横二十六釐米　縱一〇〇釐米（約一九五八年作）

題識：玉容那用敷鉛華，窈窕丰姿出大家。步向薰風閑顧盼，階前羞殺美人花。至陽題句。

鈐印：閣道生印（白文）

《冒雨搶場》（横幅人物　設色紙本）横五十釐米　縱一〇〇釐米（一九五八年作）

題識：天氣來了，一霎時蕭蕭的雨點飛到了褚河港村東場，場中正曬著麥子，搶場的社員們真是張惶。正在這時，有余鄉供銷社貨車經過，他們見場中人少，一時不及，就要包場，竟舍車冒雨入場攜（協）助。場中人見來了生力軍，高興得也忘了喘息，更鼓足幹勁，全場捷作如飛，立時垛起場光，杉席清底，而次序不亂，無所損失。這時適逢霸縣郝保群先生來函囑畫此農鄉事實，余喜其事之可采，遂捉筆寫之。五八年七月一日七十六歲老人閻至陽畫。

鈐印：至陽（朱文）

《達摩東渡》（指畫　立幅人物　設色紙本）横六十一釐米　縱一二七釐米（約一九五九年作）

題識：（無）

鈐印：閻道生印（白文）

《長亭餞别》（立幅人物　設色紙本）横四十六釐米　縱一〇二釐米（一九五九年作）

題識：長亭餞别。至陽五九年畫。

鈐印：至陽閻氏（朱文）

《寒江遊艇》（立軸山水　水墨紙本）橫四十釐米　縱一四五釐米（一九五九年作）

題識：五九年之春，至陽畫。

鈐印：閻道生印（白文）

《嫦娥奔月》（立幅人物　設色紙本）橫二十五釐米　縱九十七釐米（一九五九年作）

題識：至陽畫時年七十六歲。

鈐印：閻道生印（白文）

《潯浦琵琶》（立軸人物　水墨紙本）橫三十釐米　縱八十四釐米（一九五九年作）

題識：白浪連潯浦，輕衫佐小舟。琵琶千古怨，蘆荻一天秋。至陽七十七歲，五九年秋日畫。

鈐印：至陽（朱文）　閻道生印（白文）

《煙波釣徒》（册頁人物　設色紙本）橫三十五釐米　縱三十五釐米（一九五九年作）

題識：非高非米寫煙波，好趁詩人張志和。此畫世間全不喜，只能贈與洞庭哥。石谷才高勝乃師，洞庭與我更如斯。藝壇觀遍名山水，哪個如君筆墨奇。至陽眼太花，不得精彩。五九年一月，雪窗凍硯，合當膠滯。

鈐印：至陽（白文）　閻仲子（白文）

《煙波釣徒》（山水册頁　設色紙本）橫三十釐米　縱三十釐米（一九五九年作）

題識：糊塗亂抹起煙波，添個詩人張志和。畫畢贈人人不喜，北村只給洞庭哥。石谷才高過乃師，洞庭與我也如之。藝壇觀遍名山水，那個如君筆墨奇。閲廬七十七歲。

鈐印：至陽（白文）

《攜琴訪友》（立軸山水　水墨紙本）横四十七釐米　縱一五二釐米（一九六〇年作）

題識：草樓松下碧溪隈，不設窗櫺面面開。疑是陳蕃方下榻，遥看徐孺過橋來。六〇年至陽。

鈐印：至陽（朱文）　閻道生印（白文）

《蘆荻啼鴨》（人物立軸　設色紙本）横三十五釐米　縱一三二釐米（一九六〇年作）

題識：西風吹滿荻蘆花，釀作寒霜啼亂鴨。買得扁舟小於葉，只將秋水老南華。寬仁兄法家教正。至陽畫時年七十八歲。

鈐印：閻道生印（白文）　至陽（白文）

《指畫蟾蜍》（指畫，未完稿）横五十釐米　縱二十釐米（一九六一年秋冬）

題識：吸得人間硯水枯，腹中含氣口含酥。莫嫌形狀無人賞，寫向端陽作畫圖。至陽指畫。

鈐印：至陽（朱文）

後記

今天我們見到的這部《閻道生集》主要包括我祖父閻道生先生的詩文、日記、信劄、武學以及相關研究文章、年譜和主要書畫作品存目等内容。

關於我祖父的名字，需要説明的是，閻道生先生字子陽，四十歲後易字至陽，以字行於世。生前，大家都尊稱他的字，很少有直呼其名的。而本書以其名出現主要是因爲近年在我祖父名字的傳播上，遇到了新舊字體轉换的障礙。祖父在書畫題款和手迹中，多使用『昜』字，也存在与『陽』『揚』字混用的情况，而『昜』字爲舊體字，世人多不識。爲了避免産生歧義，我們就選擇使用了他的本名閻道生。而『道生』二字，奇妙地契合了他人生中對『道』的參悟，具有了隱喻之意，也許並非巧合。『昜』『陽』『揚』三個字則統一爲『陽』字。

《閬廬日記》分爲四本手稿，單獨成册，最早一册的寫作時間始於一九二五年，不過我們估計這並非祖父日記的最早時間，還可上溯，但我們能見到的就是這幾本，未聽祖父説過這是否就是全部。

祖父的日記嚴格來説倒像是隨筆，大部分事件是按時間順序記録的，也有一部分事件則是回憶和補記的，穿插其中，還有詩詞和藥方等。前三册日記基本就是這種格局。第四册是祖父一九六〇年至一九六一年的日記，用學生作業本的反面寫就，就像是草稿一樣，大部分内容被謄寫到第三册上。其中没有謄録的部分，我們已經把它全部補入到日記中。從這個本子上淩亂的字迹可以看出祖父當時的潦倒。這之後，祖父的病情加重，不能寫字，日記中斷。除去這四本完整的本子外，還有二十四頁六十四開的日記散頁，鋼筆字，時間屬於一九五八至一九六〇年段，是另外一個已經佚失的本子的殘頁。其中的部分内容可在第三册中找到影子，日記正本中缺失的内容，我們也同樣補入。

這幾本日記的整理工作是從二〇〇四年開始的，最初是把其中的詩詞部分整理出版了一個小册子，由我叔叔閻爾芃發起，和我父親閻叢合作完成。二〇〇六年開始，又由我叔叔擔任釋譯任務，采取口譯，我執筆，集中時間完成初稿。叔叔對祖父的手迹特徵較有研究，所以是這部日記書稿整理的最大貢獻者。然後我和父親分别進行了幾次校對，加上幾位朋友的幫助，辨字斷句，常常因爲一個小小的地方就停頓好長時間，有時一個字要經過幾年的思慮，卻在一瞬間被破譯。目前，尚有多處文字的釋譯可能存在謬誤，待讀者指正。行文中不通順的地方，我們原樣保留，未作改動。日記原稿中夾有零散的頁片，没有明顯的時間標識，歸類插入。另外原稿中尚有缺頁和斷行，我們以編者的身份注明。二〇〇九年十一月，在王振良先生主編的《天津記憶》第二十六期全文刊出。

書信集《閲廬存劄》之『名劄集存』，由祖父自己擬名、裝訂，大概於一九三六年成册，因爲我們發現册中最晚的一封信是一九三六年的，由此推斷。其中，張蓮溪先生寫於二十世紀五十年代的兩封書信，曹爾桓先生寫於一九四六年的書信是在其他位置發現，不屬於原册的，我們歸類收入。隨着年深日久，書册散亂，書信的順序發生了顛倒，有的丢失，有的被耗子咬噬。書信的内容是近幾年才被陸續翻譯，叔叔利用了兩年的時間，完成了最堅巨的任務。之後，保定書法家吴占良先生進行三百多處的校勘，爲本書的成型貢獻了力量和友情。目前尚有多處文字無法辨識，只能留待日後。『閲廬家書』由姑姑閻戴民珍藏，是祖父僅存的給兒女的信。『師友飛鴻』多是祖父和弟子李敦素先生的通信，保存於李敦素先生的後人手中。它保存之完好，李氏後人對書信内容之稔熟，令我們吃驚和感動。二〇一〇年十月，這些書信結集爲《閲廬往來存劄》，刊發於《天津記憶》第六十一期。

有了這些基礎工作，祖父詩集的編輯自然水到渠成。早年，祖父曾自製一册詩歌剪貼本，將與王耀成先生往來傳閲的詩歌手稿保存下來，計有詩歌三十一首，每頁詩稿都有王先生的評點、批註。然後，我們將祖父日記、書信中的大量詩詞摘録下來，再選録部分題畫詩，輯爲《閲廬詩集》。日記、書信中的詩詞仍保持原貌。

回想起來，在祖父文集整理、出版的過程中，有一些標志性的人和事推動了此項工作，也算我個人在事業上的特殊機遇。二〇〇七年年底，我和天津武術文史學者李瑞林先生相識，之後又結識了王振良、張元卿兩位先生，從此結下不解之緣。這些文稿先後由《天津記憶》内部刊行，並於二〇一二年成功召開了『閻道生文學藝術討論會』。在《天津記憶》第一〇三期『閲廬藝文記』一輯中，王振良先生作《發現閻道生》一文，略述了此項工作的緣起，其後所有的工作都以此爲源頭，尤其是天津問津書院建立後，各項成果的推出，有了出人意料的進度，社會效應逐漸顯現。這，也許就是冥冥之中的指引吧。

這個過程中，尚有多位老師、朋友奉獻了自己的心力，推動了閻道生研究的進展，讓我們知道，其人其文不僅僅屬於閻氏家族，更是天津、河北乃至全國的文化遺産。我們能歷數這些人的名字，尹樹鵬、于其超、高峰、馬文鸞、徐遜非、司南、陳赤軍、彭鵬以及最終把文集推出的唐艦女士。所有這些人的努力都激勵我們把其後的工作繼續做好。

閻伯群 二〇二二年十一月

《問津文庫》已出書目（總計一〇九種另三種）

◎天津記憶

沽帆遠影　劉景周著　五九圓
荏苒芳華：洋樓背後的故事　王振良著　四九圓
津門書肆記　雷夢辰原著/曹式哲整理　四九圓
故紙温暖：老天津的廣告　由國慶著　二八圓
沽上文譚　章用秀著　三八圓
百年留踪：解放橋的前世今生　方博著　三九圓
南市滄桑　林學奇著　七九圓
津沽漫記：日本人筆下的天津　萬魯建編譯　三九圓
憶弢盦：來新夏先生紀念文集　焦静宜編　九二圓
與山河同在：天津抗日殺奸團回憶録　閻伯群編　三八圓
楮墨留芳：天津文化名人檔案　周利成著　三〇圓

布衣大師：允文允武的藝術名家閻道生　閻伯群著　三〇圓
口述津沽：民間語境下的堤頭與鈴鐺閣　張建著　二八圓
大地史書：地質史上的天津　侯福志著　二九圓
丹青碎影：嚴智開與天津市立美術館　齊珏編著　二八圓
立憲領袖：孫洪伊其人其事　葛培林著　三〇圓
津門開歲：徐天瑞日記解讀　王勇則著　五八圓
水産教育家張元第　張紹祖編著　三六圓
八年夢魇：抗戰時期天津人的生活　郭文杰著　二八圓
沽文化詮真　尹樹鵬著　四八圓
圈外談藝録　姜維群著　三八圓
記憶的碎片：津沽文化研究的雜述與瑣思　王振良著　三八圓
水産教育家張元第集　張紹祖編　五八圓
應得的榮譽：女醫生里昂羅拉·霍華德·金的故事
［加］瑪格麗特著/胡妍譯　三八圓
海河巡鹽：國博藏所謂《潞河督運圖》天津風物考　高偉編著　五八圓

析津聯話　章用秀著　五八圓
頂上功夫：竇坻剃頭匠的歷史記憶　甄建波著　六八圓
四當明霞：藏書目里的章鈺及其交游　李炳德著　六八圓
津沽舊事　郭鳳岐著　一九八圓
守望家園：天津市非物質文化遺産散論　李治邦著　七八圓

◎通俗文學研究集刊

望雲談屑　張元卿著　三九圓
還珠樓主前傳　倪斯霆著　三八圓
品報學叢·第一輯　張元卿、顧臻編　三八圓
云雲編：劉雲若研究論叢　張元卿編　三八圓
品報學叢·第二輯　張元卿、顧臻編　三二圓
劉雲若評傳　張元卿著　三二圓
鄭證因小説經眼録　胡立生著　七八圓
品報學叢·第三輯　張元卿、顧臻編　四八圓

◎三津譚往

◎九河尋真

九河尋真·二〇一四　萬魯建編　五九圓
九河尋真·二〇一五　萬魯建編　八八圓
九河尋真·二〇一六　萬魯建編　九八圓
九河尋真·二〇一七　萬魯建編　九八圓
九河尋真·二〇一八　萬魯建編　九八圓
九河尋真·二〇一九　萬魯建編　九八圓

◎津沽文化研究集刊

《雷雨》八十年　耿發起等編　五五圓
陳誦洛年譜　張元卿著　四八圓
碧血英魂：天津市忠烈祠抗日烈士研究　王勇則著　九八圓
都市鏡像：近代日本文學的天津書寫　李煒著　三八圓
天津楹聯述略　李志剛著　三六圓
口述津沽：民間語境下的西沽　張建著　五六圓
口述津沽：民間語境下的西于莊　張建著　一〇八圓

紫芥掇實：水西莊查氏家族文化研究　葉修成著　五八圓
蘆砂雅韻：長蘆鹽業與天津文化　高鵬著　五八圓
王南村年譜　宋健著　七八圓
國術之魂：天津中華武士會健者傳　閻伯群、李瑞林編　七八圓
來新夏著述經眼録　孫偉良編　一九八圓
舉火燒天：天津抗日殺奸團紀事　楊仲達、陶麗著　六八圓
口述津沽：民間語境下的丁字沽　張建著　一六八圓
口述津沽：南開學子語境下的公能精神　胡海龍著　一六八圓
口述津沽：民間語境下的吴家窑新村　張建著　八八圓
契學初曙：天津甲骨學論集　朱彦民著　八八圓

◎津沽名家詩文叢刊

王南村集　王煐原著／宋健整理　六八圓
嚴範孫先生古近體詩存稿　嚴修原著／楊傳慶整理　四八圓
星橋詩存　蘇之鑾原著／曲振明整理　五八圓

退思齋詩文存　陳寶泉原著／鄭偉整理　八八圓
待起樓詩稿　劉雲若原著／張元卿輯注　四二圓
劉大同詩集　劉建封原著／劉自力、曲振明整理　八八圓
碧琅玕館詩鈔　楊光儀原著／趙鍵整理　五八圓
石雪齋詩稿（附遂園印稿）　徐宗浩原著／張金聲整理　六八圓
紫簫聲館詩存　丙寅天津竹枝詞　馮文洵原著／楊鵬整理　八八圓
思暗詩集　華世奎原著／閻伯群整理　三八圓
止庵詩存　周學熙原著／宋文彬整理　一二八圓
沽上梅花詩社存稿　孫愛霞整理　八八圓
天津文鈔　華光鼐編纂／石玉點校　五八圓
津沽詩集六種　侯福志整理　九九圓
津門詩鈔校箋　梅成棟編纂／楊鵬校箋　一六八圓
煙沽漁唱　孫愛霞整理　九六圓

◎**津沽筆記史料叢刊**

嚴修日記（一八七六—一八九四）　嚴修原著/陳鑫整理　一三八圓
桑梓紀聞　馬鴻翱原著/侯福志整理　四二圓
天津縣鄉土志輯略　郭登浩編　九八圓
嚴修日記（一八九四—一八九八）　嚴修原著/陳鑫整理　一二八圓
周武壯公遺書　周盛傳原著/劉景周整理　一二八圓
天后宮行會圖校注　高惠軍、陳克整理　一二八圓
津門詩話五種　楊傳慶整理　七八圓
《北洋畫報》詩詞輯録　孫愛霞整理　一九八圓
桑梓紀聞（增補本）　馬鴻翱原著/侯福志整理　六八圓
袁克文集　吴瞳瞳整理　五八圓
盧木齋集　盧靖著/羅容海整理　八八圓
天津朱卷集成　劉宗江編　五八〇圓
津門徵獻詩　華鼎元編纂/楊德英點校　八八圓
閻道生集　閻伯群整理　一五八圓

◎**名人與天津**

李叔同與天津　金梅編　六八圓

我與曲藝七十年　倪鍾之著　六八圓

辛笛與天津　王聖思編著　八八圓

◎**梓里尋珠**

傳承與突破：近代天津小說發展綜論　李雲著　七八圓

從租界到風情區：一個中國近代殖民空間在歷史現實中的轉義

　李東曄著　六八圓

趕大營研究：天津商幫與近代新疆的經濟開發　張博著　六八圓

屏廬鉛槧：藏書家刻書家金鉞研究　胡艷杰編著　六八圓

◎**隨藝生活**

方寸芸香：藏書票裏的書故事　李雲飛編　九八圓

問津書韻：第十三屆全國讀書年會文集　杜魚編　七八圓
開卷二〇〇期　董寧文、董國和、周建新編　一六八圓